面向新工科普通高等教育系列教材

现代电子系统设计与实践

李正军　编著

机械工业出版社

本书详细讲述了电子电路设计所需掌握的相关内容，涵盖模拟电路、数字电路、通信技术、传感器、微控制器、FPGA 的基础知识和设计实例。书中讲述了多种电子电路、微控制器和 FPGA 仿真与开发工具，并给出了详细的软硬件应用实例，还讲述了国产 Wi-Fi MCU 芯片及其应用。

全书共分 10 章，主要内容包括：绪论、电子制作与常用工具、基本电子元器件、串行通信与无线网络、电子电路仿真软件——Multisim、集成运算放大器的应用与 Multisim 仿真、传感器与电路设计、数字电路、电路设计与数字仿真软件——Proteus 及其应用、FPGA 可编程逻辑器件及其应用。全书内容丰富，体系完整，结构合理，理论与实践相结合，尤其注重工程应用。

本书可作为高等院校各类自动化、机器人、自动检测、机电一体化、人工智能、电子与电气工程、计算机应用、信息工程、物联网等相关专业的本、专科学生及研究生的电子竞赛、科技创新的参考书，也可作为电子系统和嵌入式系统开发工程技术人员的参考用书。

为配合教学，本书配有电子课件、程序代码、仿真工程、教学大纲、习题答案及试卷（含答案）等电子资源，需要的教师可登录机械工业出版社教育服务网（www.cmpedu.com）下载，或联系编辑索取（微信：18515977506，电话：010-88379753）。

图书在版编目（CIP）数据

现代电子系统设计与实践 / 李正军编著. -- 北京：机械工业出版社，2025.10. --（面向新工科普通高等教育系列教材）. -- ISBN 978-7-111-78888-1

Ⅰ. TN02

中国国家版本馆 CIP 数据核字第 2025C3M671 号

机械工业出版社（北京市百万庄大街 22 号　邮政编码 100037）
策划编辑：李馨馨　　　　　　　　　责任编辑：李馨馨　周海越
责任校对：李　霞　王小童　景　飞　责任印制：刘　媛
北京建宏印刷有限公司印刷
2025 年 10 月第 1 版第 1 次印刷
184mm×260mm・17 印张・443 千字
标准书号：ISBN 978-7-111-78888-1
定价：69.00 元

电话服务	网络服务
客服电话：010-88361066	机 工 官 网：www.cmpbook.com
010-88379833	机 工 官 博：weibo.com/cmp1952
010-68326294	金 　书 　网：www.golden-book.com
封底无防伪标均为盗版	机工教育服务网：www.cmpedu.com

前　言

随着电子技术的飞速发展，电子系统设计越来越复杂，难度越来越大，要求设计者要掌握多门知识。本书集模拟电路、数字电路、通信技术、传感器、微控制器、现场可编程门阵列（Field Programmable Gate Array，FPGA）的基础知识和设计技能于一体，为初学电子电路设计的读者构建完整知识体系。通过本书的学习，读者可以全面掌握电子系统设计的核心方法和实用技术。

全书内容没有过多复杂的计算，也没有生涩的理论，只要知道欧姆定律就可以在本书的引导下掌握电子电路的设计知识。书中插图丰富，力求让读者形象地理解知识及过程。

本书特别注重知识的铺垫和循序渐进。电子电路的内容多、难度大，没有基础一时可能不知道从哪里开始学习以及如何开始学习。本书在全面介绍各种电子元器件、电路结构、工艺技巧的同时，按照科学的学习方法设置章节。

本书讲述了多种电子电路、微控制器和 FPGA 仿真与开发工具，并给出了详细的软硬件应用实例。仿真与开发工具介绍如下：

（1）电子电路仿真软件 Multisim 14.0　Multisim 14.0 是 NI 公司推出的 PC 端电子技术综合应用的仿真工具，秉承"把实验室装进 PC 中，软件就是仪器"的理念，集电子电路原理分析、设计与虚拟仿真于一体，在系统建模和电子仿真、科学工程设计及应用系统开发等方面有着广泛的应用。该软件也是高校电子技术教学的首选工具之一。

（2）电子电路和微控制器仿真软件 Proteus　Proteus 是英国 Labcenter 公司研发的电子设计自动化（Electronic Design Automation，EDA）软件，具有二十余年的发展历程，功能完善且易用性强，广泛应用于高校教学与工业设计。

（3）FPGA 开发软件 Quartus Ⅱ　一个完整的 FPGA 开发环境主要包括运行于 PC 上的 FPGA 开发工具、编程器或编程电缆、FPGA 开发板。Altera 公司的开发工具包括早先版本的 MAX＋plus Ⅱ、Quartus Ⅱ以及目前推广的 Quartus Prime。Quartus Prime 支持绝大部分 Altera 公司的产品，集成了全面的开发工具、丰富的宏功能库和 IP 核，因此该公司的 PLD 产品获得了广泛的应用。

本书共分 10 章。第 1 章讲述电子系统和嵌入式系统，包括电子系统设计概念、电子系统的分类与组成、电子系统设计方法、EDA 设计流程、电子系统开发流程、电子系统设计应考虑的主要因素、嵌入式系统概述、嵌入式系统的组成、嵌入式系统的软件、嵌入式系统的应用领域；第 2 章讲述电子制作与常用工具，包括电子制作概述、电子制作常用工具、电子制作装配技术、电子制作调试与故障排查；第 3 章讲述基本电子元器件，包括电阻器的简单识别与型号命名法、电容器的简单识别与型号命名法、电感器的简单识别与型号命名法、半导体器件的简单识别与型号命名法、半导体集成电路的型号命名法；第 4 章讲述串行通信与无线网络，包括串行通信基础、RS-232C 串行通信接口、RS-485 串行通信接口、蓝牙通信技术、ZigBee 无线传感器网络、W601 Wi-Fi MCU 芯片及其应用实例；第 5 章讲述电子电路仿真软件——Multisim，包括 Multisim 软件简介、Multisim 基本功能和主要特点、Multisim 的安装、Multisim 的基本界面；第 6 章讲述集成运算放大器的应用与 Multisim 仿真，包括运算放大器的模型、集成运算放大器、集成运算放大器的线性应用电路设计基础、实验电路的设计与测试、集成电压比较器和实验电路的设计与测试；第 7 章讲述传感器与电路设计，包括传感器概述、常见的模拟传感器电路、常见的数字传感器电路；第 8 章讲述数字电路，包括基本逻辑门电路、数字电路设计步骤及方法；第 9 章讲述电路设计与数字仿真软件——Proteus 及其应用，包括 EDA 技术概述、Proteus 8 体系结构及特点、Proteus 8 的启动和退出、Proteus 8 窗口操作、Schematic Capture 窗口、Schematic Capture 电路设计、STM32F103 驱动 LED 灯仿真实例；第 10 章讲述 FPGA 可编程逻辑器件及其应用，包括可编程逻辑器件概述、FPGA 的内部结构、FPGA 的生产厂商、Intel 公司的 FPGA、FPGA 的应用领域、FPGA 开发工具、基于 FPGA 的开发流程、Verilog HDL、FPGA 开发板、Quartus II 软件的安装、Quartus II 软件的应用实例。为方便读者对照阅读和理解，本书仿真图中的图形符号均保留软件所生成的图形。

本书结合编者多年的科研和教学经验，遵循循序渐进、理论与实践并重、共性与个性兼顾的原则，将理论实践一体化的教学方式融入其中。

对本书中所引用参考文献的作者，在此一并表示真诚的感谢。由于编者水平有限，书中错误和不妥之处在所难免，敬请广大读者不吝指正。

编　者

目 录

前言
第1章 绪论 ……………………………… 1
1.1 电子系统设计概念 ……………………… 1
1.2 电子系统的分类与组成 ………………… 2
1.3 电子系统设计方法 ……………………… 6
1.3.1 自底向上设计方法 ………………… 6
1.3.2 自顶向下设计方法 ………………… 7
1.3.3 数模混合电子系统和模拟电子系统的设计方法 ……………… 9
1.3.4 电子系统设计自动化 ……………… 10
1.4 EDA设计流程 …………………………… 10
1.4.1 EDA设计输入 …………………… 10
1.4.2 EDA设计综合 …………………… 11
1.4.3 EDA设计仿真 …………………… 12
1.5 电子系统开发流程 ……………………… 12
1.6 电子系统设计应考虑的主要因素 ……………………………… 14
1.7 嵌入式系统 ……………………………… 16
1.7.1 嵌入式系统的定义 ………………… 16
1.7.2 嵌入式系统与通用计算机系统的比较 ………………………… 17
1.7.3 嵌入式系统的特点 ………………… 17
1.8 嵌入式系统的组成 ……………………… 19
1.9 嵌入式系统的软件 ……………………… 19
1.9.1 无操作系统的嵌入式软件 ………… 20
1.9.2 带操作系统的嵌入式软件 ………… 20
1.9.3 典型的嵌入式操作系统 …………… 20
1.10 嵌入式系统的应用领域 ………………… 23
习题 ………………………………………… 24
第2章 电子制作与常用工具 …………… 25
2.1 电子制作概述 …………………………… 25
2.1.1 电子制作基本概念 ………………… 25
2.1.2 电子制作基本流程 ………………… 25
2.2 电子制作常用工具 ……………………… 28

2.2.1 板件加工工具 ……………………… 28
2.2.2 焊接工具 …………………………… 30
2.2.3 验电笔 ……………………………… 33
2.2.4 万用表 ……………………………… 33
2.2.5 示波器 ……………………………… 35
2.2.6 信号源 ……………………………… 35
2.2.7 逻辑分析仪 ………………………… 36
2.2.8 晶体管特性图示仪 ………………… 39
2.2.9 其他工具与材料 …………………… 40
2.3 电子制作装配技术 ……………………… 41
2.3.1 电子元器件的安装 ………………… 41
2.3.2 机械装配、整机连线和束线 ……… 44
2.4 电子制作调试与故障排查 ……………… 46
2.4.1 电子制作测量 ……………………… 46
2.4.2 电子制作调试 ……………………… 47
2.4.3 调试过程中的常见故障 …………… 50
2.4.4 调试过程中的故障排查法 ………… 51
习题 ………………………………………… 52
第3章 基本电子元器件 ………………… 53
3.1 电阻器的简单识别与型号命名法 ……………………………… 53
3.1.1 电阻器的分类 ……………………… 53
3.1.2 电阻器的型号命名法 ……………… 55
3.1.3 电阻器的主要性能指标 …………… 55
3.1.4 电阻器的简单测试 ………………… 57
3.1.5 选用电阻器常识 …………………… 58
3.1.6 电阻器和电位器选用原则 ………… 58
3.2 电容器的简单识别与型号命名法 ……………………………… 59
3.2.1 电容器的分类 ……………………… 59
3.2.2 电容器的型号命名法 ……………… 60
3.2.3 电容器的主要性能指标 …………… 61
3.2.4 电容器质量优劣的简单测试 ……… 62

3.2.5 选用电容器常识 …………… 62
3.3 电感器的简单识别与型号
    命名法 …………………………… 63
    3.3.1 电感器的分类 ………………… 63
    3.3.2 电感器的型号命名法 ………… 64
    3.3.3 电感器的主要性能指标 ……… 65
    3.3.4 电感器的简单测试 …………… 65
    3.3.5 选用电感器常识 ……………… 65
3.4 半导体器件的简单识别与型号
    命名法 …………………………… 65
    3.4.1 半导体器件的型号命名法 …… 66
    3.4.2 二极管的识别与简单测试 …… 68
    3.4.3 晶体管的识别与简单测试 …… 70
3.5 半导体集成电路的型号命名法 …… 72
    3.5.1 集成电路的型号命名法 ……… 73
    3.5.2 集成电路的分类 ……………… 73
    3.5.3 集成电路的生产商和封装形式 … 74
习题 ……………………………………… 76

第4章 串行通信与无线网络 …………… 77
4.1 串行通信基础 …………………… 77
    4.1.1 串行异步通信数据格式 ……… 77
    4.1.2 差错检验 ……………………… 78
4.2 RS-232C 串行通信接口 ………… 78
    4.2.1 RS-232C 端子 ………………… 78
    4.2.2 通信接口的连接 ……………… 79
    4.2.3 RS-232C 电平转换器 ………… 80
4.3 RS-485 串行通信接口 …………… 81
    4.3.1 RS-485 接口标准 ……………… 81
    4.3.2 RS-485 收发器 ………………… 82
    4.3.3 应用电路 ……………………… 82
    4.3.4 RS-485 网络互联 ……………… 83
4.4 蓝牙通信技术 …………………… 85
    4.4.1 蓝牙通信技术的发展 ………… 85
    4.4.2 无线多协议 SoC 芯片 ………… 89
    4.4.3 nRF5340 简介 ………………… 89
    4.4.4 nRF5340 的开发工具 ………… 90
    4.4.5 低功耗蓝牙芯片 nRF51822 及其
          应用电路 ……………………… 91
4.5 ZigBee 无线传感器网络 ………… 92
    4.5.1 ZigBee 无线传感器网络通信标准 … 92
    4.5.2 ZigBee 开发技术 ……………… 94
4.6 W601 Wi-Fi MCU 芯片及其应用
    实例 ……………………………… 96
    4.6.1 W601/W800/W801/W861 概述 … 96
    4.6.2 ALIENTEK W601 开发板 …… 99
    4.6.3 W601 LED 灯硬件设计 ……… 100
习题 ……………………………………… 102

第5章 电子电路仿真软件——
Multisim ……………………………… 103
5.1 Multisim 软件简介 ……………… 103
5.2 Multisim 基本功能和主要特点 … 104
5.3 Multisim 的安装 ………………… 105
5.4 Multisim 的基本界面 …………… 107
习题 ……………………………………… 118

第6章 集成运算放大器的应用与
Multisim 仿真 ……………………… 119
6.1 运算放大器的模型 ……………… 119
    6.1.1 理想运算放大器模型 ………… 120
    6.1.2 实际运算放大器模型 ………… 120
6.2 集成运算放大器 ………………… 122
    6.2.1 集成运算放大器的主要技术
          参数 …………………………… 123
    6.2.2 使用集成运算放大器需要注意的
          几个问题 ……………………… 123
6.3 集成运算放大器的线性应用
    电路设计基础 …………………… 124
    6.3.1 反相放大电路 ………………… 124
    6.3.2 同相放大电路 ………………… 125
    6.3.3 电压跟随器 …………………… 126
    6.3.4 求差电路 ……………………… 126
    6.3.5 积分运算电路 ………………… 127
    6.3.6 微分运算电路 ………………… 128
6.4 实验电路的设计与测试 ………… 128
    6.4.1 反相放大电路的设计与实现 … 128
    6.4.2 反相加法电路的设计与实现 … 131
    6.4.3 同相放大电路的设计与实现 … 132
    6.4.4 求差电路的设计与实现 ……… 133
    6.4.5 积分运算电路的设计与实现 … 134
    6.4.6 微分运算电路的设计与实现 … 135
6.5 集成电压比较器 ………………… 136

6.5.1	双电压比较器 LM393 ………… 137	8.2.1	数字电路的设计步骤 …………… 183
6.5.2	四电压比较器 LM339 ………… 137	8.2.2	数字电路的设计方法 …………… 185

6.6 实验电路的设计与测试 ………… 138
   6.6.1 RC 桥式正弦波振荡电路的设计与
       测试 …………………………… 138
   6.6.2 迟滞电压比较器的设计与测试 …… 140
   6.6.3 窗口电压比较器的设计与测试 …… 141
习题 ……………………………………… 142

第 7 章 传感器与电路设计 ………… 143
7.1 传感器概述 …………………………… 143
   7.1.1 传感器的定义、分类及构成 …… 145
   7.1.2 传感器的基本性能 …………… 146
   7.1.3 传感器的应用领域 …………… 147
7.2 常见的模拟传感器电路 …………… 148
   7.2.1 温度传感器 …………………… 148
   7.2.2 流量传感器 …………………… 153
   7.2.3 热释电红外传感器 …………… 155
   7.2.4 位移传感器 …………………… 156
   7.2.5 PM2.5 传感器 ………………… 157
   7.2.6 红外传感器 …………………… 157
   7.2.7 气体传感器 …………………… 159
   7.2.8 压力传感器 …………………… 160
7.3 常见的数字传感器电路 …………… 161
   7.3.1 数字式气流传感器 …………… 161
   7.3.2 数字摄像头电路 ……………… 163
   7.3.3 数字电感传感器 LDC1314 …… 167
   7.3.4 数字电容传感器 FDC2214 …… 169
   7.3.5 数字温湿度传感器 …………… 171
   7.3.6 数字加速度与陀螺仪传感器 …… 174
   7.3.7 加速度传感器 ………………… 175
习题 ……………………………………… 177

第 8 章 数字电路 …………………… 178
8.1 基本逻辑门电路 …………………… 178
   8.1.1 与门 …………………………… 178
   8.1.2 或门 …………………………… 180
   8.1.3 非门 …………………………… 181
   8.1.4 74HC/LS/HCT/F 系列芯片的
       区别 …………………………… 182
   8.1.5 布尔代数运算法则 …………… 183
8.2 数字电路设计步骤及方法 ………… 183

习题 ……………………………………… 185

第 9 章 电路设计与数字仿真软件——
Proteus 及其应用 ………… 186
9.1 EDA 技术概述 ……………………… 186
9.2 Proteus 8 体系结构及特点 ………… 188
   9.2.1 Proteus VSM 的主要功能 …… 189
   9.2.2 Proteus PCB ………………… 191
   9.2.3 嵌入式微处理器交互式仿真 …… 191
9.3 Proteus 8 的启动和退出 …………… 191
9.4 Proteus 8 窗口操作 ………………… 192
   9.4.1 主菜单栏 ……………………… 192
   9.4.2 主工具栏 ……………………… 194
   9.4.3 主页 …………………………… 194
9.5 Schematic Capture 窗口 …………… 200
9.6 Schematic Capture 电路设计 …… 200
9.7 STM32F103 驱动 LED 灯仿真
   实例 ………………………………… 201
   9.7.1 实例描述 ……………………… 201
   9.7.2 硬件绘制 ……………………… 201
   9.7.3 STM32CubeMX 配置工程 …… 203
   9.7.4 编写用户代码 ………………… 209
   9.7.5 仿真结果 ……………………… 210
   9.7.6 代码分析 ……………………… 211
习题 ……………………………………… 213

第 10 章 FPGA 可编程逻辑器件
及其应用 ………………… 214
10.1 可编程逻辑器件概述 ……………… 214
   10.1.1 可编程逻辑器件的发展历史 …… 214
   10.1.2 不同类别的可编程逻辑器件 …… 215
   10.1.3 IP 核 ………………………… 217
10.2 FPGA 的内部结构 ………………… 217
10.3 FPGA 的生产厂商 ………………… 219
   10.3.1 Xilinx ………………………… 220
   10.3.2 Altera ………………………… 220
10.4 Intel 公司的 FPGA ………………… 220
   10.4.1 Cyclone 系列 ………………… 221
   10.4.2 Cyclone Ⅳ系列芯片 ………… 221
   10.4.3 配置芯片 ……………………… 222

- 10.5 FPGA 的应用领域 ………………… 222
- 10.6 FPGA 开发工具 …………………… 224
- 10.7 基于 FPGA 的开发流程 ………… 224
  - 10.7.1 FPGA 设计方法概论 ………… 224
  - 10.7.2 典型 FPGA 开发流程 ………… 225
  - 10.7.3 FPGA 的配置 ………………… 226
  - 10.7.4 基于 FPGA 的 SoC 设计方法 …… 227
- 10.8 Verilog HDL …………………… 228
  - 10.8.1 Verilog HDL 概述 …………… 228
  - 10.8.2 Verilog 编程基础 …………… 229
  - 10.8.3 Verilog 程序框架 …………… 233
- 10.9 FPGA 开发板 …………………… 235
- 10.10 Quartus II 软件的安装 ………… 236
- 10.11 Quartus II 软件的应用实例 …… 238
  - 10.11.1 LED 灯硬件设计 …………… 239
  - 10.11.2 LED 灯程序设计 …………… 240
- 习题 ……………………………………… 263
- 参考文献 ………………………………… 264

第1章 绪　　论

本章全面介绍了电子系统设计的基本框架和关键概念，内容涵盖了电子系统的分类与组成，详细阐述了自底向上和自顶向下的设计方法，以及数模混合和模拟电子系统的特定设计技术，特别强调了电子设计自动化（EDA）的重要性，介绍了 EDA 设计的主要流程，包括设计输入、综合与仿真等环节。本章还讲述了嵌入式系统，从其基本概念、特点、组成到软件配置，包括无操作系统和带操作系统的嵌入式软件，及其在各领域的应用。此外，还讨论了电子系统设计过程中应考虑的主要因素，为读者提供了电子系统开发的全景视角和实用指导。

1.1 电子系统设计概念

什么是电子系统？凡是可以完成一个特定功能的完整的电子装置都可称为电子系统。具体地说，通常将由电子元器件或部件组成的能够产生、传输、采集或处理电信号及信息的客观实体称为电子系统。电子系统分为模拟型、数字型和两者兼而有之的混合型 3 种，无论哪一种电子系统，它们都是能够完成某种任务的电子设备。电子系统有大有小，大到航天飞机的测控系统，小到出租车计价器，都是电子系统在实际生活和生产中的应用范例。

电子系统的概念是相对的，若电子部件是小系统，则整体是由小系统所组成的大电子系统。电子系统是相对于环境或其他系统而存在的，电子系统可以和环境或其他系统组成更大的巨系统。为了满足系统功能的要求，电子系统一般包括模拟子系统、数字子系统和微处理机子系统。模拟子系统包括传感、高低频放大、模/数（A/D）转换、数/模（D/A）转换以及执行机构等；数字子系统具有信息处理、决策、控制等功能；对于软硬结合的电子系统而言，它的信息处理、决策与控制部分大多可由含有 CPU 的微处理器的电子系统来实现。

通常把规模较小、功能单一的电子系统称为单元电路，实际应用中的电子系统由若干单元电路构成。一般的电子系统由输入、输出、信息处理 3 部分组成，用来实现对信息的采集处理、变换与传输功能。图 1-1 所示为电子系统基本组成框图。

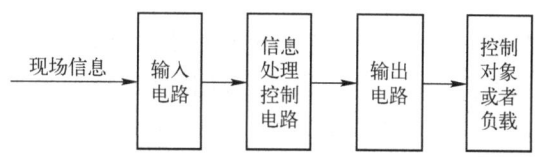

图 1-1　电子系统基本组成框图

现代电子系统设计的最大特点是变化大、发展快，新型元器件层出不穷，相应的电子系统设计工具和手段不断更新。所以，电子系统设计者只有掌握电子技术的发展动态，与时俱进，不断学习，更新知识，才能适应电子技术发展的要求。

1.2 电子系统的分类与组成

电子系统可分为非智能型系统和智能型系统。前者功能简单且单一；后者具有接收、记忆信息，并根据信息进行分析、判断、决策和控制操作的能力。一般人们将以中央处理器（Central Processing Unit，CPU）为核心、软硬件结合的电子系统称为智能型系统。

实现电子系统的器件可分为：
1) 中大规模或超大规模集成电路。
2) 专用集成电路。
3) 可编程器件。
4) 少量分立元件和机电元件。

总的来说，一个完整的电子系统由若干个子系统构成，每个子系统由各功能模块组成，最终由元器件实现，如图1-2所示。

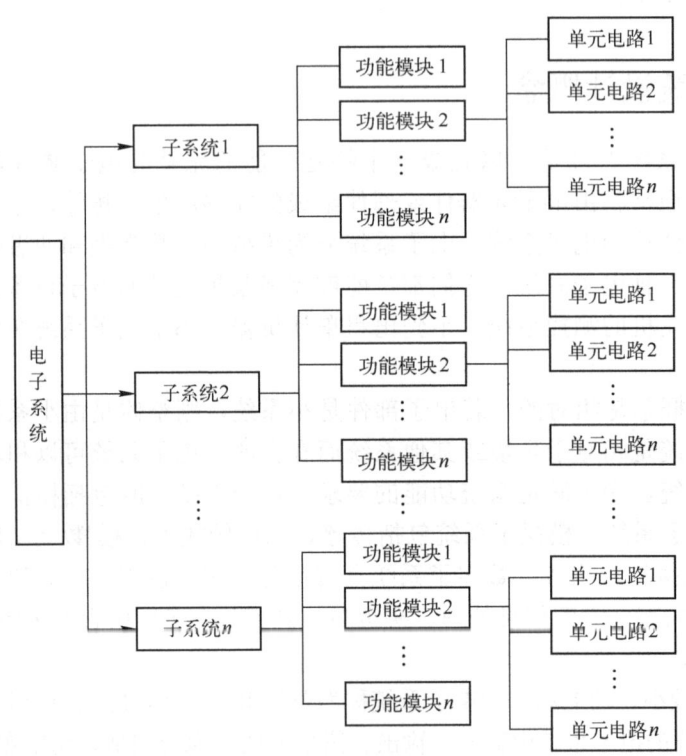

图1-2 电子系统组成示意图

现代电子设计的基本特征是：设计者在系统开发软件的支持下，在现场可直接根据系统要求定义和修改其功能。它是基于电子设计自动化（EDA）技术和在系统可编程（In-System Programmable，ISP）技术，并以大规模集成电路现场可编程门阵列（FPGA）/复杂可编程逻辑器件（Complex Programming Logic Device，CPLD）和可编程自动化控制（Programmable Automatic Control，PAC）器件为物质基础。EDA技术打破了软硬件之间的最后屏障，ISP技术使"硬件"一词变得不合时宜。系统设计师将用新的思路来发掘硬件设备的潜力，而不受产品是否已交付使用的限制。FPGA/CPLD和PAC器件，将超大规模集成电路（Very Large Scale Integrated Circuit，VLSI）的优点和可编程器件的设计灵活、制作及上市快速等长处融为一体。

电子设计的内容非常广泛，包括电子元器件设计、电子电路（分立元件电路和集成电路）设计、电子系统（硬件系统和软件系统）设计等。电子系统设计的基本内容包括分析方案中的关键技术、初步确定设计方案、落实各环节具体电路的实现方法、计算参数、画总体电路图、试验样机的制作与调试等。

自然界的物理量绝大多数是模拟量。一个应用系统首先通过传感器（Sensor）感知这些物理模拟量，然后将模拟量转换成数字量。有关模拟子系统的设计应在系统设计的同时，根据模拟信号的特点，采用数据流法对模拟子系统的结构进行安排。因为在一个电子系统中，一般占主要部分的是数字子系统，模拟子系统只在信号的输入、输出等局部电路中起主要作用，而且总是根据模拟信号的流向及对模拟信号的要求安排模拟子系统的各个环节。设计人员可用框图及技术指标来描述模拟子系统，然后再用硬件实现。但由于模拟集成电路的集成度较低、品种不齐、覆盖面不广，以致个别电路还必须用小规模电路或是分立元件来实现。因此，模拟子系统的框图最后应落实到硬件可以实现的层次，而不只限于集成电路。由于数字量具有再生性，抗干扰性能强，便于传输、处理和交换，因而用数字方法设计的系统无论在质量、精度、可靠性，还是成本方面都比用模拟方法设计的系统优越。

电子系统的数字实现技术又可分为用硬件实现和借助计算机（或单片机、信号处理芯片）用软件实现。一个实用的电子系统设计总是将电子技术的基本内容与多专业方向相结合，涉及多门课程、多个学科，既有电子工程类，又有通信工程类，既有自动控制类，又有计算机类。在计算机类学科中，既涉及计算机硬件知识，又有软件知识。在软件方面，既有 EDA 软件的使用，又有电子、计算机、通信、控制等学科算法工具。因此，对于从事电子系统设计的人员而言，需要具备系统工程学的知识。

从电子系统的类型来讲，电子系统又可分为智能型与非智能型两种。

智能意味着理智和才能或智慧和能力，其中理智、智慧是内在的特性与功能，而才能、能力是外在的行为与表现，智能基于信息，智能寓于系统。广义智能是多种类、多层次、多阶段、多模式、多特征、多范畴的。关于智能型电子系统的定义，至今还未出现过一个简单明确的权威论述。虽然如此，仍可参照人类活动规律，找出智能型电子系统所应具有的特点，从而得出必要的结论。

智能型电子系统的特点包括：

1）必须有记忆力，如果没有记忆力则根本不可能由此及彼、全面地进行分析。
2）具有学习能力并善于学习各种知识，而且这些知识可运用于实践。
3）易于接收信息、命令。
4）具有分析、判断和决策能力。
5）可以控制或执行所做出的决定。

只有由带有 CPU 的微处理器配以必要的外围电路构成的这种软硬结合的电子系统才具有智能型电子系统的特点。首先它有存储单元及输入/输出接口，可以接收并记忆信息、数据、命令以及输出并控制决策的执行。其次它善于并且便于学习，只要将合适的软件装入系统，人们不必改动系统结构就可使它具有某种新功能。有了记忆能力，它就可以进行必需的分析、判断，完成一些决策，从而具有智能型电子系统的特点。因此，把以微处理器为核心的软硬件结合的电子系统称为智能型电子系统。

非智能型电子系统应该是功能简单或功能固定的电子系统，如简单的巡回检测报警系统等。对照以上特点，显然纯硬件的电子系统是不可能被划在智能型范围内的。它的最大弱点是硬件与功能是一一对应的，增加一个功能必须增加一组硬件，改变功能必须改变电路结构。所以，纯硬件结构不具有便于学习的功能，因此它不具有智能型的特点。但纯硬件结构具有快速、简洁、可靠、价廉等优点，而被广泛应用于特定场合。根据功能不同，电子系统大致分为以下几种。

1）测控系统：大到航天器的飞行轨道控制系统，小到自动照相机快门系统以及工业生产控制等。

2）测量系统：电量及非电量的精密测量。

3）数据处理系统：如语音、图像、雷达信息处理等。

4）通信系统：数字通信、微波通信、蜂窝通信、卫星通信等。

5）计算机系统：计算机本身就是一个电子系统，可以单机工作也可以多机联网。

6）智能家居系统：智能家居系统由家庭综合服务器将家庭中各种各样的智能信息化家电通过家庭总线技术连接在一起。智能家居系统实现了家务劳动和家庭服务信息的自动化。

7）智能交通系统：智能交通系统（Intelligent Transportation System，ITS）是一种先进的运输管理模式。它将先进的计算机处理技术、信息技术、数据通信传输技术、自动控制技术、人工智能及电子技术等有效地综合运用于交通运输管理体系中，使车辆和道路交通智能化，以实现安全快速的道路交通环境，从而达到缓解道路交通拥堵、减少交通事故、改善道路交通环境、节约交通能源、减轻驾驶疲劳等目的。

8）智能楼宇系统：智能楼宇系统是用计算机、通信、网络、传感器、摄像等技术，把原来建筑中各自功能独立、分散的设备装置进行整体设计，将其集中、统一地控制起来，形成一个智能管理系统。这种智能大厦除了用传统建筑工程完成建筑结构设施以外，还包括智能建筑系统的三要素：楼宇自动化系统、楼宇通信网络系统和办公自动化系统。

以上列举了众多的电子系统，它们的功能不同、规模不同、使用场合不同，因此对它们的要求也不同，从而衡量这些系统的性能指标也是不同的。衡量电子系统的性能指标可能有功能、工作范围、容量、精度、灵敏度、稳定性、可靠性、响应速度和使用场合、工作环境、供电方式、功耗、体积、重量等。对不同系统而言，系统指标要求不同，例如：对航天器中的轨道控制系统，动态工作范围、精度、响应速度、可靠性、体积、重量、功耗、工作环境等必须重点考虑；对通信系统，则应重视容量、灵敏度、稳定性、使用场合等，对家电系统，主要考虑功能、稳定性、可靠性、成本及价格等，而对供电方式、精度、响应速度等指标则不做过多考虑。系统设计人员应根据系统类型、功能要求、指标要求，细化出每个待设计的子系统的技术指标以便进行设计。在细化过程中必须注意符合国家标准或部颁标准，必要时还应符合国际标准，以便产品走向世界。在细化中应该根据应用场景选择适合的技术路线，以满足市场需求。当前电子系统设计分成3种类型：

（1）新系统开发型设计　开拓、研制一个崭新的电子系统，所用的部分技术、电路、器件有待于同期开发。它属于创新、开拓、科研型的设计类型。

（2）新产品开发型设计　利用现有成熟技术、电路及器件，开发出满足市场需求的新产品、新设备。它属于开发型的设计类型。

（3）新技术应用开发型设计　介于以上两种类型之间，将新技术、新器件应用于电子系统的开发，将电子系统的性能提高到一个新的档次。

尽管不同电子系统功能各异，其实现方案也千差万别，但从功能组成来看，它们有很多相同或相似的地方。现代电子系统典型功能组成如图1-3所示。

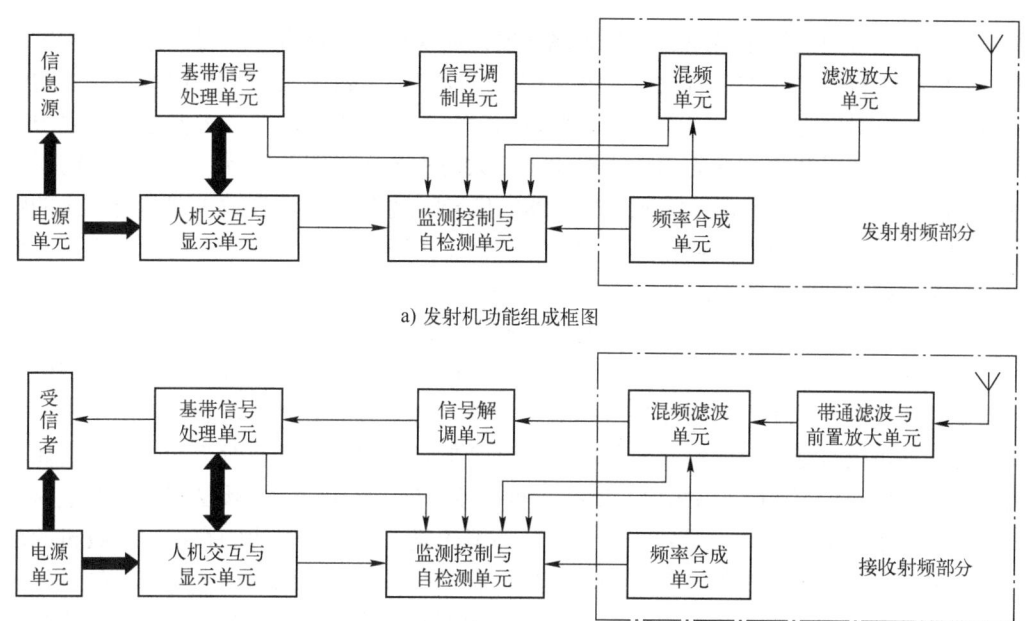

a) 发射机功能组成框图

b) 接收机功能组成框图

图 1-3 现代电子系统典型功能组成

信息源将各种消息转换为电信号。基带信号处理单元用于完成对基带信号的处理。若系统功能不同或信道环境有差异，则基带信号处理单元的组成就会有较大差异。其中，模拟体制的电子系统通常在完成对信号的调理后，即可将信号输入到信号调制单元，而数字体制的电子系统基带信号处理单元比模拟体制复杂，且不同数字系统的组成也存在很大差异，一般包括信号调理、A/D 转换、信源编码、块交织、信道编码、伪码扩频、扰码加密等功能模块。来自基带信号处理单元的信号在调制单元完成对信号的调制，使载波的幅度、相位、频率等电参量随基带信号的变化规律而发生变化，从而将基带信号的频谱搬移到中频上。混频单元实现已调制中频信号与射频（Radio Frequency，RF）载波的混频，进一步将有用信号的频谱搬移到发射的频率上，以实现信号在传输介质中的有效传输。滤波放大单元有两个功能：一是经带通滤波，保留混频输出信号中的载波与中频之和的射频分量，滤除载波与中频之差的射频分量，减小无用分量产生的干扰；二是对射频信号进行功率放大，满足系统作用距离对输出功率的要求。滤波之后，信号经射频电缆或波导传送到发射天线，完成有效辐射。人机交互与显示单元用于完成系统操作菜单、系统参数等的选择与输入，以便系统按照用户要求工作，并显示关键参数与关键指标等。监测控制与自检测单元一方面完成系统的开机自检，检查系统是否完好，一方面对系统的关键指标进行实时检查，判断系统性能是否满足工作要求。一旦出现异常，该单元将产生相应的控制信号，完成对系统工作状态的控制与切换，如实现主、备机的切换等。频率合成单元根据人机交互与显示单元输出的、与系统工作频率或工作波道对应的控制信号，产生对应射频频率的载波，供混频单元混频。电源单元将交流市电转换为直流电，并产生大小不同的直流电压。

天线接收的信号经射频电缆或波导后输入到带通滤波与前置放大单元，以抑制带外噪声，并对微弱信号进行低噪声放大，以提高信噪比。来自天线的信号通常包括有用信号和噪声两部分，其中有用信号的带宽有限，经过一定距离的传播后衰减成功率极小的微弱信号，而噪声覆盖整个频带，带通滤波器仅让通带内的频谱成分通过。这样，接收的信号与噪声经带通滤波器后,有用信号无损地通过带通滤波器,而噪声信号仅有一小段频谱成分通过带通滤波器,信噪比将得到改善。前置放大器又称为低噪声放大器,其作用是在本身产生的噪声尽量小的条件下对信号进行一定的放大,使输出信号幅度增大。前置放大器之所以要求是低噪声,主要是为了保证放大后的信噪比相比于放大前不会出现明显下降。例如,某前置放大器对信号的放大倍数为 10 倍,输入该放大器的信号幅度为 1μV,在放大器本身产生的噪声幅度为 10μV 左右时,放大器输出信号与噪声的幅度相等(均为 10μV),将无法识别有用信号。但在放大器本身产生的噪声幅度为 2μV 左右时,放大器输出信号的幅度是噪声的 5 倍,则可识别出有用信号。前置放大器输出的信号被送到混频滤波单元,混频滤波单元将有用信号的频谱搬移到射频与载频的差频上,以方便在较低的中频上处理信号,同时滤除混频产生的不需要的频率分量。中频信号在信号解调单元完成对信号的解调,得到需要的基带信号,基带信号在基带信号处理单元经与发射机中的基带信号处理单元严格对应的模块(例如,发射机中如果有块交织+信道编码模块,则接收机中就一定有信道解码+解交织模块与之对应)处理后,恢复信号给受信者。另外,由于电磁环境的复杂性以及干扰的存在,接收机的基带信号处理单元除了完成与发射机对应的功能外,有时在将信号送到受信者之前还须进行干扰抑制处理,将处理后的输出信号再送给受信者。接收机中的人机交互与显示单元、监测控制与自检测单元、频率合成单元以及电源单元的功能与发射机中的模块相同,这里不再赘述。

1.3 电子系统设计方法

电子系统设计的应用范围非常广,而且涉及的技术层次也大不相同。设计电子系统,首先要明确电子系统应用的场合和电子系统的技术指标。根据指标,了解当前技术可能实现的性能情况,进行方案论证。同一个项目,可以有不同的方案,根据不同方案的特点,从性价比、可行性等方面选择最优方案。其次,要进行电路设计、电路实现、装配调试、系统测试、总结报告、文档整理等工作。这样的综合性设计要求设计者有系统工程学的概念,如果不经过方案论证直接进入电路设计或不经过电路设计直接进入电路实现,到最后出现问题再从头来既费时,又费财力、物力和人力。在其他子系统设计中也存在同样问题。例如,在进行软件设计时,对于一个大型软件系统,如果不按照软件工程学的方法,也会出现同样的问题。

1.3.1 自底向上设计方法

早期的电子系统设计采用的是分立元件,之后的设计则是将大量中、小规模集成电路器焊接在电路板上。电子系统设计集中在基本单元电路的设计和基本器件的选用上。例如,一模拟子系统可涉及集成运算放大器(Integrated Operational Amplifier)、数据放大器、可编程数据放大器、跨导型放大器(电压/电流转换器)、隔离放大器、A/D 转换器、D/A 转换器和取样/保持(S/H)电路、传感器电路等的设计。基本器件选用如晶体管、基本运算放大器、电压比较器、A/D 转换器、D/A 转换器、传感器(光电传感器、超声传感器、金属探测传感器、红外传感器等)的选用,在此基础上构成初级电子系统。20 世纪 70 年代,出现第一代 EDA 工具。人们开始将系统设计过程中高度重复性的复杂劳动,如绘图、布线工作用二维图形编辑与分析的计算机辅助设计(Computer Aided Design,CAD)工具代替,使电子电路设计和印制电路板(Print-Circuit Board,PCB)布线工艺实现了自动化。20 世纪 80 年代出现了第二代 EDA 系统,常称为计算机辅助工程(Computer Aided Engineering,CAE)系统。可以用少数几种通用的标准芯片实现电子系统，电子系统设计进入 CAE 阶段。此时的设计工具（软件）大部分是遵循由原理图出发的自底向上的设计方法，用基本单元逐步构造出高层模块，如图 1-4 所示。

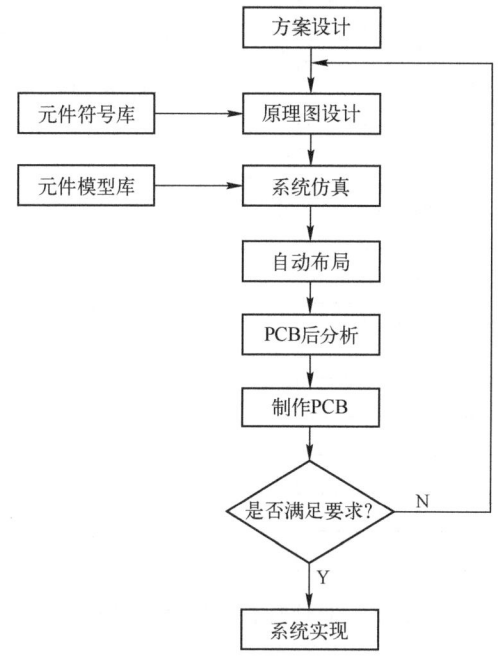

图 1-4　自底向上设计方法的流程

首先确定设计方案，并选择能实现该方案的元器件，根据元器件手工设计电路原理图进行第一次仿真，其中包括数字电路的逻辑模拟、故障分析等，以检验设计方案在功能方面的正确性。仿真通过后，根据原理图产生的电气连接网络表进行 PCB 的自动布局布线。在制作 PCB 之前，还可以进行 PCB 后分析，并将分析结果反馈给电路图，进行第二次仿真，称之为后仿真，以检验 PCB 在实际工作环境中的可行性。

以上全部设计过程都是手工设计过程（可编程器件及专用集成电路除外），这也是目前小系统常用的设计方法。对初学者及简单用户来讲是有实用价值的，它是电子系统设计的基础知识。

应该说明的是，以上系统设计过程实际上是非智能型系统硬件的设计过程。一个智能型电子系统应包括软件和硬件两部分，同时还应有模拟子系统部分。对于一个智能型电子系统而言，在设计开始时就应该有一个软件和硬件分工的安排，然后再分别进行硬件系统设计和软件设计。

1.3.2　自顶向下设计方法

从 20 世纪 60 年代开始，数字集成电路迅猛发展，经历了小规模、中规模、大规模和超大规模集成电路几个发展过程。20 世纪 90 年代以后，由于新的 EDA 工具不断出现，使设计者可以利用可编程逻辑器件（Programmable Logic Device，PLD）直接设计出所需要的专用集成电路（Application Specific Integrated Circuit，ASIC），从而使电子系统的设计产生了革命性的变革，形成了一套自顶向下的设计思想，其设计方法的流程如图 1-5 所示。

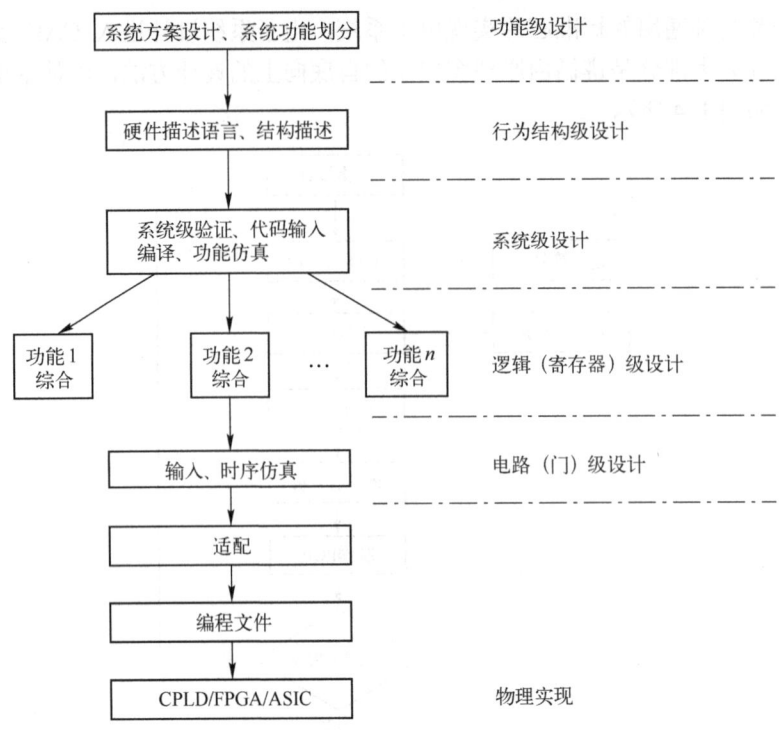

图 1-5 自顶向下设计方法的流程

基于系统功能的 EDA 设计方法的具体步骤如下：第一步，从系统方案设计入手，在顶层进行系统功能划分。第二步，用超大规模集成电路硬件描述语言（VLSI Hardware Description Language，VHDL）、Verilog HDL 等硬件描述语言对高层次的系统行为进行描述，这是行为结构设计。第三步，通过编译器形成标准的 VHDL 文件，并在系统级验证系统功能的设计正确性。第四步是逻辑设计，用逻辑综合优化工具生成具体的门级逻辑电路的网络表，这是将高层次的描述转化为硬件电路的关键一步。第五步涉及电路设计，利用产生的网络表进行适配前的时序仿真。最后是系统的物理实现，可以使用 CPLD、FPGA 或 ASIC。

功能级设计确定该电子系统的功能、性能，对系统功能进行表述，它以系统设计要求或系统说明书方式提供。

行为结构级设计根据功能级的要求将系统分解成几个接口清晰、功能明确的子系统，根据功能级的要求，将各个子系统构成功能级系统总体框图。每一个子系统都是一个功能相对的子系统，例如存储器系统、数据处理系统、输入/输出系统等。行为结构级设计要规定每个子系统的输出和输入以及行为。

系统级设计将子系统的功能用 MATLAB、LabVIEW、SystemView 等系统设计工具进行验证，并对构成的功能级系统总体框图的功能进行验证。

逻辑级设计是将验证后的子系统转换成逻辑图电路。将子系统的每一个小方框都落实到通用中大规模集成电路层次。同时规定一些关键器件的指标以保证该子系统的性能指标的实现。通常把这个层次概括为寄存器级。对于一个初级的电子系统设计人员而言，构成了寄存器级框图就等于初步完成了系统设计的理论部分。

电路（门）级设计包括设计输入和仿真两个部分。目前，EDA 技术使得电路设计输入方便了许多。例如可以利用原理图输入方法，它是利用软件系统提供的元器件库及各种符号和连线画出原理图，从而形成原理图输入文件。还可用 VHDL 的输入方法，它利用文本方式描述设计。这种输入方式，因具有设计与工艺的无关性、语言的公开和宽范围的描述能力以及便于组织大规模系统的设计，已成为当前设计的主体。

需要说明的是，自顶而下的设计方法是一个不断求精、逐步细化、分解的过程，但并不是单方向的。在下一级的构成及设计过程中可能会发现上一级的问题或不足，从而必须反过来对上一级的构成及设计加以修正。所以，自顶而下的设计过程是一个反复修正的过程，最后制订出可行的方案。完成了理论设计后，下一步的工作就是根据框图及要求，采购器件、设计印制电路板、装配、调试。如果在调试中发生问题，还要修改部分设计并更换器件，以保证性能满足要求。最后还应完成必需的设计报告、测试报告及各种文档资料的整理，从而完整地结束系统的设计过程。

1.3.3 数模混合电子系统和模拟电子系统的设计方法

当前的 EDA 工具主要集中应用在数字电路的设计工具方面，远比模拟电路的 EDA 工具要多。由于模拟集成电路 EDA 工具开发难度大，市场的需求又不小，故 20 世纪 90 年代以来，EDA 工具厂商都比较重视数模混合电路和混合层次的设计开发，近几年主要的 EDA 工具均已扩充了此功能。

数模混合电子系统设计的两项关键技术：一是混合信号和混合级别的仿真技术，其前提是必须解决混合电路的设计描述；二是混合信号和混合层次的管理调度方法。

对数字系统的描述目前有两种标准语言：VHDL 和 Verilog HDL。VHDL 的模拟和混合信号扩展部分称作 VHDL-AMS，它继承了原数字系统 VHDL 的特点，于 1998 年获得通过。此外，微波电路设计的 MHDL 标准也在制定之中。

为解决混合信号和混合层次的管理调度问题，需要开发一种可交互和开放的框架，由它支持混合信号的调度与模块的设计管理系统。混合设计工具建立了各种仿真工具接入的背板技术，以便让多种仿真工具用于混合信号和混合级别的设计验证。后端混合电路设计的布图工具实际上是一种编译器，它能与混合信号仿真工具和网表输入的符号版图生成紧密配合，完成单元图形的压缩、实时电气规则检查（Electrical Rule Checking，ERC）、标准单元的自动布局与布线（P&R）和模块生成。

目前，数模混合设计的 EDA 工具能处理混有数字信号处理器（Digital Signal Processor，DSP）核、ASIC 宏单元、滤波器、A/D 与 D/A 模块和压控振荡器（Voltage Controlled Oscillator，VCO）在内的各种混合级别的设计。数模混合系统芯片一般属于最新类型的片上系统（System on Chip，SoC）。EDA 专业软件厂商在数模混合设计 EDA 工具上占有一定优势，如 Siemens Mentor Graphics 公司的 Mixsim 环境、Cadence 公司的 Analog Artist 设计系统和 Protel DXP 等。模拟电子系统设计工具的研究从 20 世纪 60 年代就开始了。最著名的基于 Windows 环境的仿真分析软件工具有 PSpice、Multisim 等，特别适合模拟系统和混合系统的设计与仿真分析。借助于模拟软件，设计者可根据电路的结构和元器件参数，输入原理图或输入文本文件，不仅可以对模拟电子电路进行不同输入状态的时间响应、频率响应、噪声和其他性能的分析优化，自动进行电路检查，生成网表，还可以分析数模混合电路。根据模拟软件的仿真功能和诸多数学运算，如直流扫描、交流分析、噪声分析、温度分析等仿真功能以及基本的数学运算和函数运算，设计者只需在所要观察的节点放置电压（电流）探针，就可以在仿真结果图中观察其情况，方便地修改电路结构及参数，进行多种设计方案的比较和优选，从而选择最佳的设计方案。借助于模拟软件，设计者还可以进行传统方法难以实现的容差分析、灵敏度分析、最坏情况分析、温度特性分析等,既可以省去在实验板上做繁杂的试验,又可以节省购买实验元器件的费用,缩短了开发周期。它为电路设计者提供了一个创造性的工作环境,设计者有更多的时间和机会更充分地发挥其聪明才智,使电子电路设计实现优化。

1.3.4 电子系统设计自动化

电子系统设计自动化技术就是以计算机为工具,在 EDA 软件平台上以硬件描述语言为手段进行系统逻辑描述设计,完成整个设计过程中的逻辑编译、逻辑化简、逻辑分割、逻辑布局布线、逻辑仿真以及对特定目标芯片的适配编译、逻辑映射和编程下载等工作。设计者的工作仅限于利用软件的方式,即利用硬件描述语言来完成对系统硬件功能的描述。可编程的专用集成电路(ASIC)是从 20 世纪 70 年代开始起步的器件,由于具有可编程性和设计的方便性,在电子系统的设计中被广泛应用。在 EDA 工具的帮助下就可以得到最后的设计结果。尽管目标系统是硬件,但整个设计和修改过程如同完成软件设计一样方便和高效。在过去令人难以置信的事,今天已成为平常之事,一台计算机、一套 EDA 软件和一片 CPLD 或 FPGA 芯片就能在家中完成大规模集成电路和数字系统的设计。

当今,芯片的复杂程度越来越高,数万门以至数十万门级别的电路设计的需求越来越多。单是依靠原理图输入方式已不堪承受,采用硬件描述语言(Hardware Description Language,HDL)的设计方式应运而生。设计工作从功能级开始,EDA 向设计的高层次发展,出现了第三代 EDA 系统,其特点是高层次设计的自动化(High Level Design Automation,HLDA)。在第三代 EDA 系统中,引入了 HDL、行为综合和逻辑综合工具,采用较高的抽象层次进行设计,并按层次式方法进行管理,极大地提高了复杂设计的能力,设计所需的周期也大幅度变短。因此,第三代 EDA 系统迅速得到了推广应用。

1.4 EDA 设计流程

第三代 EDA 设计流程包括:设计输入、行为模拟(仿真)、设计综合、器件适配、时序校验(仿真),然后下载到 PLD/FPGA 器件中或制造 ASIC 芯片。

1.4.1 EDA 设计输入

构思设计的最重要手段是 EDA 输入工具,用文字和图形作为设计信息的载体,并连接后续的各种 EDA 工具。设计的输入(描述)方法主要有:早期 CAE 采用的线路图(Schematic)输入法、20 世纪 80 年代末以后广泛采用的硬件描述语言输入法以及层次简图输入法。

1. 线路图输入法

线路图输入法即原理电路图输入法,是早期的 CAE 主要采用的一种传统的设计输入法,现在依然大量使用。它用符号和连线建立一种网络表,网络表是连接后续设计工具的重要手段。此法适合自底向上的板级系统的集成设计。其优点是直观和非编程,缺点是不适合用 EDA 工具综合设计。当处理 1000 个以上的逻辑单元符号时,这种方法就很难考虑到电路性能参数的各个方面。

2. 硬件描述语言输入法

20 世纪 80 年代末 EDA 设计大量采用自动逻辑综合工具,设计输入转向以各种 HDL 为主的编程输入方式。HDL 是一种用形式化方法(算法语言)来描述电子电路和设计电子系统的语言。它可以使电子系统设计者利用这种语言来描述自己的设计思想和电子系统的行为，并建立模型，然后利用 EDA 工具进行仿真，自动综合到门级电路，再用 ASIC 或 PLD/FPGA 实现其功能。利用 HDL 可以方便地设计大型的电子系统。目前，有两种语言成为 IEEE 标准语言：VHDL 和 Verilog HDL。用 HDL 描述设计的优点是它们更接近用自然语言描述系统的行为，在设计过程中文字载体更适合传递和修改设计信息，并可以建立独立于工艺的设计，此外还便于保存和重新设计。其缺点是设计师必须学会编程。

3. 层次简图输入法

层次简图输入法是图形化免编程式的设计输入法，它使得习惯用线路图输入法的设计师仍可以在他们熟悉的符号与图形环境下进行设计而不必编程。设计师可用他们最方便和熟悉的方式（框图、状态图、真值表和文字）来构思设计，然后由 EDA 工具自动生成综合工具所需的 VHDL（或其他 HDL）描述。大型电子系统的设计可采用层次简图方法，自顶向下划分模块并画出各层简图，直至最底层的由元器件组成的分电路图为止。目前主流的 EDA 工具都支持这种输入方法，如 ALTA Group of Cadence 的 SPW 软件工具、View-Logic 的 View Design Manager 和 Protel DXP 等。

1.4.2 EDA 设计综合

设计综合是对不同层次和不同形式的设计描述进行转换，自动综合工具帮助设计师自动地完成这种转换。在综合过程中设计者的任务是把各种设计要求作为一种约束条件提交给综合器，综合器按照指定的工艺库做映射转换。综合器通过各种综合算法，以具体的工艺背景实现高层目标所规定的优化设计。通过综合工具进行设计，可将电子系统的高层行为描述转换到低层硬件描述和确定的物理实现，使设计人员无须直接面对低层电路，不必了解具体的逻辑器件，从而把精力集中到系统行为建模和算法设计上。

设计综合按层次分为：行为级综合、寄存器传输级（Register Transfer Level，RTL）综合、逻辑综合、版图综合、测试综合。其中行为级综合包括系统级综合和算法级综合。

1. 行为级综合

系统级综合工具将完成硬件设计的自然语言描述向机器语言和算法描述的转换。它主要解决将用户的设计要求转化为设计规范（技术指标），划分出设计的软件及硬件的结构、指标对设计资源的折中和跟踪。算法级综合工具能将数据流中的部分算法描述转换为 RTL 的描述，它将为硬件资源选择一种合适的 RTL 的结构。上述系统级综合和算法级综合是行为级综合的具体化，因为它们的目标函数是使系统的行为功能最佳。RTL 以上的设计被称为高层次电子设计，因为它们为系统与电路选择了一种合适的结构。

目前，高层次综合主要是指从算法级的行为描述转换到实现它的 RTL 结构描述的综合。

2. 版图综合

选定 RTL 结构之后，逻辑综合完成电路级的设计，进入门级设计。版图综合是由门级和电路级的逻辑描述向物理版图描述的转换。版图综合要完成包括布局与布线的面积、速度和功率在内的 3 个维度的优化，是各种综合级别中最难以实现的。版图综合用于实现 ASIC 芯片，如果用 PLD/FPGA 实现数字系统，则无须版图综合。

3. 测试综合

测试综合贯穿于设计过程的始终。在测试综合中自动测试图形生成（ATPG）时，产生的高覆盖率测试代码和关键路径的时序分析，为电路与系统的高层次设计提供了一种无冲突的自动测试方案。测试综合提供了这种设计验证和对测试结果进行预测的有效手段。它是以设计结果的性能为目标的综合方法，以电路的时序、功耗、电磁辐射和负载能力等性能指标为综合对象，是保证电子系统设计结果稳定、可靠工作的必要条件。

1.4.3 EDA 设计仿真

仿真是整个电子设计过程中花费时间和资源最多的环节，可占整个设计时间的 80%，仿真主要分两个阶段进行：设计前期的系统级仿真（功能仿真）和在综合与布局布线后的门级仿真。系统仿真要求进行系统建模，而系统模型的准确程度、复杂程度和迭代深度都会直接影响仿真结果和仿真费用。

仿真的循环过程是：输入模型→仿真→分析→修改模型→重新仿真。系统级仿真验证系统功能的有效性，门级仿真验证电路性能和测试精度。仿真的任务是：验证设计功能的有效性、测试设计的精度、处理各种折中和保证设计的交接。以事件为基础的仿真方法是 IC 功能设计的归一化测试工具；以时钟周期为基础的仿真方法是 IC 性能设计的归一化测试工具。

对仿真工具的基本要求是精确性、调试和诊断出错的能力、持续力、支持的抽象级别和数据率。其中，错误的精确定位一直是仿真工具最重要的性能指标。在各抽象层次上都要用到仿真器，但最重要的是系统级仿真，这将提高整个设计效率并避免设计的延误。

1.5 电子系统开发流程

一个电子系统在批量生产与推广应用之前，一般都要经历需求分析、功能量化、系统方案设计与论证、系统开发、测试修改与鉴定、试用与产品定型等阶段，这些阶段构成了电子系统的开发流程。下面对电子系统开发流程的各个环节分别进行阐述。

1. 需求分析

当某个人、某个企业或开发团队产生了想研制具有某种功能的电子系统或电子产品的想法时，在立项与开发之前，首先要做的事情就是进行市场需求分析，充分了解市场现状，研判此电子系统研制的必要性。依据项目是军用还是民用，市场调研的侧重点要有所区别。军用项目一般要与对应的业务部门进行详细交流沟通，让他们了解研发者的真实想法，并为项目研制的必要性、推广前景提供参考意见，以此作为该项目是否立项与开发的重要依据。民用项目要重点调研市场相似产品的具体情况、市场需求的紧迫性、推广量、用户能接受的价格等，为项目的开展提供依据。市场需求分析是非常重要的环节，决定着该项目是否进一步开展，在市场需求分析中要做到内容全面、数据可靠。

2. 功能量化

功能量化就是将用户用通俗语言表达的、比较笼统或者含混不清的需求转换为用专业术语表达的详细的功能需求。功能量化越细致，方案设计（包括实现方案设计与指标设计）就会越准确。功能量化是必不可少的环节，在实际操作中，通常将功能量化为几点具体的要求。对于纵向项目来说，必须清楚地表达系统实现的功能，一方面方便上级业务部门进行准确的评判，另一方面可使课题组成员对项目有清楚的把握；对于横向委托研制项目来说，由于委托方不一定是专业人员，因此功能量化过程更加重要，需要用户与研制人员反复沟通与修改才能得到一个完整的系统量化功能，同时也为项目的验收提供依据。

3. 系统方案设计与论证

系统方案设计与论证在电子系统的设计与开发流程中处于核心地位。系统方案设计包括整体实现方案与整体指标设计、功能单元模块实现方案与单元指标设计、信号格式设计、模块间信号传输协议与连接接口设计以及关键元器件的选取等内容，量化后的系统功能与关键指标是系统方案设计的依据。在系统方案设计中，一般先由总设计师、分项目设计师以及研制人员共同完成系统方案的初步设计，即按照系统功能与关键指标把系统划分成若干功能模块，形成整体实现框图，并规划出各功能模块要完成的任务，确定各功能模块的结构与输入输出关系，然后召开专家论证会，对初步方案进行修改与完善，形成最终的系统方案。在系统方案设计中要注意合理分配软硬件资源，尽量利用软件来实现硬件也可以完成的功能。合理的系统方案能使开发者少走弯路，缩短开发周期，降低开发成本。

需要说明的是，系统方案设计的成败与选取的关键器件密切相关。在一个项目开发中可能需要使用多个关键器件，对这些关键器件的性能指标要进行重点分析，准确研判对电子系统整体指标的影响，确保满足系统要求。切忌在开发过程中随意改变关键器件，否则既会浪费开发人员的精力，影响开发进度，又会增加开发成本，还会使研发人员对设计师产生不信任感。

4. 系统开发

系统开发是电子系统设计与开发流程中的重要阶段，也往往是花费时间最长的阶段。在该阶段须完成的任务包括各个功能模块的硬件电路设计、制板与调试，软件流程设计、编程与调试，信号处理算法的设计、仿真验证与实现，系统联调与功能测试等。在功能模块硬件电路设计中，要做好关键器件资源的合理规划，以保证用户功能的顺利实现。在软件设计中，要注意哪些功能在主程序中实现，哪些功能在中断中实现，哪些中断优先级高，哪些中断优先级低，并依据项目要求对随机存储器（Random Access Memory，RAM）、只读存储器（Read-Only Memory，ROM）的存储量进行合理设计，以免资源浪费。另外，地址分配要进行统一规划，不同对象的地址一定不能重叠，以免出现无法预料的结果。在程序编写过程中要注意以下几点：

1）要始终贯彻模块化编程的思想，以增加程序的可读性，减小调试难度。

2）做到程序框图逻辑完整、无漏洞、容错性好。

3）尽量减小中断服务程序的长度，以减小对其他中断响应的影响，通常的做法是在中断服务程序中设置中断标志，在主程序对中断标志进行判断，并进行相应的处理。

4）养成对程序进行注释的习惯，以便于以后对程序进行修改。

在信号处理算法的设计中，要对算法的有效性做到心中有数，在初步遴选算法的基础上，通过仿真来检验算法的有效性，并从中优选出用于工程实现的信号处理算法，应避免不加评估就直接将算法用于工程实现的情况发生。系统联调是建立在各个功能模块独立调试运行达到要求的基础上的，在系统联调过程中，不可避免会出现各种问题，有的问题容易解决，有的问题则很难找到原因。在这种情况下，首先一定要冷静，联调中出现问题是很正常的，调整好心态，问题就解决了一半；其次团队之间要有相互协作的精神，联调中出现的问题往往不是单元电路本身的问题，需要相互配合才能找到出现问题的原因；最后要养成利用专业知识解决问题的习惯，一旦出现问题，当务之急是查找导致问题的所有可能的原因，然后一一排查。需要说明的是，联调中经验是非常重要的，但全凭经验解决问题也是不可取的，解决问题的最佳方法是经验与专业知识相结合。

5. 测试修改与鉴定

系统开发完成后，开发者要对设计与开发的电子系统进行性能测试，项目鉴定时也要进行专门的性能测试，并要提供测试报告。性能测试包括系统功能测试与指标参数测试两个方面，并以此为依据评判研制的系统是否达到要求。虽然功能测试与指标测试二者缺一不可，但指标测试是测试环节的核心，它直接决定了该项目的实用性。从作者以往研制的项目来看，测试中出现的主要问题是指标参数达不到要求或者指标在临界值附近，产品在市场应用时反映的问题也往往是指标达不到要求所致。因此，在指标测试中，要严把质量关，测试设备须经过专业机构的校准。当指标达不到要求时，要反复对系统进行调试与修改，直到满足要求为止。放松对指标的严格要求将给售后服务与维修人员带来无尽的烦恼，应坚持问题不出厂的原则，切忌让系统带着问题去试用。

对于重要的电子系统来说，研制样机完成后一般会由研制单位申请、业务部门组织行业专家召开成果鉴定会，以对产品的功能、性能指标以及创新性进行鉴定，对存在的不足提出改进意见。研制样机在鉴定前要进行产品试用，并由试用单位出具试用情况证明。在召开鉴定会时，会成立测试组、资料组以及鉴定委员会，由测试组对样机进行全面测试，并提供测试报告；由资料组对鉴定材料进行核查。鉴定材料一般包括研制总结报告、技术说明书（含详细的电路原理图、PCB图、元器件清单以及软件流程框图等）、使用说明书、样机试用单位证明、测试报告等。鉴定会由业务部门组织，鉴定委员会主席主持，会议一般包括项目负责人研制情况汇报、委员会参观样机、测试组情况说明、资料组情况说明、委员会讨论与质询等环节，最后形成鉴定结论。只有通过了鉴定会的研制样机才能转入下一个阶段。

6．试用与产品定型

在试用与产品定型阶段，首先根据鉴定会的意见对研制系统存在的不足进行修改完善；其次，由于研制的样机重点是考虑功能与性能指标的实现，因此为了满足市场需求，要对结构、可靠性等方面按需进行调整，在研制样机的基础上生产型号样机并试用；再次，在所有问题得到解决和样机成熟的条件下，召开产品定型会，确定产品的具体型号；最后，将型号样机转交生产部门进行批量生产，正式投入市场。

1.6 电子系统设计应考虑的主要因素

电子系统设计是一个综合工程，对设计者的专业技能要求非常高。对于整体方案设计人员来说，不仅需要有深厚、宽广的专业理论知识，而且要具备丰富的工程实践经验和有从事过大量电子产品开发的经历。更为重要的是，电子系统实现技术日新月异，对其新技术和新产品要有十分精准的了解与掌握。对于功能模块的设计与开发人员来说，对电子系统单元电路的工作原理要理解透彻，各种实现方法的利弊要掌握清楚，应具备选择最优实现方案与技术的能力，并且要有良好的分析问题与解决实际问题的能力与方法。对于射频通道设计人员来说，应具备丰富的射频电路调试经验和良好的电磁兼容知识以及解决射频互干扰的能力。可以说，依据设计的任务与要求不同，对设计人员的要求也不一样，设计中需要考虑的因素也存在很大区别。这里仅对一些共性问题进行简单介绍。

1．注重网络资源的充分利用

互联网技术已深入到日常生活与工作中，对于电子系统的设计与开发也是如此。在电子系统设计与开发中，互联网将以下方面发挥重要作用：

1）资料的查找。无论是工作原理、常用实现技术、元器件等传统资料，还是最新实现方法与技术资料，都能在网上一览无余，并且相比于其他方法，利用互联网查阅资料更快捷、更高效、更详细。因此，要充分利用互联网查阅资料。

2）疑难问题的咨询解答。在设计与开发中不可避免地会碰到各种问题，对于新器件、新技术的使用更是如此，而身边又一时无法找到合适的人员请教。在这种情况下，利用网上的专题论坛解决问题也许是最佳途径。它不仅解决了传统方法受时间、地域、相互之间不熟悉等因素影响的问题，而且能解决工程实践中遇到的绝大多数问题。

2. 注重开发与设计工具的合理利用

传统电子系统设计方法通常采用的是方案设计与实验验证相结合的方法，即在完成系统方案设计的基础上，采用实验的方法验证关键技术与难点技术的可行性以及技术指标能否满足要求。这种方法周期长、成本高，对设计与开发进度会造成一定影响。随着电子实现技术的飞速发展，与其相适应的仿真技术与仿真手段得到了极大丰富，仿真功能也变得越来越强大，实验将不再是唯一的验证方法，合理利用仿真工具验证关键技术与难点技术的可行性将变为现实。并且由于这种验证方法具有周期短、成本低的优点，在电子系统方案设计中，采用仿真技术验证方案的可行性将变为一种普遍采用的且行之有效的方法。由此可见，掌握并合理利用开发与设计工具是电子系统开发过程中必不可少的方法和手段。

3. 注重算法有效性验证与关键技术的预先研究

在电子系统方案设计中，都会用到一些需要预先研究的关键技术或者信号处理算法，而且考虑到设计人员与开发团队的知识与经验积累不同，即使是设计同一个电子系统，不同团队需要预先研究的内容也不一样。在电子系统开发之前，必须对没有把握的关键技术与信号处理算法进行预先研究，将疑难问题预先解决，千万不能存在侥幸心理，更不能想当然办事，应以疑难问题事先解决为原则。

4. 注重应用开发评估板的有效利用

随着电子技术的不断发展与制造工艺的不断提高，新电子器件层出不穷，其处理速度以及功能的综合化方面较以往的产品有了大幅度提升，给电子系统设计带来了诸多方便。以前需要多个集成芯片才能完成的功能，现在采用单个芯片就可以轻松实现，且性能较以往更好，以前受器件处理速度限制无法实现的某些设计方案现在也变成了可能。因此新器件一经投入市场便得到电子系统设计者的青睐。为了缩短设计者对新器件的开发周期以及扩大新器件的市场占有量，大量元器件生产厂家在推出新产品的同时，也配套推出了这些器件典型工程应用的开发评估板以及开发工具。作为电子系统的设计与开发人员，应充分利用元器件生产厂家提供的这些资源为项目服务，能利用开发评估板完成的功能尽量用开发评估板完成。在项目中直接利用开发评估板有以下几个方面的优点：

1）开发评估板的电路原理图与印制电路板图经过厂家的优化，电路成熟，性能可靠，开发者不用调试硬件，可以将精力集中在硬件资源的利用与软件编程上，提高了开发效率。

2）开发评估板硬件资源丰富，一般都能满足开发者的需要。

3）与开发评估板配套的软件，特别是例程在开发中可直接运用，能有效节省开发时间。

4）配备的光盘资料或厂家网站上有非常详细的器件数据手册（Data Sheet）与各种各样的应用笔记（Applied Note）供开发者参考，资料丰富。

5. 重视电磁兼容问题

电磁兼容有两层含义：一是指电子系统在其工作的电磁环境下能否正常工作；二是指电子系统本身形成的电磁信号对其周围的影响程度。电磁兼容问题几乎是每个电子系统设计者与开发者都会碰到的问题。在设计电子系统时，既要考虑如何减小自身产生的电磁干扰（Electromagnetic Interference，EMI）信号和外部存在的电磁信号对本系统的不利影响，又要考虑如何将本系统产生的电磁干扰信号抑制在允许的范围内。

电子系统的电磁兼容涉及诸多因素，它通常与工作频率、电路布线以及结构设计有关。如果处理不当，不只是影响设备的电磁兼容性，甚至会影响到电子系统的性能指标以及实现的功能，所以应引起高度重视。传统的观点认为电磁兼容只需要在射频部分考虑，这是一种片面的认识。由于器件运行速度越来越快，因此在现代电子系统设计中，在基带信号处理单元中也需要考虑这个问题。

1.7 嵌入式系统

随着计算机技术的不断发展，计算机的处理速度越来越快，存储容量越来越大，外围设备的性能越来越好，满足了高速数值计算和海量数据处理的需要，形成了高性能的通用计算机系统。

以往按照计算机的体系结构、运算速度、结构规模、适用领域，将其分为大型机、中型机、小型机和微型机，并以此来组织学科和产业分工，这种分类沿袭了约 40 年。近 20 年来，随着计算机技术的迅速发展，以及计算机技术和产品对其他行业的广泛渗透，使得以应用为中心的分类方法变得更为切合实际。

1.7.1 嵌入式系统的定义

美国电气电子工程师学会（IEEE）定义的嵌入式系统（Embedded System）是"用于控制、监视或者辅助操作机器和设备运行的装置"（原文为 Devices used to control, monitor, or assist the operation of equipment, machinery or plants）。这主要是从应用上加以定义的，从中可以看出嵌入式系统是软件和硬件的综合体，还可以涵盖机械等附属装置。

国内普遍认同的嵌入式系统定义是，以计算机技术为基础，以应用为中心，软件、硬件可剪裁，适合应用系统对功能可靠性、成本、体积、功耗严格要求的专业计算机系统。在构成上，嵌入式系统以微控制器及软件为核心部件，两者缺一不可；在特征上，嵌入式系统可以方便、灵活地嵌入到其他应用系统，即具有很强的可嵌入性。

按嵌入式微控制器类型划分，嵌入式系统可分为以微控制器为核心的嵌入式系统、以工业计算机板为核心的嵌入式计算机系统、以 DSP 为核心组成的嵌入式数字信号处理器系统和以 FPGA 为核心的嵌入式可编程片上系统（System on a Programmable Chip，SOPC）。

嵌入式系统在含义上与传统的微控制器系统和计算机系统有很多重叠部分。为了方便区分，在实际应用中，嵌入式系统还应该具备下述 3 个特征。

1）嵌入式系统的微控制器通常是由 32 位及以上的精简指令集计算机（Reduced Instruction Set Computer，RISC）处理器组成的。

2）嵌入式系统的软件系统通常以嵌入式操作系统为核心，外加用户应用程序。

3）嵌入式系统在特征上具有明显的可嵌入性。

嵌入式系统应用经历了无操作系统、单操作系统、实时操作系统和面向 Internet 4 个阶段。21 世纪是一个网络的时代，互联网的快速发展及广泛应用为嵌入式系统的发展及应用提供了良好的机遇。"人工智能"这一技术一夜之间人尽皆知，而嵌入式在其发展过程中扮演着重要角色。嵌入式系统的广泛应用和互联网的发展导致了物联网（Internet of Things，IoT）概念的诞生，设备与设备之间、设备与人之间以及人与人之间要求实时互联、导致了大量数据的产生，大数据一度成为科技前沿，每天世界各地的数据量呈指数增长，数据远程分析成为必然要求。云计算被提上日程。数据存储、传输、分析等技术的发展无形中催生了人工智能，因此人工智能看似突然出现在大众视野，实则经历了近半个世纪的漫长发展，其制约因素之一就是大数据。而嵌入式系统正是获取数据的最关键的系统之一。人工智能的发展可以说是嵌入式系统发展的产物，同时人工智能的发展要求更多、更精准的数据更快、更方便地传输。这促进了嵌入式系统的发展，两者相辅相成，嵌入式系统必将进入一个更加快速的发展时期。

1.7.2 嵌入式系统与通用计算机系统的比较

嵌入式系统的发展大致经历了以下 3 个阶段：以嵌入式微控制器为基础的初级嵌入式系统、以嵌入式操作系统为基础的中级嵌入式系统和以 Internet 和实时操作系统（Real-Time Operating System，RTOS）为基础的高级嵌入式系统。

嵌入式技术与 Internet 技术的结合正在推动着嵌入式系统的飞速发展，为嵌入式系统市场展现出了美好的前景，也对嵌入式系统的生产厂商提出了新的挑战。

通用计算机具有计算机的标准形式，通过装配不同的应用软件，应用在社会的各个方面。现在，在办公室、家庭中广泛使用的个人计算机（Personal Computer，PC）就是通用计算机最典型的代表。

而嵌入式计算机则是以嵌入式系统的形式隐藏在各种装置、产品和系统中。在许多应用领域，如工业控制、智能仪器仪表、家用电器、电子通信设备等，对嵌入式计算机的应用有着不同的要求，主要要求如下：

1）能面对控制对象，例如面对物理量传感器的信号输入，面对人机交互的操作控制，面对对象的伺服驱动和控制。

2）可嵌入到应用系统。由于体积小、功耗低，价格低廉，嵌入式计算机可方便地嵌入到应用系统和电子产品中。

3）能在工业现场环境中长时间可靠运行。

4）控制功能优良。对外部的各种模拟和数字信号能及时地捕捉，对多种不同的控制对象能灵活地进行实时控制。

可以看出，满足上述要求的计算机系统与通用计算机系统是不同的。换句话讲，能够满足和适合以上这些应用的计算机系统与通用计算机系统在应用目标上有巨大的差异。一般将具备高速计算能力和海量存储，用于高速数值计算和海量数据处理的计算机称为通用计算机系统。而将面向工控领域对象，嵌入到各种控制应用系统、各类电子系统和电子产品中，实现嵌入式应用的计算机系统称为嵌入式计算机系统，简称嵌入式系统。

嵌入式系统将应用程序和操作系统与计算机硬件集成在一起，简单地讲，就是系统的应用软件与系统的硬件一体化。这种系统具有软件代码小、高度自动化、响应速度快等特点，特别适用于面向对象的要求实时和多任务的应用。

特定的环境和特定的功能要求嵌入式系统与所嵌入的应用环境成为一个统一的整体，并且往往要满足紧凑、可靠性高、实时性好、功耗低等技术要求。面向具体应用的嵌入式系统，以及系统的设计方法和开发技术，构成了今天嵌入式系统的重要内涵，也是嵌入式系统发展成为一个相对独立的计算机研究和学习领域的原因。

1.7.3 嵌入式系统的特点

通过嵌入式系统的定义和嵌入式系统与通用计算机系统的比较，可以看出嵌入式系统具有以下特点。

（1）专用性强　嵌入式系统通常是针对某种特定的应用场景，与具体应用密切相关，其硬件和软件都是面向特定产品或任务而设计的。不但一种产品中的嵌入式系统不能应用到另一种产品中，甚至都不能嵌入同一种产品的不同系列。例如，洗衣机的控制系统不能应用到洗碗机中，甚至不同型号洗衣机中的控制系统也不能相互替换，因此嵌入式系统具有很强的专用性。

（2）裁剪性　受限于体积、功耗和成本等因素，嵌入式系统的硬件和软件必须高效率地设计，根据实际应用需求量体裁衣，去除冗余，从而使系统在满足应用要求的前提下达到最精简的配置。

（3）实时性好　许多嵌入式系统应用于宿主系统的数据采集、传输与控制过程时，普遍要求嵌入式系统具有较好的实时性，例如现代汽车中的制动器、安全气囊控制系统，武器装备中的控制系统，某些工业装置中的控制系统等。这些应用对实时性有着极高的要求，一旦达不到应有的实时性，就有可能造成极其严重的后果。另外，虽然有些系统本身的运行对实时性要求不是很高，但实时性也会对用户体验感产生影响，例如需要避免人机交互和遥控反应迟钝等情况。

（4）可靠性高　嵌入式系统的应用场景多种多样，面对复杂的应用环境，嵌入式系统应能够长时间稳定可靠地运行。

（5）体积小、功耗低　由于嵌入式系统要嵌入具体的应用对象体中，其体积大小受限于宿主对象，因此往往对体积有着严格的要求，例如心脏起搏器的大小就像一粒胶囊。2020 年 8 月，埃隆·马斯克发布的拥有 1024 个信道的 Neuralink 脑机接口只有一枚硬币大小。同时，由于嵌入式系统在移动设备、可穿戴设备以及无人机、人造卫星等应用设备中不可能配置交流电源或大容量的电池，因此低功耗也往往是嵌入式系统所追求的一个重要指标。

（6）注重制造成本　与其他商品一样，制造成本会对嵌入式系统设备或产品在市场上的竞争力有很大的影响。同时嵌入式系统产品通常会进行大量生产，例如，现在的消费类嵌入式系统产品，通常的年产量会在百万数量级、千万数量级甚至亿数量级。节约单个产品的制造成本，意味着总制造成本的海量节约，会产生可观的经济效益。因此注重嵌入式系统的硬件和软件的高效设计，量体裁衣、去除冗余，在满足应用需求的前提下有效地降低单个产品的制造成本，也成为嵌入式系统所追求的重要目标之一。

（7）生命周期长　随着计算机技术的飞速发展，像桌面计算机、笔记本计算机以及智能手机这样的通用计算机系统的更新换代速度大大加快，更新周期通常为 18 个月左右。然而嵌入式系统和实际具体应用装置或系统紧密结合，一般会伴随具体嵌入的产品维持 8~10 年相对较长的使用时间，其升级换代往往是和宿主对象系统同步进行的。因此，相较于通用计算机系统而言，嵌入式系统产品一旦进入市场，不会像通用计算机系统那样频繁换代，通常具有较长的生命周期。

（8）不可垄断性　代表传统计算机行业的 Wintel（Windows-Intel）联盟统治桌面计算机市场长达 30 多年，形成了事实上的市场垄断。而嵌入式系统是将先进的计算机技术、半导体电子技术和网络通信技术与各个行业的具体应用相结合后的产物，其拥有更为广阔和多样化的应用市场，行业细分市场极其宽泛，这一点就决定了嵌入式系统必然是一个技术密集、资金密集、高度分散、不断创新的知识集成系统。特别是 5G 技术、物联网技术以及人工智能技术与嵌入式系统的快速融合，催生了嵌入式系统创新产品的不断涌现，给嵌入式系统产品的设计研发提供了广阔的市场空间。

1.8 嵌入式系统的组成

嵌入式系统是一个在功能、可靠性、成本、体积和功耗等方面有严格要求的专用计算机系统,那么无一例外,具有一般计算机组成结构的共性。从总体上看,嵌入式系统的核心部分由嵌入式硬件和嵌入式软件组成,而从层次结构上看,嵌入式系统可划分为硬件层、驱动层、操作系统层以及应用层4个层次,如图1-6所示。

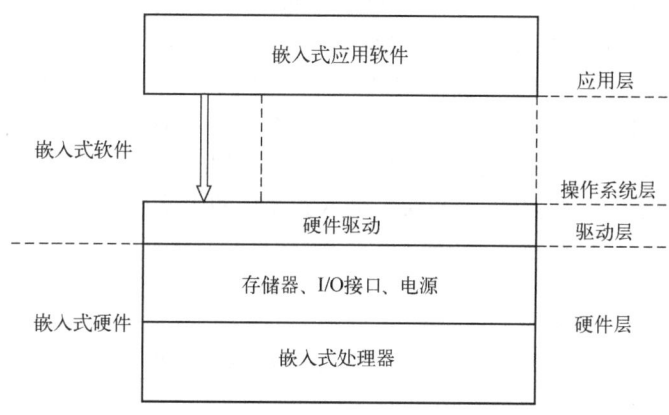

图1-6 嵌入式系统的组成结构

嵌入式硬件(硬件层)是嵌入式系统的物理基础,主要包括嵌入式处理器、存储器、输入/输出(I/O)接口及电源等。其中,嵌入式处理器是嵌入式系统的硬件核心,通常可分为嵌入式微处理器、嵌入式微控制器、嵌入式数字信号处理器以及嵌入式片上系统等主要类型。

存储器是嵌入式系统硬件的基本组成部分,包括 RAM、Flash、电擦除可编程只读存储器(Electrically-Erasable Programmable Read-Only Memory,EEPROM)等主要类型,承担着存储嵌入式系统程序和数据的任务。目前的嵌入式处理器中已经集成了较为丰富的存储器资源,同时也可通过 I/O 接口在嵌入式处理器外部扩展存储器。

I/O 接口及设备是嵌入式系统对外联系的纽带,负责与外部世界进行信息交换。I/O 接口主要包括数字接口和模拟接口两大类,其中,数字接口又可分为并行接口和串行接口,模拟接口包括模数转换器(ADC)和数模转换器(DAC)。并行接口可以实现数据的所有位同时并行传送,传输速度快,但通信线路复杂,传输距离短。串行接口则采用数据位逐位顺序传送的方式,通信线路少,传输距离远,但传输速度相对较慢。常用的串行接口有通用同步/异步收发器(USART)接口、串行外设接口(Serial Peripheral Interface,SPI)、芯片间总线(I^2C)接口以及控制器局域网络(CAN)接口等,实际应用时可根据需要选择不同的接口类型。I/O 设备主要包括人机交互设备(按键、显示器件等)和机机交互设备(传感器、执行器等),可根据实际应用需求来选择所需的设备类型。

1.9 嵌入式系统的软件

嵌入式系统的软件一般固化于嵌入式存储器中,是嵌入式系统的控制核心,控制着嵌入式系统的运行,实现嵌入式系统的功能。由此可见,嵌入式软件在很大程度上决定了整个嵌入式系统的价值。

从软件结构上划分，嵌入式系统的软件分为无操作系统和带操作系统两种。

1.9.1 无操作系统的嵌入式软件

对于通用计算机，操作系统是整个软件的核心，不可或缺；然而对于嵌入式系统，由于其专用性，在某些情况下不需要操作系统。尤其在嵌入式系统发展的初期，由于较低的硬件配置、单一的功能需求以及有限的应用领域（主要集中在工业控制和国防军事领域），嵌入式软件的规模通常较小，没有专门的操作系统。

在组成结构上，无操作系统的嵌入式软件仅由引导程序和应用程序两部分组成，如图 1-7 所示。引导程序一般由汇编语言编写，在嵌入式系统上电后运行，完成自检、存储映射、时钟系统和外设接口配置等一系列硬件初始化操作。应用程序一般由 C 语言编写，直接架构在硬件之上，在引导程序之后运行，负责实现嵌入式系统的主要功能。

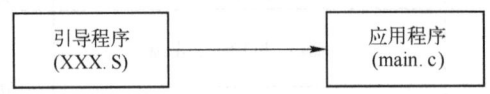

图 1-7 无操作系统的嵌入式软件结构

1.9.2 带操作系统的嵌入式软件

随着嵌入式应用在各个领域的普及和深入，嵌入式系统向多样化、智能化和网络化发展，其对功能、实时性、可靠性和可移植性等方面的要求越来越高，嵌入式软件日趋复杂，越来越多地采用嵌入式操作系统+应用软件的模式。相比无操作系统的嵌入式软件，带操作系统的嵌入式软件规模较大，其应用软件架构于嵌入式操作系统上，而非直接面对嵌入式硬件，可靠性高，开发周期短，易于移植和扩展，适用于功能复杂的嵌入式系统。

带操作系统的嵌入式软件的体系结构如图 1-8 所示，自下而上包括设备驱动层、操作系统层和应用软件层等。

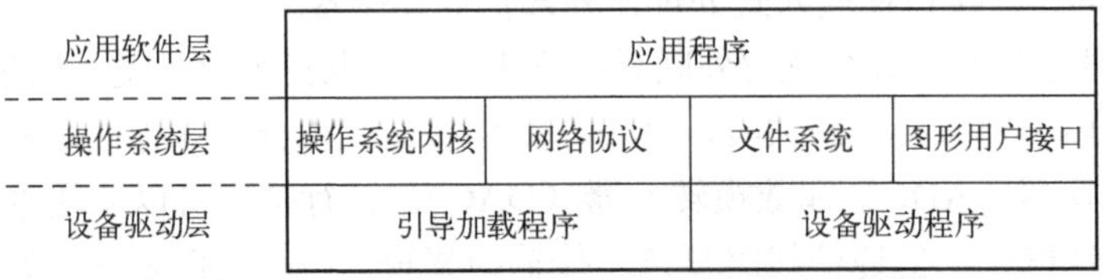

应用软件层	应用程序			
操作系统层	操作系统内核	网络协议	文件系统	图形用户接口
设备驱动层	引导加载程序		设备驱动程序	

图 1-8 带操作系统的嵌入式软件的体系结构

1.9.3 典型的嵌入式操作系统

使用嵌入式操作系统主要是为了有效地对嵌入式系统的软硬件资源进行分配、任务调度切换、中断处理，以及控制和协调资源与任务的并发活动。由于 C 语言可以更好地对硬件资源进行控制，嵌入式操作系统通常采用 C 语言来编写。当然为了获得更快的响应速度，有时也需要采用汇编语言来编写一部分代码或模块，以达到优化的目的。嵌入式操作系统与通用操作系统相比在两个方面有很大的区别。一方面，通用操作系统为用户创建了一个操作环境，在这个环境中，用户可以和计算机相互交互，执行各种各样的任务，而嵌入式系统一般只是执行有限类型的特定任务，并且一般不需要用户干预；另一方面，在大多数嵌入式操作系统中，应用程序通常作为操作系统的一部分内置于操作系统中，随同操作系统启动时自动在 ROM 或 Flash 中运行，而在通用操作系统中，应用程序一般是由用户来选择加载到 RAM 中运行的。

随着嵌入式技术的快速发展，国内外先后问世了 150 多种嵌入式操作系统，较为常见的国外嵌入式操作系统有 μC/OS、FreeRTOS、嵌入式 Linux、VxWorks、QNX、RTX、Windows IoT Core、Android Things 等。虽然国产嵌入式操作系统发展相对滞后，但在物联网技术与应用的强劲推动下，国内厂商也纷纷推出了多种嵌入式操作系统，并得到了日益广泛的应用。目前较为常见的国产嵌入式操作系统有华为 LiteOS、华为 HarmonyOS、阿里 AliOS Things、翼辉 SylixOS、睿赛德 RT-Thread 等。

1. FreeRTOS

FreeRTOS 是 Richard Barry 于 2003 年发布的一款"开源免费"的嵌入式实时操作系统，其作为一个轻量级的实时操作系统内核，功能包括任务管理、时间管理、信号量、消息队列、内存管理、软件定时器等，可基本满足较小系统的需要。在过去的 20 年，FreeRTOS 历经了 10 个版本，与众多厂商合作密切，拥有数百万开发者，是目前市场占有率相对较高的 RTOS。为了更好地反映内核不是发行包中唯一单独版本化的库，FreeRTOS V10.4 版本之后的 FreeRTOS 发行时改为使用日期戳版本而不是内核版本。

FreeRTOS 体积小巧，支持抢占式任务调度。FreeRTOS 由 Richard Barry 开发，并由 Real Time Engineers Ltd 生产出来，支持市场上大部分处理器架构。FreeRTOS 设计得十分小巧，可以在资源非常有限的微控制器中运行，甚至可以在 MCS-51 架构的微控制器上运行。此外，FreeRTOS 是一个开源、免费的嵌入式实时操作系统，相较于 μC/OS-Ⅱ 等需要收费的嵌入式实时操作系统，尤其适合在嵌入式系统中使用，能有效降低嵌入式产品的生产成本。

FreeRTOS 是可裁剪的小型嵌入式实时操作系统，除开源、免费以外，还具有以下特点：

1）FreeRTOS 的内核支持抢占式、合作式和时间片 3 种调度方式。

2）支持的芯片种类多，已经在超过 30 种架构的芯片上进行了移植。

3）系统简单、小巧、易用，通常情况下其内核仅占用 4～9KB 的 Flash 空间。

4）代码主要用 C 语言编写，可移植性高。

5）支持 ARM Cortex-M 系列中的内存保护单元（Memory Protection Unit，MPU），如 STM32F407、STM32F429 等有 MPU 的芯片。

6）任务数量不限。

7）任务优先级不限。

8）任务与任务、任务与中断之间可以使用任务通知、队列、二值信号量、计数信号量、互斥信号量和递归互斥信号量进行通信和同步。

9）有高效的软件定时器。

10）有强大的跟踪执行功能。

11）有堆栈溢出检测功能。

12）适用于低功耗应用。FreeRTOS 提供了一个低功耗（Tickless）模式。

13）在创建任务通知、队列、信号量、软件定时器等系统组件时，可以选择动态或静态 RAM。

14）SafeRTOS 作为 FreeRTOS 的衍生品，具有比 FreeRTOS 更高的代码完整性。

2. 睿赛德 RT-Thread

RT-Thread 的全称是 Real Time-Thread，是由上海睿赛德电子科技有限公司推出的一个开源嵌入式实时多线程操作系统，目前最新版本是 4.0。3.1.0 及以前的版本遵循 GPL V2+开源许可协议，从 3.1.0 以后的版本遵循 Apache License 2.0 开源许可协议。RT-Thread 主要由内核层、组件与服务层、软件包 3 个部分组成。其中，内核层包括 RT-Thread 内核和 libcpu/BSP（芯片移植相关文件/板级支持包）。RT-Thread 内核是整个操作系统的核心部分，包括多线程及其调度、信号量、邮箱、消息队列、内存管理、定时器等内核系统对象的实现，而 Libcpu/BSP 与硬件密切相关，由外设驱动和 CPU 移植构成。组件与服务层是 RT-Thread 内核之上的上层软件，包括虚拟文件系统、FinSH 命令行界面、网络框架、设备框架等，采用模块化设计，做到组件内部高内聚、组件之间低耦合。软件包是运行在操作系统平台上且面向不同应用领域的通用软件组件，包括物联网相关的软件包、脚本语言相关的软件包、多媒体相关的软件包、工具类软件包、系统相关的软件包以及外设库与驱动类软件包等。RT-Thread 支持所有主流的多点控制器（Multipoint Control Unit，MCU）架构，如 ARM Cortex-M/R/A、MIPS、x86、Xtensa、C-SKY、RISC-V，即支持市场上几乎所有主流的 MCU 和 Wi-Fi 芯片。相较于 Linux 操作系统，RT-Thread 具有实时性高、占用资源少、体积小、功耗低、启动快速等特点，非常适用于各种资源受限的场合。经过多年的发展，RT-Thread 已经拥有一个国内较大的嵌入式开源社区，同时被广泛应用于能源、车载、医疗、消费电子等多个行业。

3. μC/OS-Ⅱ

μC/OS-Ⅱ（Micro-Controller Operating System Ⅱ）是一种基于优先级的可抢占式的硬实时内核。它属于一个完整、可移植、可固化、可裁剪的抢占式多任务内核，包含了任务调度、任务管理、时间管理、内存管理和任务间的通信和同步等基本功能。μC/OS-Ⅱ嵌入式系统可用于各类 8 位微控制器、16 位和 32 位微控制器和数字信号处理器。

嵌入式系统 μC/OS-Ⅱ源于 Jean J.Labrosse 在 1992 年编写的一个嵌入式多任务实时操作系统（RTOS），1999 年改写后命名为 μC/OS-Ⅱ，并在 2000 年被美国航空管理局认证。μC/OS-Ⅱ系统具有足够的安全性和稳定性，可以运行在诸如航天器等对安全要求极为苛刻的系统之上。

μC/OS-Ⅱ系统是专门为计算机的嵌入式应用而设计的。μC/OS-Ⅱ系统中 90%的代码是用 C 语言编写的，CPU 硬件相关部分是用汇编语言编写的。总量约 200 行的汇编语言部分被压缩到最低限度，便于移植到任何一种其他的 CPU 上。用户只要有标准的美国国家标准学会（American National Standards Institute，ANSI）的 C 交叉编译器，有汇编器、连接器等软件工具，就可以将 μC/OS-Ⅱ系统嵌入到所要开发的产品中。μC/OS-Ⅱ系统具有执行效率高、占用空间小、实时性能优良和可扩展性强等特点，目前几乎已经移植到了所有知名的 CPU 上。

μC/OS-Ⅱ系统的主要特点如下：

（1）开源性　μC/OS-Ⅱ系统的源代码全部公开，用户可直接登录 μC/OS-Ⅱ的官方网站下载，网站上公布了针对不同微处理器的移植代码。用户也可以从有关出版物上找到详尽的源代码讲解和注释。这样使系统变得透明，极大地方便了 μC/OS-Ⅱ系统的开发，提高了开发效率。

（2）可移植性　绝大部分 μC/OS-Ⅱ系统的源码是用移植性很强的 ANSIC 语句写的，和微处理器硬件相关的部分是用汇编语言写的。汇编语言编写的部分已经压缩到最小限度，使得 μC/OS-Ⅱ系统便于移植到其他微处理器上。

μC/OS-Ⅱ系统能够移植到多种微处理器上的条件是，只要该微处理器有堆栈指针，有

CPU 内部寄存器入栈、出栈指令。另外，使用的 C 编译器必须支持内嵌汇编（In-line Assembly）或者该 C 语言可扩展、可连接汇编模块，使得关中断、开中断能在 C 语言程序中实现。

（3）可固化　μC/OS-Ⅱ系统是为嵌入式应用而设计的，只要具备合适的软硬件工具，μC/OS-Ⅱ系统就可以嵌入到用户的产品中，成为产品的一部分。

（4）可裁剪　用户可以根据自身需求只使用 μC/OS-Ⅱ系统中应用程序中需要的系统服务。这种可裁剪性是靠条件编译实现的，只要在用户的应用程序中（用 #define constants 语句）定义 μC/OS-Ⅱ系统中的功能是应用程序需要的即可。

（5）抢占式　μC/OS-Ⅱ系统是完全抢占式的实时内核。μC/OS-Ⅱ系统总是运行就绪条件下优先级最高的任务。

（6）多任务　μC/OS-Ⅱ系统 2.8.6 版本可以管理 256 个任务，目前预留 8 个给系统，因此应用程序最多可以有 248 个任务。系统赋予每个任务的优先级是不相同的，μC/OS-Ⅱ系统不支持时间片轮转调度法。

（7）可确定性　μC/OS-Ⅱ系统全部的函数调用与服务的执行时间都具有可确定性。也就是说，μC/OS-Ⅱ系统的所有函数调用与服务的执行时间是可知的。简而言之，μC/OS-Ⅱ系统服务的执行时间不依赖于应用程序任务的多少。

（8）任务栈　μC/OS-Ⅱ系统的每一个任务有自己单独的栈，μC/OS-Ⅱ系统允许每个任务有不同的栈空间，以便压低应用程序对 RAM 的需求。使用 μC/OS-Ⅱ系统的栈空间校验函数，可以确定每个任务到底需要多少栈空间。

（9）系统服务　μC/OS-Ⅱ系统提供很多系统服务，例如邮箱、消息队列、信号量、块大小固定的内存的申请与释放、时间相关函数等。

（10）中断管理，支持嵌套　中断可以使正在执行的任务暂时挂起。如果优先级更高的任务被该中断唤醒，则高优先级的任务在中断嵌套全部退出后立即执行，中断嵌套层数可达 255 层。

4．嵌入式 Linux

Linux 诞生于 1991 年 10 月 5 日（这是第一次正式向外公布时间），是一套开源、免费使用和自由传播的类 UNIX 的操作系统。Linux 是一个基于 POSIX 和 UNIX 的支持多用户、多任务、多线程和多 CPU 的操作系统。它能运行主要的 UNIX 工具软件、应用程序和网络协议，支持 32 位和 64 位硬件。Linux 继承了 UNIX 以网络为核心的设计思想，Linux 是一个性能稳定的多用户网络操作系统，存在许多不同的版本，但它们都使用了 Linux 内核。Linux 可安装在计算机硬件中，如手机、平板计算机、路由器、视频游戏控制台、台式计算机、大型机和超级计算机。

Linux 遵守通用公共许可证（General Public License，GPL）协议，无须为每例应用交纳许可证费，并且拥有大量免费且优秀的开发工具和庞大的开发人员群体。Linux 有大量应用软件，源代码开放且免费，可以在稍加修改后应用于用户自己的系统，因此软件的开发和维护成本很低。Linux 完全使用 C 语言编写，应用入门简单，只要懂操作系统原理和 C 语言即可。Linux 运行所需资源少、稳定，并具备优秀的网络功能，十分适合嵌入式操作系统应用。

1.10　嵌入式系统的应用领域

嵌入式系统主要应用在以下领域：

1）智能消费电子产品。嵌入式系统最为成功的是在智能设备中的应用，如智能手机、平板计算机、家庭音响、玩具等。

2）工业控制。目前已经有大量的32位嵌入式微控制器应用在工业设备中，如打印机、工业过程控制、数字机床、电网设备检测等。

3）医疗设备。嵌入式系统已经在医疗设备中取得广泛应用，如血糖仪、血氧计、人工耳蜗、心电监护仪等。

4）信息家电及家庭智能管理系统。信息家电及家庭智能管理系统方面将是嵌入式系统未来最大的应用领域之一。例如，冰箱、空调等的网络化、智能化将引领人们的生活步入一个崭新的空间，即使用户不在家，也可以通过电话线、网络进行远程控制。又如、水、电煤气表的远程自动抄表，以及安全防水、防盗系统，其中嵌入式专用控制芯片将代替传统的人工检查，并实现更高效、更准确和更安全的性能。目前在餐饮服务领域，如远程点菜器等，已经体现了嵌入式系统的优势。

5）网络与通信系统。嵌入式系统将广泛用于网络与通信系统之中。例如，ARM 把针对移动互联网市场的产品分为两类，一类是智能手机，一类是平板计算机。平板计算机是介于笔记本计算机和智能手机中间的一类产品。ARM 过去在 PC 上的业务很少，但现在市场对更低功耗的移动计算平台的需求带来了新的机会，因此 ARM 在不断推出性能更高的 CPU 来拓展市场。ARM 新推出的 Cortex-A9、Cortex-A55、Cortex-A75 等处理器可以用于高端智能手机，也可用于平板计算机。现在已经有很多半导体芯片厂商在采用 ARM 开发产品并应用于智能手机和平板计算机，如高通骁龙处理器、华为海思处理器均采用 ARM 架构。

6）环境工程。嵌入式系统在环境工程中的应用也很广泛，如水文资源实时监测、防洪体系及水土质量检测、堤坝安全、地震监测网、实时气象信息网、水源和空气污染监测。在很多环境恶劣、地况复杂的地区，依靠嵌入式系统将能够实现无人监测。

7）机器人。嵌入式芯片的发展将使机器人在微型化、高智能方面优势更加明显，同时会大幅度降低机器人的价格，使其在工业领域和服务领域获得更广泛的应用。

习题

1. 什么是电子系统？
2. 画出电子系统基本组成框图。
3. 实现电子系统的器件可分为哪些？
4. 现代电子设计的基本特征是什么？
5. 从电子系统的类型来讲，电子系统又可分为哪两种？智能型的特点有哪些？
6. 根据待设计的电子系统的特点以及使用的技术层次，可将电子系统设计分成哪几种类型？
7. 嵌入式系统的定义是什么？
8. 嵌入式系统还应该具备哪几个特征？
9. 嵌入式系统的发展大致经历了哪几个阶段？
10. 嵌入式系统有什么特点？
11. μC/OS-II 系统的主要特点有哪些？
12. 嵌入式系统主要应用在哪些领域？

第 2 章 电子制作与常用工具

本章详细介绍了电子制作的基本概念、流程以及所需的工具和技术。首先，电子制作涉及从基本的板件加工到复杂的焊接技术，使用到的工具包括但不限于万用表、示波器、信号源和逻辑分析仪等。此外，本章还讲述了电子元器件的安装和电子制作的装配技术。在电子制作的调试与故障排查部分，详细说明了如何进行测量、调试，并介绍了故障排查的常见方法，帮助读者系统地理解和掌握电子制作的全过程。

2.1 电子制作概述

本节讲述电子制作基本概念和电子制作基本流程。

2.1.1 电子制作基本概念

电子制作是一个电子系统设计理论物化的过程，主要体现在用中小规模集成电路、分立元件等组装成一种或多种功能的装置。电子制作是一种创新思维，除了一般学习之外，它能够体现出制作者自身的特点和个性，不是简单的模仿。电子制作可以检验综合应用电子技术相关知识的能力，它涉及电物理基本定律、电路理论、模拟电子技术、数字电子技术、机械结构、工艺、计算机应用、传感器技术、电机、测试与显示技术等内容。实践证明，许多发明、创造都是在制作过程中产生的。电子制作的目的是学习、创新，最终产品化和市场化，产生经济效益。

2.1.2 电子制作基本流程

电子制作的基本流程如图 2-1 所示，简要说明如下。

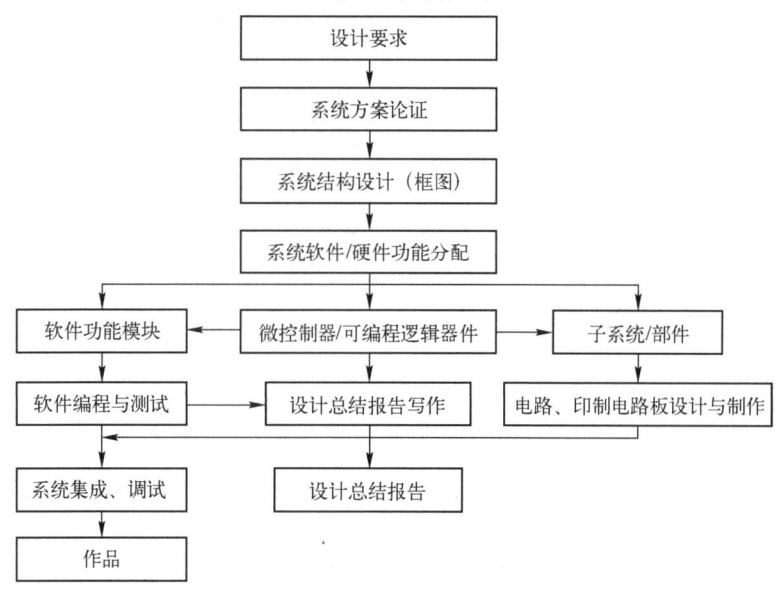

图 2-1 电子制作的基本流程

1. 审题

通过审题对给定任务或设计课题进行具体分析,明确所设计系统的功能、性能、技术指标及要求,这是保证所做的设计不偏题、不漏题的先决条件。为此,要求学生与命题老师进行充分交流,务必弄清系统的设计任务要求。在真实的工程设计中如果发生了偏题与漏题,用户将拒绝接受该设计,设计者还要承担巨大的经济责任甚至法律责任;如果该设计是一次毕业设计训练,则设计者将失去毕业设计成绩。所以审题这一步事关重大,务必走稳、走好。

2. 方案选择与可行性论证

把系统所要实现的功能分配给若干个单元电路,并画出一个能表示各单元功能的整机原理框图。这项工作要综合运用所学知识,并同时查阅有关参考资料,要敢于创新、敢于采用新技术,不断完善所提的方案;应提出几种不同的方案,对它们的可行性进行论证,即从完成的功能的齐全程度、性能和技术指标的高低程度、经济性、技术的先进性及完成的进度等方面进行比较,最后选择一个较适合的方案。

3. 单元电路的设计、参数计算和元器件选样

在确定总体方案、画出详细框图之后,即可进行单元电路设计。

1)根据设计要求和总体方案的原理框图,确定对各单元电路的设计要求,必要时应拟定主要单元电路的性能指标。应注意各个单元电路之间的相互配合,尽量少用或不用电平转换等接口电路,以简化电路结构、降低成本。

2)拟定出各单元电路的要求,检查无误后方可按一定顺序分别设计每一个单元电路。

3)设计单元电路的结构形式。一般情况下,应查阅有关资料,从而找到适用的参考电路,也可从几个电路综合得出所需要的电路。

4)选择单元电路的元器件。根据设计要求,调整元器件,估算参数。

显然,这一步工作需要有扎实的电子电路和数字电路的知识及清晰的物理概念。

4. 计算参数

在电子系统设计过程中,常需要计算一些参数。如设计积分电路时,需计算电阻值和电容值,还要估算集成电路的开环电压放大倍数、差模输入电阻、转换速率、输入偏置电流、输入失调电压和输入失调电流及温漂,最后根据计算结果选择元器件。

计算参数的具体方法,主要在于正确运用已学过的分析方法,搞清电路原理,灵活运用公式进行计算。一般情况下,计算参数应注意以下几点:

1)各元器件的工作电压、电流、频率和功耗等应在标称值允许范围内,并留有适当裕量,以保证电路在规定的条件下能正常工作,达到所要求的性能指标。

2)对于环境温度、交流电网电压变化等工作条件,计算参数时应按最不利的情况考虑。

3)涉及元器件的极限参数(如整流桥的耐压)时,必须留有足够的裕量,一般按 1.5 倍左右考虑。例如,如果实际电路中晶体管 U_{ce} 的最大值为 20V,则挑选晶体管时应按大于或等于 30V 考虑。

4)电阻值尽可能选在 1MΩ 范围内,最大不超过 10MΩ,其数值应在常用电阻标称值之内,并根据具体情况正确选择电阻的品种。

5)非电解电容尽可能在 100pF~0.1μF 范围内选择,其数值应在常用电容器标称值系列之内,并根据具体情况正确选择电容器的品种。

6)在保证电路性能的前提下,尽可能降低成本,减少元器件品种,减少元器件的功耗和体积,为安装调试创造有利条件。

7）应把计算确定的各参数标在电路图的恰当位置。

8）电子系统设计应尽可能选用中大规模集成电路，但晶体管电路设计仍是最基本的方法，具有不可代替的作用。

9）单元电路的输入电阻和输出电阻，应根据信号源的要求确定前置级电路的输入电阻，或用射极跟随器实现信号源与后级电路的阻抗匹配和转换，也可考虑选用场效应晶体管电路或采用晶体管自举电路。

10）放大级数。设备的总增益是确定放大级数的基本依据，可考虑采用运算放大器实现放大级数。在具体选定级数时、应留有 15%~20%的增益裕量，以避免实现时可能造成增益不足的问题。除前置级外，放大级一般选用共发射极组态。

11）级间耦合方式。级间耦合方式通常根据信号、频率和功率增益要求而定。在对低频特性要求很高的场合，可考虑直接耦合，一般小信号大线之间采用阻容耦合，功放级与推动级或功放级与负载级之间一般采用变压器耦合，以获得较高的功率增益和阻抗匹配。

12）为了降低噪声，I_{CQ} 可选得低些，选 β 小的晶体管。后级放大器因输入信号幅值较大，工作点可适当高一些，同时选 β 较大的晶体管。工作点的选定以信号不失真为宜。工作点偏低会产生截止失真，工作点偏高会产生饱和失真。

实践经验告诉我们，由于诸多因素的影响，在多数计算过程中，本着"定性分析、定量估算、实验调整"的方法是切合实际的，也是行之有效的。

5．组装与调试

设计结果的正确性需要验证，但手工设计无法实现自动验证。虽然也可以在纸面上进行手工验证，但由于人工管理的能力有限再加上人工计算时多用近似，设计中使用的器件参数与实际使用的器件参数不一致等因素，使得设计中总是不可避免地存在误差甚至错误，因而不能保证最终的设计是完全正确的。这就需要将设计的系统在面包板上进行组装，并用仪器进行测试，发现问题随时修改，直到所要求的功能和性能指标全部符合要求为止。一个未经验证的设计总是会存在各种问题和错误，通过组装与调试对设计进行验证、修改和完善是传统手工设计法不可缺少的一个步骤。

6．印制电路板的设计与制作

具有印制电路的绝缘底板叫印制电路板。

印制电路板在电子产品中通常有 3 种作用：

1）作为电路中元件和器件的支承件。

2）提供电路元件和器件之间的电气连接。

3）通过标记符号把安装在印制电路板上面的元件和器件标注出来，这样有助于元件和器件的插装和电气维修，同时大大减少了接线数量和接线错误。

印制电路板有单面印制电路板（绝缘基板的一面有印制电路）、双面印制电路板（绝缘基板的两面有印制电路）、多层印制电路板（在绝缘基板上制成三层以上印制电路）和软印制电路板（绝缘基板是软的层状塑料或其他软质的绝缘材料）。一般电子产品使用单面和双面印制电路板，在导线的密度较大、单面印制电路板容纳不下所有导线时使用双面印制电路板。双面印制电路板布线容易，但制作校准成本较高，所以从经济角度考虑尽可能采用单面印制电路板。

印制电路板设计软件可以采用 Altium Designer。

7．元件焊接与整机装备调试

电子产品的焊接装配是在元器件加工整形、导线加工处理之后进行的。装配也是制作产品的重要环节，要求焊点牢固，配线合理，电气连接良好，外表美观，保证焊接与装配的工艺质量。

8. 编写设计文档与总结报告

正如前面所指出的，从设计的第一步开始就要编写文档。文档的组织应当符合系统化、层次化和结构化的要求；文档的语句应当条理分明、简洁、清楚；文档所用的单位、符号及文档的图纸均应符合国家标准。可见，要编写出一个合乎规范的文档并不是一件容易的事，初学者应先从一些简单系统的设计入手，进行编写文档的训练。文档的具体内容与上面所列的设计步骤是相呼应的，即

1）系统的设计要求与技术指标的确定。
2）方案选择与可行性论证。
3）单元电路的设计、参数计算和元器件选择。
4）列出参考资料目录。

总结报告是在组装与调试结束之后开始撰写的，是整个设计工作的总结，其内容应包括：

1）设计工作的日志。
2）原始设计修改部分的说明。
3）实际电路图、实物布置图、实用程序清单等。
4）功能与指标测试结果（含使用的测试仪器型号与规格）。
5）系统的操作使用说明。
6）存在问题及改进方向等。

以上介绍的是电子系统生产厂家在进行电子产品制作过程中所包含的内容。对于初学者来说，则没有必要考虑那么多，通常只要挑选出需要的电路进行安装调试即可。主要目的是通过电子系统制作，提高电子学理论水平和实际动手能力，更深刻地理解电子学原理，熟悉各种类型的单元电路，掌握各种电子元器件的特点，深入了解电路在不同工作状态下的特性，逐步学习更多、更新的知识，掌握电子产品制作知识和技能，为上岗工作打下良好基础。

2.2 电子制作常用工具

电子制作常用的工具可划分为板件加工、安装焊接和检测调试三大类。板件加工工具主要有锥子、钢板尺、刻刀、螺钉旋具、钢丝钳、小型台虎钳、手钢锯、小钢锉、锤子和手电钻等，焊接工具主要有镊子、铅笔刀、剪刀、尖嘴钳、偏口钳、剥线钳、热熔胶枪和电烙铁等，检测调试工具主要有验电笔、万用表、信号源、稳压电源和示波器等。

2.2.1 板件加工工具

下面讲述板件加工工具。

1. 螺钉旋具

螺钉旋具分为十字螺钉旋具和一字螺钉旋具，主要用于拧动螺钉及调整可调元件的可调部分。螺钉旋具俗称改锥、起子。电工用螺钉旋具有100mm、150mm和300mm 3种。十字螺钉旋具按照其头部旋动螺钉规格的不同分为Ⅰ、Ⅱ、Ⅲ、Ⅳ 4个型号，分别用于旋动22.5mm、6～8mm、10～12mm的螺钉。

无感螺钉旋具用于电子产品中电感类组件磁心的调整，一般采用塑料、有机玻璃等绝缘

材料和非铁磁性物质做成。另外,还有带试电笔的螺钉旋具。

普通螺钉旋具和组合螺钉旋具如图 2-2 所示。

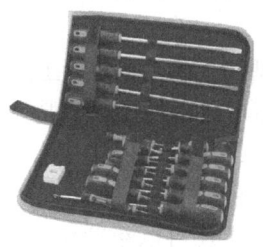 

a) 普通螺钉旋具　　　　　　　　b) 组合螺钉旋具

图 2-2　螺钉旋具

2. 钳具

电工常用的钳具有尖嘴钳、钢丝钳、剪线钳、剥线钳等,其绝缘柄耐压应为 1000V 以上。

1) 尖嘴钳:主要用来夹小螺钉帽,绞合硬钢线,其尖口作剪断导线之用,还可用作元器件引脚成形。尖嘴钳如图 2-3 所示。

2) 钢丝钳:又称虎口钳,主要作用与尖嘴钳基本相同,其铡口可用来铡切钢丝等硬金属丝,常用规格有 150mm、175mm 和 200mm 3 种。钢丝钳如图 2-4 所示。

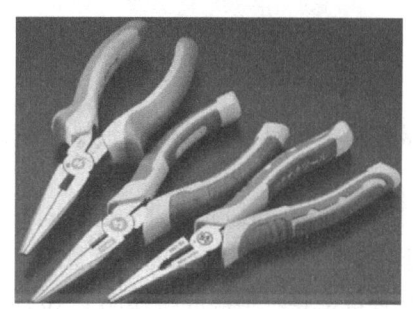 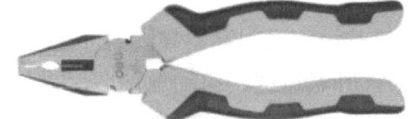

图 2-3　尖嘴钳　　　　　　　　图 2-4　钢丝钳

3) 剪线钳:又称斜口钳,用于剪细导线、元器件引脚或修剪、焊接多余的线头。剪线钳如图 2-5 所示。

4) 剥线钳:主要用来快速剥去导线外面塑料包线的工具,使用时要注意选好孔径,切勿使刀口剪伤内部的金属芯线,常用规格有 140mm、180mm 两种。剥线钳如图 2-6 所示。

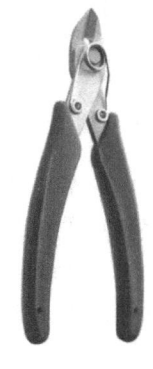 

图 2-5　剪线钳　　　　　　　　图 2-6　剥线钳

2.2.2 焊接工具

焊接工具是电子制作必需的工具,下面讲述常用的焊接工具。

1. 常用焊接工具和材料

在电子产品设计制作中,元器件的连接处需要焊接。常用的焊接工具和材料有以下几种。

1)镊子:在焊接过程中,镊子是配合使用不可缺少的工具,特别是在焊接小零件时,用手拿会烫手,既不方便,有时还容易引起短路。一般使用的镊子有两种:一种是用铝合金制成的尖头镊子,它不易磁化,可用来夹持怕磁化的小元器件;另一种是不锈钢制成的平头镊子,它的硬度较大,除了可用来夹持元器件引脚,还可以帮助加工元器件引脚,做简单的成型工作。使用镊子进行协助焊接时,还有助于电极的散热,从而起到保护元器件的作用。镊子如图 2-7 所示。

2)刻刀:用于清除元器件上的氧化层和污垢。刻刀如图 2-8 所示。

　　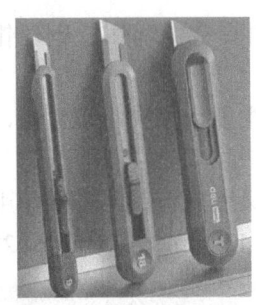

图 2-7　镊子　　　　　　　　　　　图 2-8　刻刀

3)吸锡器:把多余的锡除去。常见的吸锡器有两种:自带热源和不带热源的。吸锡器如图 2-9 所示。

4)恒温胶枪:采用高科技陶瓷正温度系数(Positive Temperature Coefficient,PTC)发热元件制作,升温迅速,自动恒温,绝缘强度大于 3750V,可以用于玩具模型、人造花圣诞树、装饰品、工艺品及电子线路固定,是电子制作必备工具。恒温胶枪如图 2-10 所示。

　　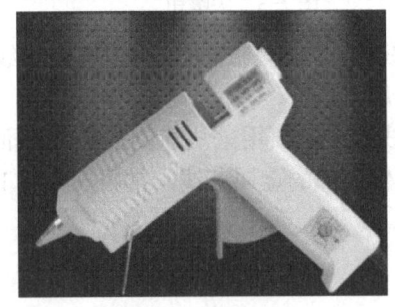

图 2-9　吸锡器　　　　　　　　　　图 2-10　恒温胶枪

5)焊锡:一般要求熔点低、凝结快、附着力强、坚固、电导率高且表面光洁。其主要成分是铅锡合金。除丝状外,还有扁带状、球状、饼状等规格的成型材料。焊锡丝的直径有 0.5mm、0.8mm、0.9mm、1.0mm、1.2mm、1.5mm、2.0mm、2.3mm、2.5mm、3.0mm、4.0mm、5.0mm。焊锡丝中间一般有松香,焊接过程中应根据焊点大小和电烙铁的功率选择合适的焊锡。焊锡如图 2-11 所示。

6)松香:一种中性焊剂,受热熔化变成液态。它无毒、无腐蚀性、异味小、价格低廉、助焊力强。在焊接过程中，松香受热汽化，将金属表面的氧化层带走，使焊锡与被焊金属充分结合，形成坚固的焊点。松香如图 2-12 所示。

图 2-11　焊锡　　　　　　　　　　　图 2-12　松香

7）助焊剂：助焊剂是焊接过程中必需的熔剂，它具有除氧化膜、防止氧化、减小表面张力、使焊点美观的作用，有碱性、酸性和中性之分。在印制电路板上焊接电子元器件，要求采用中性焊剂。碱性和酸性焊剂用于体积较大的金属制品的焊接，使用过的元器件都要用酒精擦净，以防腐蚀。助焊剂如图 2-13 所示。

8）清洁毛刷：清理印制电路板。清洁毛刷如图 2-14 所示。

9）芯片起拔器：取下 PLCC 和 DIP 封装芯片。芯片起拔器如图 2-15 所示。

  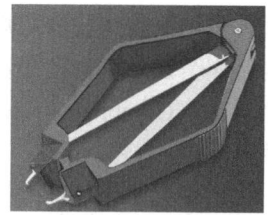

图 2-13　助焊剂　　　　　图 2-14　清洁毛刷　　　　　图 2-15　芯片起拔器

2．电烙铁及其使用

电烙铁是进行焊接的工具。

（1）常用电烙铁的种类和功率　常用电烙铁分为外热式和内热式两种，如图 2-16a、b 所示。恒温电烙铁和智能拆焊台如图 2-16c、d 所示。

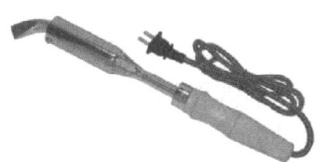 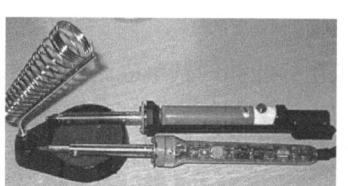

a) 外热式电烙铁　　　　　　　　　　b) 内热式电烙铁

c) 恒温电烙铁　　　　　　　　　　　d) 智能拆焊台

图 2-16　常用电烙铁实物图

外热式电烙铁既适合焊接大型元器件，也适用于焊接小型元器件。由于发热电阻丝在烙铁头的外面，有大部分的热散发到外部空间，所以加热效率低，加热速度较缓慢，一般要预热 6～7min 才能焊接。其体积较大，焊小型器件时显得不方便。但它的优点是烙铁头使用时间较长、功率较大，有 25W、30W、50W、75W、100W、150W、300W 等多种规格。

内热式电烙铁的烙铁头套在发热体的外部，使热量从内部传到烙铁头，具有热得快、加热效率高、体积小、质量轻、耗电省、使用灵巧等优点，适合于焊接小型元器件。但由于电烙铁头温度高而易氧化变黑，烙铁芯易被摔断，且功率小，只有 20W、35W、50W 等规格。

电烙铁直接用 220V 交流电源加热，电源线和外壳之间应是绝缘的，电源线和外壳之间的电阻应大于 200MΩ。

恒温电烙铁的烙铁头内装有强磁性体传感器，根据焊嘴热负荷自动调节发热量，实现温度恒定。其配有高效率陶瓷发热芯，回温快，橡胶手柄采用隔热构造，防止热量向手传导，作业舒适。恒温电烙铁可以选配不同的烙铁头用来手工焊接贴片元件。

吸锡电烙铁是将活塞式吸锡器与电烙铁融为一体的拆焊工具。

防静电电烙铁（防静电焊台）主要完成对烙铁的去静电供电、恒温等功能。防静电电子设计与制作基础烙铁价格昂贵，只在有特殊要求的场合使用，如焊接超大规模的互补金属氧化物半导体（Complementary Metal Oxide Semiconductor，CMOS）集成块，维修计算机板卡、手机等。

自动送锡电烙铁能在焊接时将焊锡自动输送到焊接点，可使操作者腾出一只手来固定工件，因而在焊接活动的工件时特别方便，如进行导线的焊接、贴片元器件的焊接等。

电热枪由控制台和电热风吹枪组成，其工作原理是利用高温热风，加热焊锡膏和电路板及元器件引脚，使焊锡膏熔化，来实现焊装或拆焊的目的，是专门用于焊装或拆卸表面贴装元器件的专用焊接工具。

（2）选用电烙铁的原则

1）焊接集成电路、晶体管及受热易损的元器件时，考虑选用 20W 内热式或 25W 外热式电烙铁。

2）焊接较粗导线和同轴电缆时，考虑选用 50W 内热式或 45～75W 外热式电烙铁。

3）焊接较大元器件如金属底盘接地焊片时，应选用 100W 以上电烙铁。

4）烙铁头的形状要适应被焊接件物面要求和产品装配密度。

（3）使用电烙铁应注意的问题

1）新烙铁使用前，应用细砂纸将烙铁头打磨光亮，通电烧热，蘸上松香后用烙铁头刃面接触焊锡丝，使烙铁头上均匀地镀上一层锡，这样做可便于焊接和防止烙铁头表面氧化。旧的烙铁头若严重氧化而发黑，可用钢锉锉去表层氧化物，使其露出金属光泽，重新镀锡后，才能使用。

2）电烙铁通电后温度高达 250℃以上，不用时应放在烙铁架上，较长时间不用时应切断电源，防止高温"烧死"烙铁头（被氧化）。并应防止电烙铁烫坏其他元器件，尤其是电源线。

3）不要将电烙铁猛力敲打，以免振断电烙铁内部电热丝或引线而产生故障。

4）电烙铁使用一段时间后，可能在烙铁头部留有锡垢，在烙铁加热的条件下，可以用湿布轻擦。若出现凹坑或氧化块,应用细纹锉刀修复或直接更换烙铁头。

5)掌握好电烙铁的温度,当在烙铁上加松香冒出柔顺的白烟时为焊接最佳状态。

6)应选用焊接电子元器件用的低熔点焊锡丝,用25%的松香溶解在75%的酒精(质量比)中作为助焊剂。

2.2.3 验电笔

验电笔是用来测量电源是否有电、电气线路和电气设备的金属外壳是否带电的一种常用工具。验电笔如图2-17所示。

常用低压验电笔有钢笔形的,也有一字形螺钉旋具式的,其前端是金属探头,后部塑料外壳内装配有氖管、电阻和弹簧,还有金属端盖或钢笔形挂钩,这是使用时手触及的金属部分,如图2-18所示。普通低压验电笔的电压测量范围为60~500V,低于60V时,验电笔的氖管可能不会发光显示,高于500V的电压则不能用普通验电笔来测量。当用验电笔测试带电体时,带电体上的电压经笔尖(金属体)、电阻、氖管、弹簧、笔尾的金属体,再经过人体进入大地,形成回路,从而使电笔内的氖管发光。若氖泡内电极一端发辉光,则所测的电是直流电,若氖泡内电极两端都发辉光,则所测的电为交流电。

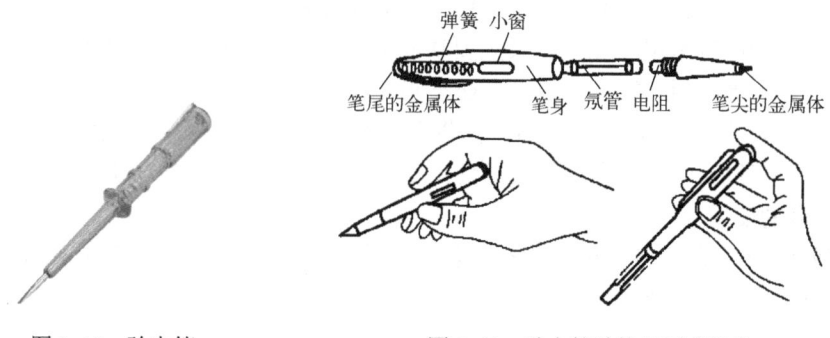

图2-17 验电笔　　　　图2-18 验电笔结构及正确操作

2.2.4 万用表

万用表主要用来测量交流/直流电压、电流、直流电阻及晶体管电流放大倍数等。现在常见的万用表主要有模拟式万用表和数字式万用表两种。

1. 模拟式万用表

模拟式万用表又称机械式万用表,其指针的偏移和被测量保持一定的关系,外观和数字式万用表有一定的区别,但两者的转换旋钮相似,档位也基本相同。模拟式万用表上有一个表盘,如图2-19a所示,表盘上有几条刻度尺:

1)标有"Ω"标记的是测电阻时用的刻度尺。

2)标有"~"标记的是测交流电压时用的刻度尺。

3)标有"hFE"标记的是测晶体管时用的刻度尺。

4)标有"LI"标记的是测量负载电流、电压的刻度尺。

5)标有"dB"标记的是测量电平的刻度尺。

a) 某型号模拟式万用表　　b) 某型号数字式万用表　　c) 某型号自动量程万用表

图 2-19　万用表实物图

2．数字式万用表

数字式万用表主要用于测量电压、电流、电阻、频率和温度等，其功能包括直流电压、交流电压、直流电流、交流电流、电阻、二极管测试、连续性测试、温度测量（℃/℉）等。图 2-19b 所示是一款型号为 VC890C+Pro 的数字式万用表，该万用表除了上述基本功能外，还具备数据保持、自动关机和背光显示等实用功能。

图 2-19c 所示为一款型号为 FLUKE 15B+ 的自动量程万用表，这是一款高性能数字式万用表，广泛应用于电气和电子测量。其主要功能除了上述基本功能外，还具备数据保持、自动关机和背光显示等实用功能，方便用户在不同环境下进行测量。

此外，在档位方面，FLUKE 15B+ 提供多个测量档位，确保用户能够根据需要选择合适的测量范围。其设计注重耐用性和可靠性，是专业人士和爱好者的理想选择。

3．万用表的使用

万用表的红表笔表示接外电路正极，黑表笔表示接外电路负极。万用表可用来测量电压、电流、电阻等基本电路参数，还可用来测量电感值、电容值、晶体管参数，进行音频测量、温度测量。具体使用方法可参见相关仪表说明文档。

数字式万用表：测量前先设置到测量的档位，要注意的是档位上所标的是量程，即最大值。模拟式万用表：测量电流、电压的方法与数字式万用表相同，但测电阻时，读数要乘以档位上的数值才是测量值。例如，测量时的档位是"×100"，读数是 200，则测量值是 200×100Ω=20000Ω=20kΩ。表盘上的"Ω"刻度尺是从左到右、从大到小，而其他的是从左到右、从小到大。

4．注意事项

调"零点"（模拟式万用表才有）：在使用万用表前，先要看指针是否指在左端"零位"上，如果不是，则应用小改锥慢慢旋转表壳中央的"起点零位"校正螺钉，使指针指在零位上。

模拟式万用表使用时应水平放置。

测试前要确定测量内容，将量程转换旋钮旋到所需测量的档位上，以免烧毁表头。如果不知道被测物理量的大小，要先从大量程开始测试。

表笔要正确地插在相应的插口中，测量电流时要注意更换红表笔插孔。

测试过程中，不要任意旋转量程转换旋钮。

使用完毕后，一定要将万用表量程转换旋钮调到交流电压的最大量程档位上。测直流电压、电流时,要注意电压的正、负极,以及电流的流向,要与表笔相接正确。

2.2.5 示波器

示波器是一种用荧光屏显示电量随时间变化的电子测量仪器,现在荧光屏已被换成液晶屏。它能把人肉眼无法直接观察到的电信号转换成人眼能够看到的波形,显示在示波屏幕上,以便对电信号进行定性和定量观测,其他非电物理量也可转换成电量后再用示波器进行观测。示波器可用来测量电信号的幅度、频率、时间和相位等电参数,凡涉及电子技术的地方都离不开示波器。

示波器的基本特点如下:

1) 能显示电信号波形,可测量瞬时值,具有直观性。
2) 工作频带宽,速度快,便于观察高速变化的波形的细节。
3) 输入阻抗高,对被测信号影响小。
4) 测量灵敏度高,并有较强的过载能力。

示波器的种类、型号很多,功能也不尽相同。电子制作中使用较多的是 20MHz 或 40MHz 的双踪模拟示波器。安捷伦模拟/数字 500MHz 示波器能同时测量模拟信号和数字逻辑信号,但价格较昂贵。图 2-20 所示为两款常见示波器,示波器的使用可参照相关厂家的型号说明文档。

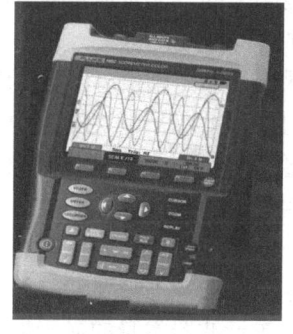
a) 手持式示波表

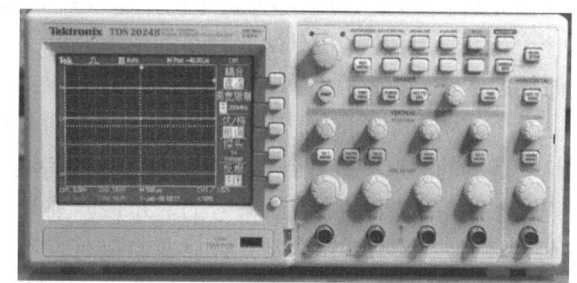
b) 数字示波器

图 2-20 常见示波器

2.2.6 信号源

信号源是指所有产生测试信号的仪器。信号源的振荡电路也称为信号发生器,主要用于产生被测电路所需特定参数的电测试信号。在测试、研究或调整电子电路及设备时,为测定电路的一些电参量,如频率响应、噪声系数等,通常需要提供符合既定技术条件的电信号,以模拟实际工作中待测设备的激励信号。

在进行系统的稳态特性测量时,需要使用振幅和频率已知的正弦信号源。而在测试系统的瞬态特性时,则需要使用前沿时间、脉冲宽度和重复周期已知的矩形脉冲源。此外,信号源输出信号的参数,如频率、波形、输出电压或功率等,应能在一定范围内进行精确调整,并具有很好的稳定性和输出指示功能。

信号源可以根据输出波形的不同,划分为正弦波信号发生器、矩形脉冲信号发生器、函数信号发生器和随机信号发生器四大类。正弦信号是使用最广泛的测试信号。这是因为产生正弦信号的方法相对简单,而且用正弦信号测量比较方便。正弦信号源还可以根据工作频率范围的不同划分为若干种。信号源如图 2-21 所示。

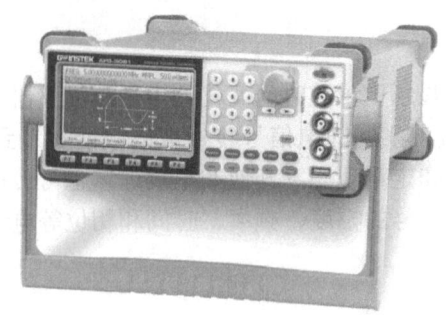

图 2-21　信号源

2.2.7　逻辑分析仪

下面讲述逻辑分析仪的概念、参数和使用。

1．逻辑分析仪的概念

由于电路的发展是从模拟发展到数字，因此测量工具的发展也遵循这个顺序。现在提到测量，首先想到的是示波器，尤其是一些老工程师，他们对示波器的认知度非常高。而逻辑分析仪是一种新型测量工具，是随着单片机技术发展而发展起来的，非常适合单片机这类数字系统的测量分析，而通信方面的分析中，比示波器更加方便和强大。

如果一个待测信号使用 10MHz 采样率的逻辑分析仪去采集，假定阈值电压是 1.5V，那么在测量的时候，逻辑分析仪就会每 100ns 采集一个样点，并且超过 1.5V 认为是高电平（逻辑 1），低于 1.5V 认为是低电平（逻辑 0）。然后，逻辑分析仪会用描点法将波形连起来，工程师就可以在这个连续的波形中查看到逻辑分析仪还原的待测信号，从而查找异常之处。

逻辑分析仪和示波器都是还原信号的，示波器前端有 ADC，再加上还原算法，可以实现模拟信号的还原。而逻辑分析仪只针对数字信号，不需要 ADC，不需要特殊算法，就用最简单的连点即可。此外，示波器往往是台式的，波形显示在示波器本身的显示屏上，而逻辑分析仪当前大多数是和 PC 端的上位机软件结合的，在计算机上直接显示波形。图 2-22 所示为一款逻辑分析仪的实物图，最大采样率为 500MHz，通道数为 16 个，硬件采样深度为 32MHz，经过压缩算法最多可以实现每通道 5GHz 的采样深度，图 2-23 所示为该逻辑分析仪的上位机软件。

图 2-22　逻辑分析仪的实物图

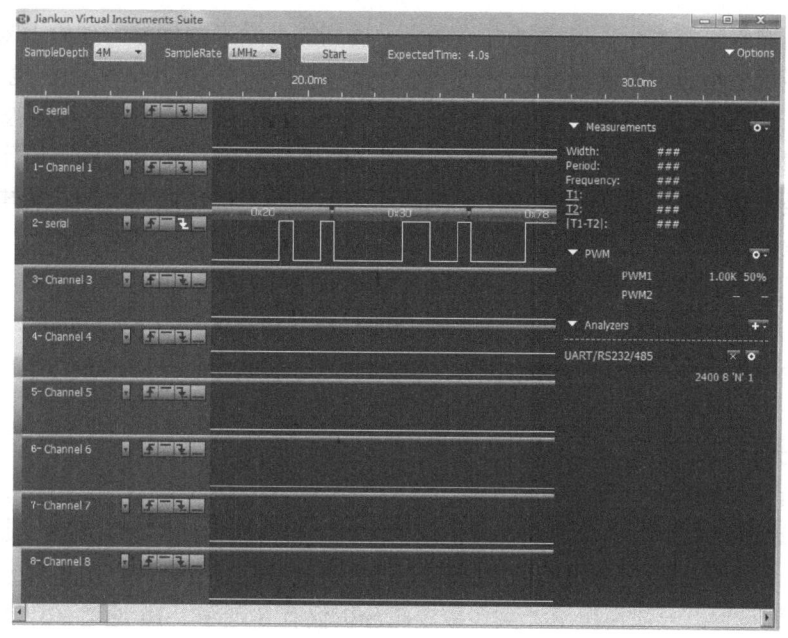

图 2-23 逻辑分析仪的上位机软件

2. 逻辑分析仪的参数

逻辑分析仪有 3 个重要参数：阈值电压、采样率和存储深度。

1）阈值电压：区分高低电平的间隔。逻辑分析仪和单片机都是数字电路，它在读取外部信号的时候，多高电压识别成高电平、多高电压识别成低电平是有一定限制的。比如一款逻辑分析仪，阈值电压是 1.0~2.0V，那么当它采集外部的数字电路信号时，高于 2.0V 识别为高电平，低于 1.0V 识别为低电平，而在这之间的电压是一种不定态，有可能识别成高电平，也可能识别成低电平，这是数字电路的固有特性所决定的。

2）采样率：每秒采集信号的次数。比如一个逻辑分析仪的最大采样率是 100MHz，也就是说它 1s 可以采集 100M 个样点，即每 10ns 采集一个样点，并且高于阈值电压的认定为高电平，低于阈值电压的认定为低电平。通用异步接收发送设备（Universal Asynchronous Receiver/Transmitter，UART）通信的时候，它的每一位都会读取 16 次，而逻辑分析仪的原理也是类似的，就是在超频读取。频率为 1MHz 的数字信号，用 100MHz 的采样率去采集，那么一个信号周期就可以采集 100 次，最后用描点法把采集到的样点连起来，就会还原出信号，当然 100 倍采样率的脉宽误差大概是 1/100。根据奈奎斯特定理，采样率必须是信号频率的 2 倍以上才能还原出信号，因为逻辑分析仪是数字系统，算法简单，所以最低是信号采样率的 4 倍才可以，一般选择 10 倍左右效果就比较好了。比如待测信号频率是 10MHz，那么逻辑分析仪采样率最低是 40MHz 的采样率，最好能达到 100MHz，提高精确度。

3）存储深度：采集到的高电平或者低电平信号，需要用存储器存储起来。如果用 100MHz 采样率，那么 1s 就会产生 100M 个状态样点。一款逻辑分析仪能够存储多少个样点数，是逻辑分析仪很重要的一个指标。如果采样率很高，但是存储的数据量很少，那也没有多大意义，逻辑分析仪可以保存的最大样点数就是一款逻辑分析仪的存储深度。通常情况下，数据采集时间=存储深度/采样率。

此外，逻辑分析仪还有输入阻抗和耐压值等几个基本参数。所有逻辑分析仪的通道上都有等效电阻和电容。在测量信号时，逻辑分析仪通道是并联连接到被测信号通道上的，所以如果分析仪的输入阻抗太小，电容过大，就会干扰到线上原来的信号。理论上来讲，阻抗越大越好，电容越小越好。通常情况下，逻辑分析仪的阻抗都在 100kΩ 以上，电容都在 10pF 左右。测量时必须要注意耐压值，如果测量超过耐压值的信号，分析仪就可能被烧坏。

阻抗（Electrical Impedance）是电路中电阻、电感、电容对交流电的阻碍作用的统称。阻抗的单位是欧姆（Ω）。阻抗衡量流动于电路的交流电所遇到的阻碍。阻抗将电阻的概念加以延伸至交流电路领域，不仅描述电压与电流的相对振幅，也描述其相对相位。当通过电路的电流是直流电时，电阻与阻抗相等，电阻可以视为相位为零的阻抗。在振动系统中，阻抗也用 Z 表示，是一个复数，也是一个相量（Phasor），含有大小（Magnitude）和相位/极性（Phase/Polarity）。由阻（Resistance）和抗（Reactance）组成。阻是对能量的消耗，而抗是对能量的保存。

3．逻辑分析仪的使用

逻辑分析仪的使用方法如下：

1）硬件通道连接。首先要把逻辑分析仪的 GND 和待测板的 GND 连到一起，以保证信号的完整性。然后把逻辑分析仪的通道接到待测引脚上，待测引脚可以用多种方式引出来。

2）通道数设置。一般情况下，大多数逻辑分析仪有 8 通道、16 通道、32 通道等数目。而采集信号时，往往用不到那么多通道，为了更清晰地观察波形，可以把用不到的通道隐藏起来。

3）采样率和采样深度设置。首先要对待测信号最高频率有个大概的评估，把采样率设置到它的 10 倍以上，还要大概判断一下要采集的信号的时间长短，在设置采样深度的时候，尽量设置得有一定的余量。采样深度除以采样率，得到的就是可以保存信号的时间。

4）触发设置。由于逻辑分析仪有深度限制，不可能无限期地保存数据。当使用逻辑分析仪的时候，如果没有采用任何触发设置，从开始抓取就开始计算时间，一直到存满设置的存储深度后，抓取停止。在实际操作过程中，开始抓取的一段信号可能是无用信号，有用信号可能只是其中一段，但是无用信号也占据了存储空间。在这种情况下，可以通过设置触发来提高存储深度的利用率。例如想抓取 UART 串口信号，而串口信号平时没有数据的时候是高电平，因此可以设置一个下降沿触发。从点击开始抓取，逻辑分析仪不会把抓取到的信号保存到存储器中，而是会等待一个下降沿的产生，一旦产生了下降沿，才开始进行真正的信号采集，并且把采集到的信号存储到存储器中。也就是说，从点击开始抓取到下降沿这段时间内的无用信号，被所设置的触发给屏蔽掉了，这是一个非常实用的功能。

5）抓取波形。逻辑分析仪和示波器不同，示波器是实时显示的，而逻辑分析仪需要点击开始才开始抓取波形，一直到存满了所设置的存储深度后结束，然后可以慢慢地去分析抓取到的信号，因此点击"开始抓取"这个步骤是必须要有的。

6）设置协议解析（标准协议）。如果抓取的波形是标准协议，如 UART、I^2C、SPI 等协议，逻辑分析仪一般会配有专门的解码器，可以通过设置解码器，不仅像示波器那样把波形显示出来，还可以直接把数据解析出来，以十六进制、二进制、ASCII 码等不同形式显示出来。

7）数据分析。和示波器类似，逻辑分析仪也有各种测量标线，可以测量脉冲宽度，测量波形的频率、占空比等信息，通过数据分析，查找波形是否符合要求，从而帮助我们解决问题。

在电子制作过程中还经常用到直流稳压电源、交流毫伏表、Q 表、电阻箱、逻辑笔等测量仪表。标准仪器仪表的使用、型号规格参数均可参考相关厂家的型号说明文档，本书限于篇幅不做介绍。

Q 表是一种通用的多用途、多量程的阻抗测量仪器，可用以测量高频电感或谐振回路的品质因数 Q、电感器的电感量和分布电容量、电容器的电容量和损耗角、电工材料的高频介质损耗、高频回路的有效并联及串联电阻、传输线的特性阻抗等，能广泛地用于科研机关、学校、工厂等单位。

Q 值是衡量电感器件的主要参数，是指电感器在某一频率的交流电压下工作时，所呈现的感抗与其等效损耗电阻之比。电感器的 Q 值越高，其损耗越小，效率越高。电感器 Q 值的高低与线圈导线的直流电阻、线圈骨架的介质损耗及铁心、屏蔽罩等引起的损耗等有关。Q 值过大，引起电感烧毁，电容击穿，电路振荡。这种现象在电力系统中，往往导致电感器的绝缘和电容器中的电介质被击穿，造成损失。所以，在电力系统中应该避免出现谐振现象。而在一些无线电设备中，却常利用谐振的特性提高微弱信号的幅值。

2.2.8 晶体管特性图示仪

晶体管特性图示仪是一种专用示波器，能够直接观察各种晶体管的特性曲线，包括共射、共基和共集 3 种接法的输入、输出及反馈特性。该仪器应用范围广泛，不仅可用于测定晶体管的各类特性，还能测量二极管、稳压管、晶闸管、隧道二极管、场效应晶体管及数字集成电路的特性。

具体来说，晶体管特性图示仪能够：

1）测定晶体管的共集电极、共基极和共发射极的输入特性、输出特性和转换特性。

2）计算共基交流电流放大系数 α 和共射交流电流放大系数 β。

3）测量各种反向饱和电流，如发射极开路时集电结的反向饱和电流 I_{CBO}、基极开路时集电极与发射极间的穿透电流 I_{CEO} 和集电结开路时流过发射结的反向饱和电流 I_{EBO}。

4）测定不同的击穿电压，包括发射极开路时集电极-基极间的反向击穿电压 U_{CBO}、基极开路时集电极-发射极间的反向击穿电压 U_{CEO} 和集电极开路时发射极-基极间的反向击穿电压 U_{EBO}。

总之，晶体管特性图示仪是一种功能强大的测试仪器，对于了解和研究各种电子器件的性能具有重要作用。

晶体管特性图示仪主要由集电极扫描发生器、基极阶梯发生器、同步脉冲发生器、X 轴电压放大器、Y 轴电流放大器、示波管、电源及各种控制电路等组成。各组成部分的主要作用如下：

1）集电极扫描发生器的主要作用是产生集电极扫描电压，其波形是正弦半波波形，幅值可以调节，用于形成水平扫描线。

2）基极阶梯发生器的主要作用是产生基极阶梯电流信号，其阶梯的高度可以调节，用于形成多条曲线簇。

3）同步脉冲发生器的主要作用是产生同步脉冲，使扫描发生器和阶梯发生器的信号严格保持同步。

4）X 轴电压放大器和 Y 轴电流放大器主要用作轴电压放大器，把从被测元件上取出的电压信号或电流信号进行放大，达到能驱动显示屏发光，然后送至示波管的相应偏转板上，以在屏面上形成扫描曲线。

5）示波器的主要作用是在荧光屏上显示测试的曲线图像。

6）电源提供整机的能源供给，各种控制电路便于测试转换和调节。

国内某公司生产的 WQ4830 型晶体管特性图示仪如图 2-24 所示。

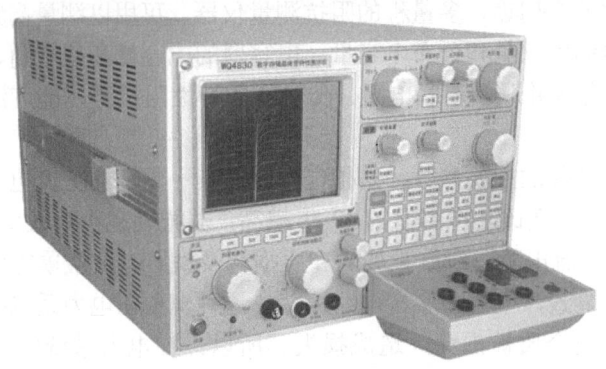

图 2-24　WQ4830 型晶体管特性图示仪

WQ4830 晶体管特性图示仪功能特性如下：

1）数字存储：本机可以存储 10 幅图形，也可以通过 USB 接口无限量存储至计算机。可以保存为特定文件格式，也可以保存为 JPG、BMP 等图片格式。保存在计算机上的数据可以通过打印机打印图片，也可以通过 USB 接口下载至仪器。

2）安全：停止状态切断集电极电源及基极电压、电流输出，确保操作人员、被测器件及仪器安全。

3）显示界面：640×480 像素 TFT 彩色液晶显示器，友好的人机界面。

4）同步显示：高速 USB 通信可以在测试器件的同时将图形同步显示在计算机屏幕上，使显示界面大小得到极大的扩展。

5）参数显示：自动测量并显示电压、电流、α 和 β 测量值及各种设置参数。

6）配对挑选：可以同时显示一幅静态图形和一幅动态图形，方便对两个器件进行直观的配对。

7）快速筛选：可以设置某种条件下某个参数的上下限值，被测参数超出该范围时会发出声光报警提示。

8）通信接口：USB。

9）最大集电极电流：50A。

2.2.9　其他工具与材料

其他工具与材料包括导线、绝缘材料与导电材料。

1. 导线

电子制作过程中需要用到各种电源线、信号线，线芯多为铜材，有软硬之分，软芯线铜芯由多股细铜丝组成，柔软，连接使用方便，硬芯线铜芯是单根铜，线径粗时较硬，容易折断。为调试和连接方便，可采用优质的鳄鱼夹和事先焊接成的柔性彩色软线，如图 2-25 所示，或者用排线和插针/座直接通过机器加工成杜邦线，如图 2-26 所示，耐用、方便，调试电路时必不可少，并可提高效率。纯铜多股软电线如图 2-27 所示。

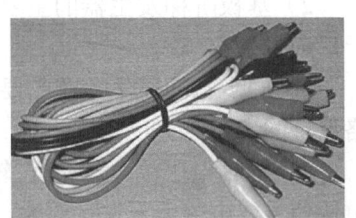

图 2-25　调试电路用连接线

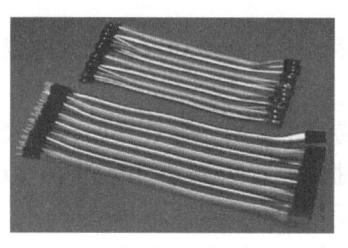
图 2-26 调试电路用杜邦线

图 2-27 纯铜多股软电线

2. 绝缘材料与导电材料

绝缘材料是一种不导电的物质,主要作用是将带电体封闭起来或将带不同电位的导体隔开,以保证电气线路和电气设备正常工作,并防止发生人身触电事故等。绝缘材料有木头、石头、橡胶、橡皮、塑料、陶瓷、玻璃、云母等。

用作导电材料的金属必须具备以下特点:导电性能好,有一定的机械强度,不易氧化和腐蚀,容易加工和焊接,资源丰富,价格便宜。电气设备和电气线路中常用的导电材料有以下几类:

1)铜材:电阻率$\rho=0.0175\Omega \cdot mm^2/m$,其导电性能、焊接性能及机械强度都较好,在要求较高的动力线路、电气设备的控制线和电机、电器的线圈中常采用铜导线。

2)铝材:电阻率$\rho=0.029\Omega \cdot mm^2/m$,其电阻率虽然比铜大,但密度比铜小,且铝资源丰富。架空线路、照明线已广泛采用铝导线。由于铝导线焊接工艺较复杂,使用受到限制。

3)钢材:电阻率$\rho=0.1\Omega \cdot mm^2/m$,虽然钢材使用时会增大线路损耗,但机械强度好,能够承受较大的拉力,并且原材料资源丰富,易于获取。

电子制作常用辅助材料还有台钻、手电钻、台虎钳、扳手、切割机、滚动轴承、润滑油、链条、传动带、螺钉和螺栓等。

2.3 电子制作装配技术

电子制作装配技术包括电子元器件的安装、电子整机装配及连线和束线。

2.3.1 电子元器件的安装

电子元器件的安装包括电子线路安装布局的原则、元器件安装要求、电路板结构布局和元器件的插接。

1. 安装布局的原则

电子线路的安装布局分为电子装置整体结构布局和电路板上元器件安装布局两种。整体结构布局是一个空间布局问题,应从全局出发,决定电子装置各部分的空间位置。例如,电源变压器、电路板、执行机构、指示与显示部分、操作部分等,在空间尺寸不受限制的场合都好布局,而在空间尺寸受到限制且组成部分复杂的场合,布局则十分艰难,常需要对多个布局方案进行比较后才能确定。整体结构布局没有一个固定的模式,只有一些应遵循的原则,如下所述:

1)注意电子装置的重心平衡与稳定。为此,变压器和大电容等比较重的元器件应安装在装置的底部,以降低装置的重心。还应注意装置前后、左右的重量平衡。

2)注意发热部件的通风散热。为此,大功率管应加装散热片,并布置在靠近装置的外壳，且开凿通风孔，必要时加装小型排风扇。

3）注意发热部件的热干扰。为此，半导体器件、热敏器件和电解电容等应尽可能远离发热部件。

4）注意电磁干扰对电路正常工作的影响，容易受干扰的元器件（如高放大倍数放大器的第一级等）应尽可能远离干扰源（变压器、高频振荡器、继电器和接触器等）。当远离有困难时，应采取屏蔽措施（即将干扰源屏蔽或将易受干扰的元器件屏蔽起来）。

5）注意电路板的分块与布置。如果电路规模不大或电路规模虽大但安装空间没有限制，则尽可能采用一块电路板，否则可按电路功能分块。电路板的布置可采用卧式也可用立式，要视具体空间而定。此外，与指示和显示有关的电路板最好安装在面板附近。

6）注意连线的相互影响。强电流线与弱电流线应分开走线，输入级的输入线应与输出级的输出线分开走线。

7）操作按钮、调节按钮、指示器与显示器等都应安装在装置的面板上。

8）注意安装、调试和维修的方便，并尽可能注意整体布局的美观。

2．元器件安装要求

（1）元器件处理

1）电子元器件引脚分别有保护塑料套管，元器件各电极套管颜色如下。

① 二极管和整流二极管：阳极为蓝色，阴极为红色。

② 晶体管：发射极为蓝色，基极为黄色，集电极为红色。

③ 晶闸管和双向晶闸管：阳极为蓝色，门极为黄色，阴极为红色。

④ 直流电源：电极"+"为棕色，电极"-"为蓝色，接地中线为淡蓝色。

2）按照元器件在印制电路板上的孔位尺寸要求进行弯脚及整形，引线弯角半径大于0.5mm，引线弯曲处距离元器件本体至少在 2mm 以上，绝不允许从引线的根部弯折。元器件型号及数值应朝向可读位置。

3）各元器件引线须经过镀锡处理（离开元器件本体应大于 5mm，防止元器件过热而损坏）。

（2）元器件排列

1）元器件排列原则上采用卧式排列，高度尽量一致，布局整齐、美观。

2）高、低频电路避免交叉，对直流电源与功率放大器件，采取相应的散热措施。

3）需要调节的元器件，如电位器、可变电容器、中频变压器和操作按钮等，排列时力求使操作、维修方便。

4）输入与输出回路，高、低频电路的元器件采取隔离措施，避免寄生耦合产生自激振荡。

5）晶体管、集成电路等元器件排列在印制电路板上，电源变压器放在机壳的底板上，保持一定距离，避免变压器的温升影响它们的电气性能。

6）变压器与电感线圈分开一定距离排列，避免二者的磁场方向互相垂直，产生寄生耦合。

7）集成电路外引线与外围元器件引线距离力求直而短，避免互相交叉。

（3）元器件安装

1）元器件在印制电路板上的安装方法一般分为贴板安装和间隔安装两种。贴板安装的元器件大、机械稳定性好、排列整齐美观，元器件的跨距大、走线方便。间隔安装的元器件体积小、质量轻、占用面积小，单位面积上容纳元器件的数量多，元器件引线与印制电路板之间留有 5~10mm 间隙。这种安装方式适合于元器件排列密集紧凑的产品，如微型收音机等小型便携式装置。

2）电阻器和电容器的引线应短些，以提高其固有频率，避免振动时引线断裂。对较大的电阻器和电容器应尽量卧装，以利于抗振和散热，并在元器件和底板间用胶粘住。大型电阻器、电容器需加紧固装置，对陶瓷或易脆裂的元器件，则加橡胶垫或其他衬垫。

3）微电路器件多余的引脚应保留。两个印制电路板间距不应过小，以免振动时元器件与另一底板碰撞。

4）对继电器、电源变压器、大容量电解电容器、大功率晶体管和功放集成块等重量级元器件，在安装时除焊接外，还应采取加固措施。

5）对产生电磁干扰或对干扰敏感的元器件安装时应加屏蔽。

6）对用插座安装的晶体管和微电路应压上护圈，防止松动。

7）在印制电路板上插接元器件时，参照电路图，使元器件与插孔一一对应，并将元器件的标识面向外，便于辨认与维修。

8）集成电路、晶体管及电解电容器等有极性的元器件，应按一定的方向对准板孔，将元器件一一插入孔中。

（4）功率器件与散热器的安装

1）功率器件与散热器之间应涂敷导热脂，使用的导热脂应对器件芯片表面层无溶解作用，使用聚二甲硅油时应小心。

2）散热器与功率器件的接触面必须平整，不平整和扭曲度不能超过 0.05mm。

3）功率器件与散热器之间的导热绝缘片不允许有裂纹，接触面的间隙内不允许夹杂切屑等多余物。

3．电路板结构布局

在一块板上按电路图把元器件组装成电路，组装方式通常有两种：插接方式和焊接方式。插接方式是在面包板上进行，电路元器件和连线均插接在面包板（通用板）的孔中；而焊接方式是在印制电路板上进行，电路组件焊接在印制电路板上，电路连线则为特制的印制线。不论是哪一种组装方式，首先必须考虑元器件在电路板上的结构布局问题。

电路板结构布局没有固定的模式，不同的人所进行的布局设计不相同，但有以下参考原则。

1）布置主电路的集成块和晶体管的位置。安排的原则是，按主电路信号流向的顺序布置各级的集成块和晶体管。当芯片多而板面有限时，布成一个"U"字形，"U"字形的口一般靠近电路板的引出线处，以利于第一级的输入线、末级的输出线与电路板引出线之间的连线。此外，集成块之间的间距应视其周围组件的多少而定。

2）安排其他电路元器件（电阻、电容、二极管等）的位置。其原则为按级就近布置，即各级元器件围绕各级的集成电路或晶体管布置。如果有发热量较大的元器件，则应注意它与集成块或晶体管之间的间距要足够大。

3）电路板的布局还应注意美观和检修方便。为此，集成块的安置方式应尽量一致，不要横竖不分，电阻、电容等元件也应如此。

4）连线布置。其原则为第一级输入线与末级的输出线、强电流线与弱电流线、高频线与低频线等应分开走，之间的距离应足够大，以避免相互干扰。

5）合理布置接地线。为避免各级电流通过地线时产生相互间的干扰，特别是末级电流通过地线对第一级的反馈干扰，以及数字电路部分电流通过地线对模拟电路产生干扰，通常采用地线割裂法，使各级地线自成回路，然后再分别一点接地。换句话说，各级的地是割裂的，不直接相连，然后再分别接到公共的一点地上。

根据上述一点接地的原则，布置地线时应注意如下几点：
① 输出级与输入级不允许共享一条地线。
② 数字电路与模拟电路不允许共享一条地线。
③ 输入信号的"地"应就近接在输入级的地线上。
④ 输出信号的"地"应接公共地，而不是输出级的"地"。
⑤ 各种高频和低频退耦电容的接"地"端应远离第一级的地。

显然，上述一点接地的方法可以完全消除各级之间通过地线产生的相互影响，但接地方式比较麻烦，且接地线比较长，容易产生寄生振荡。因此，在印制电路板的地线布置上常常采用另一种地线布置方式，即串联接地方式，各级地一级级直接相连后再接到公共的地上。在这种接地方式中，各级地线可就近相连，接地比较简单，但因存在地线电阻，各级电流通过相应的地线电阻产生干扰电压，影响各级工作。为了尽量抑制这种干扰，常常采用加粗和缩短地线的方法，以减小地线电阻。

4．元器件的插接

元器件的插接主要用于局部电路的实验，无须焊接，方便、快捷、节省时间。其方法是在面包板上插接电子元器件引脚。面包板（通用板）在市面上很容易获得，在面包板上组装电路应注意以下几点。

1）所有集成块的插入方向要保持一致，以便于正规布线和查线。不能为了临时走线方便或为了缩短导线长度而把集成电路倒插。

2）对多次用过的集成电路的引脚，必须修理整齐，引脚不能弯曲，所有引脚应稍向外偏，使引脚与插孔接触良好。

3）分立组件插接时，不用剪断引线，以利于重复使用。

4）关于连线的插接。准备连线时，通常用 0.60mm 的单股硬导线（导线太细易接触不良，太粗会损伤插孔），根据布线要求的连线长度剪好导线，剥去导线两头的绝缘皮（剥去 6mm 左右），然后把导线两头弯成直角。把准备好的连线插入相应位置的插孔中。插接连线时，应用镊子夹住导线后垂直插入或拔出插孔，不要用手插拔，以免将导线插弯。

5）连线应贴紧面包板，不要留空隙。为了便于查线和保持美观，建议使用不同颜色的导线进行竖直布线，严禁跨接时露出导线颜色。地线统一使用黑色导线，不允许导线重叠。每个插孔只能插一根线，不允许插两根线。

6）插孔允许通过的电流一般在 500mA 以下，因此电流大的负载不能用插孔接线，必须改用其他接线方式。用插接方式组装电路的最大优点是：不用焊接，不用印制电路板，容易更改线路和器件，而且可以多次使用，使用方便，造价低廉。因此，它在产品研制、开发过程和课程设计中得到了广泛的采用。但是，插接方式最大的缺点是：插孔经多次使用后，其簧片会变松，弹性变差，容易造成接触不良。所以，对多次使用的面包板应从背面揭开，取出弹性差的簧片，用镊子加以调整，使弹性增强，以延长面包板的使用寿命。

2.3.2 机械装配、整机连线和束线

电子制作的整机装配工序和操作内容从大的方面分为机械装配、印制电路板装配和束线装配，本着"先机械，后印制电路板，最后束线连接"的顺序进行。虽然因整机的种类、规格、构造不同而有所差异，但工序是基本相同的。图 2-28 所示为电子制作整机装配工艺流

程，在实施过程中可简化、合并步骤，灵活运用。

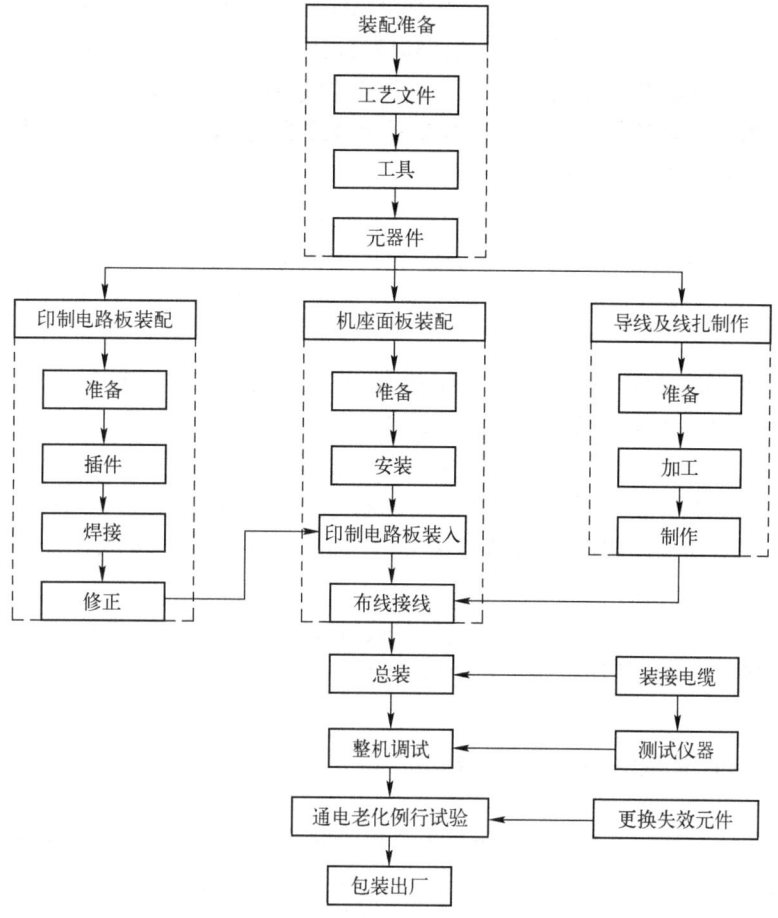

图 2-28 电子制作整机装配工艺流程

1．机械装配

机械装配包括机壳装配、机壳前后面板和底板上元器件的安装固定、印制电路板的安装固定等。装配步骤如下：

1）组装机壳及壳内用于固定其他元器件和组件的支承件，如接线端等。

2）在前面板上安装指示灯、指示仪表、按钮等，在后面板上安装电源插座、熔丝、输入/输出插座等。

3）印制电路板、电源变压器、继电器等固定件或插座件安装在底板上。

4）为了防止运输和使用过程中螺母松动，螺钉和螺栓连接固定时加弹簧垫圈和垫片，对于易碎零件应加胶木垫圈。

5）继电器的安装应避免使衔铁运动方向与受振动方向一致，以免误动作，空中使用的产品应尽量避免选用具有运动衔铁的继电器。

2．整机连线和束线

电子产品电子线路中的套管，可以防止导线断裂、焊点间短路，具有电气安全保护（高压部分）作用。电子产品的整机连线要考虑导线的合理走向，杂乱无章的连线不仅看起来不美观，而且会影响质量（性能特性、可靠性）。

（1）走线原则

1）以最短距离连线。以最短距离连线是降低干扰的重要手段。但是，在连线时需要松一些，要留有充分余量，以便在组装、调试和检修时移动。

2）直角连线。直角连线利于操作，而且能保持连线质量稳定不变（尤其在扎成线束时）。

3）平面连线。平面连线的优点是，容易看出接线的头尾，便于调试、维修时查找。

（2）在实际连线过程中应注意的问题

1）沿底板、框架和接地线走线，可以减少干扰，方便固定。

2）高压走线要架空，分开捆扎和固定，高频或小信号走线也应分开捆扎和固定，减小相互间的干扰。电源线和信号线不要平行连接，否则交流噪声会经导线间静电电容而进入信号电路。

3）走线不要形成环路，环路中一旦有磁通通过，就会产生感应电流。

4）接地点都是同电位，应把它们集中起来，一点接机壳。

5）离开发热体走线，因为导线的绝缘外皮不耐高温。

6）不要在元器件上面走线，否则会妨碍元器件的调整和更换。

7）线束要按一定距离用压线板或线夹固定在机架或底座上，要求在外界机械力作用下（冲击、振动）不变形且不产生位移。

（3）多导线连接原则　电子装置的连接导线较多时，要对其进行扫描，归纳捆扎，变杂乱无章为井然有序，这样能稳定质量和少占空间。

2.4　电子制作调试与故障排查

电子制作调试是制作过程中的关键环节。电子线路通过调试，使之满足各项性能指标，达到设计的技术要求。在调试过程中，可以发现电路设计和实际制作中的错误与不足之处，不断改进设计制作方案，使之更加完善。调试工作又是运用理论知识来解决制作中各种问题的主要途径。通过调试可以提高制作者的理论水平和解决实际问题的能力。因此，应引起每个电子制作者的高度重视。

电子产品的调试指的是整机调试，是在整机装配以后进行的。电子产品的质量固然与元器件的选择、印制电路板的设计制作、装配焊接工艺密切相关，但也与整机的调试步骤及方法分不开。在这一阶段，不但要实现电路达到设计时预想的性能指标，对整机在前期加工工艺中存在的缺陷也应尽可能进行修改和补救。整机的调试包括调整和测试两个方面，即用测试仪器仪表调整电路的参数，使之符合预定的性能指标要求，并对整机的各项性能指标进行系统的测试。

2.4.1　电子制作测量

测试是在安装结束后对电路的工作状态和电路参数进行测量。

1. 测量前的准备工作

测量前的准备工作具体如下。

1）布置好场地，有条理地放置好调试用的图样、文件、工具、备件，准备好测试记录本或测试卡。

2）检查各单元或各功能部件是否符合整机装配要求，初步检查有无错焊、漏焊、线间短路等问题。

3）要懂得整机和各单元的性能指标及电路工作原理。

4）要熟悉在调试过程中查找故障及消除故障的方法。

5）根据技术文件的要求，正确地选择和确定测试仪器仪表、专用测试设备，熟练地掌握仪表的性能和使用方法。

6）按照调试说明和调试工艺文件的规定，仪器仪表要选好量程，调准零点。

7）仪器仪表要预热到规定的预热时间。

8）各测试仪表之间、测试仪表与被测整机的公共参考点（也称公共地线）应连在一起，否则将得不到正确的测量结果。

9）被测量的数值不得超过测试仪表的量程，否则会损坏指针，甚至烧坏表头。如果预先不知道被测量的大致数值，可以先将表量程调到最高档，再逐步调整到合适的量程。如果被测信号很大，要加衰减器进行衰减。

10）如果测试仪表或被测电路带有 MOS 电路器件，电路和机壳都必须有良好的接地，以免损坏 MOS 电路器件。

11）用高灵敏仪表（如毫伏表、微伏表）进行测量时，不仅要有良好的接地，它们之间的连接线还要采用屏蔽线。

12）高频测量时，应使用高频探头直接和被测点接触进行测量；地线越短越好，以减小测量误差。

2. 测量技术

测量是调试的基础，准确的测量能够为调试提供可靠依据。通过测量，一般要获得被测电路的有关参数、波形、性能指标及其他必要的结果。测量方法和仪表的选用应从实际出发，力求简便有效，并注意设备和人身安全。测量时，必须根据模拟电路的实际情况（如外接负载、信号源内阻等），不能由于测量而使电路失去真实性，或者破坏电路的正常工作状态。要采取边测量、边记录、边分析估算的方法，养成求实的作风和科学的态度。对所测结果立即进行分析、判断，以区别真伪，进而决定取舍，为调试工作提供正确的依据。

电路的基本测量项目可分为两类，即"静态"测量和"动态"测量。测量顺序一般是先静态后动态。此外，根据实际需要有时还进行某些专项测试，如电源波动情况下的电路稳定性检查、抗干扰能力测定，以确保装置能在各种情况下稳定、可靠地工作。静态测量一般指输入端不加输入信号或加固定电位信号，使电路处于稳定状态的测量。静态测量的主要对象是有关工作点的直流电位和直流工作电流。动态测量是在电路输入端输入合适的变化信号的情况下进行测量。动态测量常用示波器观察测量电路有关工作点的波形及其幅度、周期、脉宽、占空比、前后沿等参数。

例如，晶体管交流放大电路的静态测量应是晶体管静态工作点的检查。而动态测量要在输入端注入一个交流信号，用双踪示波器监测放大电路的输入、输出端，可以看到交流放大器的主要性能：交流信号电压放大量、最大交流输出幅值（调节输入信号的大小）、失真情况及频率特性（当输入信号幅度相同、频率不同时，输出信号的幅度和相位移情况的曲线）等。根据测量结果，结合电路原理图进行分析，确定电路工作是否正常，为故障查找和调试工作提供依据。

2.4.2 电子制作调试

电子制作的调试工作一般分为"分调"和"总调"两步进行。分调的目的是使组成装置的各个单元电路工作正常，在此基础上，再进行整机调试（又称为"总调"或"联调"），才能使装置达到预定的技术要求。

1. 调试方法

电子制作产品组装完成以后，一般需要经过调试才能正常工作，不同电子产品的调试方法有所不同，但也有一些普遍规律。电子电路的调试是电子技术人员的一项基本操作技能，掌握一定的电子电路理论，学会科学的分析方法，在实际工作中总结积累经验是做好电子制作调试的保证。

调试的关键是善于对实测结果进行分析，而科学的分析是以正确的测量为基础的。根据测量得到的数据、波形和现象，结合电路进行分析、判断，确定症结所在，进而拟定调整、改进的措施。可见，"测量"是发现问题的过程，"调整"则是解决问题、排除故障的过程。而调试后的再测量，往往又是判断和检验调试是否正确的有效方法。

通常电路由各种功能的单元电路组成，有两种调试方法：一种是装好一级单元电路就调试一级，即分级调试法；另一种是装好整机电路后统一调试，即整机调试法。应根据电路的复杂程度确定调试方法，一般较为复杂的电路，在调试过程中，采取分级调试的方法较好。两种调试方法的调试步骤基本相同，具体可分为以下几步。

1）检查电路及电源电压。检查电路元器件是否接错，特别是晶体管引脚、二极管的方向、电解电容器的极性是否接对；检查各连接线是否接错，特别是直流电源的极性及电源与地线是否短接，各连接线是否焊牢，是否有漏焊、虚焊、短路等现象，检查电路无误后才能进行通电调试。

2）调试供电电源。一般的电子设备都是由整流、滤波、稳压电路组成的直流稳压电源供电，调试前要把供电电源与电子设备的主要电路断开，先把电源电路调试好才能将电源与电路接通。测量直流输出电压的数字信号、纹波系数和电源极性与电路设计要求相符并能正常工作后，方可接通电源，调试主电路。若电子设备是由电池供电的，要按规定的电压和极性接好，检查无误后再接通电源开关。同时要注意电池的容量应能满足设备的工作需要。

3）静态调试。静态调试是在电路没有外加信号的情况下调整电路各点的电位和电流。有振荡电路时可暂不接通。对于模拟电路主要应调整各线的静态工作点，对于数字电路主要是调整各输入、输出端的电平和各单元电路间的逻辑关系。然后将测出电路各点的电压、电流与设计值相比较，若两者相差较大，则先调节各有关可调零部件，若还不能纠正，则要从以下方面分析原因：电源电压是否正确；电路安装有无错误；元器件型号是否选正确，本身质量是否有问题等。

一般来说，在能正确安装的前提下，交流放大电路比较容易成功。因为交流电路的各级之间以隔直流电容器互相隔离，在调整静态工作点时互不影响。对于直流放大电路来说，由于各级电路直流相连，各点的电流、电压互相牵制，有时调整一个晶体管的静态工作点会使各级的电压、电流值都发生变化。所以在调整电路时要有耐心，一般要反复多次进行调整才能成功。

4）动态调试。动态调试就是在整机的输入端加上信号，检查电路的各种指标是否符合设计要求，包括输出波形、信号幅度、信号间的相位关系、电路放大倍数、频率、输出动态范围等。动态调试时，可由后级开始逐级向前检测，这样容易发现故障，以便及时调整改进。例如，收音机在其输入端送入高频信号或直接接收电台的信号，来对其进行中频频率、频率覆盖范围和灵敏度的调整，使其满足设计时的要求。调整电子电路的交流参数最好有信号发生器和示波器。对于数字电路来说，由于多数采用集成电路，调试的工作量要少一些。只要元器件的选择符合要求，直流工作状态正常，逻辑关系通常不会有太大的问题。

5)指标测试。电路正常工作之后,即可进行技术指标测试。根据设计要求,逐个测试指标完成情况,凡未能达到指标要求的,须分析原因,重新调整,以便达到技术指标要求。

6)负荷实验。调试后还要按规定进行负荷实验,并定时对各种指标进行测试,做好记录。若能符合技术要求,正常工作,则此部整机调试完毕。

调试结束后,需要对调试全过程中发现问题、分析问题到解决问题的经验、教训进行总结,并建立"技术档案",积累经验,有利于日后对产品使用过程中的故障进行维修。单元电路调试(分调)的总结内容一般有测调目的、使用仪器仪表、电路图与接线图、实测波形和数据、计算结果(包括绘制曲线),以及测调结果和有关问题的分析讨论(主要指实测结果与预期结果的符合情况,误差分析和测调中出现的故障及其排除等)。总调的总结内容常有框图、逻辑图、电路原理图、波形图等。结合这些图简要解释装置的工作原理,同时指出所采用的设计技巧、特点。对调试过程中遇到的问题和异常现象提高到理论上进行分析,以便于今后改进。

2. 调试时应注意的问题

在进行电子制作调试时,通常应注意以下问题:

(1)上电观察 产品调试,首次通电时不要急于试机或测量数据,要先观察有无异常现象发生,如冒烟、发出油漆气味、元器件表面颜色改变等。

用手摸元器件是否发烫,特别要注意末级功率比较大的元器件和集成电路的温度情况,最好在电源回路中串入一只电流表。若有电流过大、发热或冒烟等情况,应立即切断电源,待找出原因、排除故障后方可重新通电。对于学习电子制作的初学者,为防意外,可在电源回路中串入一只限流电阻器,电阻值为几欧,这样就可以有效地限制过大的电流,一旦确认没有问题后,再将限流电阻器去掉,恢复正常供电。

(2)正确使用仪器 正确使用仪器包含两方面的内容:一方面应能保障人机安全,避免触电或损坏仪器;另一方面只有正确使用仪器,才能保证正确地调试。否则,错误的接入方式或读数方法,均会使调试陷入困境。

例如,当示波器接入电路时,为了不影响电路的幅频特性,不要用塑料导线或电缆线直接从电路引向示波器的输入端,而应当采用衰减探头。

当示波器测量小信号波形时,要注意示波器的接地线不要靠近大功率器件的地线,否则波形可能出现干扰。

在使用扫频仪测量检波器、鉴频器,或者电路的测试点位于晶体管的发射极时,由于这些电路本身已经具有检波作用,故不能使用检波探头。而在用扫频仪测量其他电路时,均应使用检波探头。

扫频仪的输出阻抗一般为 75Ω,如果直接接入电路,会短路高阻负载,需在信号测试点接入隔离电阻器或电容器。

在使用扫描仪时,仪器的输出信号幅度不宜太大,否则会使被测电路的某些元器件处于非线性工作状态,导致特性曲线失真。

(3)及时记录数据 在调试过程中,要认真观察、测量和记录,包括记录观察到的现象、测量的数据及相位关系等,必要时还要在记录中附加说明,记录重点是与设计要求不符合的数据。根据记录的数据才能将实际观察到的现象和设计要求进行定量的分析,以便找出问题,加以改进,使设计方案得到完善。通过及时记录数据,还有助于积累实践经验,使设计、制作水平不断地提高。

(4)焊接应断电 在电子制作调试过程中,当发现元器件或电路有异常需要更换或修改时，必须先断开电源后进行焊接，待故障排除并确认无误后才可重新通电调试。

(5) 复杂电路的调试应分块

1) 分块规律。在复杂的电子产品中，电路通常可以划分成多个单元功能块，这些单元功能块相对独立地完成某种特性的电气功能，其中每一个功能块往往又可以进一步细分为几个具体电路。细分的界限通常有以下规律：

① 对于分立元器件，通常是以一两个晶体管为核心的电路。

② 对于集成电路，一般是以某个集成电路芯片为核心的电路。

2) 分块调试的特点。复杂电路的调试分块是指在整机调试时，可对各单元电路功能块分别加电，逐块调试。这种方法可以避免各单元电路功能块之间电信号的相互干扰，并且发现问题可大大缩小搜寻原因的范围。

实际上，有些设计人员在进行电子产品设计时，往往为各个单元电路功能块设置了一些隔离元器件，如电源插座、跨接线或接通电路的某一电阻等。整机调试时，除了正在调试的电路外，其他部分都被隔离元器件断开而不工作，因此不会相互干扰。当每个单元电路功能块都调试完毕后，再接通各个隔离元器件，使整个电路进入工作状态进行整机调试。

对于没有设置隔离元器件的电路，可以在装配的同时逐级调试，调好一级再焊接下一级进行调整。

(6) 直流与交流状态间的关系　在电子电路中，直流工作状态是电路工作的基础。直流工作点不正常，电路就无法实现其特定的电气功能。因此，成熟的电子产品原理图上一般都标注有直流工作点（例如，晶体管各极的直流电压或工作电流，集成电路各引脚的工作电压、关键点上的信号波形等），作为整机调试的参考依据。但是，由于元器件的参数都具有一定的误差，加之所用仪表内阻的影响，实测得到的数据可能与图标的直流工作点不完全相同，但两者之间的变化规律是相同的，误差不会太大，相对误差一般不会超出±10%。当直流工作状态调试结束以后，再进行交流通路的调试，检查并调整有关的元器件，使电路完成其预定的电气功能。

(7) 出现故障时要沉住气　调试出现故障属于正常现象，不要手忙脚乱。要认真查找故障原因，仔细做出判断，切不可解决不了就拆掉电路重装。因为重新安装的电路仍然会存在各种问题，如果原理上有错误则不是重新安装能解决的。

2.4.3　调试过程中的常见故障

故障无非是由元器件、线路和装配工艺三方面的原因引起的。例如，元器件的失效、参数发生偏移、短路、错接、虚焊、漏焊、设计不善和绝缘不良等，都是导致故障发生的原因。常见的故障有以下几类。

1) 焊接工艺不当，虚焊造成焊接点接触不良，以及接插件（如印制电路板）和开关等接点的接触不良。

2) 由于空气潮湿，使印制电路板、变压器等受潮、发霉或绝缘性能降低，甚至损坏。

3) 元器件检查不严，某些元器件失效。例如，电解电容器的电解液干涸，导致电解电容器失效或损耗增加而发热。

4) 接插件接触不良。例如，印制电路板插座弹簧片弹力不足；继电器触点表面氧化发黑，造成接触不良，使控制失灵。

5) 元器件的可动部分接触不良。例如，电位器、半可变电阻的滑动点接触不良，造成开路或噪声的增加等。

6）线扎中某个引出端错焊、漏焊。在调试过程中，由于多次弯折或受振动而使接线断裂；或是紧固的零件松动（如面板上的电位器和波段开关），来回摆动，使连线断裂。

7）元器件由于排布不当，相碰而引起短路；连接导线焊接时绝缘外皮剥除过多或因过热而后缩，也容易和别的元器件或机壳相碰而引起短路。

8）线路设计不当，允许元器件参数的变动范围过窄，以致元器件参数稍有变化，机器就不能正常工作。例如，由于使用不当或负载超过额定值，使晶体管瞬时过载而损坏（如稳压电源中的大功率硅管由于过载引起的二次击穿，滤波电容器的过电压击穿引起的整波二极管的损坏等）。

9）由于某些原因造成机内原先调谐好的电路严重失谐等。

以上列举了电子制作产品装配后出现的一些常见故障，也就是说，这些都是电子产品的薄弱环节，是查找故障原因时的重点怀疑对象。一般来说，电子产品任何部分发生故障，都会引起其工作不正常。不同类型的产品，出现的故障各不相同，有时同类产品的故障类别也并不一致，应按一定的程序，根据电路原理进行分段检测，将故障点的范围定在某一部分电路后再进行详细检查和测量，最后加以排除。

2.4.4 调试过程中的故障排查法

经验来自实践。有经验的调试维修技术人员总结出 12 种具体排除故障的方法，读者可以根据电路的难易程度，灵活运用这些方法。

1. 不通电观察法

在不通电的情况下，用直观的办法和使用万用表电阻档检查有无断线、脱焊、短路、接触不良，检查绝缘情况、熔丝通断、变压器好坏、元器件情况等。许多故障是由于安装焊接工艺的原因，用眼睛观察就能发现问题。盲目通电检查反而会扩大故障范围。

2. 通电检查法

打开机壳，接通电源，观察是否有冒烟、烧断、烧焦、跳火（一般是接线头、开关触头接触不良造成的火化）、发热的现象。若有这些情况，一定要做到"发现故障要断电，查了线路查元件"。在观察无果的情况下，用万用表和示波器对测试点进行检查。可重复开机几次，但每次时间不要太长，以免扩大故障范围。

3. 信号替代法

选择有关的信号源，接入待检的输入端，取代该级正常的输入信号，判断各级电路工作情况是否正常，从而迅速确定产生故障的原因和所在单元。检查的顺序是：从后向前逐级前移，"各个击破"。

4. 信号寻迹法

用单一频率的信号源加在电路输入单元的入口，然后用示波器、万用表等测量仪器从前向后逐级观察电路的输出电压波形或幅度。

5. 波形观察法

用示波器检查各级电路的输入、输出波形是否正常，这是检修波形变换电路、振荡器、脉冲电路的常用方法。这种方法对于发现寄生振荡、寄生调制或外界干扰及噪声等引起的故障，具有独到之处。

6. 电容旁路法

利用适当容量的电容器，逐级跨接在电路的输入、输出端上，当电路出现寄生振荡或寄生调制时，观察接入电容后对故障的影响，可以迅速确定有问题的电路部位。

7. 元（部）件替代法

用好的元件或部件替代有可能产生故障的部分，若机器能正常工作，说明故障就在被替代的部分里。这种方法检查方便，且不影响生产。

8. 整机比较法

用正常的、相同的整机与有故障的机器比较，发现其中的问题。这种方法与替代法相似，只是比较的范围大一些。

9. 分割测试法

逐级断开各级电路的隔离器件或逐块拔掉各印制电路板，把整机分割成多个相对独立的单元电路，测试其对故障电路的影响。例如，从电源电路上切断其负载并通电观察，然后逐级接通各级电路测试，这是判断电源本身故障还是某级电路负载故障的常用方法。

10. 测量直流工作点法

根据电路原理图，测量各点的直流工作电位并判断电路的工作状态是否正常。

11. 测试电路元器件法

把可能引起电路故障的元器件卸下来，用测试仪器仪表对其性能和参数进行测量，对损坏的元器件予以更换。

12. 调整可调器件法

在检修过程中，如果电路中有可调器件（如电位器、可调电容器及可变线圈等），适当调整它们的参数，以观测对故障现象的影响。注意，在决定调整这些器件之前，要对原来的位置做个记号，一旦发现故障不在此处，还要恢复到原来的位置上。

习题

1. 简述什么是电子制作？
2. 示波器的基本特点是什么？
3. 逻辑分析仪有哪几个重要参数？
4. 电子元器件的安装布局原则是什么？

第 3 章 基本电子元器件

本章系统地介绍了基本电子元器件的识别、型号命名法及其主要性能指标。电阻器部分详细讨论了其分类、命名方法、性能指标、测试方法以及选用原则。电容器和电感器同样按这一结构进行阐述，包括它们的分类、性能指标、测试方法和选用常识。半导体器件和集成电路的识别与测试也被详尽描述，包括二极管、三极管以及集成电路的型号命名法、分类和生产商信息。通过本章内容，读者可以获得全面的知识，以便更有效地选择和使用这些基本电子元件。

3.1 电阻器的简单识别与型号命名法

电阻器（Resistor）在日常生活中一般直接称为电阻，是一个限流元件，将电阻接在电路中后，电阻器的阻值是固定的。电阻器一般是两个引脚，它可限制通过它所连支路的电流大小。阻值不能改变的电阻器称为固定电阻器。阻值可变的电阻器称为电位器或可变电阻器。理想的电阻器是线性的，即通过电阻器的瞬时电流与外加瞬时电压成正比。用于分压的可变电阻器，在裸露的电阻体上，紧压着一至两个可移动金属触点。触点位置确定电阻体任一端与触点间的阻值。

电阻器用字母 R 来表示，单位为欧姆（Ω）。灯泡、电热丝等均可表示为电阻器元件。

3.1.1 电阻器的分类

电阻器是电路元件中应用最广泛的一种，在电子设备中约占元件总数的 30%以上，其质量的好坏对电路的稳定性有极大的影响。电阻器的主要用途是稳定和调节电路中的电流和电压，其次还可作为分流器、分压器和消耗电能的负载等。

电阻器按结构可分为固定式和可变式两大类。

固定式电阻器一般称为"电阻"，由于制作材料和工艺不同，可分为膜式电阻、实芯电阻、金属线绕电阻和特殊电阻等类型。膜式电阻包括碳膜电阻（RT）、金属膜电阻（RJ）、合成膜电阻（RH）和氧化膜电阻（RY）等；实芯电阻包括有机实芯电阻（RS）和无机实芯电阻（RN）；特殊电阻包括 MG 型光敏电阻和 MF 型热敏电阻。

可变式电阻器分为滑线式变阻器和电位器，其中应用最广泛的是电位器。电位器是一种具有 3 个接头的可变电阻器，其阻值在一定范围内连续可调。电位器按照分类方式的不同有多种分类方法。按电阻体材料分，可分为薄膜和线绕两种。薄膜电位器又可分为 WTX 型小型碳膜电位器、WTH 型合成碳膜电位器、WS 型有机实芯电位器、WHJ 型精密合成膜电位器和 WHD 型多圈合成膜电位器等。线绕电位器的代号为 WX，一般线绕电位器的误差不大于±10%，非线绕电位器的误差不大于±2%，其阻值、误差和型号均标在电位器上。

按调节机构的运动方式分，有旋转式和直滑式。按结构分，可分为单联、多联、带开关、不带开关等。开关形式又有旋转式、推拉式、按键式等。按用途分，可分为普通电位器、精密电位器、功率电位器、微调电位器和专用电位器等。按阻值随转角的变化关系，又可分为线性电位器和非线性电位器，如图 3-1 所示。

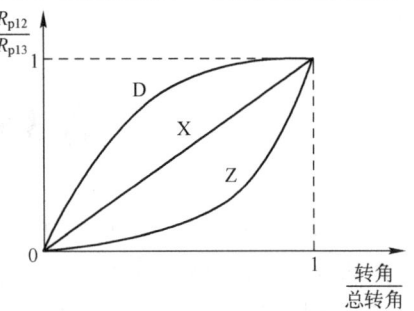

图中，D、X、Z 代表三种阻值变化规律。X 式（直线式）常用于示波器的聚焦电位器和万用表的调零电位器（如 MF-20 万用表），其线性精度为±2%、±1%、±0.3%、±0.05%；D 式（对数式）常用于电视机的黑白对比度调节电位器，其特点是先粗调后细调；Z 式（指数式）常用于收音机音量调节的电位器，其特点是先细调后粗调。字母符号（如 X、D、Z）一般印在电位器上，使用时应注意。

图 3-1 电位器阻值随转角变化曲线

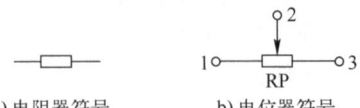

a) 电阻器符号　　b) 电位器符号

电阻器及电位器的符号如图 3-2 所示。

图 3-2 电阻器及电位器的符号

常用电阻器的外形如图 3-3 所示。

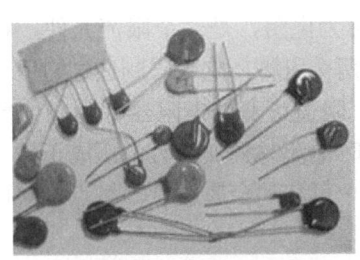

a) 热敏电阻

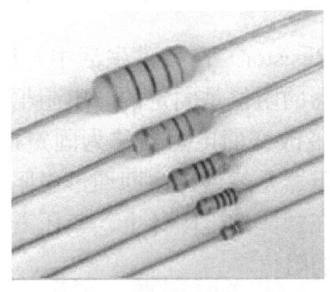

b) 金属膜电阻

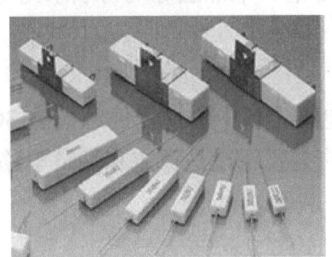

c) 水泥电阻

d) 碳膜电阻

e) 贴片电阻

f) 铝电阻

g) 铜电阻

h) 电阻排

图 3-3　常用电阻器的外形

常用电位器的外形如图 3-4 所示。

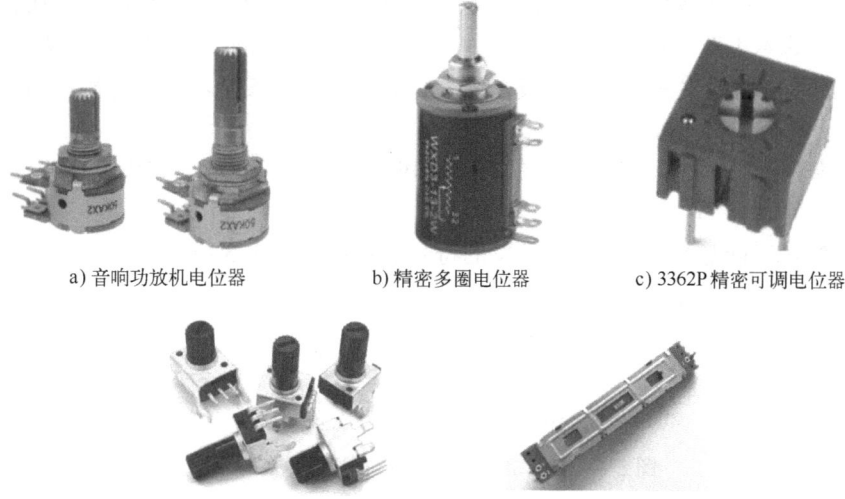

a) 音响功放机电位器　　b) 精密多圈电位器　　c) 3362P 精密可调电位器

d) 0932 电位器　　e) 调声台单声道电位器

图 3-4　常用电位器的外形

3.1.2　电阻器的型号命名法

电阻器的型号命名法见表 3-1。

表 3-1　电阻器的型号命名法

第一部分		第二部分		第三部分		第四部分
用字母表示主称		用字母表示材料		用数字和字母表示特性		用数字表示序号
符号	意义	符号	意义	符号	意义	
R RP	电阻器 电位器	T	碳膜	1，2	普通	包括： 额定功率 阻值 允许误差 精度等级
		P	硼碳膜	3	超高频	
		U	硅碳膜	4	高阻	
		C	沉积膜	5	高温	
		H	合成膜	7	精密	
		I	玻璃釉膜	8	电阻器—高压 电位器—特殊函数	
		J	金属膜（箔）			
		Y	氧化膜	9	特殊	
		S	有机实芯	G	高功率	
		N	无心实芯	T	可调	
		X	线绕	X	小型	
		R	热敏	L	测量用	
		G	光敏	W	微调	
		M	压敏	D	多圈	

示例：RJ71-0.125-5.1kⅠ型电阻器的含义为精密金属膜（箔）电阻器，额定功率为 0.125W，标称阻值为 5.1kΩ，允许误差为Ⅰ级±5%。

3.1.3　电阻器的主要性能指标

电阻器的主要性能指标包括额定功率、标称阻值、允许误差和最高工作电压。

1. 额定功率

电阻器的额定功率是在规定的环境温度和湿度下,假定周围空气不流通,在长期连续负载而不损坏或基本不改变性能的情况下,电阻器上允许消耗的最大功率。当超过额定功率时,电阻器的阻值将发生变化,甚至发热烧毁。为保证使用安全,一般选额定功率比它在电路中消耗的功率高1~2倍。

额定功率分为19个等级,常用的有1/20W、1/8W、1/4W、1/2W、1W、2W、4W、5W、…。

在电路图中,非线绕电阻器额定功率的符号表示法如图3-5所示。

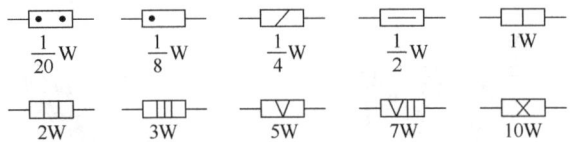

图 3-5 非线绕电阻器额定功率的符号表示法

实际中应用较多的为1/8W、1/4W、1/2W、1W、2W,线绕电位器应用较多的为2W、3W、5W、10W等。

2. 标称阻值

标称阻值是产品标志的"名义"阻值,其单位为欧(Ω)、千欧(kΩ)、兆欧(MΩ)。标称阻值见表3-2。任何固定电阻器的阻值都符合表3-2所示数值乘以$10^n\Omega$,其中n为整数。

表 3-2 标称阻值

允许误差	系列代号	标称阻值系列
±5%	E24	1.1, 1.2, 1.3, 1.5, 1.6, 1.8, 2.0, 2.2, 2.4, 2.7 3.0, 3.3, 3.6, 3.9, 4.3, 4.7, 5.1, 5.6, 6.2, 6.8, 7.5, 8.2, 9.1
±10%	E12	1.0, 1.2, 1.5, 1.8, 2.2, 2.7, 3.3, 3.9, 4.7, 5.6, 6.8, 8.2
±20%	E6	1.0, 1.5, 2.2, 3.3, 4.7, 6.8

3. 允许误差

允许误差是指电阻器和电位器实际阻值对于标称阻值的最大允许偏差范围,它表示产品的精度。允许误差等级见表3-3。线绕电位器的允许误差一般小于±10%,非线绕电位器的允许误差一般小于±20%。

表 3-3 允许误差等级

级别	005	01	02	I	II	III
允许误差	±0.5%	±1%	±2%	±5%	±10%	±20%

电阻器的阻值和误差一般都用数字印在电阻器上,但字号很小。一些合成电阻器其阻值和误差常用色环来表示,如图3-6及表3-4所示。平常使用的色环电阻可以分为四环和五环,通常用四环。其中,四环电阻前两环为数字,第三环表示前面数字再乘以10的n次幂,最后一环为误差;五环电阻前三环为数字,第四环表示前面数字再乘以10的n次幂,最后一环为误差。

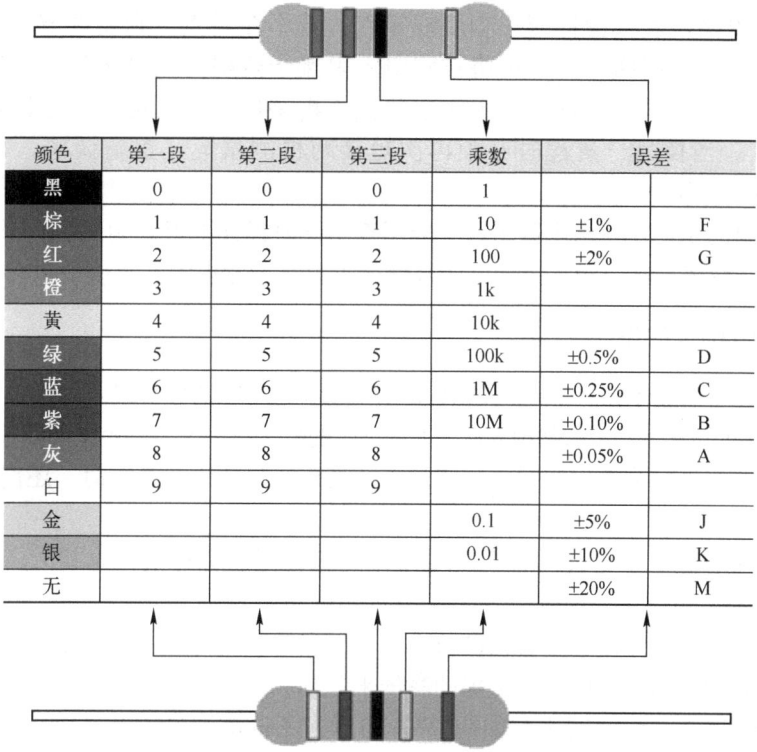

图 3-6 阻值和误差的色环标记

表 3-4 色环颜色的意义

颜色	黑	棕	红	橙	黄	绿	蓝
代表数值	0	1	2	3	4	5	6
允许误差		F（±1%）	G（±2%）			D（±0.5%）	C（±0.25%）

例如，四色环电阻器的第一、二、三、四道色环分别为棕、绿、红、金色，则该电阻的阻值和误差分别为：$R=(1\times10+5)\times10^2\Omega=1500\Omega$，误差为±5%，即表示该电阻的阻值和误差是 1.5kΩ(1±5%)。

4．最高工作电压

最高工作电压是根据电阻器、电位器最大电流密度、电阻体击穿及其结构等因素所规定的工作电压限度。对阻值较大的电阻器，当工作电压过高时，虽功率不超过规定值，但内部会发生电弧火花放电，导致电阻变质损坏。一般 1/8W 碳膜电阻器或金属膜电阻器，最高工作电压分别不能超过 150V 或 200V。

3.1.4 电阻器的简单测试

测量电阻的方法很多，可用欧姆表、电阻电桥和数字欧姆表直接测量，也可根据欧姆定律 $R=U/I$，通过测量流过电阻的电流 I 及电阻上的电压降 U 来间接测量阻值。

当测量精度要求较高时，采用电阻电桥来测量电阻。电阻电桥有单臂电桥（惠斯通电桥）和双臂电桥（凯尔文电桥）两种，这里不再赘述。

当测量精度要求不高时，可直接用欧姆表测量电阻。现以 MF-20 型万用表为例，介绍测量电阻的方法。首先将万用表的功能选择开关置"Ω"档，量程开关置合适档。

将两根测试笔短接，表头指针应在刻度线零点；若不在零点，则要调节"Ω"旋钮（0Ω调节电位器）回零。调回零后即可将被测电阻串接于两根测试笔之间，此时表头指针偏转，待稳定后可从刻度线上直接读出所示数值，再乘以事先所选择的量程，即可得到被测电阻的阻值。当换另一量程时必须再次短接两根测试笔，重新调零。每换一个量程档，都必须调零一次。

特别要指出的是，在测量电阻时，不能用双手同时捏住电阻或测试笔，否则人体电阻将会与被测电阻并联在一起，表头上指示的数值就不只是被测电阻的阻值了。

3.1.5 选用电阻器常识

根据电子设备的技术指标和电路的具体要求选用电阻的型号和误差等级。

为提高设备的可靠性，延长使用寿命，所选电阻的额定功率应为实际消耗功率的 1.5~2 倍。

电阻装接前应进行测量、核对，尤其是在精密电子仪器设备装配时，还需经人工老化处理，以提高稳定性。

在装配电子仪器时，若使用非色环电阻，则应将电阻标称值标志朝上，且标志顺序一致，以便于观察。

焊接电阻时，烙铁停留时间不宜过长。

选用电阻时应根据电路中信号频率的高低来选择。一个电阻可等效成一个 RLC 二端线性网络，如图 3-7 所示。不同类型的电阻，R、L、C 3 个参数的大小有很大差异。线绕电阻本身是电感线圈，所以不能用于高频电路中。在薄膜电阻中，若电阻体上刻有螺旋槽，其工作频率在 10MHz 左右，未刻螺旋槽的（如 RY 型）则工作频率更高。

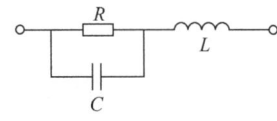

图 3-7　电阻器的等效电路

当电路中需串联或并联电阻来获得所需阻值时，应考虑其额定功率。阻值相同的电阻串联或并联，额定功率等于各个电阻规定功率之和；阻值不同的电阻串联时，额定功率取决于高阻值电阻，并联时，额定功率取决于低阻值电阻，且需经过计算才能应用。

3.1.6 电阻器和电位器选用原则

电阻器的选用一般应遵循如下原则：

1）金属膜电阻稳定性好、温度系数小、噪声小，常用在要求较高的电路中，适合运放电路、宽带放大电路、仪用放大电路和高频放大电路。

2）金属氧化膜电阻有极好的脉冲、高频特性，外形和应用场合同上。

3）碳膜电阻温度系数为负数，其噪声大、精度等级低，常用于一般要求的电路中。

4）线绕电阻精度高，但分布参数较大，不适合高频电路。

5）敏感电阻又称半导体电阻，通常有光敏、热敏、湿敏、压敏和气敏等不同类型，可以作为传感器，用来检测相应的物理量。

电位器选用的原则如下：

1）在高频、高稳定性的场合，选用薄膜电位器。

2）要求电压均匀变化的场合，选用直线式电位器。

3）音量控制宜选用指数式电位器。

4）要求高精度的场合，选用线绕多圈电位器。

5）要求高分辨率的场合，选用各类非线绕电位器、多圈微调电位器。

6）普通应用场合，选用碳膜电位器。

3.2 电容器的简单识别与型号命名法

电容器（Capacitor）是一种容纳电荷的器件，由两个相互靠近的导体在中间夹一层不导电的绝缘介质构成。通常称其容纳电荷的本领为电容量，用字母 C 表示。

电容器是电子设备中大量使用的电子元件之一，广泛应用于电路中的隔直通交、耦合、旁路、滤波、调谐回路、能量转换和控制等方面。

3.2.1 电容器的分类

下面分别按结构、电容器介质材料对电容器进行分类。

1. 按结构分类

（1）固定电容器 电容量是固定不可调的，称为固定电容器。图 3-8 所示为几种固定电容器的外形及电路符号。其中，图 3-8f 为电路符号（带"+"的为电解电容器）。

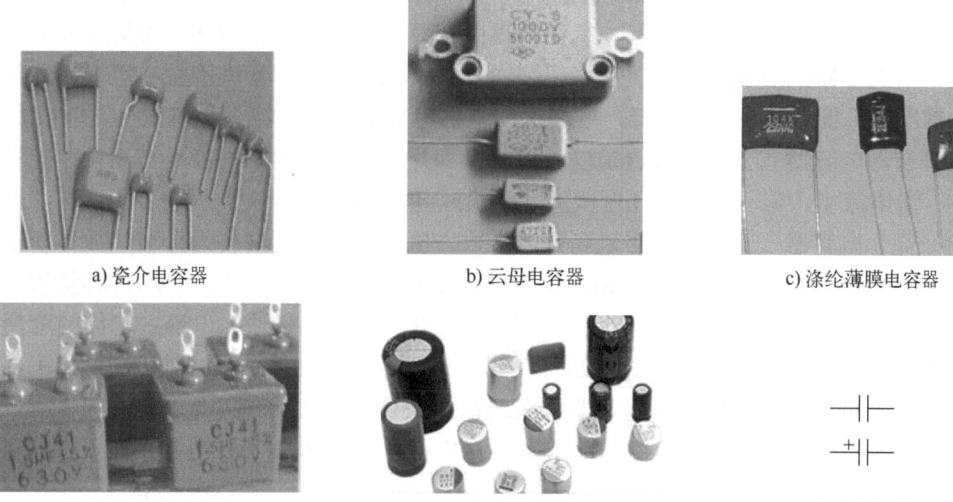

a) 瓷介电容器　　　　b) 云母电容器　　　　c) 涤纶薄膜电容器

d) 金属化纸介电容器　　e) 电解电容器　　　　f) 电路符号

图 3-8　几种固定电容器的外形及电路符号

（2）半可变电容器（微调电容器）　半可变电容器电容量可在小范围内变化，其可变容量为几至几十皮法，最高达 100pF（以陶瓷为介质时），适用于整机调整后电容量无须经常改变的场合。它常以空气、云母或陶瓷作为介质。其外形及电路符号如图 3-9 所示。

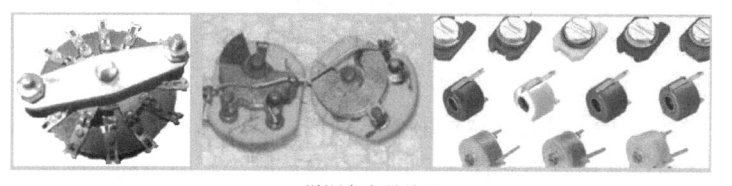

a) 微调电容器外形　　　　　　　　　b) 电路符号

图 3-9　微调电容器外形及电路符号

（3）可变电容器　可变电容器电容量可在一定范围内连续变化，常有"单联""双联"之分，它们由若干片形状相同的金属片拼接成一组定片和一组动片，其外形及电路符号如图 3-10 所示。动片可以通过转轴转动，以改变动片插入定片的面积，从而改变电容量。它一般以空气作为介质,也有用有机薄膜作为介质的,但后者的温度系数较大。

a) 单、双联可变电容器外形　　b) 单联符号　　c) 双联符号

图 3-10　单、双联可变电容器外形及电路符号

2. 按电容器介质材料分类

（1）电解电容器　电解电容器是以铝、钽、铌、钛等金属氧化膜作为介质的电容器。应用最广的是铝电解电容器,它容量大、体积小、耐压高（但耐压越高,体积也越大）,一般在 500V 以下,常用于交流旁路和滤波,缺点是容量误差大,且随频率而变动,绝缘电阻低。电解电容器有正、负极之分（外壳为负极,另一接头为正极）。通常电容器外壳上都标有"+""-"记号,若无标记则引线长的为"+",引线短的为"-",使用时必须注意不要接反。若接反,电解作用会反向运行,氧化膜很快变薄,漏电流急剧增加,如果所加的直流电压过大,则电容器很快发热,甚至会引起爆炸。由于铝电解电容器有不少缺点,因此在要求较高时常用钽、铌或钛电解电容器,它们比铝电解电容器的漏电流小、体积小,但成本高。

（2）云母电容器　云母电容器是以云母片作为介质的电容器。其特点是高频性能稳定,损耗小、漏电流小、电压高（从几百伏到几千伏）,但容量小（从几十皮法到几万皮法）。

（3）瓷介电容器　瓷介电容器以高介电常数、低损耗的陶瓷材料为介质,故体积小、损耗小、温度系数小,可工作在超高频范围,但耐压较低（一般为 60～70V）,容量较小（一般为 1～1000pF）。为克服容量小的特点,现在采用铁电陶瓷和独石电容。它们的容量分别可达 680pF～0.047μF 和 0.01μF 至几微法,但其温度系数大、损耗大、容量误差大。

（4）玻璃釉电容器　玻璃釉电容器以玻璃釉作为介质,它具有瓷介电容器的优点,且体积比同容量的瓷介电容器小。其容量范围为 4.7pF～4μF。另外,其介电常数在很宽的频率范围内保持不变,还可应用到 125℃高温下。

（5）纸介电容器　纸介电容器的电极用铝箔或锡箔做成,绝缘介质是浸蜡的纸,相叠后卷成圆柱体,外包防潮物质,有时外壳采用密封的铁壳以提高防潮性。大容量的电容器常在铁壳里灌满电容器油和变压器油,以提高耐压强度,被称为油浸纸介电容器。纸介电容器的优点是在一定体积内可以得到较大的电容量,且结构简单、价格低廉,缺点是介质损耗大,稳定性不高,主要用于低频电路的旁路和隔直电容。其容量一般为 100pF～10μF。新发展的纸介电容器用蒸发的方法使金属附着于纸上作为电极,因此体积大大缩小,称为金属化纸介电容器,其性能与纸介电容器相仿。但它有一个最大的特点是被高电压击穿后,有自愈作用,即电压恢复正常后仍能工作。

（6）有机薄膜电容器　有机薄膜电容器是用聚苯乙烯、聚四氟乙烯或涤纶等有机薄膜代替纸介质做成的电容器。与纸介电容器相比,它的优点是体积小、耐压高、损耗小、绝缘电阻大、稳定性好,但温度系数大。

3.2.2　电容器的型号命名法

电容器的型号命名法见表 3-5。

表 3-5 电容器的型号命名法

第一部分		第二部分		第三部分		第四部分
用字母表示主称		用字母表示材料		用字母表示特性		用字母或数字表示序号
符号	意义	符号	意义	符号	意义	
C	电容器	C	瓷介	T	铁电	包括品种、尺寸代号、温度特性、直流工作电压、标称值、允许误差、标准代号
		I	玻璃釉	W	微调	
		O	玻璃膜	J	金属化	
		Y	云母	X	小型	
		V	云母纸	S	独石	
		Z	纸介	D	低压	
		J	金属化纸	M	密封	
		B	聚苯乙烯	Y	高压	
		F	聚四氟乙烯	C	穿心式	
		L	涤纶（聚酯）			
		S	聚碳酸酯			
		Q	漆膜			
		H	纸膜复合			
		D	铝电解			
		A	钽电解			
		G	金属电解			
		N	铌电解			
		T	钛电解			
		M	压敏			
		E	其他材料电解			

例如，CJX-250-0.33-±10%电容器的含义为电容量 0.33μF，直流工作电压为 250V 的小型金属化纸介质电容器，允许误差为±10%。

3.2.3 电容器的主要性能指标

电容器的主要性能指标包括电容量、标称电容量、允许误差、额定工作电压、绝缘电阻和介质损耗。

1．电容量

电容量是指电容器加上电压后储存电荷的能力。常用单位是法（F）、微法（μF）和皮法（pF），$1pF=10^{-6}μF=10^{-12}F$。

一般电容器上都直接写出其电容量，也有的用数字来标志电容量。例如，电容器上标有"332"三位数字，左起两位数字给出电容量的第一、二位数字，而第三位数字则表示附加零的个数，以 pF 为单位，因此"332"即表示该电容器的电容量为 3300pF。

2．标称电容量

标称电容量是标志在电容器上的"名义"电容量。我国固定式电容器的标称电容量系列为 E24、E12、E6，电解电容器的标称电容量参考系列为 1、1.5、2.2、3.3、4.7、6.8（以 μF 为单位）。

3．允许误差

允许误差是实际电容量对于标称电容量的最大允许偏差范围。固定电容器的允许误差分为 8 级，见表 3-6。

表 3-6 允许误差等级

级别	01	02	I	II	III	IV	V	VI
允许误差	±1%	±2%	±5%	±10%	±20%	-30%~20%	-20%~50%	-10%~100%

4. 额定工作电压

额定工作电压是电容器在规定的工作范围内，长期、可靠地工作所能承受的最高电压。常用固定电容器的直流工作电压系列为 6.3V、10V、16V、25V、40V、63V、100V、250V 和 400V。

5. 绝缘电阻

绝缘电阻是加在电容器上的直流电压与通过它的漏电流的比值。绝缘电阻一般应在 5000MΩ 以上，优质电容器可达太欧（TΩ，$1\text{T}\Omega = 10^{12}\Omega$）级。

6. 介质损耗

理想的电容器应没有能量损耗。但实际上电容器在电场的作用下，总有一部分电能转换成热能，所损耗的能量称为电容器损耗，它包括金属极板的损耗和介质损耗两部分。小功率电容器主要是介质损耗。

所谓介质损耗，是指介质缓慢极化和介质电导所引起的损耗，通常用损耗功率和电容器的无功功率之比，即损耗角的正切值来表示：

$$\tan\delta = \frac{损耗功率}{无功功率}$$

在同容量、同工作条件下，损耗角越大，电容器的损耗也越大。损耗角大的电容器不适合在高频情况下工作。

3.2.4 电容器质量优劣的简单测试

利用万用表的欧姆档就可以简单地测量出电解电容器的优劣情况，粗略地辨别其漏电、容量衰减或失效的情况。具体方法是：选用"R×1k"或"R×100"档，将黑表笔接电容器的正极，红表笔接电容器的负极，若表针摆动大，且返回慢，返回位置接近∞，说明该电容器正常，且电容量大；若表针摆动大，但返回时表针显示的值较小，说明该电容漏电量较大；若表针摆动很大，接近于 0，且不返回，说明该电容器已被击穿；若表针不摆动，则说明该电容器已开路，失效。

该方法也适用于辨别其他类型的电容器。但当电容器容量较小时，应选择万用表的"R×10k"档测量。另外，如果需要对电容器再进行一次测量，必须将其放电后才能进行。

如果要求更精确的测量，可以用交流电桥和 Q 表（谐振法）来测量，这里不做介绍。

3.2.5 选用电容器常识

电容器装接前应进行测量，看其是否短路、断路或漏电严重，并在装入电路时，使电容器的标志易于观察，且标志顺序一致。

电路中，电容器两端的电压不能超过电容器本身的工作电压。装接时应注意正、负极性不能接反。

当现有电容器与电路要求的容量或耐压不合适时，可以采用串联或并联的方法进行调整。当两个工作电压不同的电容器并联时，耐压值取决于低的电容器；当两个容量不同的电容器串联时，容量小的电容器所承受的电压高于容量大的电容器。

技术要求不同的电路，应选用不同类型的电容器。例如，谐振回路中需要介质损耗小的电容器，应选用高频陶瓷电容器（CC 型）和云母电容器；隔直、耦合电容可选独石、涤纶、电解等电容器；低频滤波电路一般应选用电解电容器，旁路电容可选涤纶、独石、陶瓷和电解电容器。

选用电容器时应根据电路中信号频率的高低来选择，一个电容器可等效成 RLC 二端线性网络，如图 3-11 所示。

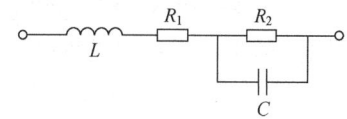

图 3-11　电容器的等效电路

不同类型的电容器其等效参数 R、L、C 的差异很大。等效电感大的电容器（如电解电容器）不适合用于耦合、旁路高频信号；等效电阻大的电容器不适合用于 Q 值要求高的振荡回路。为满足从低频到高频滤波旁路的要求，在实际电路中，常将一个大容量的电解电容器与一个小容量、适合与高频的电容器并联使用。

3.3　电感器的简单识别与型号命名法

电感器（Inductor）又称扼流器、电抗器，是一种电路元件，会因为通过的电流的改变而产生电动势，从而抵抗电流的改变。最原始的电感器是 1831 年英国法拉第发现电磁感应现象的铁心线圈。

电感器的结构类似于变压器，但只有一个绕组，一般由骨架、绕组、屏蔽罩、封装材料、磁心或铁心等组成。如果电感器在没有电流通过的状态下，电路接通时它将试图阻碍电流流过它；如果电感器在有电流通过的状态下，电路断开时它将试图维持电流不变。电感用字母 L 来表示，单位为亨利（H）。

3.3.1　电感器的分类

电感器一般由线圈构成。为了增加电感量 L，提高品质因数 Q 和减小体积，通常在线圈中加入软磁性材料的磁心。

根据电感器的电感量是否可调，电感器分为固定、可变和微调电感器。

电感器的符号如图 3-12 所示。常见的固定电感器外形如图 3-13 所示。

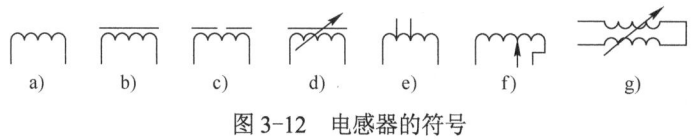

图 3-12　电感器的符号

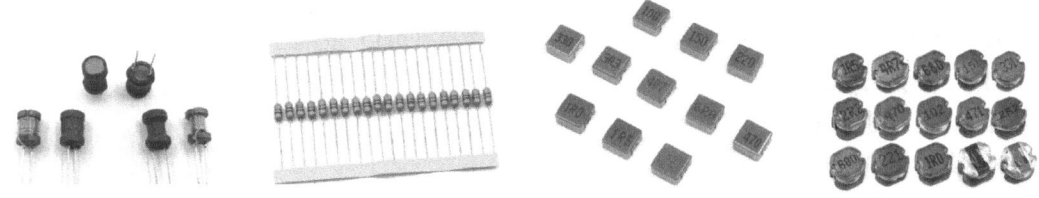

图 3-13　常见的固定电感器外形

可变电感器的电感量可通过磁心在线圈内移动而在较大范围内调节。它与固定电容器配合应用于谐振电路中起调谐作用。

微调电感器可以满足整机调试的需要和补偿电感器生产中的分散性，一次调好后，一般不再变动。

3.3.2 电感器的型号命名法

电感器的型号命名通常遵循一定的标准,以便于用户快速识别其主要特性和应用。电感器型号命名的一些常见规则如下:

1)电感值(Inductance Value):是指电感器的感应电感,通常使用亨利(H)作为单位。

2)容差(Tolerance):指的是电感值与标称值之间的允许误差范围。容差可以表示为百分比或直接使用容差值。例如,如果一个电感器标称值为 10μH,容差为±10%,则表示实际电感值可以在 9~11μH 之间。

3)尺寸(Size):可以根据其外观和物理特性进行命名。常见的尺寸表示方法包括长度(Length)、宽度(Width)、高度(Height)和直径(Diameter)等。这些尺寸通常以毫米(mm)为单位。

4)材料(Material):电感器的材料通常与其制造和工作原理有关。例如,铁氧体电感器(Ferrite Inductor)使用铁氧体材料制造。

需要注意的是,不同制造商可能会在电感器的命名中采用不同的约定和缩写方式。因此,在选择和识别电感器时,最好参考电感器制造商提供的规格表和技术资料,以确保准确理解电感器的规格和性能。

以村田电感型号的命名为例做详细说明。村田电感的型号通常由多个部分组成,每个部分代表特定的信息。以下是常见的型号结构:

1)型号标识:通常以字母开头,表示电感器的类型或系列。

LQ:片状线圈(Chip Inductor)。

LQH:片状线圈,绕线型(Wire-wound Inductor)。

2)结构类型:表示电感器的结构特点。

H:绕线型(铁氧体磁心)。

G:可能表示某种特定的结构(具体含义需参考型号对照表)。

3)尺寸:用数字或字母表示电感器的尺寸。

32:表示特定的封装尺寸,具体尺寸需参考村田的尺寸对照表。

4)应用与特性:用字母表示电感器的应用领域和特性。

M:多层型或薄膜型。

N:谐振电路用。

5)类型:表示电感器的具体类型。

N/S:标准型。

6)电感值:用数字表示电感值,单位通常为微亨(μH)或纳亨(nH)。

331:表示 330μH。

3R3:表示 3.3μH。

3N3:表示 3.3nH。

7)允许偏差:用字母表示电感值的允许偏差(精度/容差)。

K:±10%。

M:±20%。

J:±5%。

8)特征:用数字表示电感器的特定特征。

2：表示标准型（具体含义需参考产品文档）。
9）电极：表示电感器的电极材料或处理方式。
3：无铅焊剂。
10）包装：表示电感器的包装方式。
L：压纹带包装（Φ180mm 卷盘）。

例如型号 LQH32MN331K23L 中：LQH 表示片状线圈、绕线型（铁氧体磁心），32 代表器件尺寸（具体查尺寸对照表），M 表示多层型或薄膜型，N 表示谐振电路用，331 表示电感值为 330μH，K 表示±10%的允许偏差，2 表示特征（具体查文档），3 代表无铅焊剂，L 表示压纹带包装（Φ180mm 卷盘）。

3.3.3 电感器的主要性能指标

电感器的主要性能指标包括电感量 L、品质因数 Q 和额定电流。

1. 电感量 L

电感量 L 是指电感器通过变化电流时产生感应电动势的能力。其大小与磁导率 μ、线圈单位长度中的匝数 n 及体积 V 有关。当线圈的长度远大于直径时，电感量为

$$L=\mu n^2 V$$

电感量的常用单位为 H（亨利）、mH（毫亨）、μH（微亨）。

2. 品质因数 Q

品质因数 Q 反映电感器传输能量的本领。Q 值越大，传输能量的本领越大，即损耗越小，一般要求 Q=50～300。

$$Q = \frac{\omega L}{R}$$

式中，ω 为工作角频率；L 为线圈电感量；R 为线圈电阻。

3. 额定电流

额定电流主要针对高频电感器和大功率调谐电感器而言。通过电感器的电流超过额定值时，电感器将发热，严重时会烧坏。

3.3.4 电感器的简单测试

测量电感的方法与测量电容的方法相似，也可以用电桥法、谐振回路法测量。常用测量电感的电桥有海氏电桥和麦克斯韦电桥，这里不做详细介绍。

3.3.5 选用电感器常识

在选电感器时，首先应明确其使用频率范围。铁心线圈只能用于低频；一般铁氧体线圈、空心线圈可用于高频。其次要弄清线圈的电感量。

线圈是磁感应元件，它对周围的电感性元器件有影响。安装时一定要注意电感性元器件之间的相互位置，一般应使相互靠近的电感线圈的轴线互相垂直，必要时可在电感性元件上加屏蔽罩。

3.4 半导体器件的简单识别与型号命名法

半导体器件是导电性介于良导电体与绝缘体之间，利用半导体材料特殊电特性来完成特定功能的电子器件。

它可用来产生、控制、接收、变换、放大信号和进行能量转换。半导体器件的半导体材料是硅、锗或砷化镓，可用作整流器、振荡器、发光器、放大器和测光器等器材。

3.4.1 半导体器件的型号命名法

半导体二极管和三极管是组成分立元件电子电路的核心器件。二极管具有单向导电性，可用于整流、检波、稳压、混频电路中；三极管对信号具有放大作用和开关作用。它们的管壳上都印有规格和型号。其型号命名法有多种，主要有我国国家标准 GB/T 249—2017《半导体分立器件型号命名法》、国际电子联合会的半导体器件型号命名法、美国半导体器件型号命名法、日本半导体器件型号命名法等。

1. 我国半导体器件的型号命名法

我国半导体器件的型号命名法见表 3-7。

表 3-7 我国半导体器件的型号命名法

第一部分		第二部分		第三部分		第四部分	第五部分
用阿拉伯数字表示器件的电极数目		用汉语拼音字母表示器件的材料和极性		用汉语拼音字母表示器件的类别		用阿拉伯数字表示登记顺序号	用汉语拼音字母表示规格号
符号	意义	符号	意义	符号	意义	意义	意义
2	二极管	A	N 型锗材料	P	小信号管	反映了极限参数、直流参数和交流参数等的差别	反映了承受反向击穿电压的程序。如规格号为 A、B、C、D、…，其中 A 承受的反向击穿电压最低，B 次之，…
		B	P 型锗材料	H	混频管		
		C	N 型硅材料	V	检波管		
		D	P 型硅材料	W	电压调整管和电压基准管		
		E	化合物或合金材料	C	变容管		
				Z	整流管		
				L	整流堆		
				S	隧道管		
				N	噪声管		
				U	光电器件		
				K	开关管		
3	三极管	A	PNP 型锗材料	X	低频小功率管（截止频率<3MHz，耗散功率<1W）		
		B	NPN 型锗材料	G	高频小功率管（截止频率≥3MHz，耗散功率<1W）		
		C	PNP 型硅材料	D	低频大功率管（截止频率<3MHz，耗散功率≥1W）		
		D	NPN 型硅材料	A	高频大功率管（截止频率≥3MHz，耗散功率≥1W）		
		E	化合物材料或合金材料	T	闸流管（可控整流管）		
				Y	体效应管		
				B	雪崩管		
				J	阶跃恢复管		
				CS	场效应器件		
				BT	半导体特殊器件		
				FH	复合管		
				PIN	PIN 管		
				JG	激光器件		

例如，3AX31A 的含义为

PNP 型锗材料三极管，低频小功率管，序号为 31，管子规格为 A 档。

2．国际电子联合会的半导体器件型号命名法

国际电子联合会的半导体器件型号命名法是主要由欧盟等国家依照国际电子联合会规定制定的命名方法，见表 3-8。

表 3-8　国际电子联合会的半导体器件型号命名法

第一部分		第二部分				第三部分		第四部分	
用字母代表制作材料		用字母代表类型及主要特性				用字母或数字表示登记序号		用字母对同型号分类	
符号	意义	符号	意义	符号	意义	符号	意义	符号	意义
A	锗材料	A	检波、开关和混频二极管	M	封闭磁路中的霍尔元件	三位数字	通用半导体器件的登记号（同一类型号器件使用同一登记号）	A B C D E …	同一型号器件按某一参数进行分档的标志
A	锗材料	B	变容二极管	P	光敏器件				
B	硅材料	C	低频小功率三极管	Q	发光器件				
B	硅材料	D	低频大功率三极管	R	小功率可控硅				
C	砷化镓	E	隧道二极管	S	小功率开关管		专用半导体器件的登记号（同一类型号器件使用同一登记号）		
C	砷化镓	F	高频小功率三极管	T	大功率可控硅				
D	锑化铟	G	复合器件及其他器件	U	大功率开关管				
D	锑化铟	H	磁敏二极管	X	倍增二极管				
E	复合	K	开放磁路中的霍尔元件	Y	整流二极管				
E	复合	L	高频大功率三极管	Z	稳压二极管				

3．美国半导体器件型号命名法

美国半导体器件型号命名法是由美国电子工业协会（Electronic Industry Association，EIA）制定的命名方法，见表 3-9。

表 3-9　美国电子工业协会半导体器件型号命名法

第一部分		第二部分		第三部分		第四部分		第五部分	
用符号表示用途的类别		用数字表示 PN 结的数目		美国电子工业学会（EIA）注册标志		美国电子工业学会（EIA）登记顺序号		用字母表示器件分档	
符号	意义	符号	意义	符号	意义	符号	意义	符号	意义
JAN 或 J	军品	1	二极管	N	该器件已在美国电子工业学会注册登记	多位数字	该器件在美国电子工业协会登记的顺序号	A B C D …	同一型号的不同档位
JAN 或 J	军品	2	三极管						
无	非军用品	3	3 个 PN 结器件						
无	非军用品	n	n 个 PN 结器件						

4．日本半导体器件型号命名法

日本半导体器件型号命名法按日本工业标准（JIS）规定的命名法（JIS-C-702）命名，由五～七个部分组成，第六、七个部分的符号及意义通常是各公司自行规定的，其余各部分的符号及意义见表 3-10。

表 3-10 日本半导体器件型号命名法

第一部分		第二部分		第三部分		第四部分		第五部分	
用数字表示类型及有效电极数		S 表示日本电子工业协会（EIAJ）注册产品		用字母表示器件的极性及类型		用数字表示在日本电子工业协会登记的顺序号		用字母表示对原来型号的改进产品	
符号	意义	符号	意义	符号	意义	符号	意义	符号	意义
0	光电（光敏）二极管、三极管及其复合管	S	表示已在日本工业协会注册登记的半导体分立器件	A	PNP 型高频管	4位以上的数字	用从 11 开始的数字，表示在日本电子工业协会登记的顺序号，不同公司性能相同器件可以使用同一顺序号，数字大是近期产品	A B C D E F …	用字母表示对原来型号的改进产品
1	二极管			B	PNP 型低频管				
2	三极管、具有两个以上 PN 结的其他三极管			C	NPN 型高频管				
3	具有 3 个 PN 结或 4 个有效电极的三极管			D	NPN 型低频管				
				F	P 控制极晶闸管				
				G	N 控制极晶闸管				
				H	N 基极单结三极管				
				J	P 沟道场效应管				
				K	N 沟道场效应管				
…	…								
n-1	具有 n-1 个 PN 结或 n 个有效极的三极管			M	双向晶闸管				

3.4.2 二极管的识别与简单测试

二极管（Diode）是用半导体材料（硅、硒、锗等）制成的一种电子器件，是世界上第一种半导体器件，具有单向导电性能、整流功能。

二极管的种类繁多，主要应用于电子电路和工业产品。经过多年来科学家们不懈努力，半导体二极管发光的应用已逐步得到推广，发光二极管的应用范围也渐渐扩大，它是一种符合绿色照明要求的光源，是普通发光器件无法比拟的。

1. 普通二极管的识别与简单测试

普通二极管一般有玻璃封装和塑料封装两种封装形式，如图 3-14 所示。其外壳上均印有型号和标记，标记箭头所指方向为阴极。有的二极管上只有一个色点，有色点的一端为阳极。

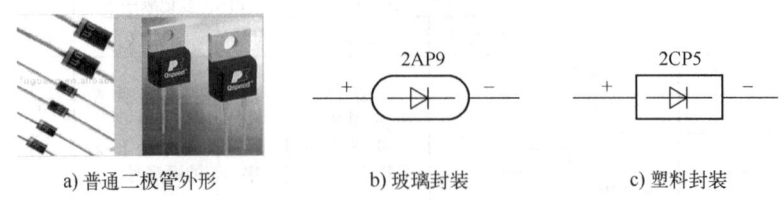

a) 普通二极管外形　　b) 玻璃封装　　c) 塑料封装

图 3-14 普通二极管外形及其符号

若遇到型号标记不清时，可以借助万用表的欧姆档进行简单的判别。万用表正端（+）红表笔接表内电池的负极，而负端（-）黑表笔接表内电池的正极。根据 PN 结正向导通电阻值小，反向截止电阻值大的原理可以简单确定二极管的好坏和极性。具体做法是：万用表欧姆档置"R×100"或"R×1k"处，将红、黑两表笔反过来再次接触二极管两端，表头又将有一个指示。若两次指示的阻值相差很大，说明该二极管的单向导电性好，并且阻值大（几百千欧以上）的那次，红表笔所接为二极管的阳极；若两次指示的阻值相差很小，说明该二极管可能已失去单向导电性；若两次指示的阻值均很大，则说明该二极管已开路。通过这种方式，可以有效判断二极管的工作状态和性能。

2. 特殊二极管的识别与简单测试

特殊二极管的种类较多，在此只介绍 4 种常用的特殊二极管。

（1）发光二极管（LED）　发光二极管是用砷化镓、磷化镓等制成的一种新型器件。它具有工作电压低、耗电少、响应速度快、抗冲击、耐振动、性能好及轻而小的特点，被广泛用于单个显示电路或做成七段矩阵式显示器，而在数字电路实验中，常用作逻辑显示器。发光二极管的电路符号如图 3-15 所示。

发光二极管和普通二极管一样具有单向导电性，正向导通时才能发光。发光二极管的发光颜色有多种，如红、绿、黄等，形状有圆形和长方形等。发光二极管在出厂时，一根引线做得比另一根引线长，通常较长的引线表示阳极（+），另一根为阴极（-），如图 3-16 所示。若辨别不出引线的长短，可以用辨别普通二极管引脚的方法来辨别其阳极和阴极。发光二极管的正向工作电压一般为 1.5～3V，允许通过的电流为 2～20mA，电流的大小决定发光的亮度。电压、电流的大小依器件型号不同而稍有差异。若与晶体管-晶体管逻辑（Transistor-Transistor Logic，TTL）组件连接使用，一般需串联一个 470Ω 的降压电阻，以防止器件的损坏。

图 3-15　发光二极管的电路符号　　图 3-16　发光二极管的外形

（2）稳压二极管　稳压二极管有玻璃封装、塑料封装和金属外壳封装 3 种，如图 3-17 所示。其塑料封装的外形与普通二极管相似，如 2CW7，金属外壳封装的外形与小功率三极管相似，但内部为双稳压二极管，其本身具有温度补偿作用，如 2CW231。

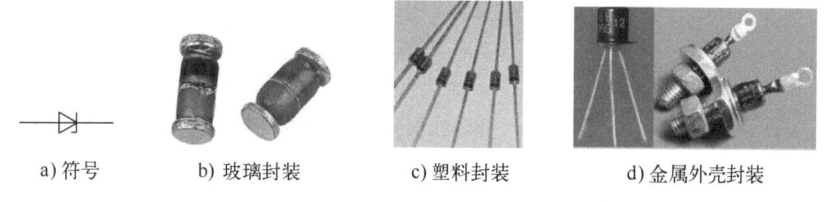

a) 符号　　b) 玻璃封装　　c) 塑料封装　　d) 金属外壳封装

图 3-17　稳压二极管

稳压管在电路中是反向连接的，它能使稳压管所接电路两端的电压稳定在一个规定的电压范围内，称为稳压值。确定稳压管稳压值的方法有如下 3 种：

1) 根据稳压管的型号查阅手册得知。

2) 在 WQ4830 型晶体管特性图示仪上测出其伏安特性曲线而获得。

3) 通过一个简单的实验电路测得，实验电路如图 3-18 所示。R^* 为可调限流电阻。

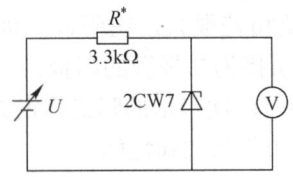

图 3-18 测试稳压管稳压值的实验电路

改变直流电源电压 U，使其从零开始缓慢增加，同时稳压管两端用直流电压表监视。当电压增加到一定值，使稳压管反向击穿、直流电压表指示某一电压值时，这时再增加直流电源电压，而稳压管两端电压不再变化，则电压表所指示的电压值就是该稳压管的稳压值。

（3）光电二极管　光电二极管是一种将光电信号转换成电信号的半导体器件，其符号如图 3-19a 所示。在光电二极管的管壳上备有一个玻璃口，以便于接收光。当有光照时，其反向电流随光照强度的增加而呈正比上升。

光电二极管可用于光的测量。当制成大面积的光电二极管时，可作为一种能源，称为光电池。光电二极管的外形如图 3-19b 所示。

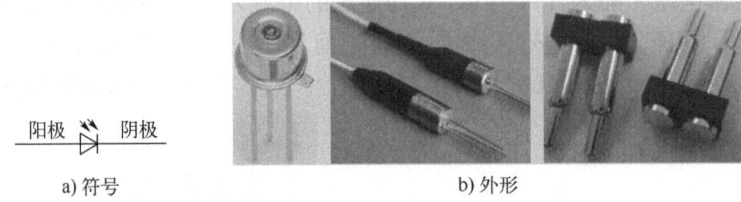

图 3-19 光电二极管的符号和外形

（4）变容二极管　变容二极管在电路中能起到可变电容的作用，其结电容随反向电压的增加而减小。变容二极管的符号如图 3-20a 所示。

变容二极管主要用于高频电路中，如变容二极管调频电路。变容二极管的外形如图 3-20b 所示。

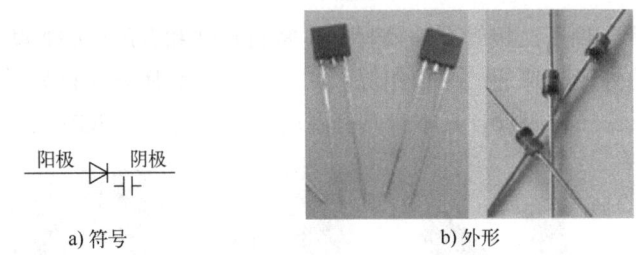

图 3-20 变容二极管的符号和外形

3.4.3 晶体管的识别与简单测试

晶体管（Transistor）也称双极型晶体管、晶体三极管，是一种控制电流的半导体器件，其作用是把微弱信号放大成幅度值较大的电信号，也用作无触点开关。

晶体管是半导体基本元器件之一，也是电子电路的核心元件。晶体管是在一块半导体基片上制作两个相距很近的 PN 结，两个 PN 结把整块半导体分成三部分，中间部分是基区，两侧部分是发射区和集电区，排列方式有 PNP 和 NPN 两种。

晶体管具有电流放大作用，其实质是晶体管能以基极电流微小的变化量来控制集电极电流较大的变化量。这是晶体管最基本和最重要的特性。

晶体管主要有 NPN 型和 PNP 型两大类。一般可以根据命名法从晶体管管壳上的符号识别它的型号和类型。例如，晶体管管壳上印的是 3DG6，表明它是 NPN 型高频小功率硅晶体管。还可以从管壳上色点的颜色来判断晶体管的放大系数 β 的大致范围。以 3DG6 为例，若色点为黄色，表示 β 值在 30～60 之间；绿色表示 β 值在 50～110 之间；蓝色表示 β 值在 90～160 之间；白色表示 β 值在 140～200 之间。但是也有的厂家并非按此规定，使用时要注意。

当我们从管壳上知道晶体管的类型、型号及 β 值后，还应进一步辨别它的 3 个电极。对于小功率晶体管来说，有金属外壳封装和塑料封装两种。

如果金属外壳封装的管壳上带有定位销，则将管底朝上，从定位销起，按顺时针方向，3 个电极依次为 e、b、c。如果管壳上无定位销，且三个电极在半圆内，可将有 3 个电极的半圆置于上方，按顺时针方向，三个电极依次为 e、b、c，如图 3-21a 所示。

塑料外壳封装的晶体管可面对平面，将 3 个电极置于下方，从左到右 3 个电极依次为 e、b、c，如图 3-21b 所示。

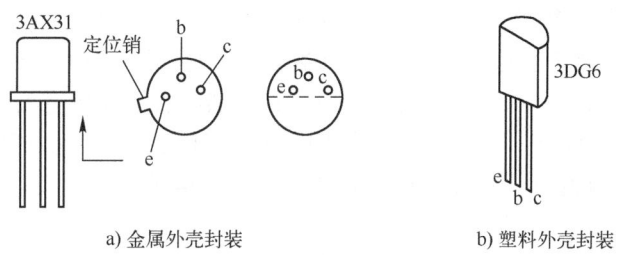

a) 金属外壳封装　　　b) 塑料外壳封装

图 3-21　晶体管引脚的识别

对于大功率晶体管，一般分为 F 型和 G 型两种，如图 3-22 所示。F 型管从外形上只能看到两个电极，可将管底朝上，两个电极置于左侧，则上为 e，下为 b，底座为 c。G 型管的 3 个电极一般在管壳的顶部，将管底朝下，三个电极置于左方，从最下方电极起，沿顺时针方向，依次为 e、b、c。

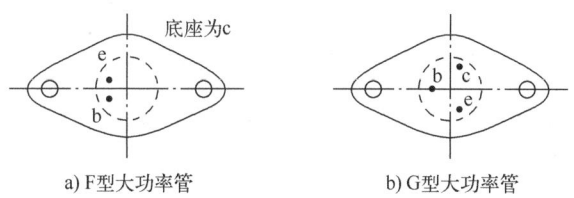

a) F 型大功率管　　　b) G 型大功率管

图 3-22　F 型和 G 型晶体管引脚的识别

常见的晶体管外形如图 3-23 所示。

图 3-23　常见的晶体管外形

晶体管的引脚必须正确确认，否则，接入电路不但不能正常工作，还可能烧坏管子。当一个晶体管没有任何标记时，可以用万用表来初步确定该晶体管的好坏及类型（NPN 型还是 PNP 型），并辨别出 e、b、c 3 个电极。

1. 先判断基极 b 和晶体管类型

将万用表欧姆档置"R×100"或"R×1k"处，先假设晶体管的某极为基极，并将黑表笔接在假设的基极上，再将红表笔先后接到其余两个电极上，如果两次测得的电阻值都很大（或都很小），为几千欧～几万欧（为几百欧至几千欧），而对换表笔后测得两个电阻值都很小（或都很大），则可确定假设的基极是正确的。如果两次测得的电阻值一大一小，则可肯定原假设的基极是错误的，这时就必须重新假设另一电极为基极，重复上述的测试。最多重复两次就可以找出真正的基极。

基极确定之后，将黑表笔接基极，红表笔分别接其他两极。此时，若测得的电阻值都很小，则该晶体管为 NPN 型管；反之，则为 PNP 型管。

2. 再判断集电极 c 和发射极 e

以 NPN 型管为例，把黑表笔接到假设的集电极 c 上，红表笔接到假设的发射极 e 上，并且用手捏住 b 和 c 极（不能使 b、c 直接接触），通过人体，相当于在 b、c 之间接入偏置电阻。读出表头所示 c、e 间的电阻值，然后将红、黑两表笔反接重测。若第一次电阻值比第二次小，说明原假设成立，黑表笔所接为集电极 c，红表笔所接为发射极 e。因为 c、e 间电阻值小说明通过万用表的电流大，偏置正常，如图 3-24 所示。

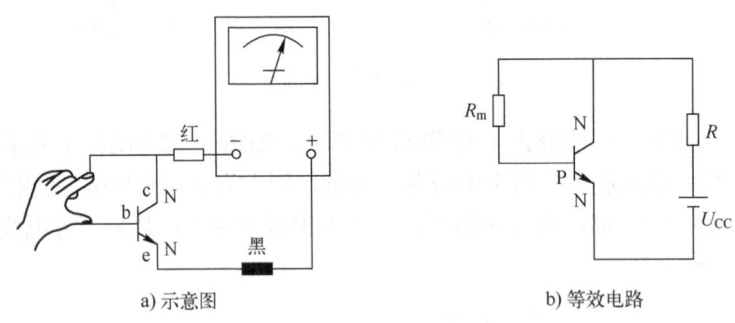

a) 示意图　　　　　　　　b) 等效电路

图 3-24　判别晶体管 c、e 电极的原理图

以上介绍的是比较简单的测试，要想进一步精确测试可借助于 WQ4830 型晶体管特性图示仪，它能十分清晰地显示出晶体管的输入特性曲线，以及电流放大系数 β 等。

3.5　半导体集成电路的型号命名法

半导体集成电路（Semiconductor Integrated Circuit）是指在一个半导体衬底上集成了多个电子元器件形成完整电路功能的电子电路装置。

半导体集成电路是将三极管、二极管等有源器件和电阻器、电容器等无源器件，按照一定的电路互联，"集成"在一块半导体单晶片上，从而完成特定的电路或者系统功能。

半导体集成电路是电子产品的核心器件，其产业技术的发展情况直接关系着电力工业的发展水平。就总体情况来看，半导体产业的技术进步在一定程度上推动了新兴产业的发展，包括光伏产业、半导体照明产业以及平板显示产业等多种，促进了半导体集成电路产业上下游产业供应链的完善，并在一定程度上优化了生态环境。因此，加强半导体集成电路产业技术的研究和探索，具有重要的现实意义。

3.5.1 集成电路的型号命名法

集成电路现行国际规定的命名法见表 3-11（摘自《电子工程手册系列丛书》A15，《中外集成电路简明速查手册》TTL、CMOS 电路），器件的型号由 5 部分组成。

表 3-11 器件型号命名法

第零部分		第一部分		第二部分	第三部分		第四部分	
用字母表示器件符合国家标准		用字母表示器件的类型		用阿拉伯数字和字母表示器件系列品种	用字母表示器件的工作温度范围		用字母表示器件的封装	
符号	意义	符号	意义		符号	意义	符号	意义
C	中国制造	T	TTL 电路	TIL 分为：				
		H	HTL 电路	54/74×××①				
		E	ECL 电路	54/74H×××②			F	多层陶瓷扁平封装
		C	CMOS	54/74L×××③	C⑤	0～70℃	B	塑料扁平封装
		M	存储器	54/74S×××	G	−25～70℃	H	黑瓷扁平封装
		U	微型机电器	54/74LS×××④	L	−25～85℃	D	多层陶瓷双列直插封装
		F	线性放大器	54/74AS×××	E	−40～85℃	J	黑瓷双列直插封装
		W	稳压器	54/74ALS×××	R	−55～85℃	P	塑料双列直插封装
		D	音响、电视电路	54/74F×××	M⑥	−55～125℃	S	塑料单列直插封装
		B	非线性电路	CMOS 为：	⋮		K	金属圆壳封装
		J	接口电路	4000 系列			T	金属菱形封装
		AD	A/D 转换器	54/74HC×××				
		DA	D/A 转换器	54/74HCT×××				
		SC	通信专用电路	⋮				

① 74：国际通用 74 系列（民用）。54：国际通用 54 系列（军用）。
② H：高速。
③ L：低速。
④ LS：低功耗。
⑤ C：只出现在 74 系列。
⑥ M：只出现在 54 系列。

例如，CT74LS160CJ 表示：中国 TTL 电路，民用低功耗十进制计数器，工作温度为 0～70℃，采用黑瓷双列直插封装。

3.5.2 集成电路的分类

集成电路是现代电子电路的重要组成部分，它具有体积小、耗电少、工作性能好等优点。集成电路按制造工艺可分为半导体集成电路、薄膜集成电路和由二者组合而成的混合集成电路，按功能可分为模拟集成电路和数字集成电路，按集成度可分为小规模集成电路（SSI，集成度<10 个门电路）、中规模集成电路（MSI，集成度为 10～100 个门电路）、大规模集成电路（LSI，集成度为 100～1000 个门电路），以及超大规模集成电路（VLSI，集成度>1000 个门电路），按外形又可分为圆形（金属外壳晶体管封装型，适用于大功率）、扁平型（稳定性好、体积小）和双列直插型（有利于采用大规模生产技术进行焊接，因此获得广泛地应用）。

目前，已经成熟的集成逻辑技术主要有 3 种：TTL、CMOS 逻辑和射极耦合逻辑（Emitter-Coupled Logic，ECL）。

1. TTL

TTL 于 1964 年由美国得克萨斯仪器公司生产。其发展速度快、系列产品多,有速度及功耗折中的标准型,有改进型—高速的标准肖特基型,有改进型—高速及低功耗的低功耗肖特基型。所有 TTL 电路的输出和输入电平是兼容的。该系列常用产品参数见表 3-12。

表 3-12 常用 TTL 系列产品参数

TTL 系列	工作环境温度	电源电压范围
军用 54XXX	−55～125℃	4.5～5.5V
工业用 74XXX	0～75℃	4.75～5.25V

2. CMOS 逻辑

CMOS 逻辑的特点是功耗低,工作电源电压范围较宽,速度快(可达 7MHz)。CMOS 逻辑的 CC4000 系列产品参数见表 3-13。

表 3-13 CC4000 系列产品参数

CMOS 系列	封装	温度范围	电源电压范围
CC4000	陶瓷	−55～125℃	3～12V
CC4000	塑料	−40～85℃	3～12V

3. ECL

ECL 的最大特点是工作速度高。因为在 ECL 电路中数字逻辑电路开始采用非饱和型,消除了三极管的存储时间,大大加快了工作速度。MECL Ⅰ 系列产品是由美国摩托罗拉公司于 1962 年生产的,后来又生产了改进型的 MECL Ⅱ、MEC Ⅲ 及 MECL10000 系列。

以上几种逻辑电路的有关参数见表 3-14。

表 3-14 几种逻辑电路的有关参数

电路种类	工作电压	每个门的功耗	门延时	扇出系列
TTL 标准	5V	10mW	10ns	10
TTL 标准肖特基	5V	20mW	3ns	10
TTL 低功耗肖特基	5V	2μW	10ns	10
BCL 标准	−5.2V	25mW	2ns	10
ECL 高速	−5.2V	40mW	0.75ns	10
CMOS	5～15V	μW 级	ns 级	50

3.5.3 集成电路的生产商和封装形式

集成电路的封装不仅起到使集成电路芯片内键合点与外部进行电气连接的作用,也为集成电路芯片提供了一个稳定可靠的工作环境,对集成电路芯片起到机械或环境保护的作用,从而使集成电路芯片能够发挥正常的功能,并保证其具有高稳定性和可靠性。总之集成电路封装质量的好坏,对集成电路总体的性能优劣关系很大。因此,封装应具有较强的机械性能和良好的电气性能、散热性能及化学稳定性。

虽然集成电路的物理结构、应用领域、I/O 数量差异很大,但是集成电路封装的作用和功能却差别不大,封装的目的也相当一致。作为"芯片的保护者",封装起到了若干作用,归纳起来主要有两个基本的功能:

1）保护芯片，使其免受物理损伤。
2）重新分布 I/O，获得更易于在装配中处理的引脚间距。

封装还有其他一些次要的作用，比如提供一种更易于标准化的结构，为芯片提供散热通路，使芯片避免产生 α 粒子造成的软错误，以及提供一种更便于测试老化试验的结构。封装还能用于多个集成电路的互联。基本电子元器件可以使用引线键合技术等标准的互联技术来直接进行互联，或者用封装提供的互联通路，如混合封装技术、多芯片组件（Multi-Chip Module，MCM）系统级封装（System in Packaging，SiP），以及更广泛的系统体积小型化和互联（Vast System Miniaturization and Interconnection，VSMI）概念所包含的其他方法中使用的互联通路，来间接地进行互联。

半导体集成电路的封装形式多种多样，按封装材料大致可分为金属、陶瓷、塑料封装。常见的半导体集成电路的封装形式如图 3-25 所示。

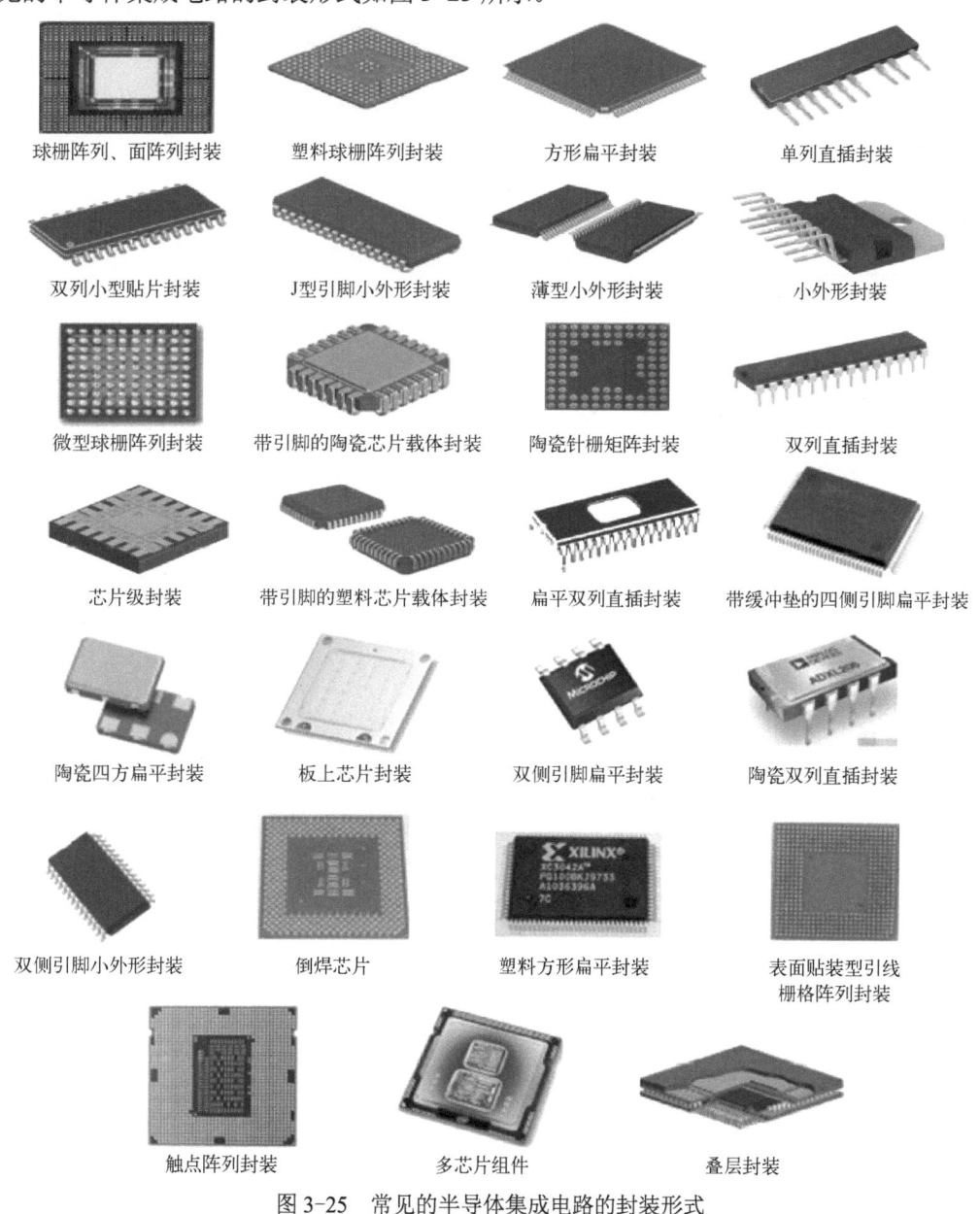

图 3-25　常见的半导体集成电路的封装形式

习题

1. 什么是电阻器?
2. 电阻器按结构可分为哪两大类?
3. 电阻器和电位器选用原则是什么?
4. 什么是电容器?
5. 什么是电感器?
6. 什么是半导体器件?

第4章 串行通信与无线网络

本章全面介绍了串行通信及无线网络技术，涵盖了从基础的串行通信知识到各种接口和无线通信技术的应用，详细讨论了串行异步通信的数据格式、差错检验，以及 RS-232C 和 RS-485 串行通信接口的端子、电平转换器、收发器和网络互联方式。此外，本章还讲述了蓝牙技术，包括多种低功耗蓝牙（Bluetooth Low Energy，BLE）芯片的规格参数、开发工具和应用电路。ZigBee 无线传感网络和 W601 Wi-Fi MCU 芯片的通信标准、开发技术和应用实例也被详细介绍，为读者提供了丰富的技术资源和实用的设计指导。

4.1 串行通信基础

在串行通信中，参与通信的两台或多台设备通常共享一条物理通路。发送者依次逐位发送一串数据信号，按一定的约定规则被接收者接收。由于串行端口通常只是规定了物理层（Physical Layer，PHY）的接口规范，所以为确保每次传送的数据报文能准确到达目的地，使每一个接收者能够接收到所有发向它的数据，必须在通信连接上采取相应的措施。

借助串行端口所连接的设备在功能、型号上往往互不相同，其中大多数设备除了等待接收数据之外还会有其他任务。例如，一个数据采集单元需要周期性地收集和存储数据；一个控制器需要负责控制计算或向其他设备发送报文；一台设备可能会在接收方正在进行其他任务时向它发送信息。必须有能应对多种不同工作状态的一系列规则来保证通信的有效性。这里所讲的保证串行通信有效性的方法包括：使用轮询或者中断来检测、接收信息；设置通信帧的起始、停止位；建立连接握手；实行对接收数据的确认、数据缓存以及错误检查等。

4.1.1 串行异步通信数据格式

无论是 RS-232 还是 RS-485，均可采用串行异步收发数据格式。

在串行端口的异步传输中，接收方一般事先并不知道数据会在什么时候到达。在它检测到数据并做出响应之前，第一个数据位就已经过去了。因此，每次异步传输都应该在发送的数据之前设置至少一个起始位，以通知接收方有数据到达，给接收方一个准备接收数据、缓存数据和做出其他响应所需要的时间。而在传输过程结束时，则应由一个停止位通知接收方本次传输过程已终止，以便接收方正常终止本次通信而转入其他工作程序。

串行异步收发通信的数据格式如图 4-1 所示。

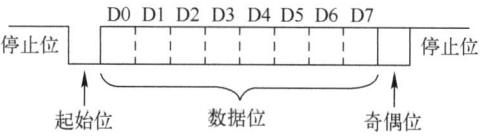

图 4-1 串行异步收发通信的数据格式

若通信线上无数据发送，该线路应处于逻辑 1 状态（高电平）。当计算机向外发送一个字符数据时，应先送出起始位（逻辑 0，低电平），随后紧跟着数据位，这些数据构成要发送的字符信息。有效数据位的个数可以规定为 5、6、7 或 8。奇偶校验位视需要设定，紧跟其后的是停止位（逻辑 1，高电平），其位数可在 1、1.5、2 中选择其一。

4.1.2 差错检验

数据通信中的接收者可以通过差错检验来判断所接收的数据是否正确。冗余数据校验、奇偶校验、校验和、循环冗余校验等都是串行通信中常用的差错检验方法。

4.2 RS-232C 串行通信接口

RS-232C 标准（协议）的全称是 EIA-RS-232C 标准，定义是"数据终端设备（Date Terminal Equipment，DTE）和数据电路终端设备（Date Circuit Terminal Equipment，DCE）之间串行二进制数据交换接口技术标准"。它是 1970 年由美国电子工业协会（EIA）联合贝尔系统、调制解调器厂家及计算机终端生产厂家共同制定的用于串行通信的标准。其中 EIA 代表美国电子工业协会，RS（Recommended Standard）代表推荐标准，232 是标识号，C 代表RS-232的最新一次修改。

4.2.1 RS-232C 端子

RS-232C 的连接插头用 9 针的 EIA 连接插头座，如图 4-2 所示，其主要端子分配见表 4-1。

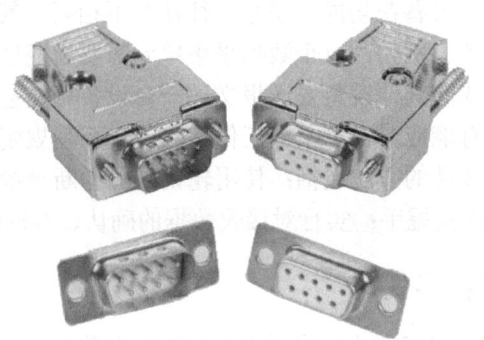

图 4-2 DB9 连接插头座

表 4-1 RS-232C 主要端子分配

端 脚	方 向	符 号	功 能
3	输出	TXD	发送数据
2	输入	RXD	接收数据
7	输出	RTS	请求发送
8	输入	CTS	为发送清零
6	输入	DSR	数据电路终端设备准备好
5		GND	信号地
1	输入	DCD	数据信号检测
4	输出	DTR	
9	输入	RI	

1. 信号含义

（1）从计算机到 MODEM 的信号

DTR——数据终端设备（DTE）准备好：告诉 MODEM 计算机已接通电源，并准备好。

RTS——请求发送：告诉 MODEM 现在要发送数据。

（2）从 MODEM 到计算机的信号

DSR——数据电路终端设备（DCE）准备好：告诉计算机 MODEM 已接通电源，并准备好。

CTS——为发送清零：告诉计算机 MODEM 已做好了接收数据的准备。

DCD——数据信号检测：告诉计算机 MODEM 已与对端的 MODEM 建立连接。

RI——振铃指示器：告诉计算机对端电话已在振铃。

（3）数据信号

TXD——发送数据。

RXD——接收数据。

2. 电气特性

RS-232C 的电气连接如图 4-3 所示。

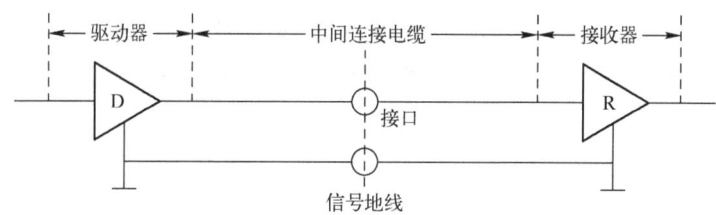

图 4-3 RS-232C 的电气连接

接口为非平衡型，每个信号用一根导线，所有信号回路共用一根地线。信号速率限于 20kbit/s 内，电缆长度限于 15m 之内。由于是单线，线间干扰较大。其电性能用±12V 标准脉冲。值得注意的是 RS-232C 采用负逻辑。

在数据线上：传号 Mark=-15～-5V，逻辑"1"电平。

空号 Space=5～15V，逻辑"0"电平。

在控制线上：通 On=5～15V，逻辑"0"电平。

断 Off=-15～-5V，逻辑"1"电平。

RS-232C 的逻辑电平与 TTL 电平不兼容，为了与 TTL 器件相连，必须进行电平转换。

由于 RS-232C 采用电平传输，在通信速率为 19.2kbit/s 时，其通信距离只有 15m。若要延长通信距离，必须以降低通信速率为代价。

4.2.2 通信接口的连接

当两台计算机经 RS-232C 接口直接通信时，两台计算机之间的联络线可用图 4-4 表示。虽然不接 MODEM，图中仍连接着有关的 MODEM 信号线，这是由于 INT 14H 中断使用这些信号，假如程序中没有调用 INT 14H，在自编程序中也没有用到 MODEM 的有关信号，两台计算机直接通信时，只连接 2、3、7（25 针 EIA）或 3、2、5（9 针 EIA）就可以了。

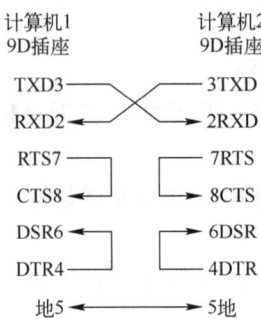

图 4-4 不使用 MODEM 信号的 RS-232C 接口

4.2.3 RS-232C 电平转换器

为了实现采用 5V 供电的 TTL 和 CMOS 通信接口电路能与 RS-232C 标准接口连接,必须进行串行口的输入/输出信号的电平转换。

目前常用的电平转换器有 MOTOROLA 公司生产的 MC1488 驱动器、MC1489 接收器,TI 公司生产的 SN75188 驱动器、SN75189 接收器及美国 MAXIM 公司生产的单一 5V 电源供电、多路 RS-232 驱动器/接收器,如 MAX232A 等。

MAX232A 内部具有双充电泵电压变换器,把 5V 变换成±10V,作为驱动器的电源,具有两路发送器及两路接收器,使用相当方便。MAX232A 外形和引脚如图 4-5 所示,典型应用如图 4-6 所示。

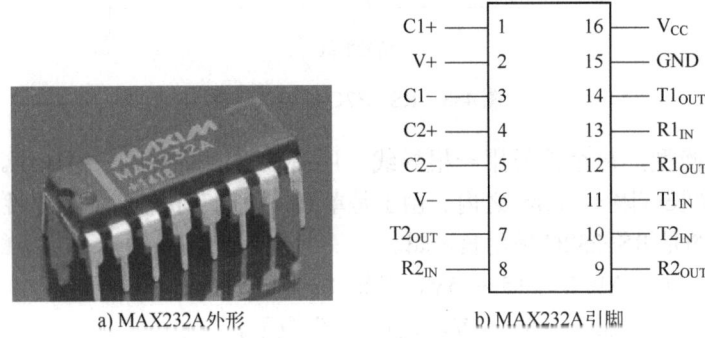

图 4-5 MAX232A 外形和引脚

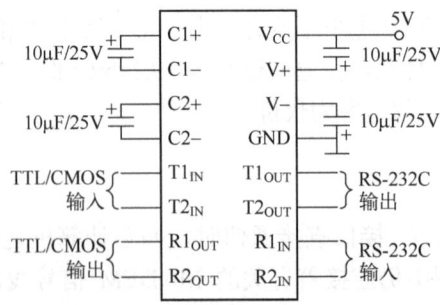

图 4-6 MAX232A 典型应用

单一 5V 电源供电的 RS-232C 电平转换器还有 TL232、ICL232 等。

4.3 RS-485 串行通信接口

RS-485 接口组成的半双工网络一般采用二线制⊖屏蔽双绞线传输。这种接线方式是一种总线型拓扑结构,在同一总线上最多可以挂接 32 个结点。在 RS-485 通信网络中一般采用的是主从通信方式,即一个主机带多个从机。很多情况下,连接 RS-485 通信链路时只是简单地用一对双绞线将各个接口的 A、B 端连接起来。

由于 RS-232C 通信距离较近,当传输距离较远时,可采用 RS-485 接口。

4.3.1 RS-485 接口标准

RS-485 接口采用二线制差分平衡传输,其信号定义如下。

采用 5V 电源供电,差分电压信号为 -2500~-200mV 时,为逻辑"0";差分电压信号为 200~2500mV 时,为逻辑"1";差分电压信号为 -200~200mV 时,为高阻状态。

RS-485 的差分平衡电路如图 4-7 所示。其一根导线上的电压是另一根导线上电压值取反。接收器的输入电压为这两根导线电压的差值 $U_A - U_B$。

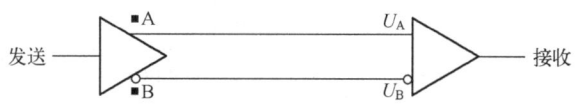

图 4-7 RS-485 的差分平衡电路

RS-485 实际上是 RS-422 的变形。RS-422 采用两对差分平衡电路,而 RS-485 只用一对。差分电路的最大优点是抑制噪声。由于在它的两根信号线上传递着大小相同、方向相反的电流,而噪声电压往往在两根导线上同时出现,一根导线上出现的噪声电压会被另一根导线上出现的噪声电压抵消,因而可以极大地削弱噪声对信号的影响。

差分电路的另一个优点是不受节点间接地电平差异的影响。在非差分(即单端)电路中,多个信号共用一根接地线,长距离传输时,不同节点接地线的电平差异可能相差好几伏,甚至会引起信号的误读。差分电路则完全不会受到接地电平差异的影响。

RS-485 价格比较便宜,能够很方便地添加到一个系统中,还支持比 RS-232 更长的距离、更快的速度以及更多的节点。RS 485、RS 422、RS 232C 主要性能指标的比较见表 4-2。

表 4-2 RS-485、RS-422、RS-232C 主要性能指标的比较

规 范	RS-485	RS-422	RS-232C
最大传输距离	1200m(速率 100kbit/s)	1200m(速率 100kbit/s)	15m
最大传输速度	10Mbit/s(距离 12m)	10Mbit/s(距离 12m)	20kbit/s
驱动器最小输出/V	±1.5	±2.0	±5.0
驱动器最大输出/V	±6	±10	±15
接收器敏感度/V	±0.2	±0.2	±3.0
最大驱动器数量	32 单位负载	1	1
最大接收器数量	32 单位负载	10	1
传输方式	差分	差分	单端

⊖ 以前有四线制接法,只能实现点对点的通信方式,现很少采用。

可以看到，RS-485 更适用于多台计算机或带微控制器的设备之间的远距离数据通信。

应该指出的是，RS-485 标准没有规定连接器、信号功能和引脚分配。要保持两根信号线相邻，两根差动导线应该位于同一根双绞线内。引脚 A 与引脚 B 不要调换。

4.3.2 RS-485 收发器

RS-485 收发器种类较多，如 MAXIM 公司的 MAX485，TI 公司的 SN75LBC184、SN65LBC184，以及高速型 SN65ALS1176 等。它们的引脚是完全兼容的，其中 SN65ALS1176 主要用于高速应用场合，如 PROFIBUS-DP 现场总线等。下面重点介绍 SN75LBC184。

SN75LBC184 为具有瞬变电压抑制的商业级差分收发器，其工业级产品为 SN65LBC184。其外形和引脚如图 4-8 所示。其中，R 为接收端，$\overline{\text{RE}}$ 为接收使能，低电平有效；DE 为发送使能，高电平有效；D 为发送端；A 为差分正输入端；B 为差分负输入端；V_{CC} 为 5V 电源；GND 为地。

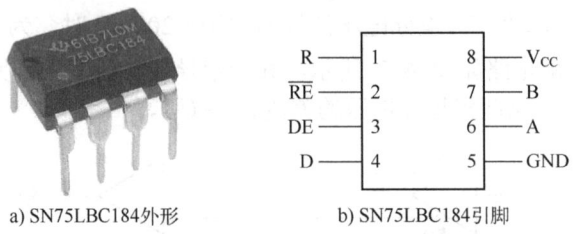

图 4-8　SN75LBC184 外形和引脚

SN75LBC184 和 SN65LBC184 具有如下特点。

1) 具有瞬变电压抑制能力，能防雷电和抗静电放电冲击。
2) 限斜率驱动器，使电磁干扰减到最小，并能减少传输线终端不匹配引起的反射。
3) 总线上可挂接 64 个收发器。
4) 接收器输入端开路故障保护。
5) 具有热关断保护。
6) 低电源电流，最大 300μA。
7) 引脚与 SN75176 兼容。

4.3.3 应用电路

RS-485 应用电路如图 4-9 所示。

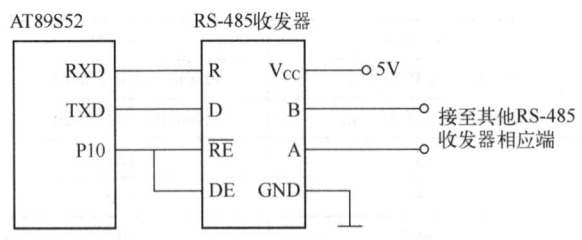

图 4-9　RS-485 应用电路

在图 4-9 中，RS-485 收发器可为 SN75LBC184、SN65LBC184、MAX485 等。当 P10 为低电平时，接收数据；当 P10 为高电平时，发送数据。

如果采用 RS-485 组成总线型拓扑结构的分布式测控系统，在双绞线终端应接 120Ω 的终端电阻。

4.3.4 RS-485 网络互联

利用 RS-485 接口可以使一个或者多个信号发送器与接收器互联,在多台计算机或带微控制器的设备之间实现远距离数据通信,形成分布式测控网络系统。

1. RS-485 的半双工通信方式

在大多数应用条件下,RS-485 的端口连接都采用半双工通信方式。有多个驱动器和接收器共享一条信号通路。图 4-10 所示为 RS-485 端口的半双工连接。其中,RS-485 差动总线收发器采用 SN75LBC184。

图 4-10 中的两个 120Ω 电阻是作为总线的终端电阻存在的。当终端电阻等于电缆的特征阻抗时,可以削弱甚至消除信号的反射。

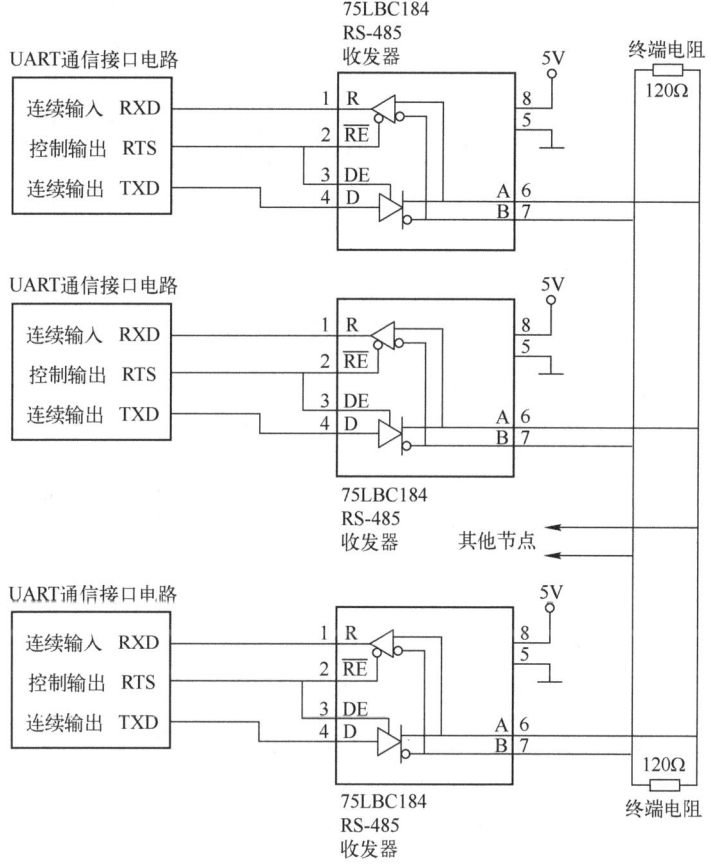

图 4-10 RS-485 端口的半双工连接

特征阻抗是导线的特征参数,它的数值随着导线的直径、在电缆中与其他导线的相对距离以及导线的绝缘类型而变化。特征阻抗值与导线的长度无关,一般双绞线的特征阻抗为 100~150Ω。

RS-485 的驱动器必须能驱动 32 个单位负载加上一个 60Ω 的并联终端电阻。总的负载(包括驱动器、接收器和终端电阻)不低于 54Ω。图 4-10 中两个 120Ω 电阻的并联值为 60Ω,32 个单位负载中接收器的输入阻抗会使总负载略微降低,而驱动器的输出与导线的串联阻抗又会使总负载增大。最终满足不低于 54Ω 的要求。

还应注意的是,在一个半双工连接中,在同一时间内只能有一个驱动器工作。如果发生两个或多个驱动器同时启用,一个企图使总线上呈现逻辑 1,另一个企图使总线上呈现逻辑

0，则会发生总线竞争，在某些元件上就会产生大电流。因此，所有 RS-485 的接口芯片上都必须包括限流和过热关闭功能，以便在发生总线竞争时保护芯片。

2．RS-485 的全双工连接

尽管大多数 RS-485 的连接是半双工的，但是也可以形成全双工 RS-485 连接。图 4-11a 和图 4-11b 分别表示两点和多点之间的全双工 RS-485 连接。在全双工连接中，信号的发送和接收方向都有自己的通路。在全双工、多节点连接中，一个节点可以在一条通路上向其他节点发送信息，而在另一条通路上接收来自其他节点的信息。

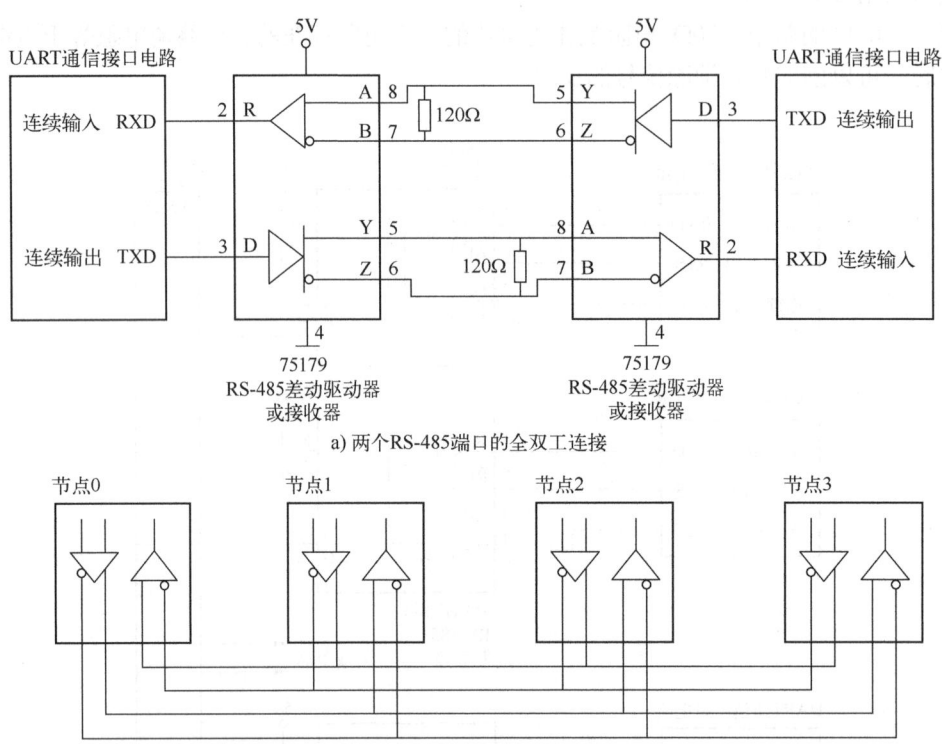

图 4-11 RS-485 端口的全双工连接

两点之间全双工连接的通信在发送和接收上都不会存在问题。但当多个节点共享信号通路时，需要以某种方式对网络控制权进行管理，这是在全双工、半双工连接中都需要解决的问题。

RS-232 和 RS-485 之间的转换可采用相应的转换模块，如图 4-12 所示。

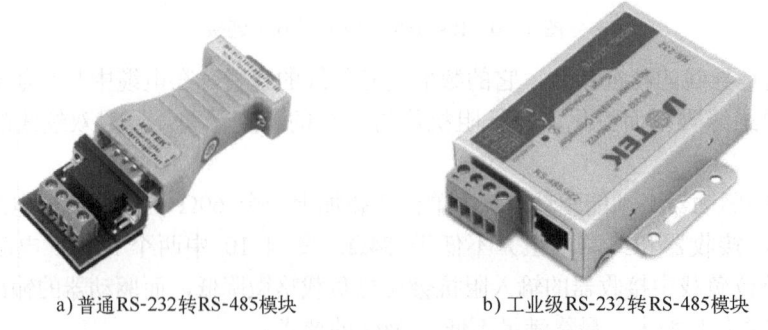

图 4-12 RS-232 转 RS-485 模块

4.4 蓝牙通信技术

蓝牙是一种支持设备短距离通信（一般 10m 内）的无线电技术，能在包括移动电话、无线耳机、笔记本计算机、相关外设等众多设备之间进行无线信息交换。利用蓝牙技术，能够有效地简化移动通信终端设备之间的通信，也能够成功地简化设备与互联网之间的通信，从而使数据传输变得更加迅速高效，为无线通信拓宽道路。蓝牙采用分散式网络结构以及快跳频和短包技术，支持点对点及点对多点通信，工作在全球通用的 2.4GHz ISM（即工业、科学、医学）频段。其数据速率为 1Mbit/s。采用时分双工传输方案实现全双工传输。

互联网得以快速发展的关键原因之一是解决了"最后一公里"的问题，而物联网得以快速发展的关键原因之一是解决了"最后一百米"的问题。在"最后一百米"的范围内，可连接的设备密度远远超过了"最后一公里"，特别是在智能家居、智慧城市、工业物联网等领域。围绕着物联网"最后一百米"的技术解决方案，业界提出了多种中短距离无线标准，随着技术的不断进步，这些无线标准在向实用落地中不断迈进。低功耗蓝牙的标准始终在围绕物联网发展的需求而不断升级迭代，自蓝牙 4.0 开始，蓝牙技术进入了低功耗蓝牙时代，在智能可穿戴设备领域，低功耗蓝牙已经是应用最广泛的技术标准之一，并在消费物联网领域大获成功。低功耗蓝牙在点对点、点对多点、多角色、长距离通信、复杂网格（Mesh）网络、蓝牙测向等方面不断增加新特性，低功耗蓝牙标准在持续拓展物联网的应用场景及边界，获得了令人瞩目的发展。

从低功耗蓝牙 4.0 到 5.3，目前低功耗蓝牙 5.x 是最重要的版本，越来越多的开发者开始把目光投向这一款版本。

Nordic 公司推出了采用双核处理器架构的无线多协议 SoC 芯片 nRF5340，该芯片不仅支持低功耗蓝牙 5.x，还支持蓝牙 Matter、Mesh、ZigBee、Thread、IEEE 802.15.4、ANT、NFC 等协议和 2.4GHz 私有协议，使得采用 nRF5340 开发的产品具有极大的灵活性和平台通用性。对于物联网开发人员而言，选择一个好的平台是十分重要的，好的平台可以使开发的产品具有更多的灵活性，并提供了进行创新的基础与支撑条件，使开发的产品在无线通信可靠性、效率和用户体验等方面得到重要提升。

4.4.1 蓝牙通信技术的发展

1．蓝牙的诞生

蓝牙（Bluetooth）一词取自 10 世纪丹麦国王的名字——哈拉尔·蓝牙（Harald Bluetooth）。哈拉尔国王以统一了因宗教战争和领土争议而分裂的挪威与丹麦而闻名于世。传说哈拉尔国王特别喜欢吃蓝莓，甚至吃得牙齿都变成蓝色了，因而当时人们把这位国王的牙齿称为蓝牙。

1996 年，英特尔、诺基亚、爱立信等公司都在短距离无线技术领域进行了研究。英特尔在研究"商业无线"的项目，爱立信在研究 MC-Link 网络，而诺基亚在研究"低功耗无线"项目。在这种情况下，和 3 个或更多个的独立标准相比，有一个统一的标准显然是更好的选择，并且更容易在市场上取得成功。因此，这些利益相关方聚在一起，成立了特别兴趣小组（Special Interest Group，SIG），以制订一个共同的标准。

1997 年夏天，英特尔的吉姆·卡尔达奇（Jim Kardach）和爱立信的斯文·马蒂森（Sven Mattisson）在一家酒吧里谈论历史，斯文·马蒂森说他最近读完了《长船》，该书讲述的是丹麦国王哈拉尔·戈尔姆森的统治。吉姆·卡尔达奇回家后读了一本名叫《维京人》的书，在这本书中，他更多地了解了当时的国王是如何统一斯堪的纳维亚半岛的。后来，吉姆·卡尔达奇建议特别兴趣小组的名称就叫蓝牙特别兴趣小组（Bluetooth SIG），通常也将蓝牙特别兴趣小组称为蓝牙联盟。

2007 年，吉姆·卡尔达奇在一篇专栏文章中写道：蓝牙的名称是从 10 世纪丹麦国王 Harald Bluetooth 的名字中借鉴来的；哈拉尔因统一斯堪的纳维亚半岛而闻名，正如我们打算用短距离无线技术的统一标准将个人计算机和手机连接起来一样。

这就是蓝牙名字的由来，蓝牙成为统一的通用传输标准——将所有分散的设备与内容互联互通。蓝牙的 LOGO 来自后弗萨克文的字母组合，将国王 Harald Bluetooth 名字的首字母 H 和 B 对应后弗萨克文的字母拼在一起，构成了大家熟知的蓝色 LOGO。

蓝牙联盟既不生产也不出售蓝牙设备，其主要任务是发布蓝牙规范，进行资格管理，保护蓝牙商标，推广蓝牙技术。来自蓝牙联盟的成员在蓝牙技术的发展中扮演着重要的角色。

在 2015 年，蓝牙联盟成员总数为 28525 个，在 2019 年达到了 35761 家，5 年内的成员数量增长超过了 25%。亚太地区的成员占比是最多的，这是因为众多蓝牙设备生产商位于中国，这也说明蓝牙技术在中国有良好的发展基础和应用前景。中国拥有超过 6000 个会员，成为蓝牙技术一个重要和积极的参与国家。据统计，每周付运的蓝牙设备数量目前已超过 2 亿部。

2．经典蓝牙阶段：从蓝牙 1.0 到蓝牙 3.0

（1）第一代蓝牙：关于蓝牙早期的探索

1）1999 年：蓝牙 1.0。蓝牙 1.0 不仅存在很多问题，产品的兼容性也不好，而且蓝牙设备还十分昂贵，因此蓝牙 1.0 推出以后，蓝牙技术并未得到广泛的应用。

2）2003 年：蓝牙 1.2。针对蓝牙 1.0 的安全问题，蓝牙 1.2 完善了匿名方式，可以保护用户免受身份嗅探攻击和跟踪。此外，蓝牙 1.2 还增加了 4 项新功能：适应性跳频（Adaptive Frequency Hopping，AFH）功能，可减少蓝牙产品与其他无线通信装置之间的干扰问题；延伸同步连接导向频道（Extended Synchronous Connection-Oriented links，ESCO）功能，可提供服务质量（Quality of Service，QoS）的音频传输，进一步满足高阶语音与音频产品的需求；快速连接（Faster Connection）功能，可缩短重新搜索与再连接的时间，使连接过程变得更加稳定快速；支持 Stereo 音效的传输要求，但只能以单工方式工作。

（2）第二代蓝牙：蓝牙进入实用阶段

1）2004 年：蓝牙 2.0。蓝牙 2.0 是蓝牙 1.2 的改良版，蓝牙设备的传输速率可达 3Mbit/s，蓝牙 2.0 支持双工模式。

2）2007 年：蓝牙 2.1。蓝牙 2.1 改善了蓝牙设备的配对体验，同时提升了使用和安全强度，可以支持近场通信（Near Field Communication，NFC）配对，无须手动输入。

（3）第三代蓝牙：高速蓝牙，传输速率可高达 24Mbit/s

2009 年：蓝牙 3.0。蓝牙 3.0 新增了可选高速功能，该功能可以使蓝牙通过 IEEE 802.11 的物理层实现高速数据传输，传输速率高达 24Mbit/s，是蓝牙 2.0 的 8 倍。

3．低功耗蓝牙与经典蓝牙并存的阶段：从蓝牙 4.0 开始

蓝牙联盟于 2010 年发布了蓝牙 4.0，蓝牙 4.0 由经典蓝牙（Classic Bluetooth）和低功耗蓝牙（Bluetooth Low Energy）两个部分组成。

（1）为什么会出现低功耗蓝牙　经过多年的发展，蓝牙技术和产品已经广泛应用于消费电子领域，日常所使用的手机都已内置了蓝牙。经典蓝牙可以满足传输音频、图片及文件等应用场景的需求，对于更多需要低功耗、多连接的应用场景却有心无力。

在低功耗蓝牙出现以前，不少运动健康类的产品使用的是传统蓝牙技术，但蓝牙 2.1 或者 3.0 的耗电是个难以规避的问题，这些产品只能持续工作一天至数天，特别是对于那些采用纽扣电池供电的运动健康类产品及可穿戴设备，尽管有很好的创意，但由于必须经常更换电池或充电，实际使用效果和用户体验均不理想，也很少看到传统蓝牙在这方面有成功的应用。

低功耗蓝牙技术就是在这种需求的推动下应运而生的。

（2）低功耗蓝牙的起源　低功耗蓝牙的前身是诺基亚、北欧半导体（Nordic Semiconductor）、颂拓（Suunto）等公司于 2006 年发起的致力于超低功耗应用的 Wibree 技术联盟。低功耗蓝牙是一项专为移动设备开发的功耗极低的移动无线通信技术，其目的是开发与蓝牙互补的低功耗应用，并希望凭借低功耗的优势，在智能手机、智能手表、无线 PC 外设、运动和医疗设备，甚至儿童玩具上获得广泛应用。

上述 3 家公司都是相关领域中的领先者：诺基亚当时在手机领域有巨大的影响力；Nordic 公司专注于低功耗无线芯片的设计；颂拓是专业的运动手表厂商。这 3 家企业形成了良好的应用基础和生态。

Wirbee 技术联盟的发展引起了蓝牙联盟的关注。蓝牙联盟已经认识到低功耗无线应用的巨大潜力，也一直希望得到低功耗无线技术，因此蓝牙联盟和 Wibree 技术联盟最终走到了一起，Wirbee 技术联盟于 2007 年并入蓝牙联盟（Bluetooth SIG），作为蓝牙技术的扩展，相关技术成为蓝牙规范的组成部分，被称为低功耗蓝牙技术。

在过去的十余年中，低功耗蓝牙以一种新的方式发展起来了，从第一款配备低功耗蓝牙的智能手机可连接非常简单的配件，到现在已经可以连接更先进的设备。

如今，低功耗蓝牙已成为人机接口设备（Human Interface Device，HID）键盘/鼠标、平板计算机手写笔、多种训练设备以及健康和医疗设备中不可或缺的一部分。智能灯泡、热能控制和工业控制等通过采用低功耗蓝牙技术，可以有效减少能源消耗，为推动低碳节能提供帮助。卫生部门通过基于低功耗蓝牙的智能脉搏血氧饱和度仪和智能体温计来监测患者，为健康与救助生命助力。

蓝牙 4.0 的芯片模式分为单模（Single Mode）与双模（Dual Mode）两种。单模只能与蓝牙 4.0 交互，无法与蓝牙 3.0/2.1/2.0 向下兼容，仅支持与低功耗蓝牙设备的连接；双模可以向下兼容蓝牙 3.0/2.1/2.0，通常智能手机、平板计算机、计算机等设备会采用双模的蓝牙芯片，以便与低功耗蓝牙设备和传统蓝牙设备进行交互。

单模主要面向高集成、低数据量、低功耗的应用场景，具有快速连接、可靠的点对多点数据传输、安全的加密连接等特性。本书主要探讨低功耗蓝牙的单模应用。

4．低功耗蓝牙的物联网阶段：从低功耗蓝牙 5.0 开始

低功耗蓝牙 5.0 及后续版本围绕着物联网的应用场景持续发展和迭代。

（1）低功耗蓝牙 5.0 简介　2016 年，低功耗蓝牙 5.0 推出，开启了"物联网时代"大门。低功耗蓝牙 5.0 具备更快、更远的传输能力。

1）低功耗蓝牙 5.0 的 PHY 层传输速率是 4.2 版本的 2 倍，4.2 版本的 PHY 层传输速率上限是 1Mbit/s，而低功耗蓝牙 5.0 的 PHY 层传输速率达到 2Mbit/s。

2）低功耗蓝牙 5.0 的有效通信距离是 4.2 版本的 4 倍。低功耗蓝牙 5.0 除了在硬件上支持 LE 1M PHY 和 LE 2M PHY，还支持两种编码方式的 PHY（LE Coded PHY）。这两种编码方式的 PHY 使用的是 LE 1M PHY 的物理通道，一种是 500kbit/s（S=2）的 LE Coded PHY，另一种是 125kbit/s（S=8）的 LE Coded PHY。LE Coded PHY 的数据包类型和 LE 1M PHY、LE 2M PHY 数据包类型略有不同，增加了编码指示（Coding Indicator，CI）和 TERM1、TERM2。CI 和 TERM1/2 构成了前向纠错（Forward Error Correction，FEC），发射端在发送码元序列中加入差错控制码元，接收端不但能发现错码，还能将错码恢复为正确取值，是一种增加数据通信可信度的方法，从而提高了接收灵敏度和有效通信距离。

在 4.2 版本及以前的版本中，低功耗蓝牙在无线传输中均未使用 FEC，蓝牙协议规定的基准接收灵敏度为-70dBm（实际上每一家蓝牙芯片厂商都可以做到-90dBm）。低功耗蓝牙从 5.0 开始引入了卷积前向纠错编码（Convolutional Forward Error Correction Coding），不仅提高了接收端的抗干扰能力，将接收端的基准接收灵敏度提高到了-75dBm，还提高了接收端的载干比⊖，在发射功率不变的情况下，可以将有效通信距离提高到 4.2 版本的 4 倍。

3）低功耗蓝牙 5.0 的广播数据包容量是 4.2 版本的 8 倍。在 4.2 版本中，广播是在 40 个 2.4GHz 的 ISM 频道中的 3 个频道（第 37、38 和 39 频道）上进行的。在低功耗蓝牙 5.0 中，将 40 个 2.4GHz 的 ISM 频道分为两组广播频道，即主（Primnary）广播频道（第 37、38 和 39 频道）和次（Secondary）广播频道（其他频道），广播可在所有的频道上进行。按照低功耗蓝牙 4.0 的定义，广播有效载荷最多为 31B。而在低功耗蓝牙 5.0 中，通过添加额外的广播频道（次广播频道）和新的广播 PDU，将有效载荷的上限提高到了 255B，从而大幅提升了广播数据的传输量，使得设备能够在广播数据包中传输更多的数据，为面向非连接应用提供了更多的灵活性，提供更为丰富的应用场景。

（2）低功耗蓝牙 5.1 简介 2019 年，蓝牙联盟正式推出了低功耗蓝牙 5.1，引入了业界期待已久的寻向功能。通过寻向功能，可以侦测蓝牙信号的方向，实现厘米级的实时定位，不仅为室内定位的实现提供了一个解决方案，还为优化物联网的应用提供了多项新特性。

（3）低功耗蓝牙 5.2 简介 2019 年 12 月，蓝牙联盟发布了新版本的蓝牙核心规范（Bluetooth Core Specification）——低功耗蓝牙 5.2。与 5.1 版本相比，低功耗蓝牙 5.2 增加了 3 个新功能：增强型属性协议（Enhanced Attribute Protocol，EATT）、LE 功率控制（LE Power Control）和 LE 同步频道（LE Isochronous Channel）。

LE 功率控制有以下优点：

1）通过在连接设备之间进行动态功率管理，降低发射端的总功耗。

2）通过控制接收端信号强度，使其保持在接收端的最佳范围内，从而提高可靠性。

3）与环境中使用 2.4GHz 频率的其他无线设备共存，减少相互间的干扰。这一优点对所有工作于相同频段的设备都有帮助，而不仅仅是低功耗蓝牙设备。

LE 功率控制的应用场景如下：

1）调整设备的发射功率并通知对方。

2）基于双方设备可接受的功率最佳值，调整自己的发射功率。

3）监控链路的路径损耗（Path Loss）。在这种应用场景中，可以在保证低功耗蓝牙设备的通信质量的同时，使功耗最小化，还能尽可能减少其对周边设备无线电环境的干扰与影响。

⊖ 载干比（Carrier/Interference，C/I）是指载波信号强度与干扰信号强度的比值。

（4）低功耗蓝牙 5.3 简介　2021 年 7 月，蓝牙联盟发布了最新版本的蓝牙核心规范 5.3，这个新版本引入了周期广播增强（Periodic Advertising Enhancement）功能和频道分类增强（Channel Classification Enhancement）功能两项增强功能，还引入了一项新功能——连接分级（Connection Subrating）功能。这些功能进一步提高了低功耗蓝牙的通信效率、降低了功耗、提高了无线共存性，使低功耗蓝牙设备的可靠性、能源效率和用户体验等得到了显著的改善。

4.4.2　无线多协议 SoC 芯片

SoC 芯片是一种集成电路的芯片，可以有效地降低电子/信息系统产品的开发成本，缩短开发周期，提高产品的竞争力，是未来工业界将采用的最主要的产品开发方式。

Nordic 公司是中短距离无线应用的领跑者，是低功耗蓝牙技术和标准的创始者之一，其超低功耗无线技术已成为业界的标杆。按照产品发展的脉络，Nordic 的低功耗蓝牙芯片分为 nRF51 系列、nRF52 系列、nRF53 系列。

1）nRF51 系列芯片是 Nordic 公司早期推出的 SoC 芯片，采用 ARM Cortex-M0 内核处理器架构，支持低功耗蓝牙 4.0 及以上，由于性能稳定、性价比高，目前在市面上还有较多客户在使用，该系列的代表芯片是 nRF51822。

2）nRF52 系列芯片采用 ARM Cortex-M4 内核处理器架构，支持低功耗蓝牙 5.0 及以上，功耗更优，约为 nRF51 系列的一半，性能更强大，除了内存空间有所增加，还支持无线多协议和 NFC，依赖于协议栈的支持，可同时作为主机和从机使用。在射频方面，nRF52 系列芯片的内部集成了巴伦芯片，减少了外部元器件。nRF52 系列芯片的规格型号齐全，可满足不同应用要求，是目前市面上主流的低功耗蓝牙芯片，该系列的代表芯片有 nRF52832、nRF52840。巴伦是平衡不平衡转换器（Balun）的英文音译，Balun 是由 Balanced 和 Unbalanced 两个词组成的。其中 Balance 代表差分结构，而 Unbalance 代表单端结构。巴伦电路可以在差分信号与单端信号之间互相转换，巴伦电路有很多种形式，可以包括不必要的变换阻抗，平衡变压器也可以用来连接不同的阻抗。

3）nRF53 系列芯片是高端无线多协议 SoC 芯片，采用双 ARM Cortex-M33 内核处理架构，即一个内核用于处理无线协议，另一个内核用于应用开发。双核处理器高效协同工作，在性能与功耗方面得到完美的结合，同时 nRF53 系列芯片还具备高性能、低功耗、可扩展工作温度等优势，可广泛用于智能家居、室内导航、专业照明、工业自动化、可穿戴设备以及其他复杂的物联网应用。该系列的代表芯片是 nRF5340。

4.4.3　nRF5340 简介

nRF5340 是 Nordic 公司推出的高端多协议系统级（SoC）芯片，是基于 Nordic 经过验证并在全球范围得到广泛应用的 nRF51 和 nRF52 系列无线多协议 SoC 芯片构建的，同时引入了具有先进安全功能的全新灵活双核处理器硬件架构，是世界上第一款配备双 ARM Cortex-M33 处理器的无线多协议 SoC 芯片。nRF5340 外形如图 4-13 所示，支持低功耗蓝牙 5.3、蓝牙 Mesh 网络、NFC、Thread、ZigBee 和 Matter，具备高性能、低功耗、可扩展、耐热性高等优势，可广泛用于智能家居、室内导航、专业照明、工业自动化、高端可穿戴设备，以及其他复杂的物联网应用。

图 4-13　nRF5340 外形

nRF5340 带有 512KB 的 RAM，可满足下一代高端可穿戴设备的需求，可通过高速 SPI、QSPI、USB 等接口与外设连接。其中，QSPI 能够以 96MHz 的时钟频率与外部存储器连接，高速 SPI 能够以 32MHz 的时钟频率连接显示器和复杂传感器。

nRF5340 采用双核处理器架构，包括应用核处理器和网络核处理器。应用核处理器针对性能进行了优化，其时钟频率为 128MHz 或 64MHz，具有 1MB 的 Flash、512 KB 的 RAM、一个浮点单元（Float Point Unit，FPU）、一个 8KB 的 2 路关联缓存和 DSP 功能。网络核处理器针对低功耗和效率进行了优化，其时钟频率为 64MHz，具有 256KB 的 Flash、64KB 的 RAM。两个处理器可以各自独立地工作，也可直接通过进程间通信（Interprocess Communication，IPC）外设连接，互相唤醒对方。

nRF5340 集成了 ARM TrustZone 的 ARM CryptoCell-312 技术和安全密钥存储，可提供最高级别的安全性。nRF5340 通过 ARM CryptoCell-312 对通用的互联网加密标准进行了硬件加速，并与密钥管理单元（Key Management Unit，KMU）一起实现加密和安全密钥存储。同时，ARM TrustZone 通过在单个内核上创建安全和非安全代码执行区，为受信任的软件提供系统范围内的硬件隔离，并且与密钥管理单元外围设备一起实现加密和安全密钥存储。nRF5340 的安全性能可实现先进的信任根和安全的固件更新，同时保护自己免受恶意攻击。

nRF5340 支持多种无线协议，支持低功耗蓝牙，并且能够在蓝牙测向中实现到达角（Angle of Arrival，AoA）和离开角（Angle of Departure，AoD）测量的功能。此外，nRF5340 还支持 LE 音频、高速率通信（2Mbit/s）、扩展广播数据包和长距离通信，以及对蓝牙 Mesh、Thread、ZigBee、NFC、ANT、IEEE 802.15.4 和 2.4GHz 等协议的支持，可以与低功耗蓝牙同时运行，通过智能手机能够调试、配置和控制 Mesh 网络节点。

nRF5340 集成了全新功耗优化的多协议 2.4GHz 无线电单元，其 TX 的电流仅为 3.2mA（在 0dBm、3V、DC/DC 的条件下），RX 的电流为 2.6mA（在 3V、DC/DC 的条件下），睡眠电流低至 1.1μA。工作电压为 1.7~5.5V，可由可充电锂电池或 USB 供电。

值得一提的是，nRF5340 芯片内还集成了用于 32MHz 和 32.762kHz 晶体振荡器的负载电容，与 nRF52 系列芯片相比，所需的外部组件数目减少了 4 个，有利于减小产品的尺寸。

4.4.4 nRF5340 的开发工具

1. nRF Connect SDK 软件开发平台

nRF Connect SDK（NCS）是 Nordic 公司最新的软件开发平台，该平台支持 Nordic 所有产品线，集成了 Zephyr RTOS、低功耗蓝牙协议栈、应用示例和硬件驱动程序，统一了低功耗蜂窝物联网和低功耗中短距离无线应用开发。nRF Connect SDK 可以在 Windows、macOS 和 Linux 上运行，由 GitHub 平台提供源代码管理，并提供免费的 SES（SEGGER Embedded Studio）综合开发编译环境支持。

SES 是 SEGGER 公司开发的一个跨平台集成开发环境（Integrated Development Enrironment，IDE），支持 Windows、Linux、maCOS。同时，Nordic 跟 SEGGER 已经达成合作协议，使用 Nordic 公司的 BLE 芯片可以免费使用这个 IDE，没有版权的纠纷。

2. nRF5340 DK

nRF5340 DK（Development Kit，DK）是用于开发 nRF5340 的开发板，其外形如图 4-14 所示，该开发板包含了开发工作所需的硬件组件及外设。nRF5340 DK 支持使用多种无线协议，配有一个 SEGGER 公司的 J-Link 调试器，可对开发板上的 nRF5340 或基于 Nordic 公司的 SoC 芯片的外部目标板进行全面的编程和调试。

开发者可通过 nRF5340 DK 的连接器和扩展接口使用 nRF5340 的模拟接口、数字接口及 GPIO，该开发板上配置了 4 个按钮和 4 个 LED，可简化 nRF5340 的输入和输出设置，并且可由开发者编程控制。

在实际使用时，nRF5340 开发板既可以通过 USB 供电，也可以通过 1.7～5.0V 的外部电源供电。

图 4-14　nRF5340 DK 外形

4.4.5　低功耗蓝牙芯片 nRF51822 及其应用电路

Nordic 低功耗蓝牙（BLE）4.0 芯片 nRF51822 内含一颗 Cortex-M0 CPU，拥有 256KB/128KB Flash 和 32KB/16KB RAM，为低功耗蓝牙产品应用提供了性价比较高的单芯片解决方案，是超低功耗与高性能的完美结合。nRF51822 低功耗蓝牙模块外形如图 4-15 所示。

图 4-15　nRF51822 低功耗蓝牙模块外形

nRF51822 低功耗蓝牙模块的原理图如图 4-16 所示。

图 4-16 右边点划线框内的电路为阻抗匹配网络电路，将 nRF51822 的射频差分输出转为单端输出 50Ω 标准阻抗，相应的天线也应该是 50Ω 阻抗，这样才能确保功率最大化地传输到空间。

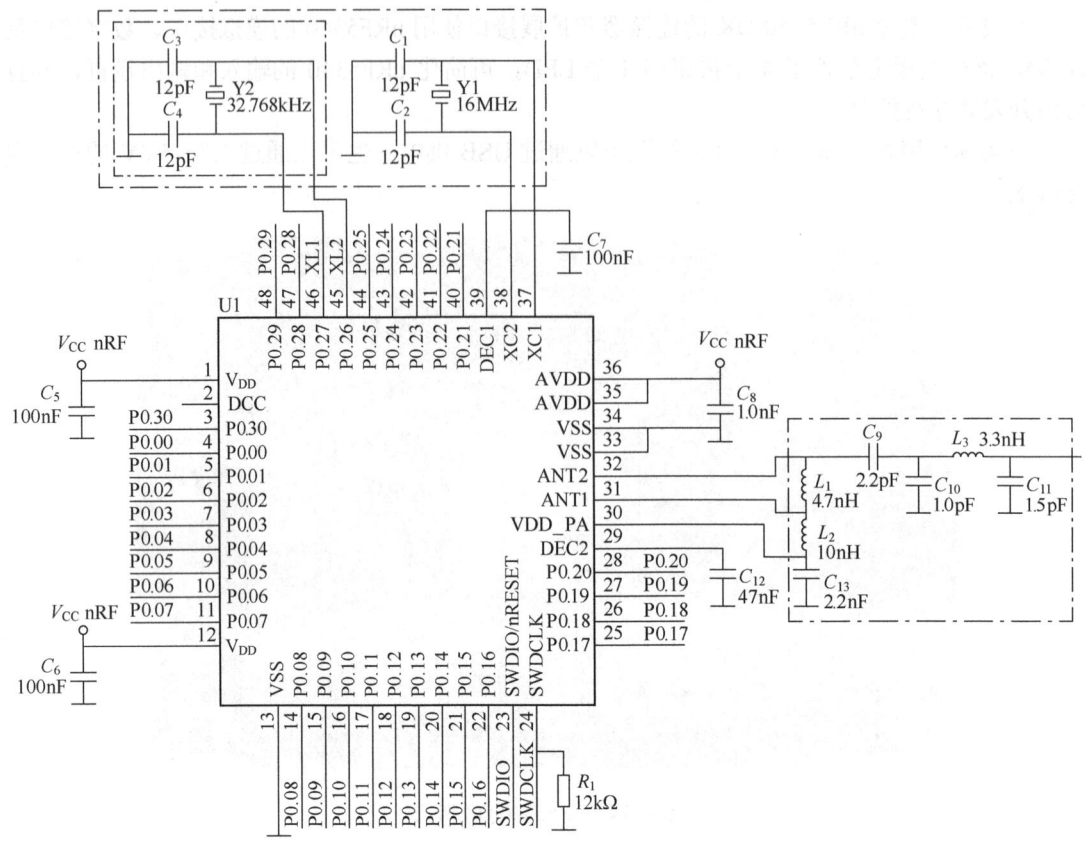

图 4-16 nRF51822 低功耗蓝牙模块的原理图

4.5 ZigBee 无线传感器网络

无线传感器网络（Wireless Sensor Network，WSN）采用微小型的传感器节点获取信息，节点之间具有自动组网和协同工作能力，网络内部采用无线通信方式，采集和处理网络中的信息，发送给观察者。目前 WSN 使用的无线通信技术过于复杂，非常耗电，成本很高。而 ZigBee 是一种短距离、低成本、低功耗、低复杂度的无线网络技术，在无线传感器网络应用领域极具发展潜力。

无线传感器网络有着十分广泛的应用前景，在工业、农业、军事、环境、医疗、数字家庭、绿色节能、智慧交通等传统和新兴领域都具有巨大的运用价值。

4.5.1 ZigBee 无线传感器网络通信标准

1. ZigBee 标准概述

ZigBee 技术是一种近距离、低复杂度、低功耗、低成本的双向无线通信技术，主要用于距离短、功耗低且传输速率不高的各种电子设备之间进行数据传输以及典型的有周期性数据、间歇性数据和低反应时间数据传输的应用，因此非常适用于家电和小型电子设备的无线控制指令传输。其典型的传输数据类型有周期性数据（如传感器）、间歇性数据（如照明控制）和重复低反应时间数据（如鼠标）。其目标功能是自动化控制。它采用跳频技术，使用的频段分别为 2.4GHz（ISM），868MHz（欧洲）及 915MHz（美国），而且均为免执照频段，有效覆盖范围为 10～275m。当网络速率降低到 28kbit/s 时，传输范围可以扩大到 334m，具有更高的可靠性。

ZigBee 标准是一种新兴的短距离无线网络通信技术，它是基于 IEEE 802.15.4 协议栈，主要针对低速率的通信网络设计的。它本身的特点使得其在工业监控、传感器网络、家庭监控、安全系统等领域有很大的发展空间。ZigBee 体系结构如图 4-17 所示。

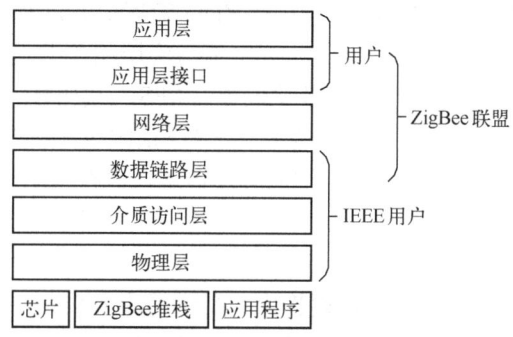

图 4-17 ZigBee 体系结构图

2．ZigBee 协议框架

ZigBee 堆栈是在 IEEE 802.15.4 标准基础上建立的，定义了协议的介质访问控制（Medium Access Control，MAC）层和 PHY 层。ZigBee 设备应该包括 IEEE 802.15.4 的 PHY 层和 MAC 层，以及 ZigBee 堆栈层。ZigBee 堆栈层包括网络层、应用层和安全服务提供层。

完整的 ZigBee 协议栈由 PHY 层、MAC 层、网络层、安全层和高层应用规范组成，如图 4-18 所示。

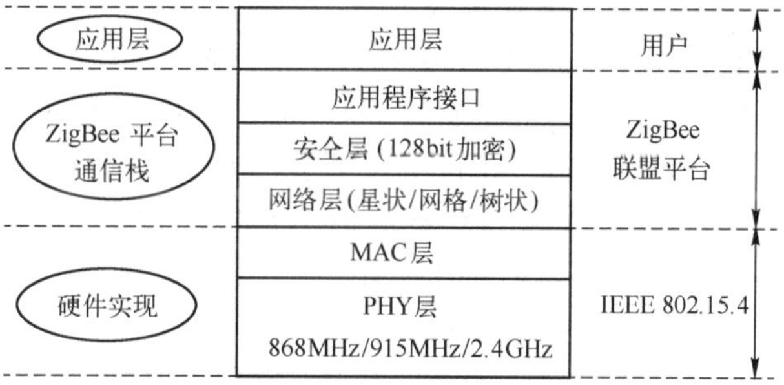

图 4-18 ZigBee 协议栈

ZigBee 协议栈的网络层、安全层和应用程序接口（Application Program Interface，API）等由 ZigBee 联盟制定。PHY 层和 MAC 层由 IEEE 802.15.4 标准定义。MAC 层提供与上层的接口，可以直接与网络层连接，或者通过中间子层 SSCS 和逻辑链路控制（Logical Link Control，LLC）实现连接。ZigBee 联盟在 IEEE 802.15.4 基础上定义了网络层和应用层。安全层主要实现密钥管理、存取等功能。应用程序接口负责向用户提供简单的应用程序接口，包括应用子层支持（Application Sub-layer Support，APS）、ZigBee 设备对象（ZigBee Device Object，ZDO）等，实现应用层对设备的管理。

3．ZigBee 网络层规范

协调器也称为全功能设备（Full-Function Device，FFD），相当于蜂群结构中的"蜂后"；是唯一的，是 ZigBee 网络启动或建立网络的设备。

路由器相当于"雄蜂"：数目不多，需要一直处于工作状态，由主干线供电。

末端节点则相当于数量最多的工蜂，也称为精简功能设备（Reduced-Function Device, RFD），只能传送数据给 FFD 或从 FFD 接收数据，该设备需要的内存较少（特别是内部 RAM）。

4．ZigBee 应用层规范

ZigBee 应用层包括 APS 子层、ZDO（包括 ZDO 管理层）以及用户自定义的应用对象。它们共同为各应用开发者提供统一的接口，规定了与应用相关的功能，如端点（EndPoint）的规定，绑定（Binding）、服务发现和设备发现等。APS 子层的任务包括维护绑定表和绑定设备间消息传输。所谓的绑定指的是根据两个设备在网络中的作用，发现网络中的设备并检查它们能够提供哪些应用服务，产生或者回应绑定请求，并在网络设备间建立安全的通信。

4.5.2 ZigBee 开发技术

随着集成电路技术的发展，无线射频芯片厂商采用片上系统（SoC）的方法，对高频电路进行了高度集成，大大地简化了无线射频应用程序的开发。其中最具代表性的是 TI 公司开发的 CC2530 无线微控制器，为 2.4GHz、IEEE 802.15.4/ZigBee 片上系统解决方案。

TI 公司提供完整的技术手册、开发文档、工具软件，使得普通开发者开发无线传感器网络应用成为可能。TI 公司不仅提供了实现 ZigBee 网络的无线微控制器，而且免费提供了符合 ZigBee 2007 协议规范的协议栈 Z-Stack 和较为完整的开发文档。因此，CC2530+Z-Stack 成为目前 ZigBee 无线传感器网络开发的最重要技术之一。

1．CC2530 无线片上系统概述

CC2530 无线片上系统微控制器是用于 IEEE 802.15.4、ZigBee 和 RF4CE 应用的一个真正的片上系统解决方案。它能够以非常低的总材料成本建立强大的网络节点。CC2530 结合了领先的 2.4GHz 的 RF 收发器的优良性能、业界标准的增强型 8051 微控制器、系统内可编程闪存、8KB RAM 等众多强大的功能。根据芯片内置闪存的不同容量，CC2530 有 4 种型号：CC2530F32/64/128/256。CC2530 具有不同的运行模式，使得它尤其适应超低功耗要求的系统，此外，运行模式之间的转换时间较短，进一步确保了低能源消耗。CC2530 的外形如图 4-19 所示。

图 4-19 CC2530 的外形

CC2530 结构上可以分为 4 个模块：CPU 和内存相关的模块、时钟和电源管理相关的模块、外设，以及无线设备。

（1）CPU 和内存　CC253x 系列芯片使用的 8051 CPU 内核是一个单周期的 8051 兼容内核，包括一个调试接口和一个 18 输入扩展中断单元。

（2）时钟和电源管理　数字内核和外设由一个 1.8V 低压差稳压器（Low-Dropout Regulator, LDO）供电。它提供了电源管理功能，可以实现使用不同供电模式来延长电池寿命。

（3）外设　CC2530 包括许多不同的外设，允许应用程序设计者开发先进的应用。

（4）无线设备　CC2530 具有一个 IEEE 802.15.4 兼容无线收发器，RF 内核控制模拟无线模块。另外，它提供了 MCU 和无线设备之间的一个接口，这使得可以发出命令、读取状态、自动操作和确定无线设备事件的顺序。无线设备还包括一个数据包过滤和地址识别模块。

2．CC2530 引脚功能

CC2530 芯片采用 QFN40 封装，共有 40 个引脚，可分为 I/O 端口引脚、电源引脚和控制引脚，CC2530 的引脚如图 4-20 所示。

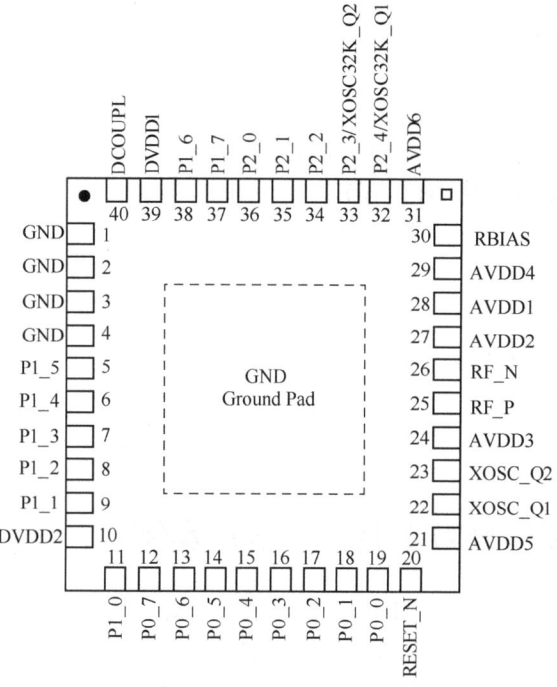

图 4-20 CC2530 的引脚

(1) I/O 端口引脚功能

CC2530 芯片有 21 个可编程 I/O 引脚,其中,P0 和 P1 是完整的 8 位 I/O 端口,P2 只有 5 个可以使用的位。

(2) 电源引脚功能

AVDD1～AVDD6：为模拟电路提供 2.0～3.6V 工作电压。

DCOUPL：提供 1.8V 的去耦电压,此电压不为外电路使用。

DVDD1、DVDD2：为 I/O 口提供 2.0～3.6V 电压。

GND：接地。

(3) 控制引脚功能

RESET_N：复位引脚,低电平有效。

RBIAS：为参考电流提供精确的偏置电阻。

RF_N：RX 期间负 RF 输入信号到 LNA。

RF_P：RX 期间正 RF 输入信号到 LNA。

XOSC_Q1：32MHz 晶振引脚 1。

XOSC_Q2：32MHz 晶振引脚 2。

CC2530 无线模块如图 4-21 所示。

a) PCB 印刷天线　　　　b) 外置天线

图 4-21 CC2530 无线模块

3. CC2530 的应用领域

CC2530 应用领域如下：

1）2.4GHz IEEE 802.15.4 系统。
2）RF4CE 远程控制系统（需要大于 64KB 闪存）。
3）ZigBee 系统（需要 256KB 闪存）。
4）家庭/楼宇自动化。
5）照明系统。
6）工业控制和监控。
7）低功耗无线传感器网络。
8）消费型电子。
9）医疗保健。

4.6 W601 Wi-Fi MCU 芯片及其应用实例

2018 年初，联盛德（Winner Micro）公司推出了新一代 IoT Wi-Fi 芯片 W600，上市伊始就以其优异的性价比迅速获得智能硬件领域的认可并取得骄人的业绩。

目前市面上智能家电产品普遍采用主控 MCU+Wi-Fi 模块的双芯片系统架构，MCU 负责实现和处理产品应用流程，Wi-Fi 模块负责处理联网通信和云端交互功能。单芯片 W601 既能够满足小家电领域 MCU 的应用需求，也能够满足 Wi-Fi 模块的无线通信功能需求，让智能家电方案更加优化，既提高了系统集成度、减少了主板面积和器件数量，又降低了系统成本，甚至可以说花一个 MCU 的钱，免费增加了智能化功能。

4.6.1 W601/W800/W801/W861 概述

W601/W800/W801/W861 是联盛德公司推出的具有 Cortex-M3 内核的 Wi-Fi 和蓝牙 SoC 系列芯片，可作为主控芯片应用于智能家电、智能家居、智能玩具、医疗监护、工业控制等物联网场景中。

1. W601/W800/W801/W861 简介

（1）W601——智能家电 Wi-Fi MCU 芯片 W601 Wi-Fi MCU 是一款支持多功能接口的 SoC 芯片，该 SoC 芯片集成 Cortex-M3 内核，内置 Flash，支持安全数字输入输出（Secure Digital Input and Output，SDIO）、SPI、UART、GPIO、RC、脉冲宽度调制（Pulse Width Modulation，PWM）、I2S、7816、LCD、ADC 等丰富的接口，支持多种硬件加解密协议，如 PRNG、SHA1、MD5、RC4、DES、3DES、AES、CRC、RSA 等，支持 IEEE 802:11b/g/n 国际标准。集成射频收发前端（RF Transceiver）、功率放大器（Power Amplifier，PA）、基带处理器、媒体访问控制等模块。

（2）W800 W800 芯片是一款安全 IoT Wi-Fi/蓝牙双模 SoC 芯片，支持 2.4G IEEE 802.11b/g/n Wi-Fi 通信协议，支持 BLE 4.2 协议。芯片集成 32 位 CPU 处理器，内置 UART、GPIO、SPI、I2C、I2S、7816 等数字接口，支持可信执行环境（Trusted Execution Environmen，TEE）安全引擎，支持多种硬件加解密算法，内置 DSP、浮点运算单元，支持代码安全权限设置，内置 2MB Flash 存储器，支持固件加密存储、固件签名、安全调试、安全升级等多项安全措施，保证产品安全特性。

（3）W801 W801 芯片是一款安全 IoT Wi-Fi/蓝牙双模 SoC 芯片。芯片提供丰富的数字功能接口，支持 2.4G IEEE 802.11b/g/n Wi-Fi 通信协议，支持 BT/BLE 双模工作模式，支持 BT/BLE 4.2 协议。芯片集成 32 位 CPU 处理器，内置 UART、GPIO、SPI、I2C、I2S、7816、SDIO、ADC、伪静态随机存储器（Pseudo Static Random Access Memory，PSRAM）、LCD、触摸感应器（TouchSendor）等数字接口，支持 TEE 安全引擎，支持多种硬件加解密算法，内置 DSP、浮点运算单元与安全引擎，支持代码安全权限设置，内置 2MB Flash 存储器，支持固件加密存储、固件签名、安全调试、安全升级等多项安全措施，保证产品安全特性。

（4）W861 W861 芯片是一款安全 IoT Wi-Fi/蓝牙双模 SoC 芯片，提供大容量 RAM 和 Flash 空间，支持丰富的数字功能接口，支持 2.4G IEEE 802.11b/g/n Wi-Fi 通信协议，支持 BLE 4.2 协议。芯片集成 32 位 CPU 处理器，内置 UART、GPIO、SPI、I2C、I2S、7816、SDIO、ADC、LCD、TouchSendor 等数字接口，内置 2MB Flash 存储器，2MB 内存，支持 TEE 安全引擎，支持多种硬件加解密算法，内置 DSP、浮点运算单元与安全引擎，支持代码安全权限设置，支持固件加密存储、固件签名、安全调试、安全升级等多项安全措施，保证产品安全特性。

2．W601 芯片的特征、结构与引脚定义

W601 芯片为 QFN68 封装，其外形及结构如图 4-22 所示。

a) 外形

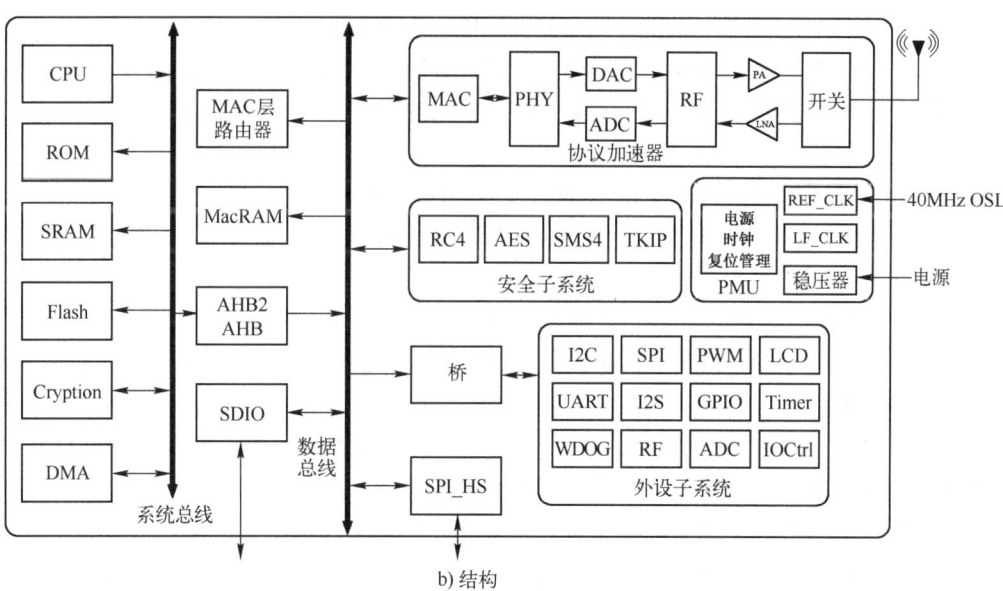

b) 结构

图 4-22　W601 Wi-Fi MCU 芯片的外形及结构

（1）W601 特征

1）芯片集成程度

① 集成 32 位嵌入式 Cortex-M3 处理器，工作频率为 80MHz。

② 集成 288KB 数据存储器。

③ 集成 1MB Flash。

④ 集成 8 通道直接内存访问（Direct Memory Access，DMA）控制器，支持任意通道分配给硬件使用或是软件使用，支持 16 个硬件申请，支持软件链表管理。

⑤ 集成 2.4GHz 射频收发器，满足 IEEE 802.11 规范。

⑥ 集成 PA/LNA/TR-Switch。

⑦ 集成 10 比特差分 ADC/DAC。

⑧ 集成 32.768kHz 时钟振荡器。

⑨ 集成电压检测电路、LDO、电源控制电路、上电复位电路。

⑩ 集成通用加密硬件加速器，支持 PRNG、SHA1、MD5、RC4、DES、3DES、AES、CRC、RSA 等多种加解密协议。

2）芯片接口

① 集成 1 个 SDIO 2.0 Device 控制器，支持 SDIO 1 位/4 位/SPI 3 种操作模式；工作时钟范围为 0~50MHz。

② 集成 2 个 UART 接口，支持 RTS/CTS，波特率范围为 1200~2000bit/s。

③ 集成 1 个高速 SPI 设备控制器，工作时钟范围为 0~50MHz。

④ 集成 1 个 SPI 主/从接口，主设备支持 20Mbit/s 的工作频率，从设备支持 6Mbit/s 的数据传输速率。

⑤ 集成一个 IC 控制器，支持 100/400kbit/s 的速率。

⑥ 集成 GPIO 控制器。

⑦ 集成 PWM 控制器，支持 5 路 PWM 单独输出或者 2 路 PWM 输入。最高输出频率为 20MHz，最高输入频率为 20MHz。

⑧ 集成双工 I2S 控制器，支持 32~192kHz I2S 接口编解码。

⑨ 集成 7816 接口，支持 ISO-78117-3T=0/1 模式，支持 EVM2000 规范，并兼容串口功能。

⑩ 集成 LCD 控制器，支持 8×16/4×20 接口，支持 2.7~3.6V 电压输出。

3）协议与功能

① 支持 GB 15629.11—2006、IEEE 802.11 b/g/n/e/i/d/k/r/s/w。

② 支持 WAPI 2.0；支持 Wi-Fi WMM、WMM-PS、WPA、WPA2、WPS；支持 Wi-Fi Direct。

③ 支持 EDCA 信道接入方式；支持 20M/10Mbit/s 带宽工作模式。

④ 支持 STBC、GreenField、Short-GI、支持反向传输；支持 RIFS 帧间隔；支持 AMPDU、AMSDU。

⑤ 支持 IEEE 802.11n MCS0~7、MCS32 物理 8 层传输速率档位，传输速率最高到 150Mbit/s；2/5.5/11Mbit/s 速率发送时支持 Short Preamble。

⑥ 支持 HT-immediate Compressed BlockAck、Normal Ack、No Ack 应答方式；支持 CTS to self；支持接入点（Access Point，AP）功能；支持作为 AP 和 STA 同时使用。

⑦ 在基本服务集（Basic Service Set，BSS）网络中，支持多个组播网络，并且支持各个组播网络加密方式不同，最多可以支持总和为 32 个的组播网络和入网 STA 加密；BSS 网络作为 AP 使用时，支持站点与组的总和为 32 个，独立基本服务集（Independent Basic Service Set，IBSS）网络中支持 16 个站点。

4）供电与功耗

① 3.3V 单电源供电。

② 支持 PS-Poll、U-APSD 功耗管理。

③ SoC 芯片待机电流小于 10μA。

（2）W601 引脚定义　W601 引脚定义如图 4-23 所示。

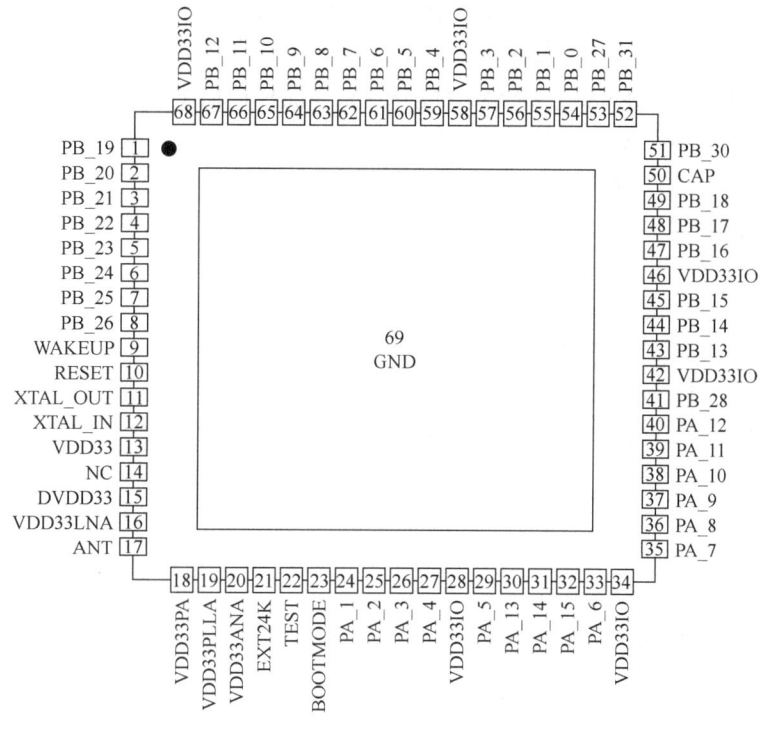

图 4-23　W601 引脚定义图（QFN68）

4.6.2　ALIENTEK W601 开发板

1. W601 开发板介绍

ALIENTEK W601 是正点原子公司推出一款 W601 芯片的开发板。
ALIENTEK W601 开发板的资源图如图 4-24 所示。

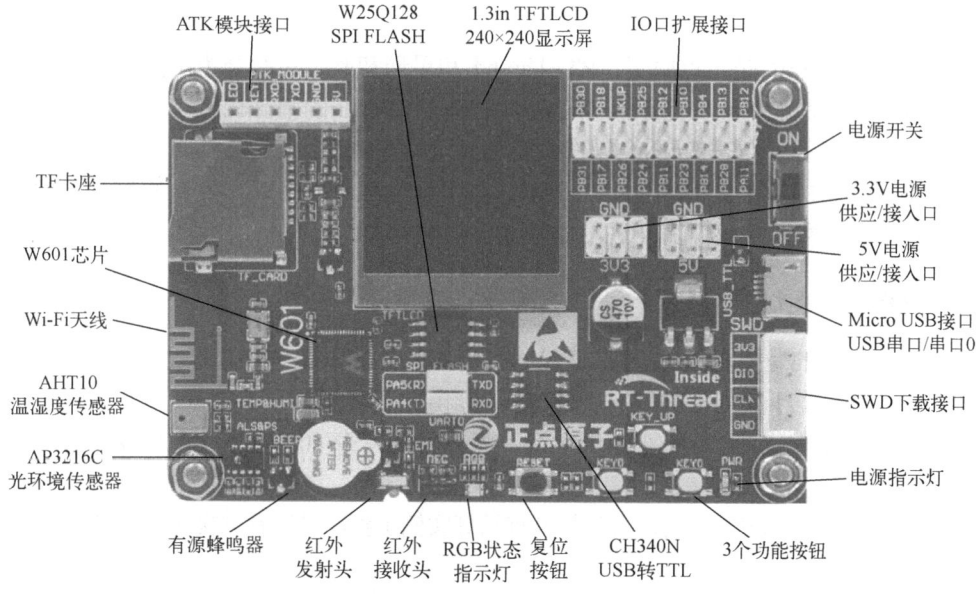

图 4-24　ALIENTEK W601 开发板的资源

从图 4-24 可以看出，W601 开发板资源丰富，接口繁多，W601 芯片的绝大部分内部资源都可以在此开发板上验证，同时扩充丰富的接口和功能模块，整个开发板显得十分大气。

开发板的外形尺寸为 53mm×80mm，比身份证还要小，方便随身携带。

ALIENTEK W601 开发板载资源如下：

1）MCU：W601、QFN68。SRAM（288KB）。Flash（1MB）。
2）外扩 SPI Flash：W25Q128，16MB。
3）1 个电源指示灯（蓝色）。
4）1 个串行线调试（Serial Wire Debug，SWD）下载接口（仿真器下载接口）。
5）1 个 Micro USB 接口（可用于供电、串口通信和串口下载）。
6）1 组 5V 电源供应/接入口。
7）1 组 3.3V 电源供应/接入口。
8）1 个电源开关，控制整个板的电源。
9）1 组 IO 口扩展接口，可自由配置使用方式。
10）1 个 TFTLCD 显示屏：1.3in 240×240 分辨率。
11）1 个 ATK 模块接口，支持蓝牙、GPS、MPU 6050、RGB、LORA 等模块。
12）1 个 TF 卡座。
13）1 个板载 Wi-Fi 天线。
14）1 个温湿度传感器：AHT10。
15）1 个光环境传感器：AP3216C。
16）1 个有源蜂鸣器。
17）1 个红外发射头。
18）1 个红外接收头，并配备一款小巧的红外遥控器。
19）1 个 RGB 状态指示灯（红、绿、蓝 3 色）。
20）1 个复位按钮。
21）3 个功能按钮。
22）1 个 USB 转 TTL 芯片 CH340N，可用于串口通信和串口下载功能。

2．软件资源

ALIENTEK W601 是正点原子、RT-Thread 和星通智联公司联合推出的，所以这款开发板的软件资料会有两份，一份是正点原子提供的基于 W601 的基础裸机学习例程，另一份是 RT-Thread 提供的基于 RT-Thread 操作系统的进阶学习例程。

正点原子提供的基础例程多达 21 个，这些例程全部是基于官方提供的最底层的库编写的，拥有详细的注释，代码循序渐进，非常适合初学者入门。

4.6.3 W601 LED 灯硬件设计

本节将要实现的是控制 ALIENTEK W601 开发板上的 RGB 灯实现一个类似跑马灯的效果，该实验的关键在于如何控制 W601 的 IO 口输出。了解了 W601 的 IO 口是如何输出的，就可以实现跑马灯了。通过这一小节的学习，将初步掌握 W601 基本 IO 口的使用，这是迈向入门的第一步。

在讲解 W601 的 GPIO 之前，首先打开跑马灯实例工程，可以看到实例工程目录如图 4-25 所示。

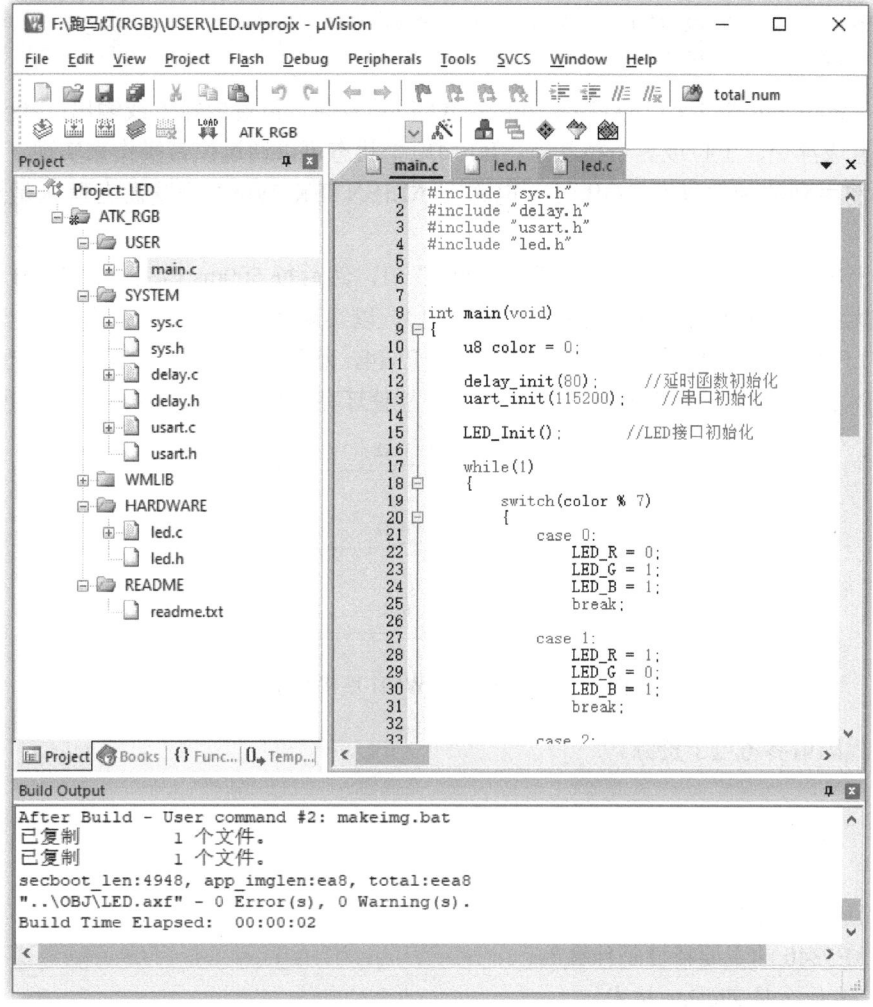

图 4-25 跑马灯实例工程目录

工程目录下面的组件以及重要文件如下：

1）组 USER 下面存放的主要是用户代码。main.c 文件主要存放的是主函数。

2）组 SYSTEM 是 ALIENTEK 提供的共用代码，这些代码为大家提供了时钟配置函数、延时函数和串口驱动函数。

3）组 WMLIB 下面存放的是 W601 官方提供的库文件，每一个源文件.c 都对应一个头文件.h。分组内的源文件可以根据工程需要添加和删除。还包括 W601 的启动文件（startup.s 文件）。

4）组 HARDWARE 下面存放的是每个实验的外设驱动代码，它是通过调用 WMLIB 下面的 HAL 库文件函数实现的，比如 led.c 中函数调用 wm_gpio.c 内定义的函数对 led 进行初始化，这里面的函数是讲解的重点。后面的实验中可以看到会引入多个源文件。

W601 芯片的每个 GPIO 都可以通过软件单独配置，设置其作为输入、输出端口，并且可以设置浮空、上拉、下拉状态。

W601 芯片的 IO 口使用非常简单，只需要调用官方提供的以下函数就可以完成对某个 IO 口的初始化：

```
       void tls_gpio_cfg(enum tls_io_name gpio_pin, enum tls_gpio_dir dir,
enum tls_gpio_attr attr)
```

其中，gpio_pin 是 IO 口的名字；dir 是 IO 口的方向，设置成输入或输出；attr 为 IO 的状态，设置成浮空、上拉或者下拉状态；IO 口电平状态可以通过位带操作来实现。

本实例用到的硬件只有 RGB 灯。电路在 ALIENTEK W601 开发板上默认是已经连接好的。

开机上电后，先初始化与 RGB 灯连接的 IO 口，然后每 500ms 改变一次 RGB 灯的颜色（RGB 可以通过 R/G/B 三色组合出多种不同颜色），以实现类似跑马灯的效果。

红色 LED（R）接 PA13，绿色 LED（G）接 PA14，蓝色 LED（B）接 PA15，由于 R、G、B 3 个 LED 是共阳极的，所以 IO 口输出低电平才能使灯亮。其连接原理图如图 4-26 所示。

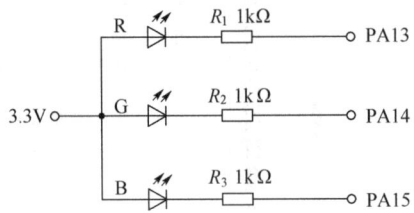

图 4-26　RGB 灯与 W601 连接原理图

程序代码请参考电子资源。

习题

1. 简述什么蓝牙技术。
2. nRF5340 的主要特性是什么？
3. 简述什么是 ZigBee 技术。
4. CC2530 无线片上系统大致可以分为几个部分？
5. W601 Wi-Fi MCU 是一款什么芯片？
6. W601 主要优势有哪些？

第 5 章 电子电路仿真软件——Multisim

Multisim 是一款强大的电路设计和仿真工具，支持广泛的电子组件和复杂电路的测试。本章首先概述了 Multisim 的基本知识，并详细解释了其基本功能，如电路设计、仿真执行和结果分析等。接着，详细介绍了 Multisim 的安装过程和界面，为后续进行电路设计做好准备。

5.1 Multisim 软件简介

Multisim 的前身为 EWB（Electronics Workbench）软件。它以界面形象直观、操作方便、分析功能强大、易学易用等突出优点，在 20 世纪 90 年代在我国得到了迅速推广，作为电子类专业课程教学和实验的一种辅助手段。21 世纪初，EWB 5.0 版本更新换代，推出了 EWB 6.0，并更名为 Multisim 2001，2003 年升级为 Multisim 7，2005 年发布 Multisim 8，其功能已十分强大，能胜任电路分析、模拟电路、数字电路、高频电路、RF 电路、电力电子及自控原理等各方面的虚拟仿真，并提供多达 18 种基本分析方法。

Multisim 和 Ultiboard 是美国国家仪器公司下属的 ElectroNIcs Workbench Group 推出的交互式 SPICE 仿真和电路分析软件的最新版本，专用于原理图捕获、交互式仿真、电路板设计和集成测试。这个平台将虚拟仪器技术的灵活性扩展到了电子设计者的工作台上，弥补了测试与设计功能之间的缺口。通过将 NI Multisim 电路仿真软件和 LabVIEW 测量软件相集成，使得需要设计制作自定义印制电路板（PCB）的工程师能够非常方便地比较仿真和真实数据，规避设计上的反复，减少原型错误并缩短产品上市时间。

使用 Multisim 可交互式地搭建电路原理图，并对电路行为进行仿真。Multisim 简化了 SPICE 仿真的复杂内容，这样使用者无须深入理解 SPICE 技术就可以很快地捕获、仿真和分析新的设计，这也使其更适合电子学科教育。通过 Multisim 和虚拟仪器技术，使用者可以完成从理论到原理图捕获与仿真，再到原型设计和测试这样一个完整的综合设计流程。

Multisim 和 Ultiboard 推出了很多专业设计特性，包括高级仿真工具、新增元器件和扩展的用户功能，主要的新增特性包括：

1）改进电路的仿真和分析流程，所有分析及其设置都放在一个对话框中，以便更直观地设置和仿真分析，原单独分析对话框已不存在。

2）探针功能被重新设计，可以用一种清晰和方便的方式对电压、支路电流和功率等进行测量。同时可以对选择的输出变量进行自动分析，如瞬态分析和交流分析，运行分析后，变量的值会显示到记录仪中。

3）元件可以在搜索结果中预览，在搜索结果对话框中加入了元器件符号和封装预览窗口。

4）在两个仿真之间可以自动保存的记录仪设置有：图表标题、图表背景颜色、网格线、数轴标题、迹线颜色、跟踪启用/禁用状态、轨迹线视觉风格、手动改变的缩放比例、光标状态/位置、加到图表中的顶部和右坐标轴。但这不适用于参数分析、温度分析、蒙特卡罗分析和最坏情况分析。

5）用户可以添加自定义的封装到主数据库的 RLC 元器件中。在 RLC 元器件表中有新的管理封装按钮,可以打开新的管理 RLC 封装对话框。使用这个对话框可以从主数据库、用户数据库或者共同数据库增加任何封装到默认封装菜单以供选择。

6)当放置图表或从剪贴板粘贴时,支持的图片格式有.bmp、.jpg、.jpeg、.jpe、.jfif、.gif、.tif、.tiff、png、.ico 和.cur。

7)PLD 电路仿真支持 Xilinx ISE 10.1 SP3 或者更高版本、12 系列和更高版本、13 系列和 14.1~14.7 版本、NI LabVIEW FPGA Xilinx ISE 14.7 工具。

8)Multisim 包括了新的和现有的合作商增加的元器件,包括 1 个连接器、57 个 ADI 公司的元器件、10 个 Avago 公司的元器件、1 个 Hirose 连接器、26 个 Infineon 公司的元器件、588 个国际整流元器件、29 个 Maxim 公司的元器件、2 个 Microchip 元器件、1 个 Molex 公司的连接器、6 个美国国家仪器(National Instruments,NI)公司的元器件/连接器、636 个 NXP 公司的元器件、15 个 OnSemi 公司的元器件、45 个 TI 公司的元器件、2 个 Samtec 公司的连接器、59 个 Vishay 公司的元器件、5 个新单 5 引脚功率器件、5 个新组件。

NI Ultiboard 为用户在做 PCB 设计时的布板布线提供了一个易于使用的直观平台。整个设计的过程从布局、元器件摆放到布铜线都在一个灵活设计的环境中完成,使得操作速度和控制都达到最优化。拖放和移动元器件以及布铜线的速度在 NI Ultiboard 中得到了显著提高。这些功能的增强都使从原理图到实际电路板的转换变得更便捷,也使最后的 PCB 设计质量得到很大提高。

目前,常用的 Multisim 版本是 Multisim 12.0 与 Multisim 14.0。

为了方便教学使用,NI 公司分别推出了 Multisim 教学版与专业版仿真软件。

Multisim 教学版软件专为进行电路和电子技术相关内容的教学而开发,可实现学生在理论、仿真、实验、项目设计和开发之间的无缝链接和学习。Multisim 专业版包含 SPICE 仿真和原型设计工具,可用于设计具有高可靠性的电路。

本章主要集中介绍 Multisim 仿真软件的主要功能及构建电路原理图和分析电路的方法,有关 NI Ultiboard PCB 设计的内容不做介绍。

5.2 Multisim 基本功能和主要特点

Multisim 用软件的方法虚拟电子与电工元器件,虚拟电子与电工仪器和仪表,实现了"软件即元器件""软件即仪器"。

Multisim 的元器件库提供数千种电路元器件供实验选用,同时也可以新建或扩充已有的元器件库,而且建库所需的元器件参数可以从生产厂商的产品使用手册中查到。

Multisim 的虚拟测试仪器仪表种类齐全,有一般实验用的通用仪器,如万用表、函数信号发生器、双踪示波器、直流电源,还有一般实验室少有或没有的仪器,如波特图仪、字信号发生器、逻辑分析仪、逻辑转换器、失真仪、频谱分析仪和网络分析仪等。

1. Multisim 基本功能

一般电子产品的设计和制作主要包括电路原理、软件编程、仿真调试、物理级设计、PCB 制图制板、元器件清单、自动贴片、焊膏漏印、总装配图等生产环节,以上全部由计算机完成的过程称为电子设计自动化(EDA)技术。

EDA 工具软件主要有三类:电子电路设计与仿真软件、PCB 设计软件与可编程逻辑器件开发软件。

在 EDA 工具软件中,Multisim 的功能尤为强大,可同时完成电子电路仿真、PCB 设计和可编程逻辑器件开发等基本功能。

2. Multisim 主要特点

Multisim 主要特点如下：

（1）直观的图形界面　Multisim 整个操作界面就像一个电子实验工作台，绘制电路所需的元器件和仿真所需的测试仪器均可直接拖放到屏幕上，利用鼠标可使用导线将它们连接起来，虚拟仪器的控制面板和操作方式与实物相似，用户看到的测量数据、波形和特性曲线与真实仪器基本相同。

（2）丰富的元器件　它提供了上万种世界主流的电子元器件，同时能方便地对元器件的各种参数进行编辑修改，具有利用模型生成器以及代码模式创建所需要的元器件模型等功能。

（3）强大的仿真能力　以 SPICE3F5 和 Xspice 的内核作为仿真引擎，通过 EWB 带有的增强设计功能将数字和混合模式的仿真性能进行优化，包括 SPICE 仿真、RF 仿真、MCU 仿真、VHDL 仿真和电路向导等功能。

（4）丰富的测试仪器　虚拟仪器种类丰富，可动态交互显示，其设置和使用与真实情况相同。除了 Multisim 提供的默认的仪器外，还可以创建 LabVIEW 的自定义仪器，在图形环境中可以灵活地进行仿真测试。

（5）完备的分析手段　利用仿真产生的数据执行各种需要的分析。可以自动执行将一种分析作为另一种分析的一部分。集成 LabVIEW 和 Signal Express 可以快速进行原型开发和测试设计，具有符合行业标准的交互式测量和分析功能。

（6）独特的 RF 模块　提供基本 RF 电路的设计、分析和仿真，包括以下模块和分析。

1）RF-specific：RF 特殊元器件，包括自定义的 RF SPICE 模型。

2）用于创建用户自定义的 RF 模型的模型生成器。

3）RF-specific 仪器：Spectrum Analyzer 频谱分析仪和 Network Analyzer 网络分析仪。

4）进行 RF-specific 分析：电路特性、匹配网络单元、噪声系数等。

（7）强大的 MCU 模块　支持 4 种类型的微控制器芯片，分别对 4 种类型芯片提供编译支持，所建项目支持 C 代码、汇编代码以及十六进制代码，并兼容第三方工具源代码；支持对外部 RAM、外部 ROM、键盘和 LCD 等外围设备的仿真；支持包含设置断点、单步运行、查看和编辑内部 RAM、特殊功能寄存器等高级调试功能。

（8）完善的后处理　对分析结果进行的数学运算操作类型包括算术运算、三角运算、指数运算、对数运算、复合运算、向量运算和逻辑运算等。

（9）详细的报告　能够呈现材料清单、元器件详细报告、网络报表、原理图统计报告、多余门电路报告、模型数据报告、交叉报表 7 种报告。

（10）兼容性好的信息转换　提供了转换原理图和仿真数据与其他模块的链接方法，可以输出原理图到 PCB 布线（如 Ultiboard、OrCAD、PAD Sayou2005、P-CAD 和 Protel），输出仿真结果到 MathCAD、Excel 或 LabVIEW，输出网络表文件，提供 Internet Design Sharing（互联网共享文件）等。

5.3 Multisim 的安装

Multisim 安装前应关闭 Windows 其他应用程序，关闭病毒扫描功能，这样可以提高安装速度。Multisim 的安装步骤如下：

1）将安装光盘放入光驱，将自动运行安装程序，出现图 5-1 所示的安装窗口。如果没有自动运行安装程序，可手动打开光盘，运行其中的 SETUP.EXE 文件。安装程序首先初始化，如果要取消安装，则单击"Cancel"按钮。

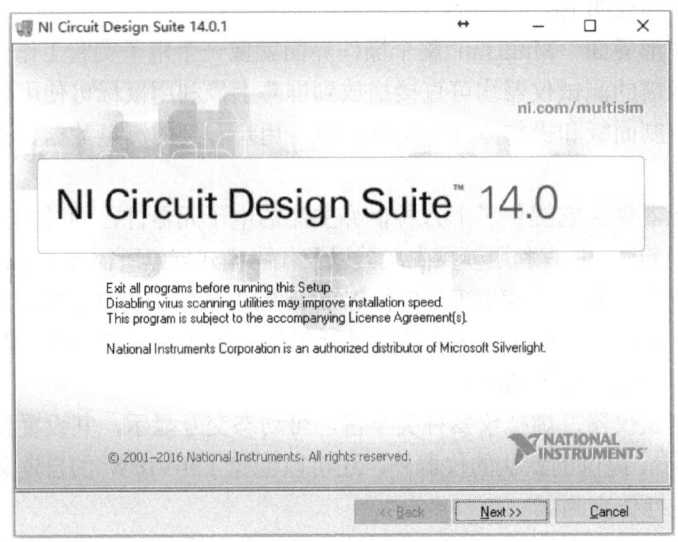

图 5-1　安装窗口

2）初始化后单击"Next"按钮可执行下一步安装。

3）弹出用户信息对话框，要求输入用户全名及公司或组织名称。如果已有软件产品序列号，则输入相应序列号；如果没有序列号，则选择后面的备选项，安装评估版产品。单击"Cancel"按钮取消安装，单击"Next"按钮执行下一步安装，单击"Back"按钮回到上一步。

4）输入的序列号校验通过后，将弹出安装地址对话框，用户可选择默认的安装路径，或者单击"Browse"按钮选择新的安装地址。

5）选择要安装的功能模块，如图 5-2 所示，这部分有一个备选模块，是主要程序部分，即 NI Circuit Design Suite 14.0.1。"Restore Feature Defaults"按钮可恢复默认设置，"Disk Cost"按钮可对相应磁盘的剩余空间及所需的安装空间进行分析，其他按钮的功能和上面相同。

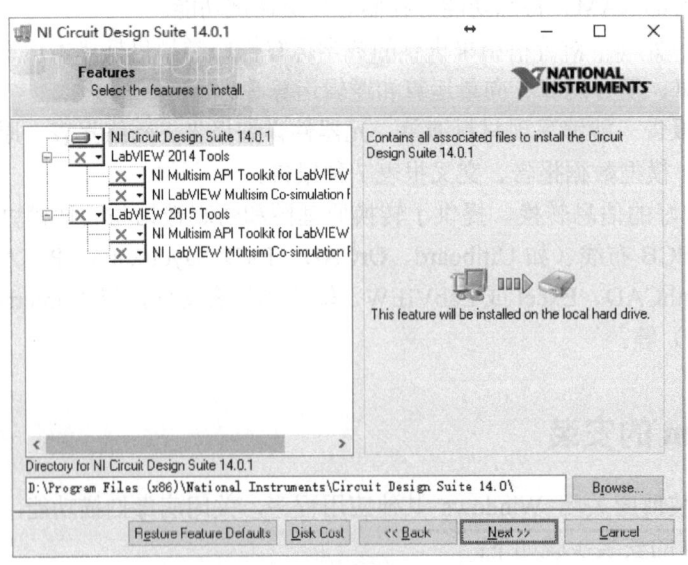

图 5-2　安装功能模块选择

6)弹出 NI 软件许可协议对话框,选择接受协议才可进行下一步。

7)弹出两个协议,选择接受协议进入下一步。

8)对安装信息进行确认,空白框内为已安装模块,可单击"Adding or Changing"重新选择安装模块。如确认无误,单击"Next"按钮进行软件安装。

9)软件安装完毕后,选中备选项后可对支持和升级单元进行配置。如不准备配置支持和升级单元,可结束安装。

10)软件安装及配置结束后,软件提示重启计算机。计算机重启后,软件就可以使用了。此时已安装的软件除了 Multisim 14 以外,还包括 Ultiboard 14。

5.4 Multisim 的基本界面

打开 Multisim 后,其基本界面如图 5-3 所示。本书讲述的 Multisim 界面为中文界面,英文界面会在下面的菜单介绍时单独讲述。Multisim 的基本界面主要包括菜单栏、标准工具栏、视图工具栏、主工具栏、仿真工具栏、元件工具栏、仪器工具栏、设计工具箱、电路工作区、电子表格视窗等,下面将对它们进行详细说明。

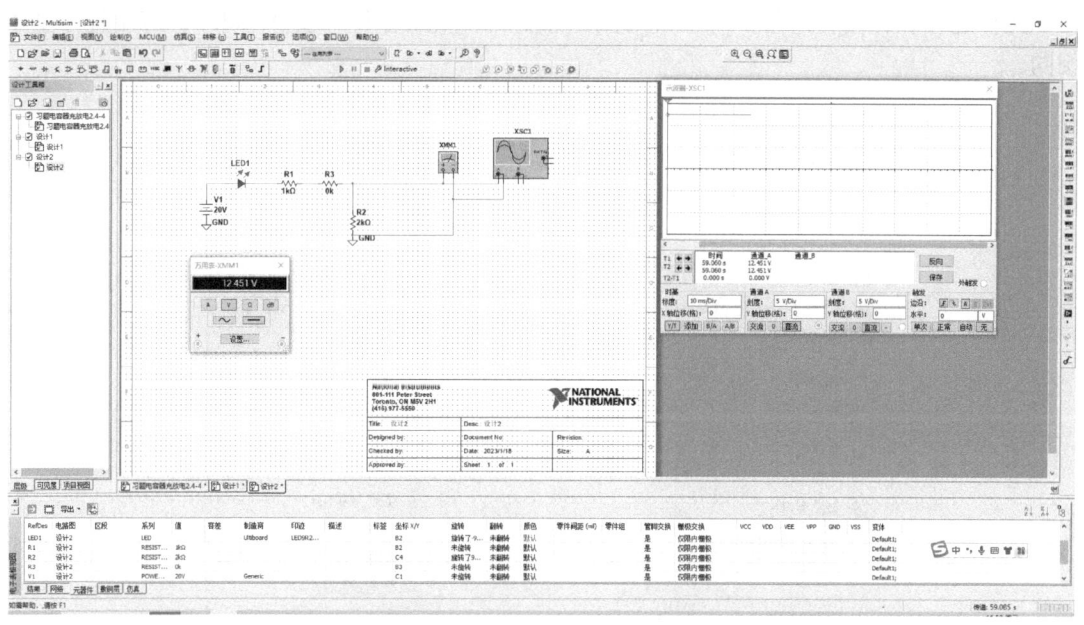

图 5-3 Multisim 的基本界面

1. 菜单栏

Multisim 的菜单栏和所有应用软件相同,分类集中了软件的所有功能命令。Multisim 的菜单栏包含 12 个菜单项,它们分别为文件(File)菜单、编辑(Edit)菜单、视图(View)菜单、绘制(Place)菜单、MCU 菜单、仿真(Simulate)菜单、转移(Transfer)菜单、工具(Tools)菜单、报告(Reports)菜单、选项(Options)菜单、窗口(Window)菜单和帮助(Help)菜单。以上每个菜单下都有一系列功能命令,用户可以根据需要在相应的菜单下寻找功能命令。下面对各菜单项做详细的介绍。

(1)文件(File)菜单 该菜单主要用于管理所创建的电路文件,如对电路文件进行打开、保存和打印等操作,如图 5-4 所示,其中大多数命令和一般 Windows 应用软件基本相同。

1）打开样本（Open samples）：可打开软件安装路径下的自带实例。

2）片段（Snippets）：对工程中的某部分电路进行的操作。该选项包括 4 个子选项：将所选内容保存为片段（Save selection as snippet）、将有效设计保存为片段（Save active design as snippet）、粘贴片段（Paste snippet）和打开片段文件（Open snippet file），可以实现对部分电路的灵活操作。

3）项目与打包（Projects and packing）：对工程项目进行的操作。该选项包括 8 个子选项：对工程文件进行创建（New project）、打开（Open project）、保存（Save project）、关闭操作（Close project）、对工程文件进行打包（Pack project）、解包（Unpack project）、升级（Upgrade project）和控制工程的版本（Version control）。用户可以用系统默认产生的文件名或自定义文件名作为备份文件的名称对当前工程进行备份，也可以恢复以前版本的工程。一个完整的工程包括原理图、PCB 文件、仿真文件、工程文件和报告文件几部分。

4）打印选项（Print options）：该选项包括 2 个子选项，打印电路设置选项（Print sheet setup）和打印当前工作区内仪表波形图选项（Print instruments）。

（2）编辑（Edit）菜单　编辑菜单如图 5-5 所示，主要用于绘制电路图的过程中，对电路和元件进行各种编辑，其中一些常用操作如复制、粘贴等和一般 Windows 应用程序基本相同。

图 5-4　文件菜单

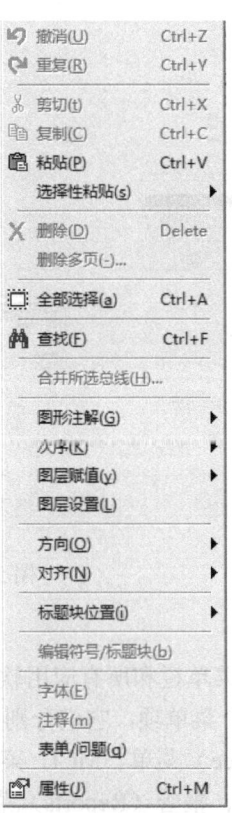

图 5-5　编辑菜单

1）选择性粘贴（Paste special）：对支电路进行的操作。该选项包括 2 个子选项，粘贴支电路（Paste as subcircuit）用于将剪贴板中的已选内容粘贴成子电路形式，在不对主页连接器重命名的情况下粘贴（Paste without renaming on-page connectors）用于对子电路进行层次化编辑，完成对子电路的嵌套。

2）删除多页（Delete multi-page）：从多页电路文件中删除指定页，该操作无法撤销。

3）查找（Find）：搜索当前工作区内的元件，选择该项后可弹出如图 5-6 所示的对话框，其中包括要查找元件的名称、类型以及搜索范围等。

4）合并所选总线（Merge selected buses）：对工程中选定的总线进行合并。

5）图形注解（Graphic annotation）：包括填充颜色、样式，画笔颜色、样式和箭头类型。

6）次序（Order）：安排已选图形的放置层次。

7）图层赋值（Assign to layer）：将已选的项目（如 ERC 错误标志、静态探针、注释和文本/图形）安排到注释层。

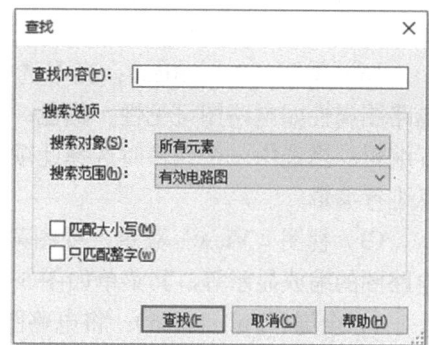

图 5-6 寻找元件对话框

8）图层设置（Layer settings）：设置可显示的对话框。

9）方向（Orientation）：设置元件的旋转角度。

10）对齐（Align）：设置元件的对齐方式。

11）标题块位置（Title block position）：设置已有标题框的位置。

12）编辑符号/标题块（Edit symbol/title block）：对已选元件的图形符号或工作区内的标题框进行编辑。在工作区内选择一个元件，选择该项命令编辑元件符号，则弹出图 5-7 所示的元件符号编辑窗口，在这个窗口中可对元件各引脚端的线型、线长等参数进行编辑，还可自行添加文字和线条等。

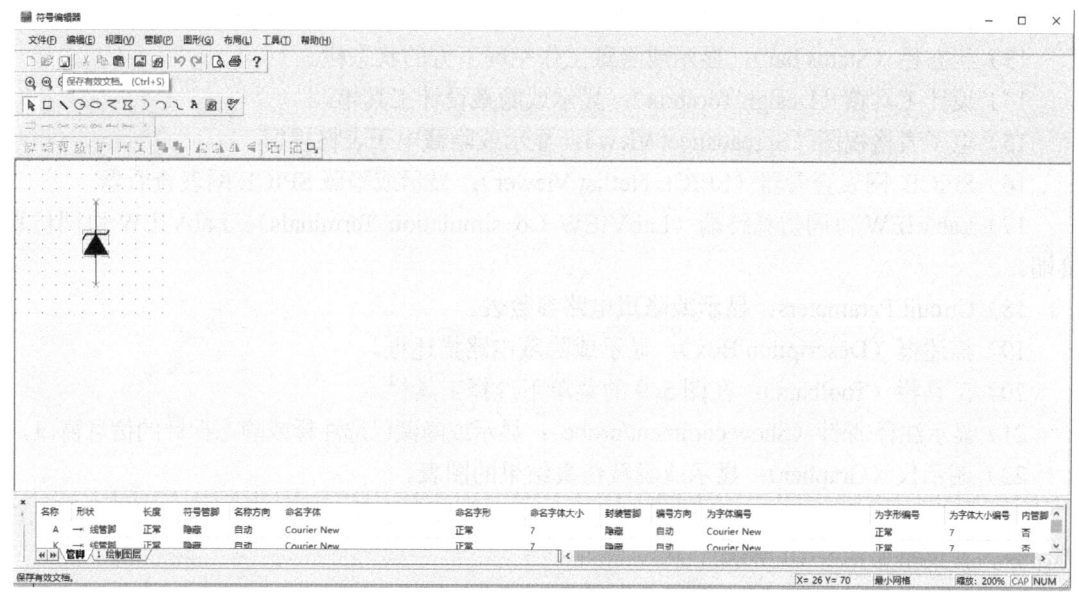

图 5-7 元件符号编辑窗口

13）字体（Font）：对已选项目的字体进行编辑。

14）注释（Comment）：对已有注释项进行编辑。

15）表单/问题（Foms/questions）：对有关电路的问题或选项进行编辑；当一个设计任务由多人完成时，常需要通过邮件的形式对电路问题或选项及有关问题进行汇总和讨论，Multisim 可方便地实现这一功能。

16）属性（Properties）：当不选中任何元件时选择此项，可对电路图属性如电路图可见性、颜色、工作区、布线、字体等信息进行编辑；当选中一个元件时选择此项，可对其参数值、标识符等信息进行编辑。

(3) 视图（View）菜单 视图菜单用于设置仿真窗口的显示及电路图的缩放显示等，其菜单如图 5-8 所示。

1）全屏（Full screen）：将电路图全屏显示。

2）母电路图（Parent sheet）：总电路显示切换，当用户正编辑子电路或分层模块时，单击该命令可快速切换到总电路，当用户同时打开许多子电路时，该功能将方便用户的操作。

3）放大（Zoom in）：原理图放大。

4）缩小（Zoom out）：原理图缩小。

5）缩放区域（Zoom area）：对所选区域的元件进行放大。

6）缩放页面（Zoom sheet）：显示整个原理图页面。

7）缩放到大小（Zoom to magnification）：设置放大电路。

8）缩放所选内容（Zoom selection）：对所选的电路进行放大。

9）网格（Grid）：是否显示栅格。

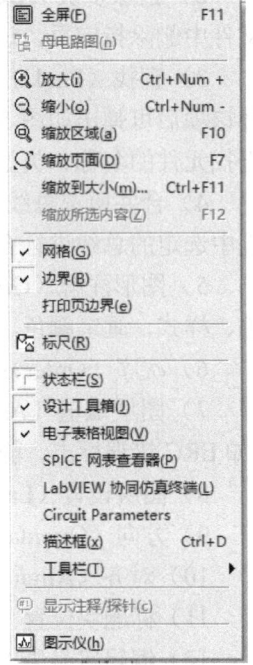

图 5-8 视图菜单

10）边界（Border）：是否显示边界。

11）打印页边界（Print page bounds）：是否打印纸张边界。

12）标尺（Ruler bars）：显示或隐藏工作空间外上边和左边的尺度条。

13）状态栏（Status bar）：显示或隐藏工作空间下方的状态栏。

14）设计工具箱（Design Toolbox）：显示或隐藏设计工具箱。

15）电子表格视图（Spreadsheet View）：显示或隐藏电子表格视窗。

16）SPICE 网表查看器（SPICE Netlist Viewer）：显示或隐藏 SPICE 网表查看器。

17）LabVIEW 协同仿真终端（LabVIEW Co-simulation Terminals）：LabVIEW 协同仿真终端。

18）Circuit Parameters：显示或隐藏电路参数表。

19）描述框（Description Box）：显示或隐藏电路描述框。

20）工具栏（Toolbars）：在图 5-9 的菜单下选择工具栏。

21）显示注释/探针（Show comment/probe）：显示或隐藏已选注释或静态探针的信息窗口。

22）图示仪（Grapher）：显示或隐藏仿真结果的图表。

(4) 绘制（Place）菜单 绘制菜单提供在电路窗口内放置元件、连接点、总线和子电路等命令，其菜单如图 5-10 所示。

1）元器件（Component）：选择一个元件。

2）Probe：放置一个探针。

3）结（Junction）：放置一个节点。

4）导线（Wire）：放置一根导线（可以不和任何元件相连）。

5）总线（Bus）：放置一根总线。

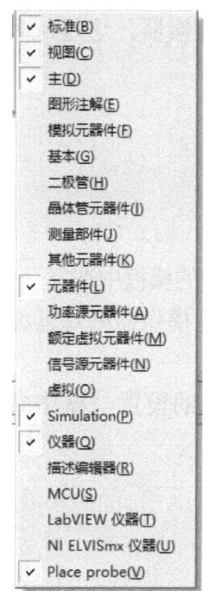 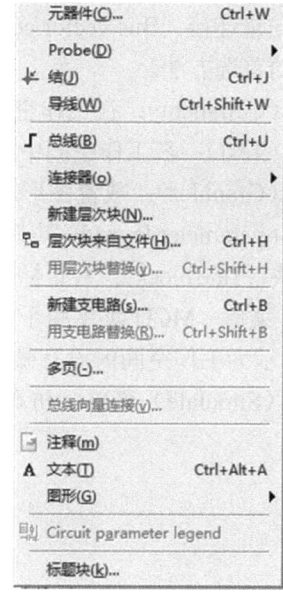

图 5-9　工具栏选项　　　　　　　　图 5-10　绘制菜单

6）连接器（Connectors）：放置连接器。如图 5-11 所示，其下拉子菜单包括在页连接器（On-page connector）、全局连接器（Global connector）、层次电路或子电路连接器、输入连接器（Input connector）、输出连接器（Output connector）、总线层次电路连接器、离页连接器（Off-page connector）、总线离页连接器（Bus off-page connector）和 LabVIEW 协同仿真终端（LabVIEW co-simulation terminals），LabVIEW co-simulation terminals 下拉菜单如图 5-12 所示，包括电压输入终端（Voltage input terminal）、电压输出终端（Voltage output terminal）和电流输入终端（Current input terminal）。

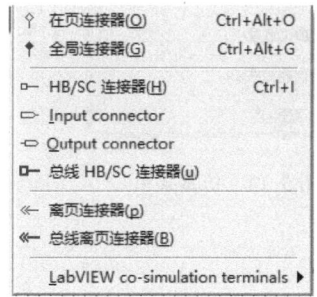 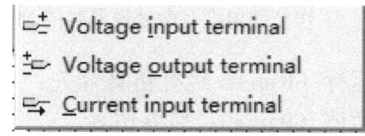

图 5-11　连接器下拉子菜单　　　　图 5-12　LabVIEW co-simulation terminals 下拉菜单

7）新建层次块（New hierarchical block）：放置一个新的层次电路模块。

8）层次块来自文件（Hierarchical block from file）：从已有电路文件中选择一个作为层次电路模块。

9）用层次块替换（Replace by hierarchical block）：将已选电路用一个层次电路模块代替。

10）新建支电路（New subcircuit）：放置一个新的子电路。

11）用支电路替换（Replace by subcircuit）：将已选电路用一个子电路模块代替。

12）多页（Multi-page）：新建一个平行设计页。

13）总线向量连接（Bus vector connect）：放置总线矢量连接器，这是从多引脚器件上引出很多连接端的首选方法。

14）注释（Comment）：在工作空间中放置注释。

15）文本（Text）：在工作空间中放置文字。

16）图形（Graphics）：放置图形。

17）Circuit parameter legend：电路参数图例。

18）标题块（Title block）：放置标题栏，可从 Multisim 自带的模板中选择一种进行修改。

（5）MCU 菜单　MCU 菜单用于含微处理器的电路设计，提供微处理器编译和调试等功能。图 5-13 所示为工作空间内没有微处理器时的 MCU 菜单。

（6）仿真（Simulate）菜单　仿真菜单主要提供电路仿真的设置与操作命令，其菜单如图 5-14 所示。

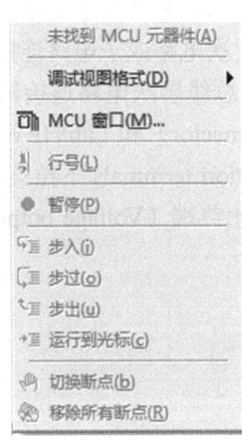
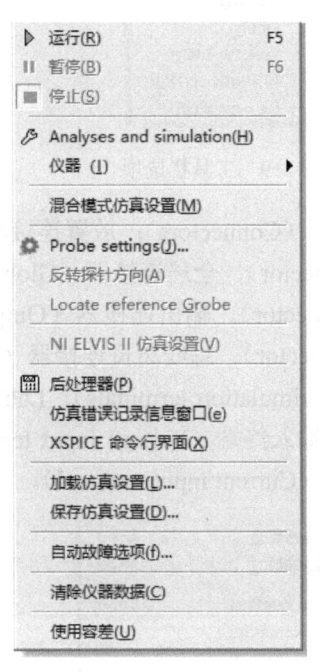

图 5-13　工作空间内没有微处理器时的 MCU 菜单　　图 5-14　仿真菜单

1）运行（Run）：运行仿真开关。

2）暂停（Pause）：暂停仿真。

3）停止（Stop）：停止仿真。

4）Analyses and simulation：选择仿真分析方法。

5）仪器（Instruments）：选择仿真用各种仪表。

6）混合模式仿真设置（Mixed-mode Simulation settings）：混合模式仿真设置，用户可以选择进行理想仿真或实际仿真，理想仿真较快，而实际仿真更准确。

7）Probe settings：设置探针属性。

8）反转探针方向（Reverae probe direction）：选择探针，执行该命令可改变探针的方向。

9）Locate reference Grobe：把选定的探针锁定在固定位置。

10）NI ELVIS II 仿真设置（NI ELVIS II simulation settings）：NI ELVIS II 仿真设置。

11）后处理器（Postproceeor）：打开后处理器对话框。

12）仿真错误记录信息窗口（Simulation error log/audit trail）：显示仿真的错误记录/检查仿真轨迹。

13）XSPICE 命令行界面（XSPICE command line interfaee）：打开可执行 XSPICE 命令的窗口。

14）加载仿真设置（Load simulation settings）：加载曾经保存的仿真设置。

15）保存仿真设置（Save simulation settings）：保存仿真设置。

16）自动故障选项（Automatic fault option）：电路故障自动设置选项，用户可以设置添加到电路中的故障类型和数目。

17）清除仪器数据（Clear instrument data）：清除仿真仪器（如示波器）中的波形，但不清除仿真图形中的波形。

18）使用容差（Use tolerances）：设置在仿真时是否考虑元件容差。

（7）转移（Transfer）菜单　转移菜单提供将仿真结果输出给其他软件处理的命令，其菜单如图 5-15 所示。

1）转移到 Ultiboard（Transfer to Ultiboard）：将原理图传送给 Ultiboard。

2）正向注解到 Ultiboard（Forward annotate to Ultiboard）：将原理图传送给 Ultiboard14。

3）从文件反向注解（Backward annotate from file）：将 Ultiboard 电路的改变反标到 Multisim 电路文件中，使用该命令时，电路文件必须打开。

4）导出到其他 PCB 布局文件（Export to other PCB layout file）：如果用户使用的是 Ultiboard 外的其他 PCB 设计软件，可以将所需格式的文件传到该第三方 PCB 设计软件中。

5）导出 SPICE 网表（Export SPICE netlist）：输出网格表。

6）高亮显示 Ultiboard 中的选择（Highlight selection in Ultiboard）：当 Ultiboard 运行时，如果在 Multisim 中选择某元件，则在 Ultiboard 的对应部分将高亮显示。

（8）工具（Tools）菜单　工具菜单提供管理元器件及电路的一些常用工具，其菜单如图 5-16 所示。

图 5-15　转移菜单

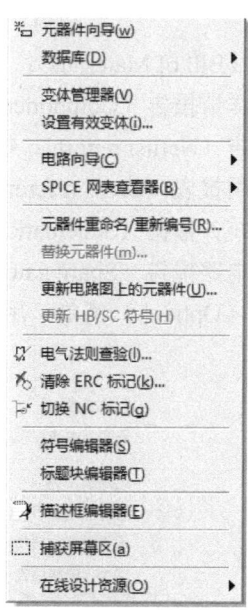

图 5-16　工具菜单

1）元器件向导（Component wizard）：打开创建新元器件向导。

2）数据库（Database）：数据库菜单，其子菜单中，数据库管理器（Database Manager）为数据库管理，用户可进行增加元件族、编辑元件等操作，将元器件保存到数据库（Save Component to DB）将对已选元件的改变保存到数据库中，合并数据库（Merge Database）可进行合并数据库的操作，转换数据库（Convert Database）将公共或用户数据库中的元件转成 Multisim 格式。

3）电路向导（Circuit wizards）：电路设计向导。

4）SPICE 网表查看器（SPICE netlist viewer）：用于查看网络表。

5）元器件重命名/重新编号（Advanced RefDes configuration）：可以实现对元器件名/编号的统一修改。

6）替换元器件（Replace components）：对已选元件进行替换。

7）更新电路图上的元器件（Updata components）：若工作空间中打开的电路是由旧版本 Multisim 创建的，用户可以将电路中元件升级，以匹配当前数据库。

8）更新 HB/SC 符号（Updata subsheet symbols）：用于更新 HB/SB 符号。

9）电气法则查验（Electrical rules check）：运行电气规则检查，可检查电气连接错误。

10）清除 ERC 标记（Clear ERC markers）：用于清除 ERC 错误标记。

11）切换 NC 标记（Toggle NC markers）：在已选的引脚放置一个无连接（No Connection，NC）标号，防止将导线错误连接到该引脚。

12）符号编辑器（Symbol Editor）：用于打开符号编辑器。

13）标题块编辑器（Title Block Editor）：用于打开标题块编辑器。

14）描述框编辑器（Description Box Editor）：用于打开描述框编辑器。

15）捕获屏幕区（Capture screen area）：对屏幕上的特定区域进行图形捕捉，可将捕捉到的图形保存到剪切板中。

16）在线设计资源（Online design resources）：用于在线设计资源。

（9）报告（Reports）菜单　报告菜单用于输出电路的各种统计报告，其菜单如图 5-17 所示。

1）材料单（Bill of Materials）：材料清单。

2）元器件详情报告（Component detail report）：提供元器件细节报告。

3）网表报告（Netlist report）：提供每个元件的电路连通性信息。

4）交叉引用报表（Cross reference report）：提供元件的交叉相关报告。

5）原理图统计数据（Schematic statistics）：提供原理图的统计数据。

6）多余门电路报告（Spare gates report）：提供空闲门报告。

（10）选项（Options）菜单　用于对电路的对话框及电路的某些功能进行设定，其菜单如图 5-18 所示。

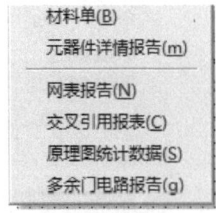

图 5-17　报告菜单

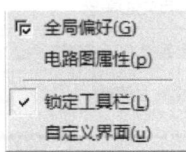

图 5-18　选项菜单

1）全局偏好（Global options）：打开全局限制属性设置对话框。

2）电路图属性（Sheet properties）：打开页面属性设置对话框。

3）锁定工具栏（Lock toolbars）：用于锁定工具栏。

4）自定义界面（Customize interface）：用于自定义用户对话框。

（11）窗口（Window）菜单　窗口菜单为对文件窗口的一些操作，其菜单如图 5-19 所示。

1）新建窗口（New window）：打开一个和当前窗口相同的窗口。

2）关闭（Close）：关闭当前窗口。

3）全部关闭（Close all）：关闭所有打开的文件。

4）层叠（Cascade）：层叠显示电路。

5）横向平铺（Tile horizontally）：调整所有打开的电路窗口，使它们在屏幕上水平排列，方便用户浏览所有打开的电路文件。

6）纵向平铺（Tile vertically）：调整所有打开的电路窗口，使它们在屏幕上垂直排列，方便用户浏览所有打开的电路文件。

7）下一个窗口（Next window）：转到下一个窗口。

8）上一个窗口（Previous window）：转到前一个窗口。

9）窗口（Windows）：打开窗口对话框，用户可以选择对已打开文件激活或关闭。

（12）帮助（Help）菜单　帮助菜单主要为用户提供在线技术帮助和使用指导，其菜单如图 5-20 所示。

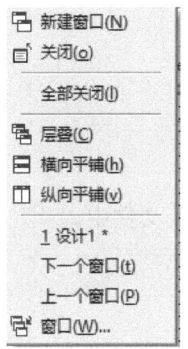

图 5-19　窗口菜单

图 5-20　帮助菜单

1）Multisim 帮助（Multisim help）：显示关于 Multisim 的帮助目录。

2）NI ELVISmx 帮助（NI ELVISmx help）：显示关于 NI ELVISmx 的帮助目录。

3）New Features and Improvements：显示关于 Multisim 新特点和提高的帮助目录。

4）入门（Getting Started）：打开 Multisim 入门指南。

5）专利（Patents）：打开专利对话框。

6）查找范例（Find examples）：查找实例。

7）关于 Multisim（About Multisim）：显示有关 Multisim 的信息。

2．标准工具栏

标准工具栏如图 5-21 所示，主要提供一些常用的文件操作功能，按钮从左到右的功能分别为新建文件、打开文件、打开设计实例、文件保存、打印电路、打印预览、剪切、复制、粘贴、撤销和恢复。

3. 视图工具栏

视图工具栏如图 5-22 所示，其中按钮从左到右的功能分别为：放大、缩小、对指定区域进行放大、在工作空间一次显示整个电路和全屏显示。

图 5-21　标准工具栏　　　　　　　　图 5-22　视图工具栏

4. 主工具栏

主工具栏如图 5-23 所示，它集中了 Multisim 的核心操作，可使电路设计更加方便。该工具栏中的按钮从左到右分别为：

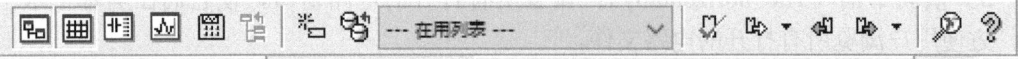

图 5-23　主工具栏

1）显示或隐藏设计工具栏。
2）显示或隐藏电子表格视窗。
3）打开试验电路板查看器。
4）图示仪。
5）对仿真结果进行后处理。
6）打开母电路图。
7）打开新建元器件向导。
8）打开数据库管理窗口。
9）正在使用元器件列表。
10）电路规则检查（ERC）。
11）将 Multisim 原理图文件的变化标注到存在的 Ultiboard 14 文件中。
12）将 Ultiboard 电路的改变反标到 Multisim 电路文件中。
13）将 Multisim 电路的注释标到 Ultiboard 电路文件中。
14）查找范例。
15）打开 Multisim 帮助文件。

5. 仿真工具栏

仿真工具栏中用于控制仿真过程，有 3 个开关和 1 个选项，依次为仿真启动、暂停、停止开关和交互式仿真分析选择，如图 5-24 所示。

图 5-24　仿真工具栏

6. 元件工具栏

Multisim 的元件工具栏包括 20 种元件分类库，如图 5-25 所示，每个元件库放置同一类型的元件，此外元件工具栏还包括放置层次电路和总线的命令。元件工具栏从左到右的模块分别为电源库、基本元件库、二极管库、晶体管库、模拟器件库、TTL 器件库、CMOS 元件库、其他数字元件库、混合元件库、显示元件库、功率元件库、其他元件库、高级外设元件库、RF 射频元件库、机电类元件库、NI 元件库、连接器元件库、微处理器模块、层次化模块和总线模块，其中层次化模块是将已有的电路作为一个子模块加到当前电路中。

图 5-25　元件工具栏

7．仪器工具栏

仪器工具栏包含各种对电路工作状态进行测试的仪器仪表及探针，如图 5-26 所示。仪器工具栏从左到右分别为数字万用表、函数信号发生器、功率表、双通道示波器、四通道示波器、波特图仪、频率计、字信号发生器、逻辑转换仪、逻辑分析仪、伏安特性分析仪、失真分析仪、频谱分析仪、网络分析仪、安捷伦函数发生器、安捷伦万用表、安捷伦示波器、泰克示波器、LabVIEW 虚拟仪器和电流探针。

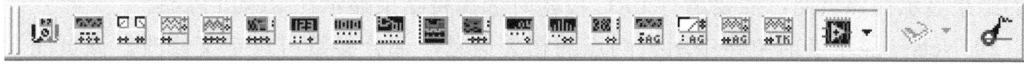

图 5-26　仪器工具栏

8．设计工具箱

设计工具箱用来管理原理图的不同组成元素。设计工具箱由 3 个不同的选项卡组成，它们分别为层次（Hierarchy）、可见度（Visibility）和项目视图（Project View），如图 5-27 所示。下面介绍一下各选项卡的功能。

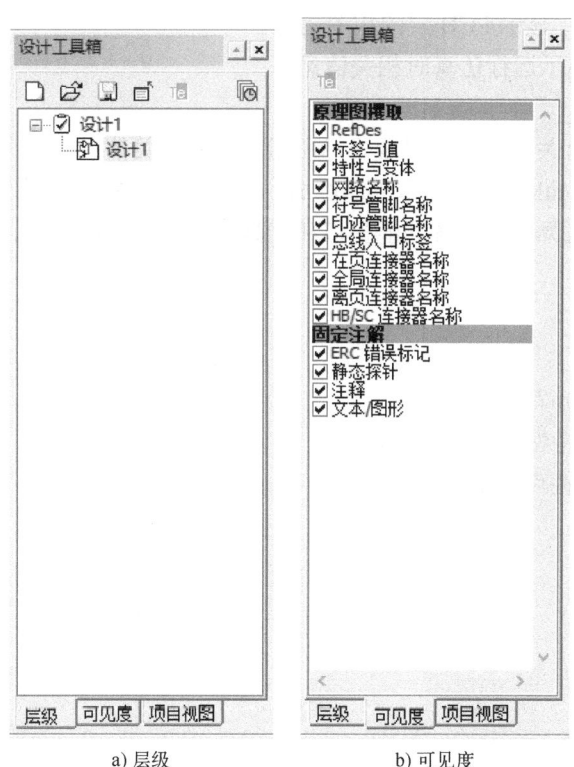

a) 层级　　　　　　b) 可见度

图 5-27　设计工具箱

1）层级：该选项卡包括了所设计的各层电路，页面上方的 5 个按钮从左到右分别为新建原理图、打开原理图、保存、关闭当前电路图和（对子电路、层次电路和多页电路）重命名。

2）可见度：由用户决定工作空间的当前页面显示哪些层。

3）项目视图：显示所建立的工程，包括原理图文件、PCB 文件、仿真文件等。

9. 电路工作区

在电路工作区可进行电路图的编辑绘制、仿真分析及波形数据显示等操作，如果需要，还可在电路工作区内添加说明文字及标题框等。

10. 电子表格视窗

在电子表格视窗中可方便地查看和修改设计参数，如元件详细参数、设计约束和总体属性等。电子表格视窗包括 5 个选项卡，下面将简单介绍各选项卡的功能。

1）Results：该选项卡可显示电路中元件的查找结果和 ERC 校验结果，但要使 ERC 校验的结果显示在该页面，需要运行 ERC 校验时选择将结果显示在 Result Pane。

2）Nets：显示当前电路中所有网点的相关信息，部分参数可自定义修改。该页面上方有 9 个按钮，它们的功能分别为找到并选择指定网点、将当前列表以文本格式保存到指定位置、将当前列表以 CSV（Comma Separate Values）格式保存到指定位置、按当前列表以 Excel 电子表格的形式保存到指定位置、按已选栏数据升序排列数据、按已选栏数据降序排列数据、打印已选表项中的数据、复制已选表项中的数据到剪切板、显示当前设计所有页面中的网点（包括所有子电路、层次电路模块及多页电路）。

3）Components：显示当前电路中所有元件的相关信息，部分参数可自定义修改。

4）Copper Layers：显示 PCB 层的相关信息。

5）Simulation：显示运行仿真时相关信息。

11. 状态栏

状态栏用于显示有关当前操作以及鼠标所指条目的相关信息。

以上主要介绍了 Multisim 的基本界面组成，当用户常用视图菜单下其他的功能窗口和工具栏时，也可将其放入界面中，各功能窗口和工具栏的说明不再重复。

习题

1. 什么是 Multisim？
2. Multisim 14.0 特性主要有哪些？
3. Multisim 主要特点有哪些？

第 6 章　集成运算放大器的应用与 Multisim 仿真

本章深入探讨了集成运算放大器的应用及其在 Multisim 中的仿真。首先，从理想和实际运算放大器模型的讨论开始，阐述了集成运算放大器的技术参数和使用注意事项。接着，详细介绍了运算放大器在各种线性应用电路设计中的应用，包括反相放大、同相放大、电压跟随器、求差电路、积分和微分运算电路。每种电路设计都配有相应的仿真测试，确保理论与实际应用的紧密结合。此外，还讲述了集成电压比较器的应用，包括双电压和四电压比较器的设计与测试。本章内容不仅提供了理论知识，还强调了实验电路设计与测试的实践重要性，使读者能够有效地利用 Multisim 工具进行电路设计与仿真。

6.1　运算放大器的模型

运算放大器（简称运放）是一种高增益直接耦合放大器，是极具代表性、应用极为广泛的一种模拟集成电路。运算放大器最早应用于模拟计算机中，它可以完成加法、减法、微分、积分等各种数学运算。随着集成电路技术的不断发展，运算放大器的应用日益广泛，可以实现信号的产生、变换、处理等功能，已成为构成模拟系统最基本的集成电路。

运算放大器是由多级基本放大电路直接耦合而成的高增益放大器，通常由高阻输入级、中间放大级、低阻输出级和偏置电路组成，其内部结构框图如图 6-1 所示。

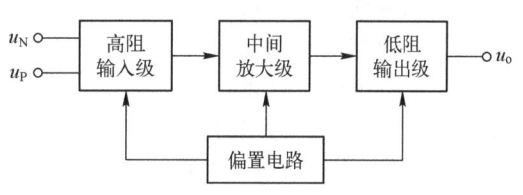

图 6-1　运算放大器的内部结构框图

实际的运算放大器内部电路比较复杂，为了便于理解其原理，这里给出了如图 6-2 所示的简化的运算放大器电路图。第 1 级为由 VT_1、VT_2 构成的基本差分放大电路，把双端输入信号变成单端输入信号；第 2 级进一步放大输入信号并提供频率补偿；第 3 级为典型的甲乙类功放，增加运算放大器的驱动能力。

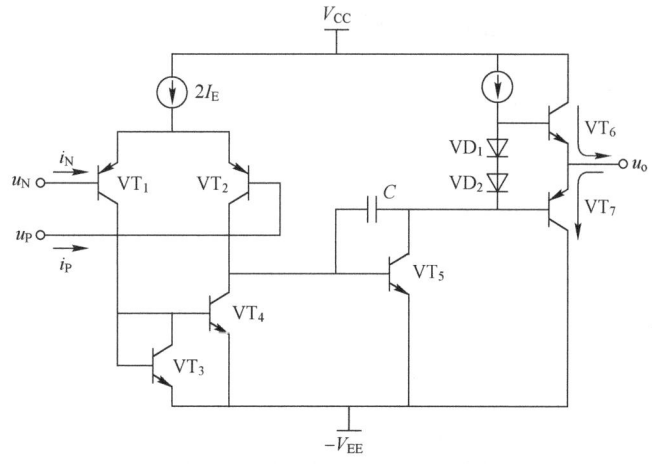

图 6-2　简化的运算放大器电路图

当运算放大器与外部电路连接组成各种功能电路时,无须关心其复杂的内部电路,而是着重研究其外部特性。具体地讲,人们通常利用运算放大器的模型来分析运算放大器构成的各种电路。运算放大器有两种模型,理想运算放大器模型和实际运算放大器模型,分别介绍如下。

6.1.1 理想运算放大器模型

理想运算放大器的模型如图 6-3 所示。

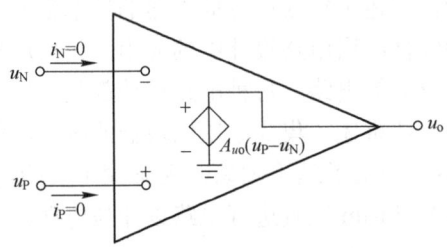

图 6-3 理想运算放大器的模型

运算放大器具有以下特性:
1)开环电压增益 $A_{uo}=\infty$。
2)输入电阻 $r_{id}=\infty$。
3)输出电阻 $r_o=\infty$。
4)上限截止频率 $f_H=\infty$。
5)共模抑制比 $K_{CMR}=\infty$。
6)失调电压、失调电流和内部噪声均为 0。

对于理想运算放大器的前 3 条特性,通用运算放大器一般可以近似满足。后 3 条特性通用运算放大器不易达到,需要选用专用运算放大器来近似满足。例如,可选用宽带运算放大器获得很宽的频带宽度,选用精密运算放大器使失调电压、内部噪声趋于 0。

从理想运算放大器的特性可以导出理想运算放大器在线性运用时具有的两个重要特性:

1)理想运算放大器的同相输入端和反相输入端的电流近似为 0,即 $i_N=i_P=0$。这一结论是由理想运算放大器输入电阻 $r_{id}=\infty$ 得到的。

2)理想运算放大器的两输入端电压差趋于 0,即 $u_N=u_P$,这一结论是由理想运算放大器的电压增益 $A_{uo}=\infty$、输出电压为有限值而得到的。

6.1.2 实际运算放大器模型

实际运算放大器的模型如图 6-4 所示。

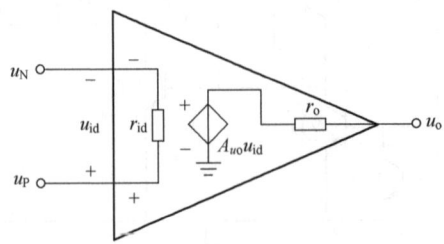

图 6-4 实际运算放大器的模型

实际运算放大器的模型包括以下典型参数：
1）差分输入电阻 r_{id}。
2）开环电压增益 A_{uo}。
3）输出电阻 r_o。

其中，增益 A_{uo} 也称为开环差模增益，在输出不加负载时有

$$u_o = A_{uo}u_{id} = A_{uo}(u_P - u_N)$$

$$u_{id} = \frac{u_o}{A_{uo}}$$

实际运算放大器的参数从器件的数据手册中给出。如运算放大器 LM741 的主要参数为：$r_{id}=2\text{M}\Omega$，$A_{uo}=200\text{V/mV}$，$r_o=75\Omega$。由于运算放大器的开环增益都非常大，对于一个有限的输出，只需要非常小的差分输入电压。例如，要维持 $u_o = 6\text{V}$，运算放大器 LM741 空载时需要 $u_{id} = 6/200000\text{V}=30\mu\text{V}$，是非常小的电压。

根据电路结构的不同，运算放大器可以分为电压反馈（Voltage-Feedback，VFB）型运算放大器和电流反馈（Current-Feedback，CFB）型运算放大器。实际使用的运算放大器大多属于电压反馈型运算放大器，图 6-3 和图 6-4 所示的模型就是电压反馈型运算放大器的模型。本书在电子系统中所使用的运算放大器如果没有特别说明，一般指电压反馈型运算放大器。

电流反馈型运算放大器在结构上与电压反馈型运算放大器有明显不同。图 6-5 所示为电流反馈型运算放大器的电路模型。电流反馈型运算放大器的两个输入端之间是一个单位增益缓冲器。理想情况下，缓冲器有无穷大的输入阻抗和零输出阻抗。因此，理想开环端口具有以下特性：
1）同相输入端阻抗为 ∞。
2）反相输入端阻抗为 0。
3）输出阻抗为 0。

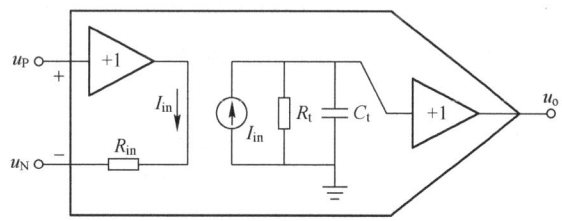

图 6-5 电流反馈型运算放大器的电路模型

图 6-6 所示为电流反馈型运算放大器构成的同相放大器。输出是一个受反相端产生的误差电流 I_{err} 控制的电压源。当放大器接成闭环方式时，由于开环跨导增益 $Z(s)$ 可认为是 ∞，反馈将使误差电流 I_{err} 为 0，这也是电流反馈型运算放大器名称的由来。电流反馈型运算放大器特殊的等效电路决定了它与电压反馈型运算放大器的电路分析方法有本质的不同。虚短路和虚断路成立的原因不是像电压反馈型运算放大器那样是放大器本身具有的，而是由电路深度负反馈实现的。

电流反馈型运算放大器在很宽的频率范围内增益恒定，频率响应要远优于电压反馈型运算放大器，所以宽带放大器大多数是电流反馈型的。电流反馈型运算放大器的宽带特性导致了噪声增大。由图 6-6 所示，输入部分是单位增益放大器加输入电阻的结构，使得电流反馈

型运算放大器的稳定性较难控制,外围电阻选择不当容易引起自激振荡。

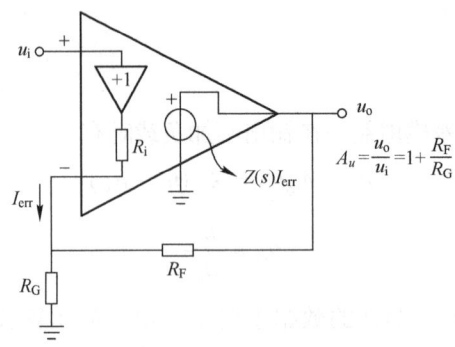

图 6-6 电流反馈型运算放大器构成的同相放大器

电压反馈型运算放大器具有同相和反相输入端阻抗(均为高阻)基本相同,噪声更低,更好的直流特性、增益带宽积为常数,反馈电阻的取值较为自由等特点。电流反馈型运算放大器则具有同相输入端为高阻、反相输入端为低阻,带宽不受增益的影响,压摆率更高,反馈电阻的取值有限制等特点。电压反馈型运算放大器的反馈电阻一般阻值较大(通常在 10kΩ 以上),这样反馈电阻获得反馈电压的能力更大,而电流反馈型运算放大器的反馈电阻一般阻值较小(通常小于 1kΩ),这样反馈电阻获得反馈电流的能力更大。电压反馈型运算放大器适合于需要低失调电压、低噪声的电路。而电流反馈型运算放大器适用于需要高压摆率、低失真和可以设置电路增益而不影响带宽的电路。

6.2 集成运算放大器

集成运算放大器简称集成运放,是由多级直接耦合放大电路组成的高电压增益、高输入阻抗、低输出阻抗的模拟集成器件。集成运算放大器的输入部分是差动放大电路,有同相和反相两个输入端,同相输入端用"+"表示,反相输入端用"-"表示。集成运算放大器的应用十分广泛,可以在放大、求和、积分运算、微分运算、振荡、迟滞比较、阻抗匹配、有源滤波等电路中使用。

集成运算放大器的内部输入级一般采用差分放大电路,以提高共模抑制比;中间级由一级或多级直接耦合放大电路组成,以提高电压增益;输出级多采用互补对称电路或共集电极单管放大电路,以降低输出阻抗,提高带载能力。

集成运算放大器的电压传输特性曲线如图 6-7 所示,其中 u_P 为同相输入端的电压,u_N 为反相输入端的电压。由集成运算放大器的电压传输特性曲线可以看出,其输出电压 u_{out} 的最大值为正负饱和电压($\pm V_{om}$),并且正负饱和电压不会超过正负电源电压,即集成运算放大器的输出电压在正负饱和电压之间变化。

集成运算放大器的差模开环电压增益很高,当反馈电路开环时,即使差模输入电压值 $u_P - u_N$ 很小,也能使集成运算放大器的输出饱和。当输出电压未达到饱和值时,集成运算放大器工作在很窄的线性放大区。在分析电路时,从输入端看进去,集成运算放大器的输入阻抗 r_{in} 很大,在分析电路时通常可以近似为无穷大,即 $r_{in} \to \infty$,可以认为流入(或流出)反相(或同相)输入端的电流为零。集成运算放大器的输出阻抗 r_{out} 很小,在分析电路时通常可以近似为零,即 $r_{out} \to 0$。

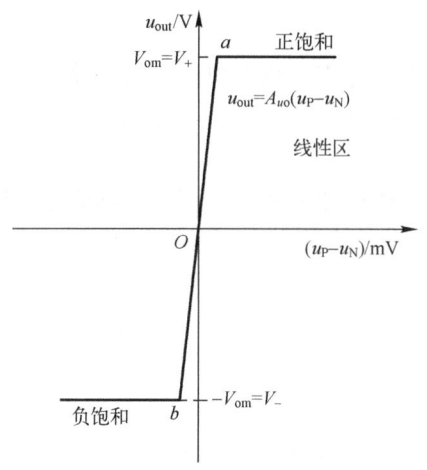

图 6-7 集成运算放大器的电压传输特性曲线

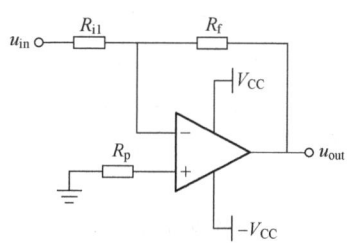

图 6-8 反相放大电路

6.2.1 集成运算放大器的主要技术参数

集成运算放大器是模拟电路设计中应用最为广泛的器件之一，了解其技术指标和主要性能是正确选择和合理使用集成运算放大器的基础，其主要技术参数如下：

1）供电电压 V_{CC}：集成运算放大器在正常工作时所允许的供电电压。

2）最大功耗 P_D：集成运算放大器自身所允许消耗的最大功率。

3）静态功耗：当输入信号为零时，集成运算放大器自身所消耗的总功率。

4）输入失调电压 U_{io}：为使输出端电压为零，在输入端所加的直流补偿电压。

5）输入失调电流 I_{io}：当输入电压为零时，流过两个输入端的静态电流之差。

6）输入偏置电流 I_{BIAS}：集成运算放大器的两个输入端的静态工作电流的平均值。

7）输出电压摆幅：输出电压允许的摆动范围，即从负饱和电压到正饱和电压。

8）共模抑制比 K_{CMR}：集成运算放大器的差模电压放大倍数与共模电压放大倍数比值的绝对值。共模抑制比反映了集成运算放大器的放大能力和抗共模干扰能力。

9）输出短路电流 I_{os}：在一定的测试条件下，当输出引脚对地短接时的输出电流。

10）输出电流：分为最大释放电流 I_{source} 和最大吸收电流 I_{sink}。

11）差模开环电压增益 A_{uo}：当集成运算放大器工作在线性区时，在无外接负反馈器件的条件下，差模电压的放大倍数。

12）单位增益带宽 B_{G1}：差模电压放大倍数下降到 1 时所对应的输入信号频率。可以用输入信号的频率乘以该频率下的最大电压增益来得到。

13）电压转换速率：也称压摆率，是指当输入阶跃信号时，集成运算放大器的输出电压相对于时间的最大变化速率，单位为 V/μs。

6.2.2 使用集成运算放大器需要注意的几个问题

集成运算放大器是模拟电路中常用的集成器件，在模拟电路设计中有着广泛的应用。集成运算放大器种类繁多、性能各异，在选用时应注意以下几个问题。

1）集成运算放大器可以采用两种供电方式：双电源供电和单电源供电。在采用双电源供电时，输入输出信号的变化以直流参考地（GND）电压为基准做上下摆动；在采用单电源供电时，需要在电源和地之间加一个参考电压，输入输出信号的变化以该参考电压为基准做上下摆动。

2）输入电压信号与电压放大倍数的乘积不要超过饱和输出电压，否则输出信号会出现失真。在工程设计上，要求将输出电压摆幅设计为最大输出电压值与参考电压的平均值，以保证输出信号的线性度。

3）虽然在理论计算时，电压增益只与外接电阻的比值有关，但在实际确定电阻值时，还必须兼顾放大电路的输入阻抗、直流偏置电流、级间阻抗匹配、电路热噪声等问题。

4）在用集成运算放大器设计电路时，电压放大倍数与频带宽度的乘积是一个常数，称为单位增益带宽。在设计电路时，必须考虑单位增益带宽是否满足设计要求。

5）为消除电源内阻引起的振荡，在使用集成运算放大器时，常将芯片的正电源和负电源分别对地接两个电容：一个是容值较大的电解电容，如 $10\sim100\mu F$ 的电解电容；另一个是容值较小的独石电容或瓷片电容，如 $0.01\sim0.1\mu F$ 的陶瓷电容，以降低因电源内阻而产生的噪声。

6）因受集成运算放大器内部的晶体三极管极间电容及其他寄生参量的影响，集成运算放大器比较容易产生自激振荡，为了使集成运算放大器稳定工作，在设计电路时，有时需要外加 RC 消振电路或消振电容，以破坏产生自激振荡的条件。

7）因集成运算放大器的内部参数不可能做到完全对称，所以当要求较高时，需要对输入失调电压或输入失调电流进行误差补偿，以提高电路的设计精度。

6.3 集成运算放大器的线性应用电路设计基础

在分析集成运算放大器的线性应用电路时，应将集成运算放大器视为理想器件，即输入阻抗为无穷大（$r_{in}\rightarrow\infty$），输出阻抗为零（$r_{out}\rightarrow 0$），差模开环电压增益为无穷大（$A_{uo}\rightarrow\infty$），开环输出电压等于饱和输出电压，即 $u_{out}=A_{uo}(u_P-u_N)$。同相输入电压 u_P、反相输入电压 u_N、输出电压 u_{out} 都是以正、负电源电压的平均值为参考电压的。

由图 6-7 所示的集成运算放大器的电压传输特性曲线可以看出，在极窄的线性区内，差模输入电压近似等于零，即 $u_{id}=u_P-u_N\approx 0$，同相输入端的电压与反相输入端的电压近似相等，即 $u_P\approx u_N$，称为"虚短"。同时，集成运算放大器的输入阻抗很高，流经两个输入端的电流很小，在分析电路时可以认为流经两个输入端的电流近似等于零，即 $i_{Pi}=i_{Ni}$，称为"虚断"。集成运算放大器的两个输入端满足"虚短""虚断"，是判断其工作在线性区的主要依据。为保证集成运算放大器能正常工作，必须给集成运算放大器提供一个合适的直流稳压电源，直流稳压电源是集成运算放大器内部电路正常工作及对输入信号进行处理的能量来源。

6.3.1 反相放大电路

在图 6-8 所示的反相放大电路中，输入信号 u_{in} 经输入电阻 R_{i1} 加到集成运算放大器的反相输入端，反相输入端与输出端之间跨接一个负反馈电阻 R_f，同相输入端对地接有一个平衡电阻 R_p，这样就构成了最简单的反相放大电路。

为削弱集成运算放大器的输入失调对电路的影响，在设计电路时应满足两个输入端静态特性的对称性，即保证两个输入端对地静态平衡，因此在同相输入端接了一个平衡电阻 R_p。

平衡电阻的阻值 R_p 可以按下式计算得到：

$$R_p=R_{i1}//R_f$$

在反相放大时,集成运算放大器工作在线性区,两个输入端均满足"虚短""虚断",则有

$$u_N = u_P = 0$$

$$\frac{u_{out} - u_N}{R_f} = \frac{u_N - u_{in}}{R_{i1}}$$

反相放大电路的电压放大倍数 A_u 为

$$A_u = \frac{u_{out}}{u_{in}} = -\frac{R_f}{R_{i1}}$$

式中,负号表示输出电压与输入电压反相。

在引入负反馈回路后,当集成运算放大器工作在线性区时,其电压增益与输入电阻的阻值 R_{i1} 和负反馈电阻的阻值 R_f 有关,而与集成运算放大器的差模开环电压增益 A_{uo}、输入阻抗 r_{in}、输出阻抗 r_{out} 无关。

当输入电阻与负反馈电阻的阻值相等时,集成运算放大器的电压增益等于-1,反相放大电路就变成了反相电路。

在图 6-9 所示的反相加法电路中,集成运算放大器的反相输入端接有多个输入电阻,每个输入电阻接有一路输入信号,这样就构成了反相加法电路。

反相加法电路也称为反相求和电路,其输出电压为

$$u_{out} = A_{u1}u_{in1} + A_{u2}u_{in2} + \cdots$$

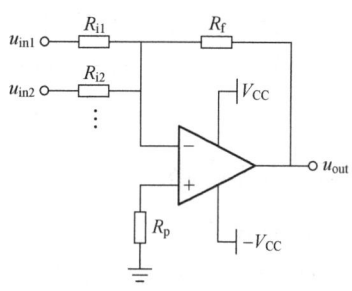

图 6-9 反相加法电路

式中,$A_{u1} = -\dfrac{R_f}{R_{i1}}$,$A_{u2} = -\dfrac{R_f}{R_{i2}}$,…

6.3.2 同相放大电路

同相放大电路如图 6-10 所示,输入信号通过接在同相输入端的电阻 R_{i1} 引入,反相输入端和输出端之间接有一个负反馈电阻 R_f,反相输入端与地之间接有一个电阻 R_1。

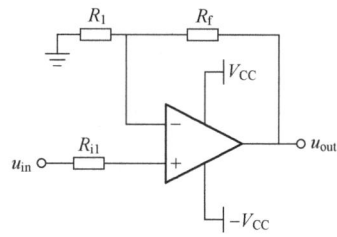

图 6-10 同相放大电路

负反馈电阻使集成运算放大器工作在线性区,两个输入端均满足"虚短""虚断",即

$$u_N = u_P = u_{in}$$

$$\frac{u_{out} - u_N}{R_f} = \frac{u_N}{R_1}$$

同相放大电路的电压放大倍数 A_u 为

$$A_u = \frac{u_{out}}{u_{in}} = \frac{R_1 + R_f}{R_1} = 1 + \frac{R_f}{R_1}$$

由上式可知，同相放大电路的电压放大倍数与接在反相输入端的电阻的阻值 R_1 和负反馈电阻的阻值 R_f 有关，而与接在同相输入端的电阻的阻值 R_{i1} 及集成运算放大器的差模开环电压增益 A_{uo}、输入阻抗 r_{in}、输出阻抗 r_{out} 无关，输出电压与输入电压同相。

6.3.3 电压跟随器

电压跟随器如图 6-11 所示。

根据理想集成运算放大器工作在线性区时两个输入端满足"虚短""虚断"，可得

$$u_{out} = u_N = u_P = u_{in}$$

即输出电压随着输入电压的变化而变化，电压放大倍数 $A_u=1$。

和同相放大电路一样，电压跟随器的输入信号从同相输入端接入，其输入阻抗等于从同相输入端看进去的阻抗，即 $R_{in} \to \infty$；输出阻抗近似等于集成运算放大器的输出阻抗，即 $R_{out} \to 0$。

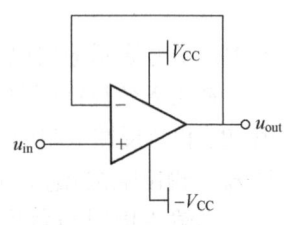

图 6-11 电压跟随器

6.3.4 求差电路

从电路结构上看，图 6-12a 所示的求差电路是由一个反相放大电路和一个同相放大电路组成的，两个输入信号 u_{in1} 和 u_{in2} 分别通过接在反相输入端的电阻 R_1 和接在同相输入端的电阻 R_2 引入；输入信号 u_{in1} 被反相放大，输入信号 u_{in2} 被同相放大。

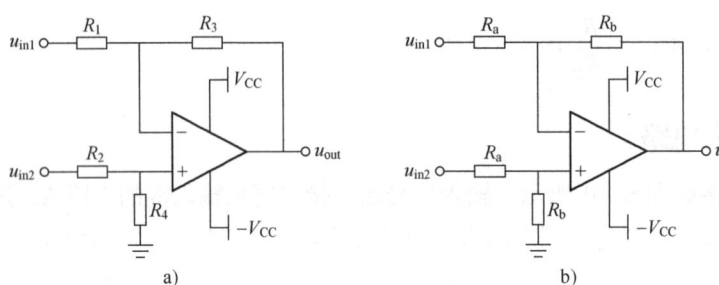

图 6-12 求差电路

为计算方便，通常取 $R_1=R_2=R_a$，$R_3=R_4=R_b$，其电路原理图如图 6-12b 所示。工作在线性区的集成运算放大器的两个输入端满足"虚短""虚断"，因此

$$u_P = u_N$$

$$\frac{u_{out} - u_N}{R_b} = \frac{u_N - u_{in1}}{R_a}$$

$$\frac{u_{in2} - u_P}{R_a} = \frac{u_P}{R_b}$$

由以上三式可以推出输出电压为

$$u_{out} = \frac{R_b}{R_a}(u_{in2} - u_{in1})$$

即输出信号是对两个输入信号放大后的叠加。

求差电路的差模电压增益 A_{ud} 为

$$A_{ud} = \frac{u_{out}}{u_{in2} - u_{in1}} = \frac{R_b}{R_a}$$

对于如图 6-12b 所示的电路，其输入阻抗 $R_{in}=2R_a$，输出阻抗 $R_{out} \to 0$。

6.3.5 积分运算电路

将反相放大电路中的负反馈电阻换成电容，即可构成积分运算电路，如图 6-13 所示。

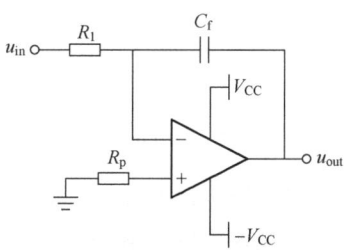

图 6-13 积分运算电路

和反相放大电路一样，积分运算电路在同相输入端与地之间接一个阻值为 R_p 的平衡电阻，以保证集成运算放大器的两个输入端静态平衡，削弱集成运算放大器的输入失调对电路的影响。

在积分运算过程中，集成运算放大器工作在线性区，两个输入端满足"虚短""虚断"，输入信号 u_{in} 产生的电流流经阻值为 R_1 的电阻后对电容进行充电。若电容两端的初始电压为零，则有

$$u_N = u_P = 0$$

$$u_N - u_{out} = \frac{Q}{C_f} = \frac{1}{C_f} \int i_C dt = \frac{1}{C_f} \int \frac{u_{in}}{R_1} dt$$

从而可得

$$u_{out} = -\frac{1}{R_1 C_f} \int u_{in} dt$$

上式表明，输出电压与输入电压对时间的积分有关，负号表示输出电压的变化方向，即当输入信号为正电压时，输出电压减小；当输入电压为负电压时，输出电压增大。

当输入信号是直流电压信号时，充电电流恒定，电容将以恒流的方式被充电，则输出电压与时间之间是线性关系，即为线性积分

$$u_{out} = -\frac{u_{in}}{R_1 C_f} t = -\frac{u_{in}}{\tau} t$$

式中，τ 为积分时间常数，$\tau = R_1 C_f$，其作用主要是体现积分速度变化的快慢。积分时间常数越大，积分速度变化越慢；积分时间常数越小，积分速度变化越快。积分运算电路的输出电压的最大值受集成运算放大器的饱和输出电压的制约，当输出电压达到饱和输出电压时，积分运算电路停止积分。

积分时间常数 τ 过小，会导致积分速度变化过快，积分时间过短，输出电压会迅速达到饱和输出电压。当输出电压达到饱和状态时，在没有漏电的情况下会一直保持下去，直到输入电压的极性发生变化，电容才向相反的方向放电，继续完成反相积分。

6.3.6 微分运算电路

将积分运算电路中的积分电阻和电容交换位置，即可构成微分运算电路，如图 6-14 所示。

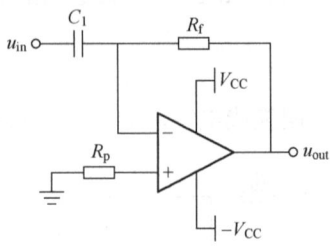

图 6-14 微分运算电路

微分运算电路的输入信号通过接在反相输入端的电容引入，同相输入端与地之间接一个平衡电阻 R_p，以保证集成运算放大器的两个输入端静态平衡，削弱集成运算放大器的输入失调对电路的影响。

当工作在线性区时，理想集成运算放大器的两个输入端满足"虚短""虚断"。若电容的初始电压为零，则接入输入信号后开始对电容进行充电，充电电流满足

$$i_\text{C} = C_1 \frac{\mathrm{d}u_\text{in}}{\mathrm{d}t}$$

在负反馈电阻上产生的电压降为

$$u_\text{N} - u_\text{out} = i_\text{C} R_\text{f} = R_\text{f} C_1 \frac{\mathrm{d}u_\text{in}}{\mathrm{d}t}$$

$$u_\text{N} = u_\text{P} = 0$$

从而可得

$$u_\text{out} = -R_\text{f} C_1 \frac{\mathrm{d}u_\text{in}}{\mathrm{d}t} = -\tau \frac{\mathrm{d}u_\text{in}}{\mathrm{d}t}$$

上式表明，输出信号与输入信号是微分关系，负号表示两个信号的变化方向相反。

为了保证输出信号变化速度较快、脉冲宽度较窄，在选取微分运算电路的电阻和电容时，应使 RC 值远小于输入信号的脉冲宽度，最好小于脉冲宽度的 1/5，否则微分效果不好。

6.4 实验电路的设计与测试

从集成运算放大器（如 UA741、LM358、LM324 等）中选出一种，查阅产品数据手册，画出其引脚封装图和电路原理图，写出所选用的集成运算放大器的主要技术参数，如最高供电电压、输入偏置电流、供电电流、输入失调电压、输入失调电流、单位增益带宽等，了解各参数的意义。

6.4.1 反相放大电路的设计与实现

用 Multisim 设计的反相放大电路如图 6-15 所示。

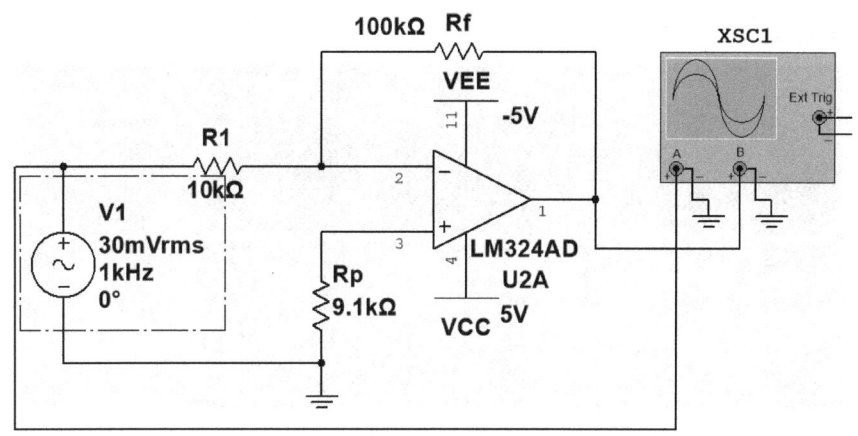

图 6-15　用 Multisim 设计的反相放大电路

该电路选用了集成运算放大器 LM324AD，电阻的参数设置见相关电路原理图。交流输入信号的幅值为 30mV（有效值），频率为 1kHz，其设置如图 6-16 所示。

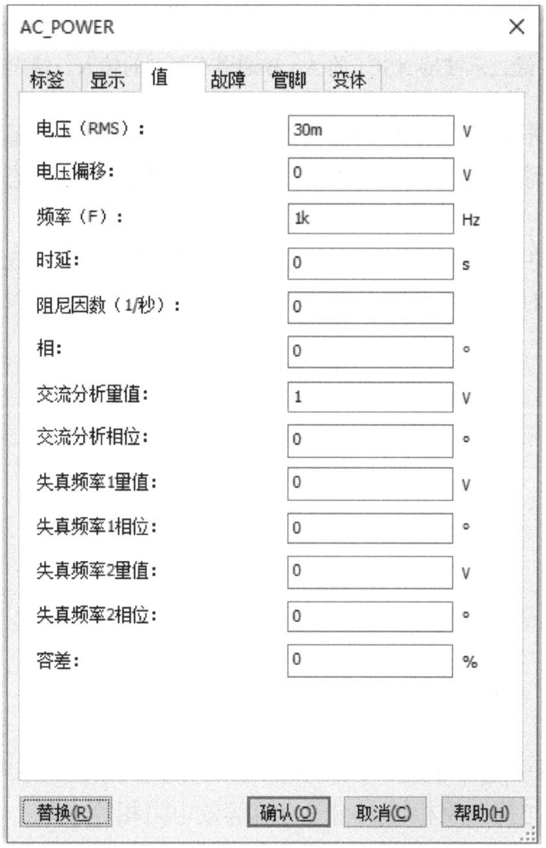

图 6-16　交流输入信号的设置

单击"仿真"按钮▶，通过示波器 XSC1 的 A、B 通道观测到的输入、输出信号波形如图 6-17 所示。

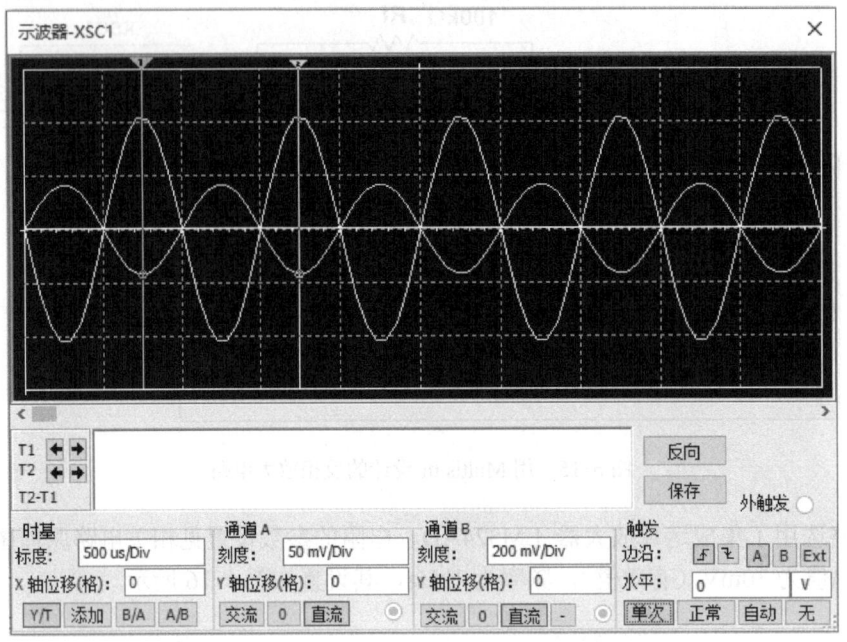

图 6-17 通过示波器 XSC1 的 A、B 通道观测到的输入、输出信号波形

输入信号的幅值应根据实际电路的需要进行合理设置,须保证输出电压的幅值小于集成运算放大器的最大允许输出电压,最好小于工程设计要求的输出动态范围,以免引起非线性失真。

根据图 6-18 所示的电路,用集成运算放大器(如 UA741、LM358、LM324 等)设计一个反相放大电路,实现对输入信号的反相放大,即

$$u_{out} = \frac{R_f}{R_{i1}} u_{in}$$

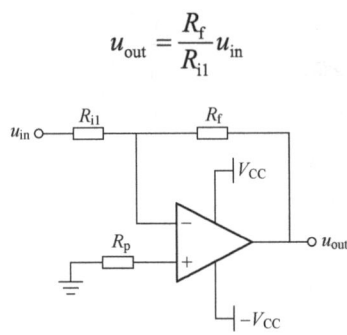

图 6-18 反相放大电路

为减小由输入失调引起的误差,最好在集成运算放大器的同相输入端接一个平衡电阻 R_p,平衡电阻的阻值应与接在反相输入端的直流等效电阻相等,即

$$R_p = R_{i1} // R_f$$

根据实验条件及输入阻抗和放大倍数的要求,选用合适的器件并搭接实验电路,计算平衡电阻的阻值,在电路原理图上标注最终所选用的器件的参数值。

检查实验电路,接通直流稳压电源,注意观察直流稳压电源的供电电流是否超过集成运算放大器的最大静态工作电流;测试集成运算放大器各引脚的直流工作电压是否满足设计要

求,即确认芯片电源引脚上的电压与供电电压是否一致;测试同相输入端的静态工作电压与接入的直流参考电压是否一致,即是否满足"虚断"条件;测试反相输入端的静态工作电压与同相输入端的静态工作电压是否一致,即是否满足"虚短"条件。

只要发现以上测试结果中有一个不能满足设计要求,就必须重新检查电路,定位错误的所在位置,纠正错误后重新进行测试。

只有确定以上测试结果都满足设计要求后,方可继续实验。

将函数发生器的输出信号波形设置成正弦波,并将频率为 1kHz 的小信号(幅值最好大于 10mV,否则信号会叠加较大的噪声)加在反相放大电路的输入端。用示波器观测输入信号的波形是否正常,同时用示波器的其他通道观测反相放大电路的输出端是否有与输入信号同频率且反相放大的不失真信号输出。

若观测到的输出信号发生了饱和失真,则需要将输入信号适当调小或降低电压放大倍数;若观测到的输出信号幅值较小、相对噪声较大,则需要将输入信号适当调大或提高电压放大倍数;若没有观测到按理论计算结果放大的输出信号,则需要检查所选用的电阻的阻值是否满足要求,或者重新检测电路的静态工作点是否正常。

当在输出端可以观测到与输入信号同频率且反相放大的不失真输出信号时,设计实验数据记录表格,测试并记录实验数据,画出输入、输出信号波形,计算电压放大倍数,检验反相放大电路是否满足设计要求。

将反相放大电路改成反相电路,重新完成上述实验。

6.4.2 反相加法电路的设计与实现

用 Multisim 设计的反相加法电路如图 6-19 所示,两个输入信号必须同频率、同相位,图 6-19 所示电路选用的是直流电压信号,电压分别为 0.1V、0.3V。

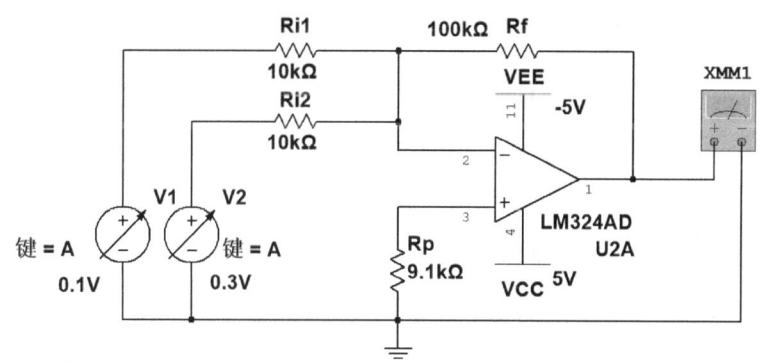

图 6-19 用 Multisim 设计的反相加法电路

单击"仿真"按钮 ▶,数字万用表 XMM1 的读数如图 6-20 所示,与理论计算结果相符。

在反相放大电路的基础上,给实验电路加入多个输入信号,即可构成反相加法电路,如图 6-21 所示。在实际应用中,可根据需要设定反相加法电路输入信号的数量。

如图 6-21 所示的反相加法电路的输出电压与输入电压之间满足

$$u_{\text{out}} = A_{u1}u_{\text{in}1} + A_{u2} \times u_{\text{in}2} + \cdots = -\frac{R_{\text{f}}}{R_{\text{i}1}} - \frac{R_{\text{f}}}{R_{\text{i}2}} - \cdots$$

图 6-20 数字万用表 XMM1 的读数

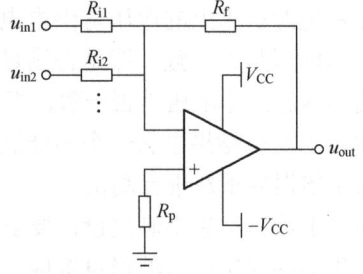

图 6-21 反相加法电路

为减小由输入失调引起的误差，在集成运算放大器的同相输入端接入一个平衡电阻 R_p，平衡电阻的阻值应与接在反相输入端的直流等效电阻相等，即

$$R_p = R_{i1} // R_{i2} // \cdots // R_f$$

根据图 6-21 所示的电路，用实验室所提供的集成运算放大器（如 UA741、LM358、LM324 等）设计一个反相加法电路，实现对输入信号的反相放大求和。

根据输入阻抗和电压放大倍数的设计要求，选用合适的器件并搭接实验电路，计算平衡电阻的阻值，在电路原理图上标注出最终所选用的器件的参数值。

检查实验电路，接通直流稳压电源，注意观察直流稳压电源的供电电流是否超过集成运算放大器的最大静态工作电流；测试集成运算放大器各引脚的直流工作电压是否满足设计要求，即确定芯片电源引脚上的电压与供电电压是否一致；测试同相输入端的静态工作电压与接入的直流参考电压是否一致，即是否满足"虚断"条件；测试反相输入端的静态工作电压与同相输入端的静态工作电压是否一致，即是否满足"虚短"条件。

只要发现以上测试结果有一个不能满足设计要求，就应该重新检查电路，定位错误的所在位置，纠正错误后重新进行测试。

当确定以上测试结果都满足设计要求时，给反相加法电路加入同频率、同起始相位的交流输入信号并用示波器观测，同时用示波器的其他通道在输出端观测输出信号的变化。

当确定输出信号满足设计要求时，设计实验数据记录表格，画出输入、输出信号波形，测试并记录实验数据，验证反相加法电路实验测试数据是否满足设计要求。

6.4.3 同相放大电路的设计与实现

用 Multisim 设计的同相放大电路如图 6-22 所示。输入信号的幅值（有效值）为 30mV，频率为 1kHz。

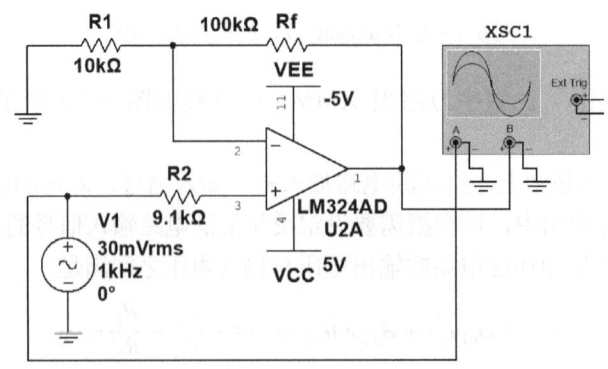

图 6-22 用 Multisim 设计的同相放大电路

单击"仿真"按钮，通过示波器 XSC1 的 A、B 通道观测到的输入、输出信号波形如图 6-23 所示。

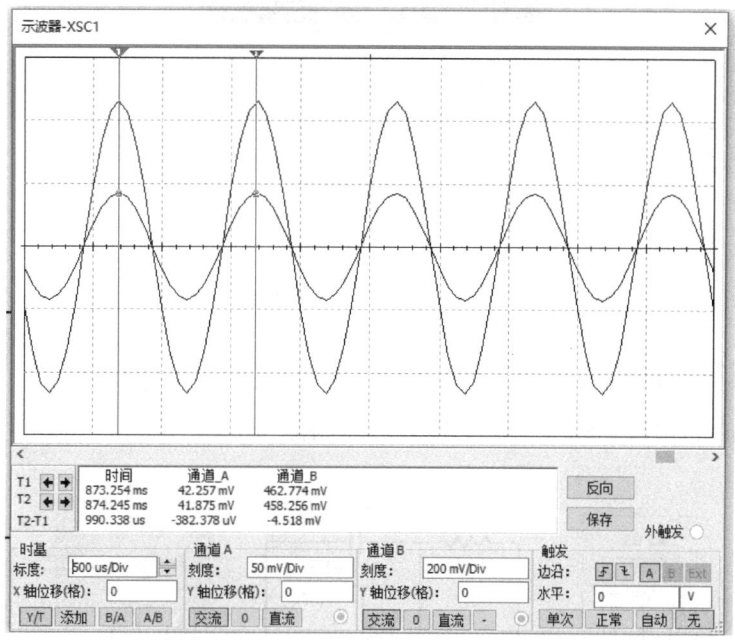

图 6-23　通过示波器 XSC1 的 A、B 通道观测到的输入、输出信号波形

输入信号的幅值应根据实际电路的需要进行合理设置，须保证输出电压的幅值小于集成运算放大器的最大允许输出电压，最好小于工程设计要求的输出动态范围，以免产生非线性失真。

与反相放大电路相比，同相放大电路的输入阻抗高，在小信号放大电路中较为常见。

6.4.4　求差电路的设计与实现

用 Multisim 设计的求差电路如图 6-24 所示。两个输入信号必须同频率、同相位，图 6-24 所示电路选用的是直流电压信号，电压分别为 0.3V、0.5V。

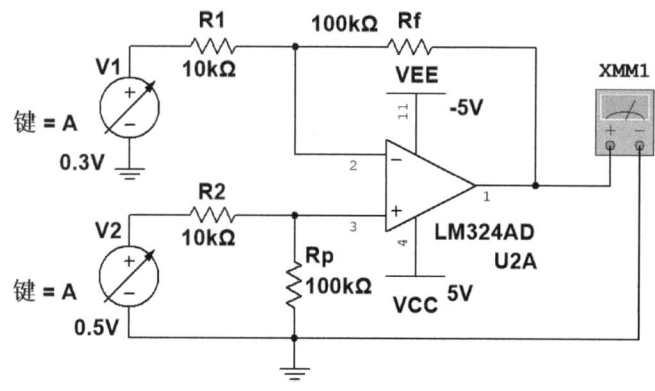

图 6-24　用 Multisim 设计的求差电路

单击"仿真"按钮，万用表 XMM1 的读数如图 6-25 所示，与理论计算结果相符。

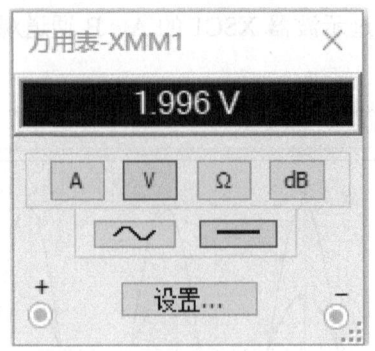

图 6-25 万用表 XMM1 的读数

6.4.5 积分运算电路的设计与实现

用 Multisim 设计的积分运算电路如图 6-26 所示。

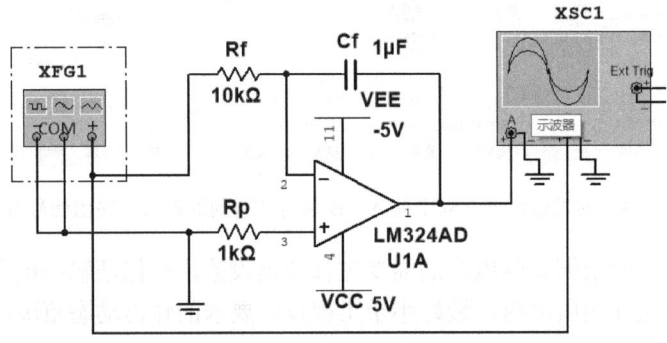

图 6-26 用 Multisim 设计的积分运算电路

将波形发生器 XFG1 的输出信号设置为频率为 1Hz 的方波信号，占空比为 50%，幅值为 4V，电压偏移为 0V，如图 6-27 所示。

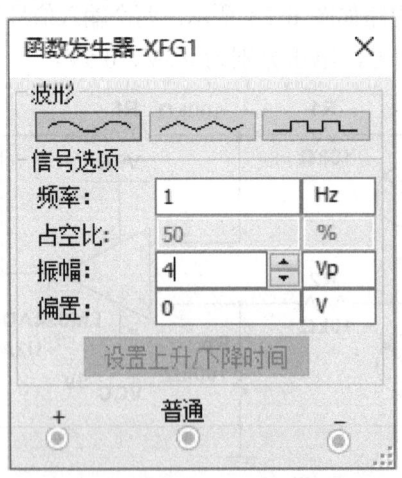

图 6-27 波形发生器 XFG1 的输出信号设置

单击"仿真"按钮 ▷，通过示波器 XSC1 的 A、B 通道观测到的输入、输出信号波形如图 6-28 所示。

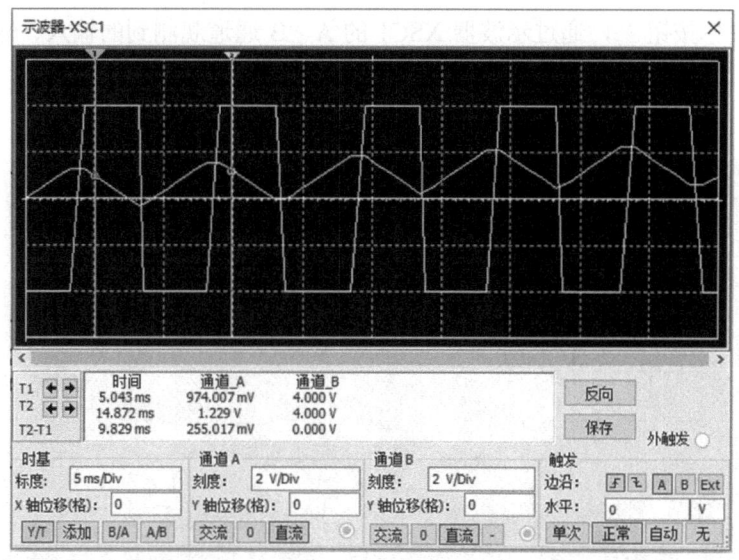

图 6-28　通过示波器 XSC1 的 A、B 通道观测到的输入、输出信号波形

6.4.6　微分运算电路的设计与实现

用 Multisim 设计的微分运算电路如图 6-29 所示。

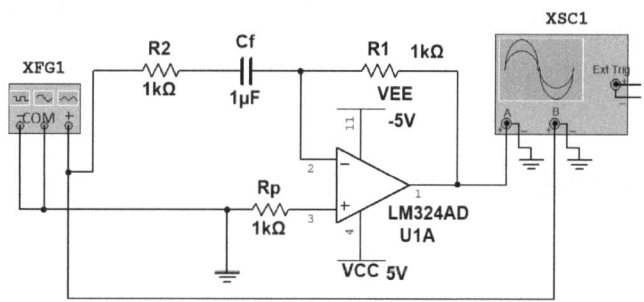

图 6-29　用 Multisim 设计的微分运算电路

将波形发生器 XFG1 的输出信号设置为频率为 100Hz 的方波信号，占空比为 50%，幅值为 2V，电压偏移为 0V，如图 6-30 所示。

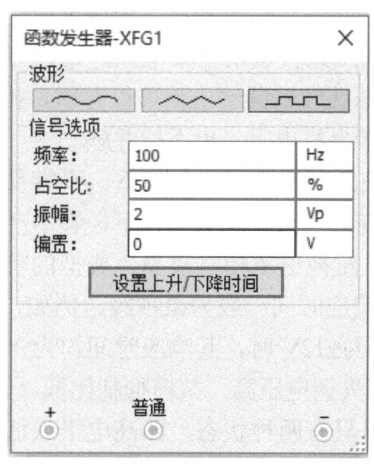

图 6-30　波形发生器 XFG1 的输出信号设置

单击"仿真"按钮 ▷，通过示波器 XSC1 的 A、B 通道观测到的输入、输出信号波形如图 6-31 所示。

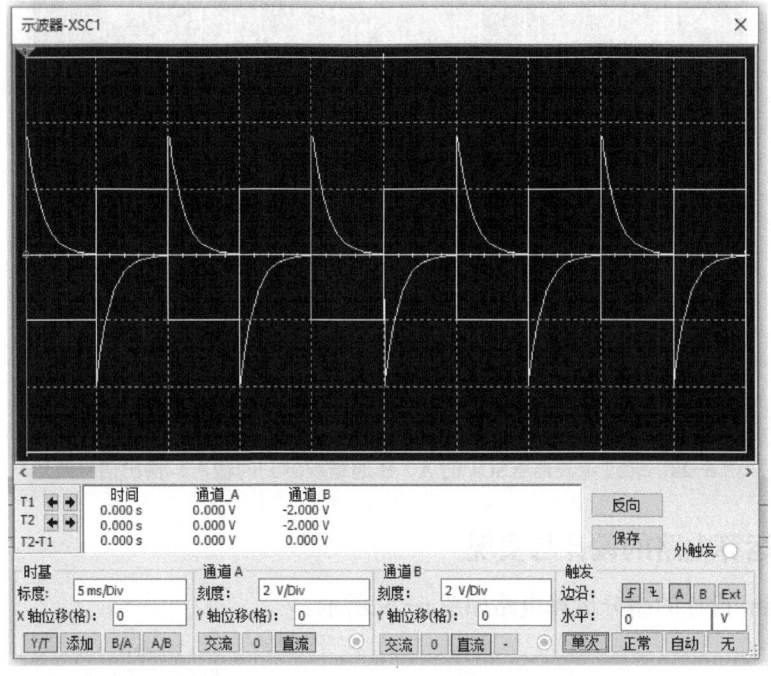

图 6-31 通过示波器 XSC1 的 A、B 通道观测到的输入、输出信号波形

6.5 集成电压比较器

电压比较器可以将模拟信号转换成双值信号，即只有高电平、低电平两种输出状态的离散信号，因此电压比较器常用在模拟电路和数字电路的接口电路中。

在不加负反馈电路的条件下，可以将集成运算放大器设计成电压比较器，但在某些应用场合中，用集成运算放大器设计的电压比较器的性能不能满足设计要求，这就需要采用专门的集成电压比较器（如 LM393、LM339）来设计电路。

与用集成运算放大器设计的电压比较器相比，集成电压比较器有以下特点。

1）在多数情况下，集成电压比较器采用集电极开路的方式输出，在使用时，其输出端必须接上拉电阻。多个集成电压比较器的输出端可以并联，构成与门。用集成运算放大器设计电压比较器，其输出端无须接上拉电阻，也不能并联。

2）集成电压比较器工作在开环或正反馈条件下，不容易产生自激振荡，而用集成运算放大器设计的电压比较器工作在开环或正反馈条件下，容易产生自激振荡。

3）集成电压比较器的电压转换速率相对较高，典型的响应时间为纳秒级，而用集成运算放大器设计的电压比较器的响应时间一般为微秒级。例如，某种集成运算放大器的电压转换速率为 0.7V/μs，当供电电压为 ±12V 时，其响应时间约为 30μs。

4）集成电压比较器的输入失调电压高、共模抑制比低、灵敏度低。

5）集成电压比较器的输出只有两种状态，即高电平或低电平，从电路结构上看处于开环状态，工作在非线性区。有时为了提高电压转换速率，也可以接入正反馈电路。

6.5.1 双电压比较器 LM393

LM393 是由两个完全独立的电压比较器构成的,可以用单电源供电,也可以用双电源供电。

LM393 的引脚封装如图 6-32 所示,其主要采用 8 个引脚的双列直插式封装和 SO-8 贴片式封装这两种封装形式,LM393 的外形如图 6-33 所示。

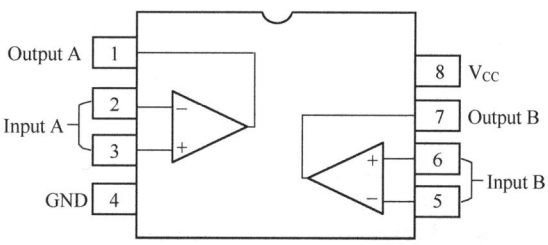

图 6-32 LM393 的引脚封装

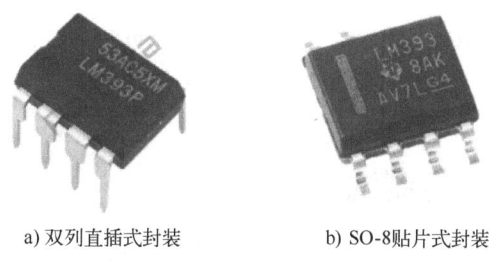

a) 双列直插式封装 b) SO-8贴片式封装

图 6-33 LM393 的外形

LM393 的实验电路如图 6-34 所示,在输出端接上拉电阻 R_3,和电阻 R_3 串联的发光二极管 LED_1 用来指示输出状态。

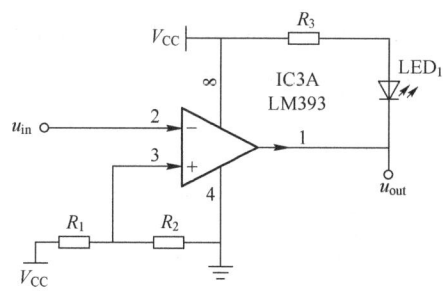

图 6-34 LM393 的实验电路

6.5.2 四电压比较器 LM339

LM339 是由 4 个完全独立的电压比较器构成的,可以用单电源供电,也可以用双电源供电。

LM339 的引脚封装如图 6-35 所示,其主要采用 14 个引脚的双列直插式封装和 SO-14 贴片式封装这两种封装形式,LM339 的外形如图 6-36 所示。

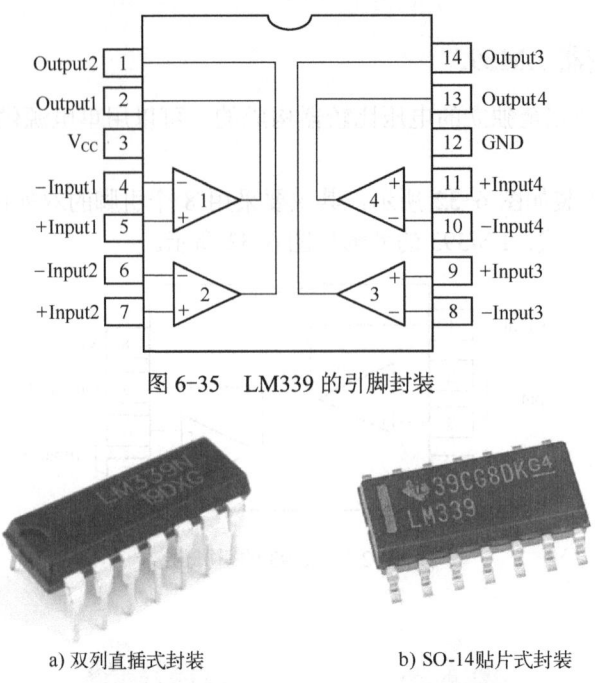

图 6-35 LM339 的引脚封装

a) 双列直插式封装　　　　　　　b) SO-14 贴片式封装

图 6-36 LM339 的外形

6.6 实验电路的设计与测试

波形的产生与变换电路种类繁多、形式多样，本节介绍 RC 桥式正弦波振荡电路、单门限电压比较器、迟滞电压比较器、窗口电压比较器等的设计与测试。

6.6.1 RC 桥式正弦波振荡电路的设计与测试

用 Multisim 设计的 RC 桥式正弦波振荡电路如图 6-37 所示，其中，由 R2、R3 和 C1、C2 构成的 RC 串并联选频网络接在同相输入端，构成正反馈电路；R1、Rw1、R4 及二极管 VD1、VD2 接在负反馈端，构成负反馈和稳幅电路。调节电位器 Rw1，可以调节负反馈深度，以满足振荡条件。

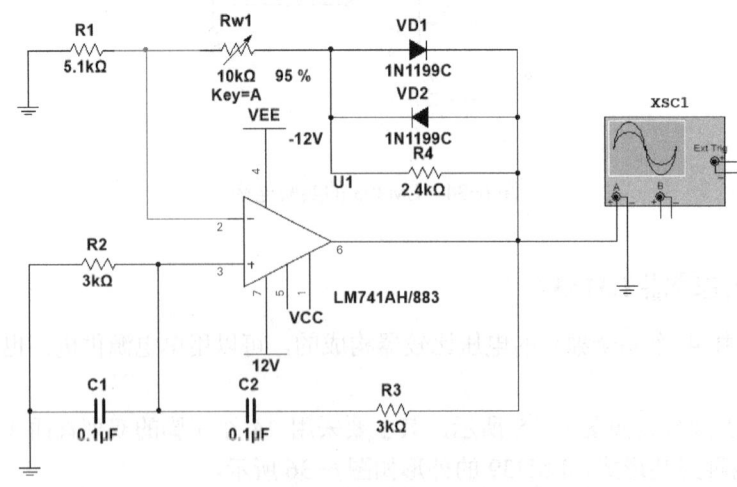

图 6-37 用 Multisim 设计的 RC 桥式正弦波振荡电路

单击"仿真"按钮,用示波器 XSC1 的 A 通道观测到的输出信号波形如图 6-38 所示。注意观察,在仿真开始时,可以观测到起振过程。

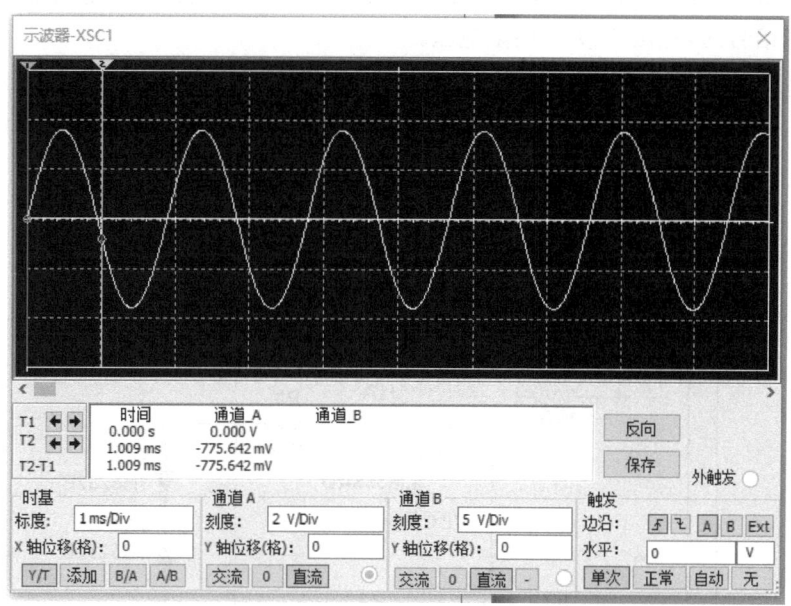

图 6-38 用示波器 XSC1 的 A 通道观测到的输出信号波形

参照图 6-38,用实验室所提供的集成运算放大器及相关器件设计一个 RC 桥式正弦波振荡电路,要求自己选取器件参数,自己设定振荡频率,画出电路原理图。

在设计电路时,应先确定振荡频率,再根据频率计算公式来确定 RC 值。由于电容的标称值相对较少,因此应先根据 RC 值和电容的标称值将电容值确定下来,再根据 RC 值计算电阻的标称值。

尽量不要串联或并联使用电容或电阻,在实验时应根据器件的标称值来选取,若找不到合适的电容或电阻,则可以根据实际器件的参数值重新调整频率。

接在反相输入端和参考地之间的电阻的阻值应根据静态平衡要求来计算得到。

实验要求用两个二极管和一个电阻来设计自动起振和稳幅电路。负反馈支路上的增益调节用电位器实现。

设计实验步骤和测试方法,用实验室所给定的器件搭接实验电路。

检查实验电路,接通直流稳压电源,用示波器观测输出信号波形。

在电路调试过程中,若发现电路不起振,则可以先将负反馈支路上的电阻的阻值调大,即将电位器的全部阻值都加在负反馈支路上,保证放大倍数大于 3,使电路能够起振。

若在增大负反馈电阻的阻值使满足起振条件后,在电路的输出端依旧观测不到输出信号波形,则说明电路搭接存在错误或器件参数值选择不当,需要重新检查电路,计算并确定器件的参数值。

在电路调试过程中,若发现输出信号波形起振过度,则说明电路搭接正确,只需要调小负反馈电阻的阻值,降低电压放大倍数,即可在输出端观测到不失真的正弦波振荡波形。

设计实验数据记录表格,画出起振波形、最大不失真稳定输出波形和过起振波形,记录最大不失真峰值电压、频率等参数。

在电路原理图上标注出最终所选用器件的参数值。

6.6.2 迟滞电压比较器的设计与测试

用 Multisim 设计的迟滞电压比较器如图 6-39 所示。输入端接信号发生器 XFG1，加入的正弦波输入信号的幅值必须大于门限电压。

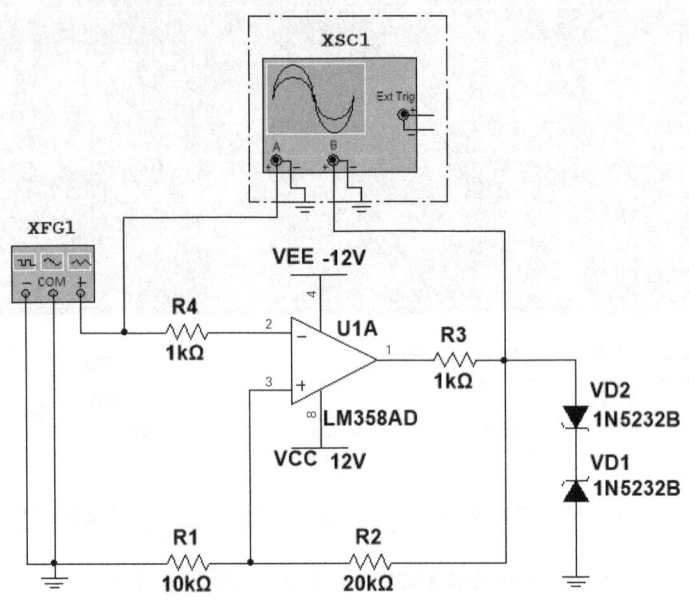

图 6-39　用 Multisim 设计的迟滞电压比较器

单击"仿真"按钮，用示波器 XSC1 的 A、B 通道观测到的输入、输出信号波形，如图 6-40 所示。

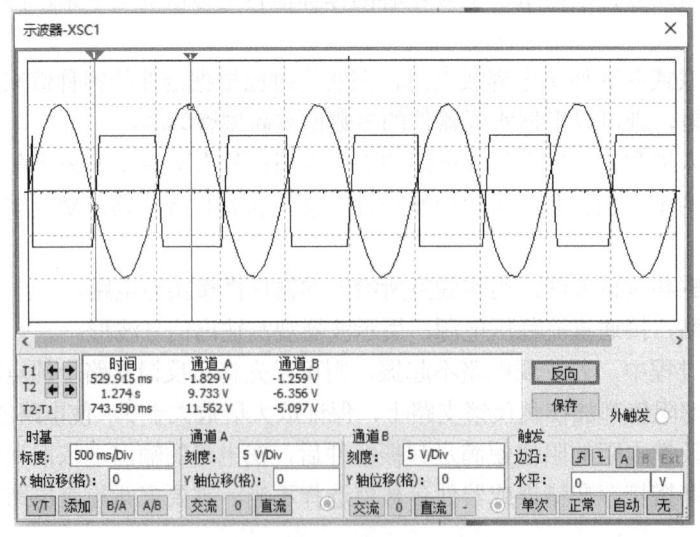

图 6-40　用示波器 XSC1 的 A、B 通道观测到的输入、输出信号波形

用集成运算放大器设计一个从反相输入端加被测信号的迟滞电压比较器，要求参考门限电压用给定的器件来设计并产生，输出电压可以稳定在指定的电压值上，画出电路原理图。

将设计完成的迟滞电压比较器与 6.6.1 节设计的 *RC* 桥式正弦波振荡电路级联，即将 *RC* 桥式正弦波振荡电路所产生的输出信号作为迟滞电压比较器的输入信号，画出电路原理图。

搭接实验电路，检查实验电路，接通直流稳压电源，用示波器观测输入、输出信号波形。

设计实验步骤和测试方法，测试电压迟滞比较器的门限电压和输入、输出信号波形。设计实验数据记录表格，记录实验数据，画出输入、输出信号波形。

在电路原理图上标注出最终所选用器件的参数值。

6.6.3 窗口电压比较器的设计与测试

用 Multisim 设计的窗口电压比较器如图 6-41 所示。输入端接信号发生器 XFG2，加入的正弦波输入信号的幅值变化范围应超过两个窗口门限电压。

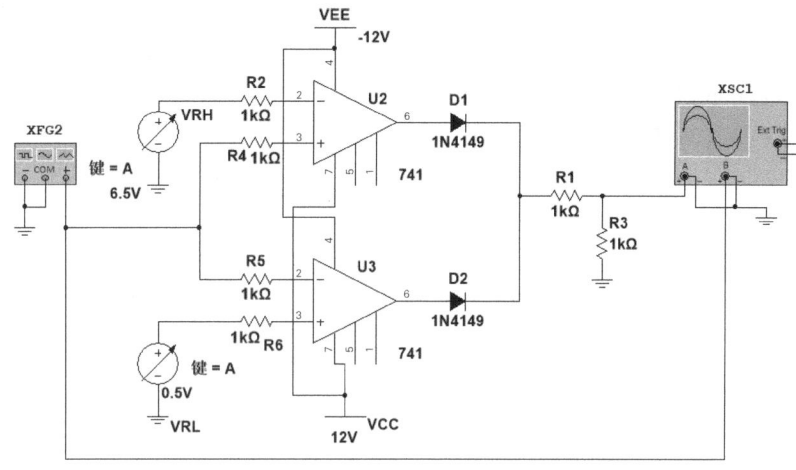

图 6-41 用 Multisim 设计的窗口电压比较器

单击"仿真"按钮，用示波器 XSC1 的 A、B 通道观测到的输入、输出信号波形如图 6-42 所示。

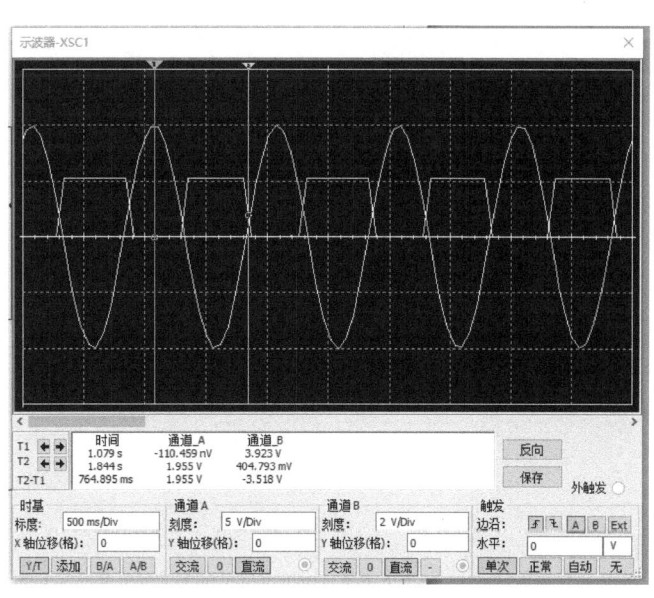

图 6-42 用示波器 XSC1 的 A、B 通道观测到的输入、输出信号波形

窗口电压比较器的特点是当输入信号单方向变化时,输出电压可跳变两次。

用集成电压比较器设计一个窗口电压比较器,要求自己设定窗口门限电压,根据标称值选取器件参数值,输出端用不同颜色的发光二极管来指示当前输入信号所处的窗口电压范围,画出电路原理图。

搭接实验电路,检查实验电路,接通直流稳压电源。

设计实验步骤和测试方法,测试窗口电压比较器的窗口电压范围。设计实验数据记录表格,记录不同范围内输入信号所对应的输出状态。

在电路原理图上标注出最终所选用器件的参数值。

习题

1. 什么是运算放大器?
2. 什么是集成运算放大器?

第7章 传感器与电路设计

本章全面探讨了传感器的基本概念、分类、性能及其在各个领域的应用，详细介绍了多种模拟和数字传感器的工作原理和电路设计，包括温度、流量、热释电红外、位移、PM2.5、红外、气体、压力等模拟传感器，以及数字式气流、数字摄像头、数字电感、数字温湿度、数字加速度与陀螺仪等数字传感器。本章力图对每种传感器的工作原理和电路设计进行详细阐述，强调了传感器技术在现代电子设计中的重要性和多样性，旨在为读者提供了实用的设计指南和技术支持。

7.1 传感器概述

传感器技术是多学科交叉的高新技术，它涉及物理、化工、生物、机械、电子、材料、环境、地质、核技术等多方面的知识，是一种定量认知自然现象不可缺少的技术手段。自工业革命以来，为提高和改善机器的性能，传感器发挥了巨大的作用。新材料以及半导体集成加工工艺的发展，使传感器技术越来越成熟，传感器的种类也越来越多。除了使用半导体材料、陶瓷材料外，纳米材料、光纤以及超导材料的发展也为传感器的集成化和小型化发展提供了物质基础。目前，现代传感器正从传统的分立式朝着集成化、智能化、数字化、系统化、多功能化、网络化、光机电一体化、无维护化的方向发展，具有微功耗、高精度、高可靠性、高信噪比、宽量程等特点。

另外，人工智能、物联网技术被认为是继计算机、互联网之后的又一次产业浪潮，而传感器作为人工智能与物联网应用系统的核心产品，将成为这一新兴产业优先发展的关键器件。传感器技术、通信技术、计算机技术是构成现代信息技术的三大支柱，它们在信息系统中分别起着"感官""神经""大脑"的作用。我们在利用信息的过程中首先要获取信息，传感器是获取信息的主要途径和手段。现今，我们处于 5G 及人工智能（Artificial Intelligence，AI）技术迅速发展的时代，5G 是将每个智能设备甚至万物互联的基础，人工智能是一门研究用于模拟和扩展人类智能的理论、方法、技术及应用系统的新技术学科。今天的自动化和人工智能技术取得的一项最大进展就是智能传感器（Intelligent Sensor）的发展与广泛使用，大多数人工智能动作和应用场景的实现，都需要靠传感器来完成，传感器作为发展人工智能技术的硬件基础，已经成为人工智能与万物互联的必备条件。智能传感器技术是智能制造和物联网的先行技术，学习与应用作为前端感知工具的传感器技术具有非常重要的意义。

传感器是一种检测装置，能感受到被测量的信息，并能将感受到的信息，按一定规律变换成为电信号或其他所需形式的信息输出，以满足信息的传输、处理、存储、显示、记录和控制等要求。

传感器的特点包括微型化、数字化、智能化、多功能化、系统化、网络化。它是实现自动检测和自动控制的首要环节。传感器的存在和发展，让物体有了触觉、味觉和嗅觉等感官，让物体慢慢变得活了起来。通常根据其基本感知功能分为热敏元件、光敏元件、气敏元件、力敏元件、磁敏元件、湿敏元件、声敏元件、放射线敏感元件、色敏元件和味敏元件十大类。

传感器的主要作用是拾取外界信息，如同人类在从事各种作业和操作时，必须由眼睛、耳朵等五官获取外界信息一样，否则就无法进行有效的工作和正确操作。

传感器是自动化检测技术和智能控制系统的重要部件。测试技术中通常把测试对象分为两大类：电参量与非电参量。电参量有电压、电流、电阻、功率、频率等，这些参量可以表征设备或系统的性能；非电参量有机械量（如位移、速度、加速度、力、转矩、应变、振动等）、化学量（如浓度、成分、气体、pH 值、湿度等）、生物量（酶、组织、菌类）等。过去，非电参量的测量多采用非电测量的方法，如用尺子测量长度，用温度计测量温度等；而现代的非电参量的测量多采用电测量的方法，其中的关键技术是如何利用传感器将非电参量转换为电参量。

实际上被测对象涉及各个领域。人类最初的测量对象是长度、体积、质量和时间。18 世纪以来，随着科学技术的飞速发展，被测对象的范围迅速扩大。现在的被测对象更加广泛而复杂：工业领域的光泽度、光滑度等品质测量；机器人的视觉、触觉、滑觉、接近觉等各种信息测量；卫星上监视地球的红外线测量，如 GPS；医疗领域的人体心电、脑电波等体表电位测量，生物断面测量等。20 世纪 60 年代，世界各国主要研究以电量为输出的传感器，20 世纪 70 年代以来传感器得到飞速发展，现在我们讨论的传感器是指已经具有电量为输出的传感器。

传感器技术大体可分为三代。第一代是结构型传感器，它利用结构参量变化来感受和转化信号，如电阻、电容、电感等电参量。第二代是 20 世纪 70 年代发展起来的固体型传感器，这种传感器由半导体、电介质、磁性材料等固体元件构成，利用材料的某些特性制成，如利用热电效应、霍尔效应、光敏效应，分别制成热电偶传感器、霍尔式传感器、光敏传感器。第三代传感器是刚刚发展起来的智能传感器，是微型计算机技术与检测技术相结合的产物，使传感器具有一定的人工智能。几十年来传感器技术的发展分为两个方向：一是提高与改善传感器的技术指标；二是寻找新原理、新材料、新工艺。为改善传感器性能指标采用的技术途径有差动技术、平均技术、补偿修正技术、隔离抗干扰抑制、稳定性处理等。

现代传感器中，新的材料、新的集成加工工艺使传感器技术越来越成熟，传感器种类越来越丰富。除了早期使用的半导体材料、陶瓷材料外，光纤以及超导材料的发展为传感器的发展提供了物质基础。未来还会有更新的材料，更有利于传感器的小型化。

现代传感器的发展趋势主要体现在这样几个方面：利用新效应，开发新材料，提高传感器性能和检测范围，发展传感器的微型化与微功耗、集成化与多功能化、数字化和网络化。特别值得一提的是，传感器的数字化和网络化。网络技术的发展可使现场数据就近登录，通过互联网与用户之间异地交换数据，实现远程控制。与此同时，新兴的物联网技术开始将各种信息传感器设备，如射频识别（Radio Frequency Identification，RFID）装置、红外感应器、GPS、激光扫描器等按约定的协议与互联网结合起来，形成一个可以进行信息交换和通信的巨大的网络，以实现智能化地识别、定位、跟踪、监控和管理。这里的"物"要满足以下条件才能够被纳入物联网的范围：

1）要有相应信息的接收器——传感器。
2）要有数据传输通路。
3）要有一定的存储功能。
4）要有 CPU。

5）要有操作系统。
6）要有专门的应用程序。
7）要有数据发送器。
8）要遵循物联网的通信协议。
9）要有在世界网络中可被识别的唯一编号。

可见，只有计算机与传感器协调发展，现代科学技术才能有所突破。可以说，传感器技术已成为现代技术进步的重要因素之一。

7.1.1 传感器的定义、分类及构成

日常生活中存在着各种各样的传感器，如电冰箱、电饭煲中的温度传感器，空调中的温度和湿度传感器，燃气灶中的天然气泄漏传感器，电视机中的红外遥控器，照相机中的光传感器，汽车中的燃料计和速度计等，不胜枚举。今天，传感器已经给我们的生活带来了太多便利和帮助。

为了更形象地说明什么是传感器，我们不妨用人的五官和皮肤做比喻。我们知道，眼睛有视觉，耳朵有听觉，鼻子有嗅觉，皮肤有触觉，舌头有味觉，人通过大脑感知外界信息。人在从事体力劳动和脑力劳动的过程中，通过感觉器官接收外界信号，这些信号传送给大脑，大脑对这些信号进行分析处理，传递给肌体。如果用机器完成这一过程，计算机相当于人的大脑，执行机构相当于人的肌体，传感器相当于人的五官和皮肤，是人体感官的拓展，所以又称"电五官"。针对各种各样的被测量，有着各种各样的传感器。

各种传感器输出信号的形式各不相同，如热电偶、pH 电极等以直流电压形式输出，热敏电阻、应变计、半导体气体传感器输出为电阻等，无论传感器的输出形式如何，测量的输出信号必须转化为电压、电流或其他数字量中的一种。信号检测系统就是将传感器接收的信号通过转换、放大、解调、A/D 转换得到所希望的输出信号，这是基本检测系统中共同使用的技术。

1. 传感器的定义和分类

传感器的通俗定义为信息拾取的器件或装置。

传感器的严格定义是：把被测量的量值形式（如物理量、化学量、生物量等）变换为另一种与之有确定对应关系且便于计量的量值形式（通常是电量）的器件或装置。

就被测对象而言，工业上需要检测的量有电量和非电量两大类。非电量信息早期多用非电量的方法测量。较传统的传感器可以完成从非电量到非电量的转换，但无法实现现代智能仪器仪表的自动测量，无法完成过程控制的自动检测与控制。随着科学技术的发展，对测量的精确度、速度提出了新的要求，尤其在对动态变化的物理过程和物理量远距离进行测量时，用非电方法无法实现，必须采用电测法。本书讨论的都是以电量为输出的传感器。

传感器按检测对象可分为力学量、热学量、流体量、光学量、电量、磁学量、声学量、化学量、生物量传感器和机器人等。此外，还可以从材料、工艺、应用角度进行分类，这些分类方式从不同的侧面为我们提供了探索和开发传感器的技术空间。这些传感器分类体系中，按被测量（检测对象）分类的方法简单实用，在实际应用中使用较多。检测对象的信号形式决定了选用传感器的类型，传感器检测信号大致可以归为以下不同领域中的不同信号：

1）机械自动化：位移、速度、加速度、转矩、力、振动。
2）电磁学：电流、电压、电阻、电容、磁场。
3）生物化学：浓度、成分、pH 值等。

4) 工业过程控制：流量、压力、温度、湿度、黏度等。

5) 辐射测量：无线电磁波，微波，宇宙射线，α、γ、X 射线。

按照我国传感器分类体系表，传感器分为物理量传感器、化学量传感器以及生物量传感器三大类，下含 11 个小类：力学量传感器、热学量传感器、光学量传感器、磁学量传感器、电学量传感器、射线传感器（以上属于物理量传感器），气体传感器、离子传感器、湿度传感器（以上属于化学量传感器），以及生化量传感器与生物量传感器（属于生物量传感器）。各小类又按两个层次分成若干品种。传感器分类方法较多，常用的有下列几种：

1) 按传感器检测的范畴分类，可分为物理量传感器、化学量传感器、生物量传感器。

2) 按传感器的输出信号性质分类，可分为模拟传感器、数字传感器。

3) 按传感器的结构分类，可分为结构型传感器、物性型传感器、复合型传感器。

4) 按传感器的功能分类，可分为单功能传感器、多功能传感器、智能传感器。

5) 按传感器的转换原理分类，可分为机电传感器、光电传感器、热电传感器、磁电传感器、电化学传感器。

6) 按传感器的能源分类，可分为有源传感器、无源传感器。

按能量转换原理进行分类也是较好的分类方法，但是由于一些传感器涉及的转换原理尚在探索之中，难以给出固定的模式和框架，因而多局限于学术领域的交流。传感器种类繁多，随着材料科学、制造工艺及应用技术的发展，传感器品种将如雨后春笋般大量涌现。如何将这些传感器加以科学分类，是传感器领域的一个重要课题。

2. 传感器的构成

传感器一般是由敏感元件、传感元件和其他辅助件组成，有时也将信号调节与转换电路、辅助电源作为传感器的组成部分，如图 7-1 所示。

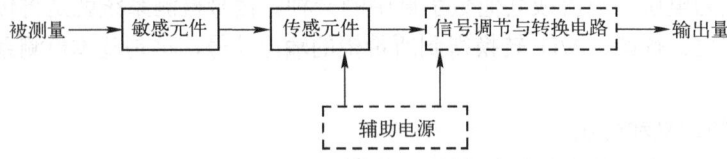

图 7-1 传感器组成框图

7.1.2 传感器的基本性能

利用传感器设计开发高性能的测量或控制系统，必须了解传感器的性能，根据系统要求，选择合适的传感器，并设计精确可靠的信号处理电路。

在一个测量控制系统中，传感器位于检测部分的最前端，是决定系统性能的重要部件，传感器的灵敏度、分辨率、检出限、稳定性等指标对测量结果有直接影响。例如，一个电子秤，传感器的分辨能力和检出限决定了电子秤的最小感量和量程，而传感器的灵敏度直接影响电子秤的检测精度。通常高性能的传感器价格也较高，在工程设计中要获得最好的性价比，需要根据具体要求合理选择使用传感器，所以对传感器的各种特性与性能应该有所了解。

传感器的各种特性是根据输入、输出关系来描述的，不同的输入信号，其输出特性不同。为描述传感器的基本特性，可将传感器看成一个具有输入、输出的二端网络。传感器通常要把各种信息量变换为电量，由于受传感器内部储能元件（电感、电容、质量块、弹簧等）的影响，它们对慢变信号与快变信号反应大不相同，所以需根据输入信号的慢变与快变，分别讨论传感器的静态特性和动态特性。对于慢变信号，即输入为静态或变化极缓慢的信号（如环境温度），讨论研究传感器的静态特性，也就是不随时间变化的特性；对于快变信号，即输入为随时间较快变化的信号（如振动、加速度等），考虑传感器的动态特性，也就是随时间变化的特性。

1. 精确度

传感器的精确度表示传感器在规定条件下允许的最大绝对误差相对于传感器满量程输出的百分数，可表示为

$$A = \frac{\Delta A}{Y_{\text{FS}}} \times 100\%$$

式中，A 为传感器的精确度；ΔA 为测量范围内允许的最大绝对误差；Y_{FS} 为满量程输出。

工程技术中为简化传感器精度的表示方法，引用了精度等级概念。精度等级以一系列标准百分比数值分档表示，如压力传感器的精度等级分别为 0.05、0.1、0.2、0.3、0.5、1.0、1.5、2.0 等。

传感器设计和出厂检验时，其精度等级代表的误差指传感器测量的最大允许误差。

2. 稳定性

1）稳定度：一般指时间上的稳定性。它是由传感器和测量仪表中随机性变动、周期性变动、漂移等引起示值的变化程度。

2）环境影响：室温、大气压、振动等外部环境状态变化给予传感器和测量仪表示值的影响，以及电源电压、频率等仪表工作条件变化对示值的影响，用影响系数来表示。

7.1.3 传感器的应用领域

当今，传感器技术已广泛用于工业、农业、商业、交通、环境监测、医疗诊断、海洋探测、军事国防、航空航天、自动化生产、现代办公设备、智能楼宇、家用电器、汽车、生物工程、商检质检、公共安全、文物保护等领域。

传感器已成为构建现代信息系统的重要组成部分。目前传感器技术已经在越来越多的领域得到应用，值得一提的是，传感器在检测和自动化技术中所起的作用远比在家用电器中所起的作用大得多，这几乎是无可争议的事实。

传感器的应用领域如下：

1. 生产过程的测量与控制

在工农业生产过程中，对温度、压力、流量、位移、液位和气体成分等参量进行检测，从而实现对工作状态的控制。

2. 安全报警与环境保护

利用传感器可对高温、放射性污染以及粉尘弥漫等恶劣工作条件下的过程参量进行远距离测量与控制，并可实现安全生产。传感器可用于监控、防灾、防盗等方面的报警系统。在环境保护方面，传感器可用于对大气与水质污染的监测、放射性和噪声的测量。

3. 自动化设备和机器人

传感器可提供各种反馈信息，尤其是传感器与计算机的结合，使自动化设备的自动化程度大大提高。在现代机器人中大量使用了传感器，其中包括力、转矩、位移、超声波、转速和射线等许多传感器。

在机器人研究中，其重要的内容是传感器的应用研究，机器人外部传感器系统包括平面视觉、立体视觉传感器，非视觉传感器有触觉、滑觉、热觉、力觉、接近觉传感器等。可以

说，机器人的研究水平在某种程度上代表了一个国家的智能化技术和传感器技术的水平。

4. 交通运输和资源探测

传感器可用于交通工具、道路和桥梁的管理，以保证提高运输的效率，防止事故的发生，还可用于陆地与海底资源探测以及空间环境、气象等方面的测量。

5. 医疗卫生和家用电器

利用传感器可实现对病患的自动监测与监护，可进行微量元素的测定、食品卫生检疫等。传感器在医疗诊断、计量测试、家用电器、环境监测等领域的应用实例不胜枚举。

6. 航空航天

在航空航天领域里，宇宙飞船的飞行速度、加速度、位置、姿态、温度、气压、磁场、振动等每个参数的测量都必须由传感器完成，例如，"阿波罗 10 号"飞船需对 3295 个参数进行检测，其中有温度传感器 559 个、压力传感器 140 个、信号传感器 501 个、遥控传感器 142 个。有专家说，整个宇宙飞船就是高性能传感器的集成体。

7. 楼宇自动化

在楼宇自动化系统中，计算机通过中继器、路由器、网络、网关、显示器，控制管理各种机电设备的空调制冷、给水排水、变配电系统、照明系统、电梯等，而实现这些功能需使用温度、湿度、液位、流量、压差、空气压力传感器等；安全防护、防盗、防火、防燃气泄漏可采用 CCD（电子眼）监视器、烟雾传感器、气体传感器、红外传感器、玻璃破碎传感器；自动识别系统中的门禁管理主要采用感应式 IC 卡识别、指纹识别等方式，这种门禁系统打破了人们几百年来用钥匙开锁的传统。

7.2 常见的模拟传感器电路

有些传感器需要施加一定的驱动才能工作，并且传感器的输出信号是一个模拟量，这类传感器称为模拟传感器。使用模拟传感器时，需要按照传感器要求搭建传感器的驱动电路。绝大部分模拟传感器以可变电阻的形式工作，即感应到的信号变化会导致传感器内阻变化。

对模拟传感器的输出进行采集有两种方法，一种是使用 ADC 对模拟传感器输出的模拟电压值直接进行采集，另一种是使用比较器电路将模拟量转换成数字量，这样便可以使用微控制器的 I/O 口直接对数字量进行采集判断。本节将介绍一些常用的模拟传感器，并且着重介绍使用比较器对传感器的输出进行采集的电路。

7.2.1 温度传感器

温度传感器是一种将温度变量转换为可传送的标准化输出信号的传感器。

温度传感器按测量方式可分为接触式和非接触式两大类，按照传感器材料及电子元件特性分为热电阻和热电偶两类，多用于温度探测、检测、显示、温度控制、过热保护等领域。

温度是表征物体冷热程度的物理量。它与人类生活关系最为密切，是工业控制过程中的四大物理量（温度、压力、流量和物位）之一，也是人类研究最早、检测方法最多的物理量之一。

1. 热电阻

热电阻材料一般有两类：贵金属和非贵金属。能用于温度测量的主要有铂热电阻（贵金属类）和镍、铜热电阻（非贵金属类）。它们都具有制成热电阻的必要特性：稳定性好、精度高、电阻率较高、温度系数大和易于制作等。在工程中常用的是铂和铜两种热电阻。热电阻的外形如图 7-2 所示，热电阻的探头形状可以定制。

在实际应用时，热电阻采用二线、三线或四线制的接线方式。

（1）二线制接法 二线制接法如图 7-3 所示，该电路是最简单的测量方式，也是误差较大的接线方式。

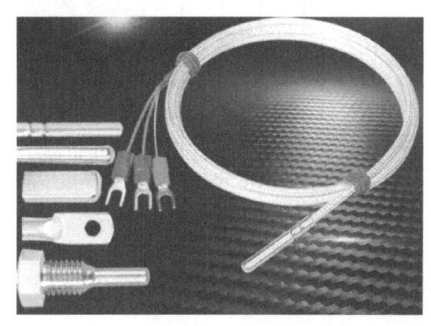

图 7-2 热电阻的外形

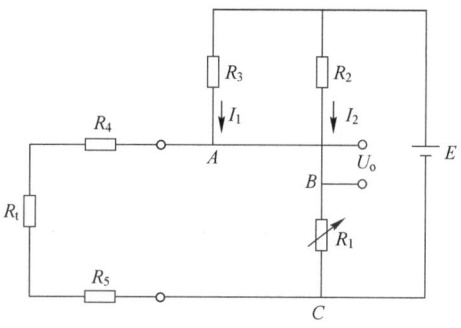

图 7-3 二线制接法

R_2 和 R_3 是固定电阻，电阻值较大，且 $R_2=R_3$。R_1 是为保持电桥平衡而选用的调零电位器，R_t 为热电阻，R_4、R_5 为导线等效电阻。

假设 $R_4=R_5=r$，R_1 与 R_t 电阻值相对 R_2、R_3 电阻值较小，可以认为 $I_1=I_2=I$（恒流源）。

$$U_{AC}=I_1(R_4+R_t+R_5)=I(r+R_t+r)=IR_t+2Ir$$
$$U_{BC}=I_2R_1=IR_1$$

因此

$$U_o=U_{AB}=U_{AC}-U_{BC}=IR_t+2Ir-IR_1=I(R_t-R_1)+2Ir$$

当 r 不为零时，可能产生较大的误差。

（2）三线制接法 三线制接法如图 7-4 所示，该电路是最实用的精确测量方式。

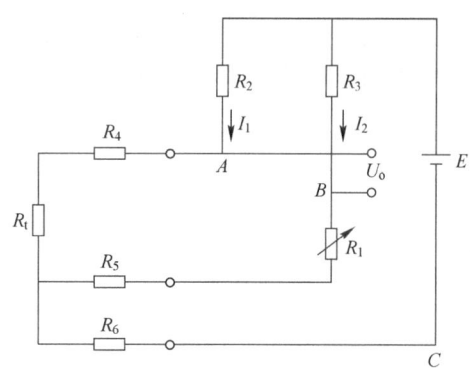

图 7-4 三线制接法

R_4、R_5 和 R_6 为导线电阻。假设 $R_4=R_5=R_6=r$，$I_1=I_2=I$（恒流源）。

$$U_{AC}=I_1(R_4+R_t)+(I_1+I_2)R_6=I(r+R_t)+(I+I)r=IR_t+3Ir$$
$$U_{BC}=I_2(R_1+R_5)+(I_1+I_2)R_6=I(R_1+r)+(I+I)r=IR_1+3Ir$$
$$U_o=U_{AB}=U_{AC}-U_{BC}=IR_t+3Ir-IR_1-3Ir=I(R_t-R_1)$$

推导表明输出电压与导线电阻没有关系，实现了精确测量。

（3）四线制接法 四线制接法如图 7-5 所示，R_1、R_2、R_3 和 R_4 为引线电阻和接触电阻，且阻值相同。该电路用于温度的精确测量，但一般情况极少使用。

当要求较高的精度时，可采用 REF200 恒流源电路。采用 REF200 恒流源的三线制接法如图 7-6 所示。

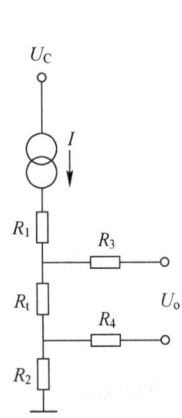
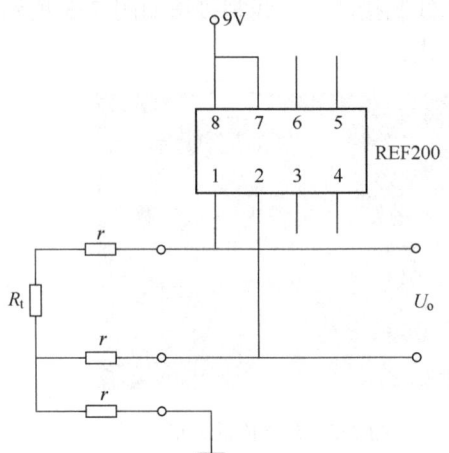

图 7-5 四线制接法　　　　　图 7-6 采用 REF200 恒流源的三线制接法

在图 7-6 中，r 为导线电阻，每一回路电流为 100μA，输出 $U_o = 100\mu A \times R_t$。当需要更大的电流时，可用两片 REF200 恒流源。

2. 热敏电阻

热敏电阻是电阻值随着温度的变化而显著变化的一种半导体温度传感器。目前使用的热敏电阻大多属于陶瓷热敏电阻。按其阻值随温度变化的特性可分为三类：

（1）NTC 热敏电阻　负温度系数（Negative Temperature Coefficient，NTC）热敏电阻是用一种或一种以上的锰、钴、镍、铁等过渡金属氧化物按一定配比混合，采用陶瓷工艺制备而成的。

NTC 热敏电阻的特点是体积小，热惯性小，输出电阻变化大，适合于长距离传输。NTC 热敏电阻外形如图 7-7 所示，典型应用电路如图 7-8 所示。

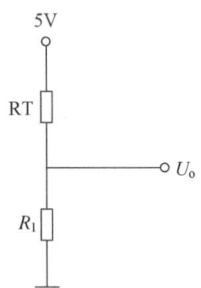

图 7-7 NTC 热敏电阻外形　　　　　图 7-8 NTC 热敏电阻典型应用电路

其输出为

$$U_o = \frac{R_1}{R_1 + RT} \times 5V$$

式中，R_1 为固定电阻；RT 为热敏电阻。

（2）PTC 热敏电阻　正温度系数（Positive Temperature Coefficient，PTC）热敏电阻以具有正温度系数的典型材料钛酸钡烧结体为基体，掺入微量的稀钍类元素（如二氧化钇等）作施主杂质，使其成为半导体。

（3）CTR 热敏电阻　CTR 也是一种具有负温度系数的热敏电阻，它与 NTC 热敏电阻不同的是，在某一温度范围内，电阻值急剧发生变化。CTR 热敏电阻主要用作温度开关。

3．集成温度传感器

集成温度传感器是把温度传感器（如热敏晶体管）与放大电路等后续电路，利用集成化技术制作在同一芯片的功能器件。这种传感器输出信号大，与温度有较好的线性关系、小型化、成本低、使用方便、测温精度高，因此得到广泛使用。

（1）常用集成温度传感器　几种集成温度传感器的特性见表 7-1。

表 7-1　几种集成温度传感器的特性

型号	测温范围/℃	输出形式	温度系数	封装	厂名	其他
XC616A	-40~125	电压型	10mV/℃	TO-5（4 端）	NEC	内含稳压及运放
XC616C	-25~85	电压型	10mV/℃	8 脚 DIP	NEC	内含稳压及运放
LX6500	-55~85	电压型	10mV/℃	TO-5（4 端）	NS	内含稳压及运放
LX5700	-55~85	电压型	10mV/℃	TO-46（4 端）	NS	内含稳压及运放
LM3911	-25~85	电压型	10mV/℃	TO-5（4 端）	NS	内含稳压及运放
REF-02	-55~125	电压型	2.1mV/℃	TO-5（8 端）	PMI	
LM35	-35~150	电压型	10mV/℃	TO-46 及 TO-92	NS	
LM135	-55~150	电压型	10mV/℃	3 端	NS	
LM235	-40~125	电压型	10mV/℃	3 端	NS	
LM335	-10~100	电压型	10mV/℃	3 端	NS	
AD590	-55~150	电流型	1μA/℃	TO-52（3 端）	AD	
LM134	-55~125 0~70	电流型	1μA/℃	TO-5（8 端）	NS	

（2）电压型集成温度传感器的应用　三端电压输出型集成温度传感器是一种精密的，易于定标的温度传感器，型号有 LM135、LM235、LM335 等。LM335 外形如图 7-9 所示，其基本测温电路如图 7-10 所示。

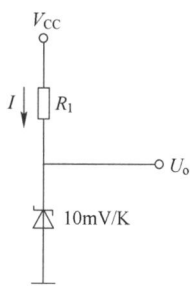

图 7-9　LM335 外形　　　　　　　　图 7-10　基本测温电路

（3）电流型集成温度传感器的应用　电流型集成温度传感器在一定温度下相当于一个恒流源，因此它具有不易受接触电阻、引线电阻、噪声的干扰，能实现长距离（如 200m）传输的特点，同样具有很好的线性特性。

美国 AD 公司的 AD590 就是电流型集成温度传感器。AD590 外形如图 7-11 所示。AD590 的典型应用电路之一如图 7-12 所示。

图 7-11 AD590 外形

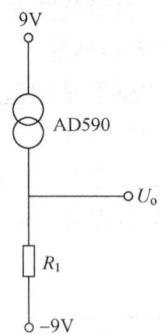

图 7-12 AD590 的典型应用电路之一

当温度为 0K 时，电流为 0μA，每升高 1K，电流升高 1μA。
当温度为 0℃时，电流为 273μA，此时让 U_o=0V，则有

$$R_1 = \frac{0-(-9)}{0.273}\text{k}\Omega \approx 33\text{k}\Omega$$

当温度为 50℃时，则有

$$U_o = (0.273+0.05)\text{mA} \times 33\text{k}\Omega + (-9)\text{V} = 10.659\text{V} - 9\text{V} = 1.659\text{V}$$

AD590 的典型应用电路之二如图 7-13 所示。

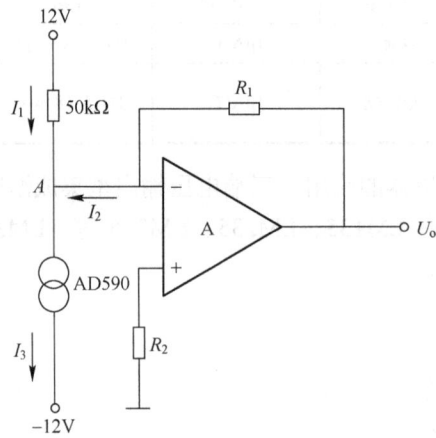

图 7-13 AD590 的典型应用电路之二

在图 7-13 中，A 点为虚地，则有

$$I_1 = \frac{12\text{V}}{50\text{k}\Omega} = 0.24\text{mA}$$

又因 $I_3=I_1+I_2$

$$I_3 = 0.273\text{mA} + \Delta I_3$$

所以

$$0.273\text{mA} + \Delta I_3 = 0.24\text{mA} + I_2$$

$$I_2 = 0.033\text{mA} + \Delta I_3$$

ΔI_3 为温升（对应 0K）所产生的电流（单位为 mA），则输出 $U_o = I_2 R_1 = (0.033 + \Delta I_3) R_1$（单位为 V）。

4. 热电偶

热电偶是温度测量中使用最广泛的传感器之一，其测量温区宽，一般在 -180~2800℃ 的温度范围内均可使用；测量的准确度和灵敏度都较高，尤其在高温范围内，有较高的精度。

把两种不同的导体或半导体连接，构成如图 7-14 所示闭合回路，若使两个结点保持不同温度，将产生热电动势，即塞贝克（Seebeck）效应。

热电偶符号如图 7-15 所示，有时简称 TC。

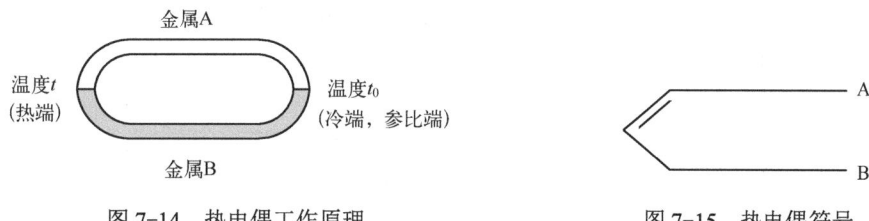

图 7-14　热电偶工作原理　　　　　图 7-15　热电偶符号

AB 两端热电势：$E_{AB}(t,t_0) = e_{AB}(t) - e_{AB}(t_0)$。

热电势由两部分组成：接触电势和温差电势。

令冷端温度 t_0 固定，则总电势只与热端温度 t 成单值函数。

$$E_{AB}(t,t_0) = e_{AB}(t) - C = F(t)$$

输出灵敏度一般为 μV/℃ 级。

当 $t_0 = 0℃$ 时，$C = 0$，不用冷端补偿。

当 $t_0 \neq 0℃$ 时，$C \neq 0$，需用冷端补偿。

根据热电偶中间温度定则，有

$$E(t,0) = E(t,t_0) + E(t_0,0)$$

式中，$E(t,0)$ 为被测温度对应热电势；$E(t,t_0)$ 为实测温度对应热电势；$E(t_0,0)$ 为补偿热电势。

常用的热电偶有：

1）K 型热电偶：铬镍合金与铝镍合金，温度范围为 -200~1260℃。

2）E 型热电偶：铬镍合金与铜镍合金，温度范围为 -200~900℃。

3）J 型热电偶：铁与铜镍合金，温度范围为 -40~750℃。

4）T 型热电偶：铜与铜镍合金，温度范围为 -200~350℃。

5）B 型热电偶：铂铑合金，温度范围为 0~1700℃。

6）R 型热电偶：铂与铂铑合金，温度范围为 0~1600℃。

7）S 型热电偶：与 R 型热电偶性能相当，也是铂与铂铑合金，温度范围为 0~1600℃。

热电偶传感器如图 7-16 所示。

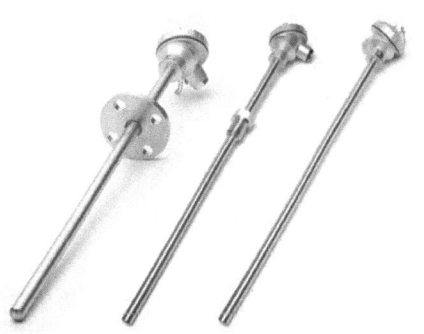

图 7-16　热电偶传感器

7.2.2　流量传感器

流量是工业生产过程及检测与控制中一个很重要的参数，凡是涉及具有流动介质的工艺流程，无论是气体、液体还是固体粉料，都与流量的检测与控制有着密切的关系。

流量有两种表示方式：一种是瞬时流量即单位时间所通过的流体容积或质量；一种是累积流量，即在某段时间间隔内流过流体的总量。

按流量计检测的原理，可分为差压流量计、转子流量计、容积流量计、涡轮流量计、漩涡流量计、电磁流量计和超声波流量计等。

1．差压流量计

在工业过程的测量与控制中，应用最广泛的是差压流量计，在所有测量液体、气体和蒸汽流量的场合，绝大多数选用差压流量计。

所有差压流量计所依据的基本原理都是伯努利的能量守恒方程。

图 7-17 所示为节流孔板的工作原理。

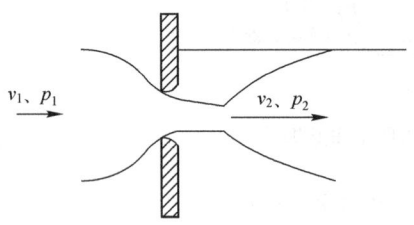

图 7-17　节流孔板的工作原理

装在管道中的孔板是一片带有圆孔的薄板，孔的中心位于管子的中心线上。假定流体是不可压缩的，其黏性可以忽略不计，而且是稳流的，那么对于通过截面 1 和截面 2 的流体，可由伯努利方程和连接方程来表示：

$$\frac{1}{2}\rho v_1^2 + p_1 = \frac{1}{2}\rho v_2^2 + p_2$$

$$\rho A_1 v_1 = \rho A_2 v_2$$

式中，v_1、v_2 为截面 1、截面 2 处的平均流速；p_1、p_2 为截面 1、截面 2 处的压力；A_1、A_2 为截面 1、截面 2 处的横截面积；ρ 为流体密度。

p_1、p_2 一般称为静压，$\frac{1}{2}\rho v_1^2$、$\frac{1}{2}\rho v_2^2$ 称为动压。

由上面两式可求出流体体积流量 Q 为

$$Q = \alpha \varepsilon A_0 \sqrt{\frac{2(p_1 - p_2)}{\rho}}$$

式中，α 为流量系数；ε 为膨胀修正系数或称压缩系数，通常在 0.9～1.0 之间；A_0 为流动流体的截面积。

由上式可知，只要得出节流机构前后的压差 $p_1 - p_2$，就可以测出流量，因为流量与压差是非线性的平方根关系。

差压流量计如图 7-18 所示。

2．涡轮流量计

涡轮流量计是一种比较精确的流量检测装置。当被测流体通过装在管道内的涡轮叶片时，涡轮受流体的作用而旋转，并将流量转换成涡轮的转数。

由于涡轮流量计输出的是脉冲信号，易于远距离传送和定时控制，并且抗干扰强，因此它可以用于纯水、轻质油（汽油、煤油、柴油）、黏度低的润滑油及腐蚀性不大的酸碱溶液检测。

涡轮流量计如图 7-19 所示。

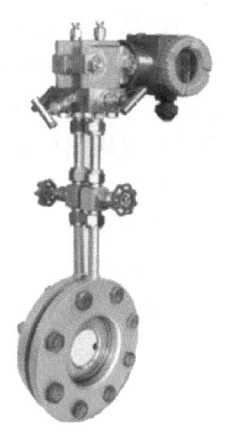
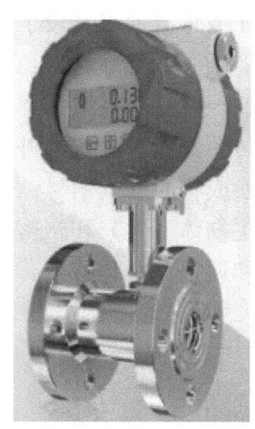

图 7-18 差压流量计　　　　　　　　图 7-19 涡轮流量计

7.2.3 热释电红外传感器

热释电红外传感器（Pyroelectric Infrared Sensor）在结构上引入场效应晶体管，其目的在于完成阻抗变换。由于热电元输出的是电荷信号，并不能直接使用，因而需要用电阻将其转换为电压形式。故引入的 N 沟道结型场效应晶体管应接成共漏形式来完成阻抗变换。热释电红外传感器由传感探测元、干涉滤光片和场效应晶体管匹配器三部分组成。设计时应将高热电材料制成一定厚度的薄片，并在它的两面镀上金属电极，然后加电对其进行极化，这样便制成了热释电探测元。

热释电红外传感技术是 20 世纪 80 年代迅速发展起来的一门新兴学科。热释电红外线传感技术的原理是：任何高于绝对温度的物体都会发出电磁辐射——红外线，但各种不同温度的物体所辐射的电磁能及能量随波长的分布是不同的。

热释电红外传感器的品种较多，可按外形结构、内部构成和性能分类。从封装、外形来分，有塑封式和金属封装（立式的和卧式的）等。从内部结构分，有单探测元、双元件、四元件及特殊型等。热释电红外传感器的外形如图 7-20 所示。

图 7-20 热释电红外传感器的外形图

热释电红外传感器主要是由一种高热电系数的材料，如锆钛酸铅系陶瓷、钽酸锂、硫酸三甘肽等，制成尺寸为 2mm×1mm 的探测元件。在每个探测器内装入一个或两个探测元件，并将两个探测元件以反极性串联，以抑制由于自身温度升高而产生的干扰。由探测元件将探测并接收到的红外辐射转变成微弱的电压信号，经装在探头内的场效应晶体管放大后向外输出。为了提高探测器的探测灵敏度以增大探测距离，一般在探测器的前方装设一个菲涅尔透镜，利用菲涅尔透镜的特殊光学原理，在探测器前方产生一个交替变化的"盲区"和"高灵敏区"，以提高探测接收灵敏度。当有人从透镜前走过时，人体发出的红外线就不断地交替从"盲区"进入"高灵敏区"，这样就使接收到的红外信号以忽强忽弱的脉冲形式输入，从而强化其能量幅度。

菲涅尔透镜和放大电路相配合，可将信号放大 70dB 以上，这样热释电红外传感器就可以检测到 10～40m 范围内人的行动。

人体辐射的红外线中心波长为9～10μm，而探测元件的波长灵敏度在0.2～20μm范围内几乎稳定不变。在传感器顶端开设了一个装有滤光镜片的窗口，这个滤光片可通过光的波长范围为7～10μm，正好适合于人体红外辐射的探测，而对其他波长的红外线由滤光片予以吸收，这样便形成了一种专门用作探测人体辐射的红外线传感器。

热释电红外传感器为被动式红外线传感技术，它是利用红外光敏器件将活动生物体发出的微量红外线转换成相应的电信号，并进行放大、处理，对被监控的对象实施控制。它能可靠地将运动着的生物体（人）和飘落的物体加以区别。同时，它还具有监控范围大、隐蔽性好、抗干扰性强和误报率低等特点。因而，被动式红外技术在自动控制、自动门启闭、接近开关、自动照明、遥控遥测等方面，特别是在保安、防火、报警方面越来越受到重视和采用。

7.2.4 位移传感器

位移传感器又称为线性传感器，是一种属于金属感应的线性器件，传感器的作用是把各种被测物理量转换为电量。位移是和物体的位置在运动过程中的移动有关的量，位移的测量方式所涉及的范围很广。小位移通常用应变式、电感式、差动变压器式、涡流式、霍尔式传感器来检测，大位移常用感应同步器、光栅、容栅、磁栅等传感器来测量。其中，光栅传感器因具有易实现数字化、精度高（目前分辨率最高的可达到纳米级）、抗干扰能力强、没有人为读数误差、安装方便、使用可靠等优点，在机床加工、检测仪表等行业中得到日益广泛的应用。

1．位移传感器的定义和分类

位移传感器是把物体的运动位移转换成可测量的电学量的一种装置。按照运动方式，位移传感器可分为线位移传感器和角位移传感器；按被测量变换的形式，位移传感器可分为模拟式和数字式两种；按材料，位移传感器可分为导电塑料式、电感式、光电式、金属膜式、磁致伸缩式等。

常用的位移传感器有 Omega 公司的 LD640 Series、LD650 Series，KEYENCE 公司的 GT2-A12、GT2-P12 等。下面以直线位移传感器为例介绍位移传感器的工作原理。

2．直线位移传感器的工作原理

直线位移传感器也叫作电子尺，其作用是把直线机械位移量转换成电信号。通常可变电阻滑轨放置在传感器的固定部位，通过滑片在滑轨上的位移来测量不同的阻值。传感器滑轨连接稳态直流电压，滑片和始端之间的电压与滑片移动的长度成正比。其外形如图 7-21 所示。

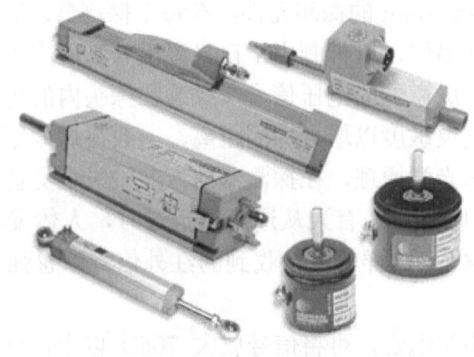

图 7-21 直线位移传感器外形图

3．位移传感器的应用领域

生活中位移传感器的应用非常广泛，火车轮缘高度、宽度、轮辋厚度等方面的检测，各种液罐的液位计量和控制等领域都离不开位移传感器。

7.2.5 PM2.5 传感器

PM2.5 又称细颗粒物、细粒、细颗粒，是指环境空气中空气动力学当量直径小于或等于 2.5μm 的颗粒物。它能较长时间悬浮于空气中，其在空气中含量浓度越高，就代表空气污染越严重。虽然 PM2.5 只是地球大气成分中含量很少的组分，但它对空气质量和能见度等有重要的影响。与较粗的大气颗粒物相比，PM2.5 粒径小，面积大，活性强，易附带有毒、有害物质（如重金属、微生物等），且在大气中的停留时间长、输送距离远，因而对人体健康和大气环境质量的影响更大。

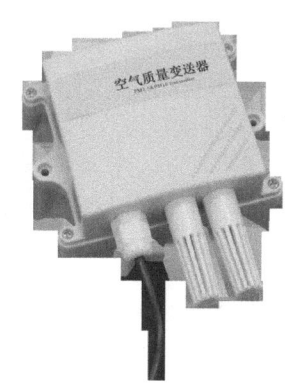

PM2.5 传感器可以用来检测周围空气中的颗粒物浓度，即 PM2.5 值的大小。其工作原理是基于光散射原理：粒子和分子将在光的照射下散射光，同时吸收部分光的能量。当一束平行的单色光入射到待测量的粒子场上时，它受到粒子周围的散射和吸收的影响，并且光强度衰减。PM2.5 传感器如图 7-22 所示。

PM2.5 传感器利用了激光散射原理，其工作原理是，令激光照射在空气中的悬浮颗粒物上产生散射，同时在某一特定角度收集散射光，得到散射光强随时间变化的曲线。微控制器采集数据后，通过傅里叶变换得到时域与频域关系，随后经过一系列复杂算法得出颗粒物的等效粒径及单位体积内不同粒径的颗粒物数量。PM2.5 传感器的工作原理框图如图 7-23 所示。

图 7-22 PM2.5 传感器

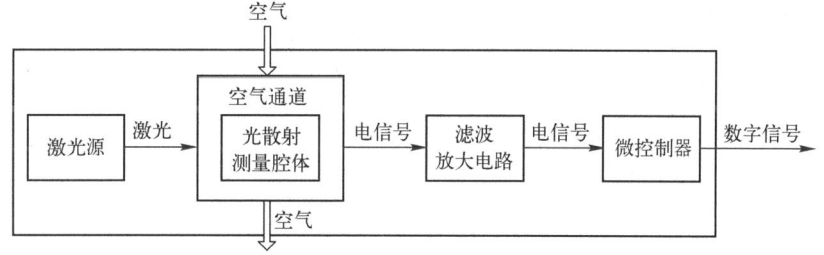

图 7-23 PM2.5 传感器的工作原理框图

国内外已经有很多公司生产此类产品。例如，数字式通用颗粒物浓度传感器 PH-PM2.5（S），可以用于获得单位体积空气中 0.3～10μm 悬浮颗粒物个数，即颗粒物浓度，并以数字接口形式输出，同时也可输出每种粒子的质量数据。该传感器可嵌入各种与空气中悬浮颗粒物浓度相关的仪器仪表或环境改善设备，以提供及时准确的浓度数据。

7.2.6 红外传感器

红外传感器是一种能够感应目标辐射的红外线，并利用红外线的物理性质进行测量的传感器，按探测机理可分为光子探测器和热探测器。红外传感技术已经在现代科技、国防、工业、农业等领域获得了广泛的应用。

在电子系统设计中，一般可以使用红外传感器进行测距或颜色辨别，需要一个红外发射管和红外接收管配合使用。红外发射管属于一种发光二极管,可以发射出一定强度的红外光,如果距离红外传感器不远处有物体,物体会对发出的红外光进行反射,此时在接收管上可以感应出一定的电流,根据感应电流的强度可以大致判断物体的距离。在颜色辨别上,不同颜色对红外光的吸收强度不一样,从而可以根据其反射回来的红外光的强度来区分不同的颜色。

图 7-24 所示为 TCRT5000 红外对管的实物图和引脚图。TCRT5000 内集成了一个红外发光二极管和一个光电晶体管。在红外发光二极管的 A、C 端通上电流即可发出红外光。如果在距离 TCRT5000 不远处有物体,将红外发光二极管发出的红外光反射回来,那么将在 TCRT5000 的光电晶体管上产生一定的光电流,光电流大小随物体的距离远近而不同。

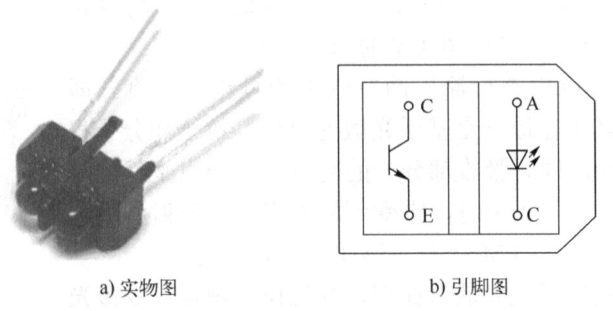

图 7-24 TCRT5000 红外对管的实物图和引脚图

图 7-25 所示为采用 TCRT5000 红外对管进行测距或黑、白颜色区分的应用电路。

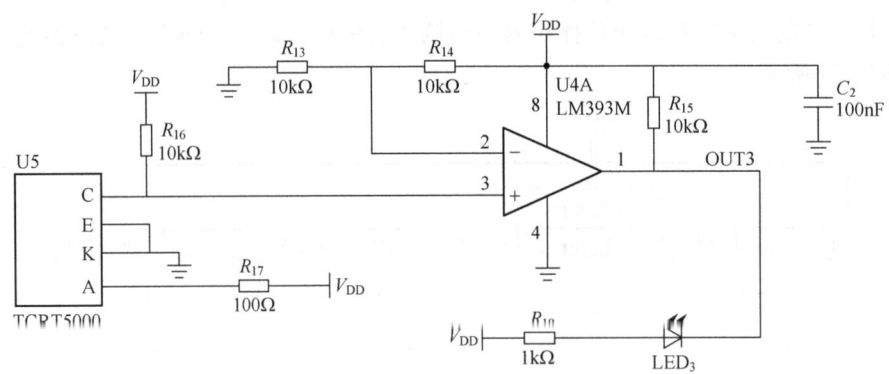

图 7-25 TCRT5000 红外对管应用电路

如图 7-25 所示,U5 为 TCRT5000 红外对管。V_{DD} 电压通过电阻 R_{17} 在 TCRT5000 的红外发光二极管的 A、K 端产生电流,此时 TCRT5000 内部的红外发光二极管将发出红外光。同时,在光电晶体管的 C 极连接一个电阻 R_{16} 到 V_{DD},如果光电晶体管接收到红外光,则会有光电流流经光电晶体管的 CE 接口,此时电阻 R_{16} 两端的电压值将会随光电流强度不同而变化。如果没有光电流流过光电晶体管,则比较器 U4A 的同相端电压为 V_{DD} 电压,随着光电流增大,比较器的同相端电压将逐渐下降,此时便可以通过比较器同相端的电压大小来判断物体到红外对管的距离。

对于比较器而言,使用一个简单的单门限比较器就可以实现对模拟传感器输出信号的处理功能。其中电阻 R_{13} 和 R_{14} 为分压电阻,将会在比较器的反相端产生一个 $V_{DD}/2$ 的电压,此电压值表示模拟信号到数字信号转换的阈值,可以根据实际需求进行调节。电阻 R_{15} 是比较器 LM393 的输出上拉电阻。电阻 R_{18} 和 LED_3 组成了一个指示电路,可以根据发光二极管 LED_3 的亮灭观察比较器的输出状态,也反映了物体到红外对管的距离。

7.2.7 气体传感器

气体传感器是一种将气体的成分、浓度等信息转换成电信号或其他可测量信号的装置。

气体传感器主要用于检测环境中某种特定气体的浓度。例如,在家居系统中使用气体传感器,可以检测环境中某些有毒气体或可燃气体的浓度,并在浓度超标时给出安全提示。

通常而言,气体传感器的精度不是非常高,因此为了提高检测精度,可在内部集成发热装置,从而使传感器一直工作在恒温下,以避免温度对传感器精度造成影响。

气体传感器的工作原理是基于某些气体会导致某些材料的电参数发生变化,因此对特殊材料的电参数进行测量便可以间接得到气体的浓度参数。大多数气体传感器都是模拟传感器,其输出信号需要经过处理才能被微控制器等数字控制器所使用。

图 7-26 所示为 MQ135 气体传感器外形图及基本测试原理图。

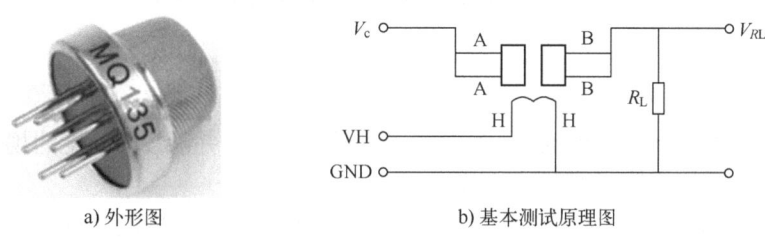

a) 外形图　　　　　　　　　　b) 基本测试原理图

图 7-26　MQ135 气体传感器外形图及基本测试原理图

MQ135 气体传感器是基于半导体材料制造的半导体空气污染传感器,所使用的气敏材料是清洁空气中电导率较低的二氧化锡(SnO_2)。当传感器所处环境中存在污染气体(如氨气、硫化物、苯系气休等)时,传感器的电导率随空气中污染气体浓度的升高而变大。使用简单的转换电路就可以将材料电导率的变化转换为与敏感气体浓度相对应的输出信号。

如图 7-26 所示,当使用 MQ135 传感器时,需要在 VH 引脚上施加电压信号驱动传感器中的电热丝工作,从而营造一个恒温的环境以提高传感器的精度。此时传感器 A、B 端之间相当于一个电阻,该电阻值随着气体浓度的升高而变小,所以可以在 A、B 端施加一个测试电压 V_c,并且使用一个负载电阻 R_L 进行分压,便可以在 V_{RL} 处测量得到此时空气中的气体浓度,V_{RL} 处的电压会随气体浓度的增加而变大。

图 7-27 所示为 MQ135 气体传感器的实用电路原理图。电路由 V_{CC} 供电,由一个 LED 作为供电电源的指示。在传感器处使用一个 5.1Ω 的电阻与传感器的发热丝串联,从而给传感器提供一个恒温的环境以提高测量精度。传感器的供电电压也为 V_{CC},负载电阻大小为 1kΩ,并联了一个 100nF 电容对传感器输出的模拟信号进行滤波。

分析图 7-27 右侧的电路可以看出,该电路是一个基于 LM393 的单门限比较器电路,可以通过调节 RP 的滑动端对比较器的阈值电压进行设置。LM393 的输出上拉电阻为 10kΩ,并且使用了一个二极管作为测量输出结果的开关指示。对于该电路,可以使用 ADC 直接对传感器输出的模拟电压进行采集,也可以使用微控制器的数字 I/O 口对 LM393 比较器输出的数字信号进行采集,使用较为方便。

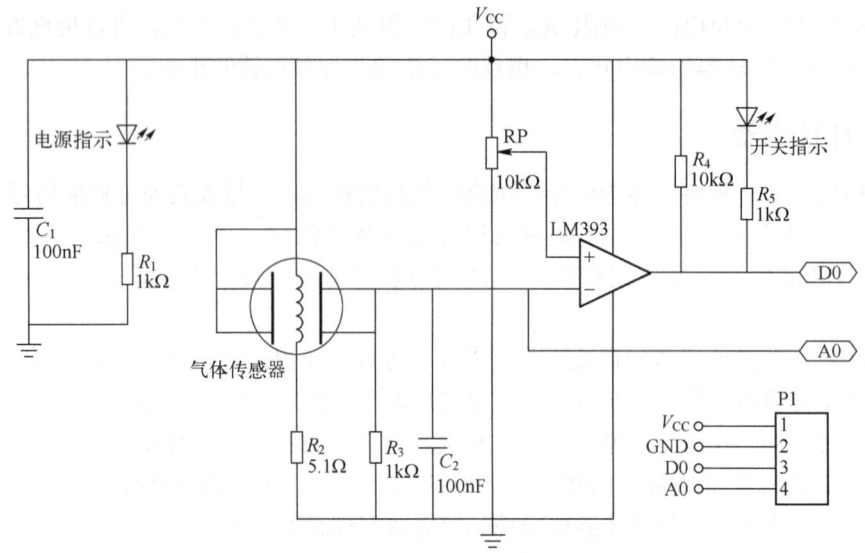

图 7-27　MQ135 气体传感器的实用电路原理图

7.2.8　压力传感器

压力传感器（Pressure Transducer）是能感受压力信号，并能按照一定的规律将压力信号转换成可用的输出的电信号的器件或装置。

压力传感器通常由压力敏感元件和信号处理单元组成。按不同的测试压力类型，压力传感器可分为表压传感器、差压传感器和绝压传感器。

压力传感器是工业实践中最为常用的一种传感器，广泛应用于各种工业自控环境，涉及水利水电、铁路交通、智能建筑、生产自控、航空航天、军工、石化、油井、电力、船舶、机床、管道等行业。

在压力测量方面，简单的做法是使用电阻应变片传感器对压力进行间接测量。

应变片是由敏感栅等构成的用于测量应变的元件。电阻应变片的工作原理基于应变效应，即导体或半导体材料在外界力的作用下产生机械变形时，其电阻值相应地发生变化，这种现象称为应变效应。

使用电阻应变片测量压力的原理如下：将电阻应变片贴在可形变物体上，物体受到压力时会带动电阻应变片一起发生形变，这样电阻应变片里面的金属箔材料就会随着物体伸长或缩短，从而导致金属应变片的阻值发生变化。在实际操作中，仅需要测量电阻应变片阻值的大小便可以间接测量物体所受压力的大小。

图 7-28 所示为电阻应变片的实物外形图。

对于常见的电阻应变片而言，当电阻应变片发生形变之后，其阻值变化并不明显。例如，应变片不发生形变时的电阻为 120Ω，在小形变时可能只有 0.24Ω 的变化量。因此对于测量电路而言，直接使用电阻分压和微控制器的 ADC 测量这么小的阻值变化是非常困难的，将会导致非常大的测量误差。

那么该如何对微小的阻值变化进行测量呢？答案就是使用惠斯通电桥电路。

惠斯通电桥是由 4 个电阻组成的电路，因为其电路拓扑非常像在 4 个电阻之间搭了一个桥，所以又称为电桥电路。

图 7-29 所示为惠斯通电桥电路原理图。电阻 R_1、R_2、R_3、R_x 组成了惠斯通电桥的 4 个桥臂。使用惠斯通电桥可以测量电阻的相对变化，并可将电阻的相对变化转换成便于测量的电压信号，可以使用微控制器的 ADC 对产生的电压信号进行采集，对电阻的变化量进行拟合处理。由于惠斯通电桥电路测量的物理量是电阻值的相对变化量，因此精度非常高。图 7-29 中，电阻 R_x 是一个可变的待测电阻，在压力测量系统中，可以使用电阻应变片作为电阻 R_x，其余 3 个电阻为定值电阻（为了便于调节也可使用电位器代替）。

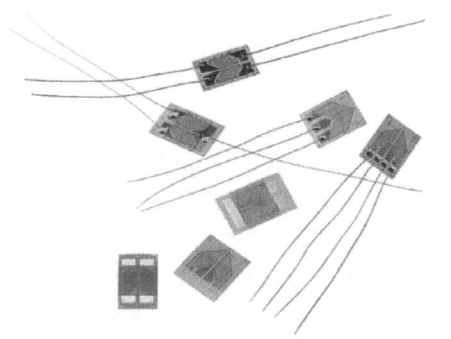
图 7-28 电阻应变片的实物外形图

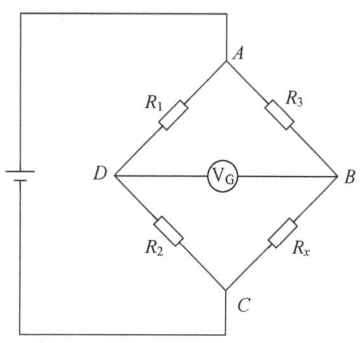
图 7-29 惠斯通电桥电路原理图

其中，可以通过设置 3 个定值电阻的阻值，使电阻应变片在初始状态时 B、D 两点的电压 V_G 为 0，即需要满足

$$R_1/R_2 = R_3/R_x$$

当电阻应变片发送形变之后，R_x 的阻值将会变大，此时 B 点的电压将会高于 D 点的电压，并且随着所受压力增大，B 点电压升高。因此，可以使用微控制器的 ADC 对 B、D 点之间的电压进行测量，得到系统中压力的大小。并且，为使测量结果更精确，可以使用一个仪表放大器芯片对 V_G 电压进行放大，再使用微控制器的 ADC 对放大后的信号进行采集。

7.3 常见的数字传感器电路

相对模拟传感器而言，数字传感器通过数字通信接口与微控制器等数字控制器进行通信，更加稳定可靠。

常见的数字通信接口有 I2C、SPI、UART、并行接口、单总线等。

使用数字传感器时，首要任务便是按照传感器的数字接口要求编写相应的数字通信底层驱动函数，然后通过数字接口对数字传感器的寄存器进行读写操作，具体的读写方式可以参照传感器的使用手册。

本节将对一些常用的数字传感器进行介绍。

7.3.1 数字式气流传感器

以 Honeywell 公司的 Zephyr™ 数字式气流传感器 HAF 系列-高准确度型为例，其在指定的满量程流量范围及温度范围内读取气流数据提供一个数字接口。内部的绝热加热器和温度感应元件可帮助传感器对空气流或其他气流做出快速响应。

Zephyr™ 传感器设计用来测量空气和其他非腐蚀性气体的质量流量。其采用标准流量测量范围,并经过全面校准,利用一个设计在电路板上的专用集成电路(ASIC)进行温度补偿。

这些传感器利用热传输(转移)原理来测量气流的质量流量。其核心部件是一个微桥型"微电子和微机电系统(MEMS)",其热电阻由铂和氮化硅薄膜沉积而成。MEMS 感应片被放置在一个经过精确计算的气流通道中,以提供重复的气流响应。

图 7-30 所示是一款 Zephyr™ 系列气体质量流量传感器 HAFUHM0020L4AXT,如图 7-30 所示。

该传感器的测量区域为单向气流,采用长接口,歧管安装,流量范围为 0~20slpm,使用标准 I2C 输出(地址为 0x49),供电可采用直流 3V~10V 电源电压。

图 7-30 Zephyr™ 系列气体质量流量传感器 HAFUHM0020L4AXT

Zephyr™ 系列传感器有多种可选安装方式,如图 7-31 所示。

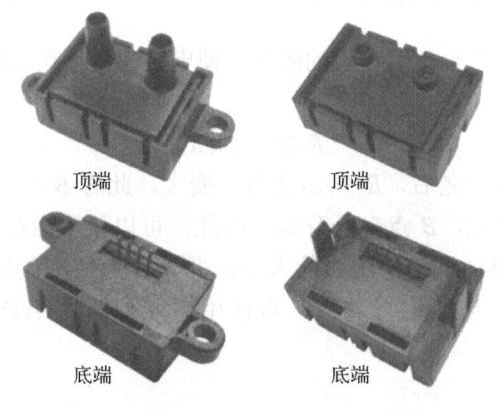

a) 长接口紧固件安装   b) 短接口卡扣式安装

图 7-31 Zephyr™ 系列传感器的多种可选安装方式

Zephyr™ 系列传感器可以应用于以下领域:

1)医疗:麻醉机、心室辅助装置(心脏泵)、医院诊断(光谱、气相色谱)、喷雾器、制氧机、患者监测系统(呼吸监测)、睡眠呼吸机、肺活量计和呼吸机。

2)工业:空气-燃料比控制、分析仪器(光谱、气相色谱)、燃料电池、气体泄漏检测、煤气表、暖通空调系统过滤器、暖通空调系统上的变风量系统。

另外,Sensirion 公司也推出了 SDP500 系列数字式动态测量差压传感器,基于 CMOSens 传感器技术,将传感器元件、信号处理和数字标定集成于一个微芯片,具有较好的长期稳定性和重复性以及较宽的量程比,能够以超高精度无漂移地测量空气和非腐蚀性气体的流量。

SDP510 是 SDP500 系列中的一款,工作电压为 3.3V,测量范围为±500Pa(标定范围为 0~500Pa,测量范围中未标定部分无法确保其精度),分辨率为 7~16 位可调(默认 12 位),提供 I2C 数字接口,可以方便地将测量数据传输至控制器,完成流量的精确测量。SDP510 与 STM32F103 的接口电路如图 7-32 所示。

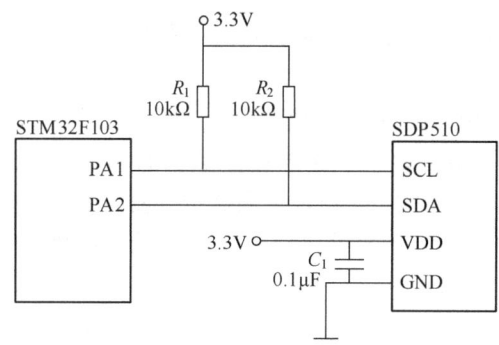

图 7-32　SDP510 与 STM32F103 的接口电路

7.3.2　数字摄像头电路

数字摄像头是一种数字视频的输入设备，利用光电技术采集影像，通过内部的电路把这些代表像素的"点电流"转换成能够被计算机所处理的数字信号 0 和 1，而不像视频采集卡那样首先用模拟的采集工具采集影像，再通过专用的模/数转换组件完成影像的输入。

在电子系统设计中常用的数字摄像头有 3 种，下面分别介绍。

1. 线性 CCD 摄像头电路

CCD 摄像头电路本质上是一种光电采集器件，这里以 TSL1401 传感器为例进行介绍。它的核心是一片具有 128 像素的线性 CCD，可以直接连接到微控制器上进行数据采集和处理。

TSL1401 线性 CCD 具有如下特性：

1）分辨率为 128×1 像素。

2）传感器间距为 400 点/in。

3）高线性度和均匀分布。

4）宽动态范围 4000∶1（72dB）。

5）输出参考 GND。

6）图像滞后低（典型值为 0.5%）。

7）传输时钟最快可达到 8MHz。

8）没有外部负载电阻要求。

图 7-33 所示为 TSL1401 线性 CCD 实物与芯片引脚定义。

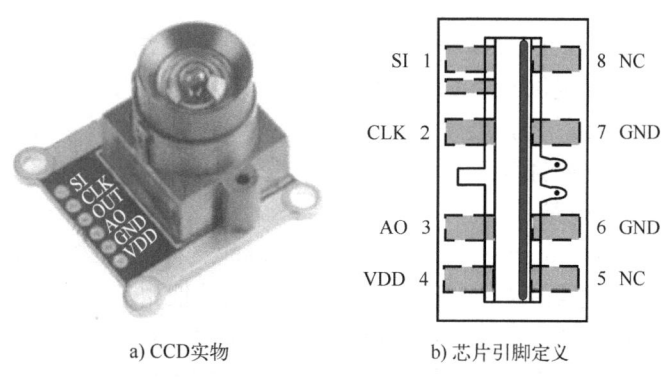

a）CCD 实物　　　　b）芯片引脚定义

图 7-33　TSL1401 线性 CCD 实物与芯片引脚定义

从图 7-33 中可以看到，TSL1401 线性 CCD 芯片仅具有 5 个有效连接端口，分别为 SI、CLK、AO、VDD、GND。

其中，VDD 和 GND 接口是 CCD 模块的供电接口，工作电压范围为 3～5V。SI 为模块的串行输入端口，需要通过微控制器 I/O 口控制数据的起始位。CLK 为模块的时钟输入引脚，该引脚需要连接到微控制器的 I/O 口，使用微控制器对 CCD 模块提供通信时钟。AO 端口是 CCD 模块的信号输出端口，为模拟信号输出，需要连接到微控制器的 ADC 端口进行采集。

在使用 CCD 模块时，可以根据实际需要选用不同的 CCD 镜头。

镜头的焦距就是透镜中心到焦点的距离。例如我们在照相时，被照物体与镜头的距离不是一直相等的，想要照全身像就需要离得远一点；照半身像则需要离得近一点。也就是说，在使用镜头时像距总是不固定的，这样如果想要获得清晰的照片就需要随着物距的不同而改变胶片到镜头的距离，这一改变其实就是"调焦"过程。不同的焦距对应着不同的视角大小，焦距越长，视角越小。调焦是为了让物体能够清晰成像，与物体到镜头的距离有关。因此在不同的应用场合，可以选用不同焦距的镜头以便更好地成像及采集数据。

由于 CCD 摄像头在采集图像时需要一定的曝光，因此还需要对曝光时间进行适当的配置。TSL1401 由 128 个光电二极管线性阵列组成，照射在光电二极管上光的能量将产生光电流，相关像素点上的有源积分电路对这些光电流进行积分。在积分期间，积分器的输出通过一个模拟开关连接到电容并进行采样。在每个像素点中积累的电荷量与光强度和积分时间成正比。因此，在不同的光强环境中，需要合理配置 CCD 的曝光时间等参数以获得较好的采集效果。

图 7-34 所示为 TSL1401 线性 CCD 芯片的应用电路。

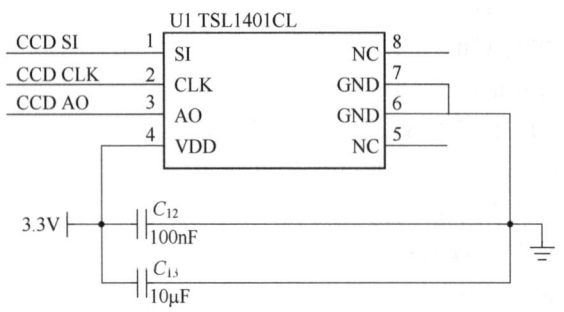

图 7-34 TSL1401 线性 CCD 芯片的应用电路

从图 7-34 中可知，线性 CCD 传感器 TSL1401 的使用方法非常简单，在对 CCD 进行配置后，只需要由微控制器提供一个 CLK 时钟信号，便可以使用 ADC 在每一个 CLK 周期内采集 AO 端口输出的模拟信号，连续采集 128 次即为一帧采样。其中每个像素点的 ADC 采样数值代表该像素点的光照强度。

2. OV7725 摄像头电路

OV7725 摄像头电路是一款集成了 OmniVision 公司生产的 1/4in 的 CMOS VGA（640×480 像素）图像传感器的数字摄像头模块，其主要特性如下：

1）支持 VGA、QVGA，以及从 CIF 到 40×30 分辨率的各种尺寸输出。

2）支持 RawRGB，RGB（GBR4∶2∶2、RGB565/RGB555/RGB444），YUV（4∶2∶2）和 YCbCr（4∶2∶2）输出格式。

3）图像控制功能：支持自动曝光控制（Automatic Exposure Control，AEC）、自动白平衡（Automatic White Balance，AWB）、自动消除灯光条纹、自动黑电平校准（Automatic Black Level Correct，ABLC）和自动带通滤波器（Automatic Band-pass Filter，ABF）等。

4）支持图像质量控制：支持色饱和度调节、色调调节、Gamma[Gamma 源于 CRT（显示器/电视机）的响应曲线，即其亮度与输入电压的非线性关系]校准、锐度和镜头校准等。

5）支持图像缩放、平移和窗口设置。

6）标准的 SCCB 接口：SCCB 是欧姆尼图像技术公司开发的一种总线，并广泛地应用于 OV 系列图像传感器上。SCCB 是一种 3 线的总线，它由 SCCB_E、SIO_C、SIO_D 组成。在为了减少引脚的芯片上缩减为 2 根线，为 SIO_C 和 SIO_D）。

7）高灵敏度、低电压，适合嵌入式应用。

图 7-35 所示为 OV7725 摄像头的实物与芯片引脚定义。

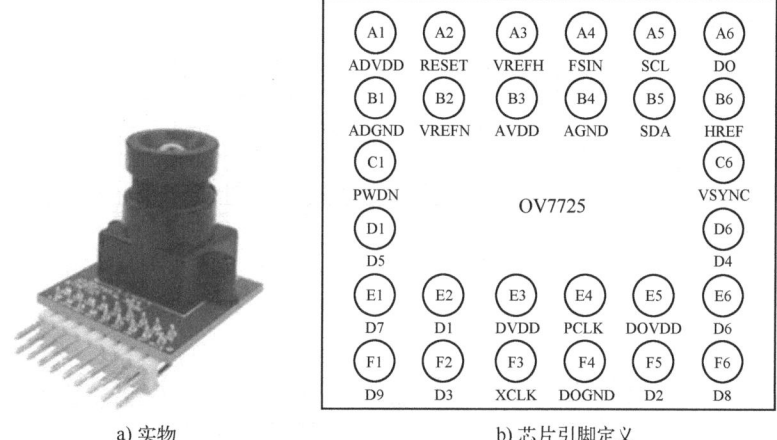

a）实物　　　　　　　　b）芯片引脚定义

图 7-35　OV7725 摄像头的实物与芯片引脚定义

图 7-36 所示为 OV7725 摄像头应用电路原理图。

OV7725 摄像头的应用电路非常简单，除电源部分电路外，其时钟、控制、数据接口电路均可与微控制器的 I/O 口直接连接。在配置完数字通信接口之后便可以从 OV7725 摄像头电路内部获取采集到的实时图像信息。

3．OpenMV 介绍

在电子系统设计中，如果使用常规摄像头，则需要自行编写相应的程序对摄像头所获取的图像进行图像处理，然而常用的微控制器性能有限，且图像处理算法较为复杂，所以很难使用传统的摄像头来获得较好的图像处理结果，因此出现了集成摄像头驱动甚至部分算法的新型高性能"摄像头"模块，如 OpenMV 等。

OpenMV 是基于 Python 的嵌入式机器视觉模块，成本低，易于拓展，开发环境友好。除了用于图像处理，还可以用 Python（Micro Python）控制其硬件资源以及控制 I/O，与现实世界交互。OpenMV 模块是嵌入式图像处理模块，其摄像头是一款小巧、低功耗、低成本的电路板，可帮助用户轻松地完成常见机器视觉（Machine Vision）任务。

Python 的高级数据结构可以很容易地在机器视觉算法中处理复杂的输出。同时用户仍然可以完全控制 OpenMV，包括 I/O 引脚。因此，用户可以很容易地使用外部终端触发拍摄或执行算法，也可以用算法的结果来控制 I/O 引脚。

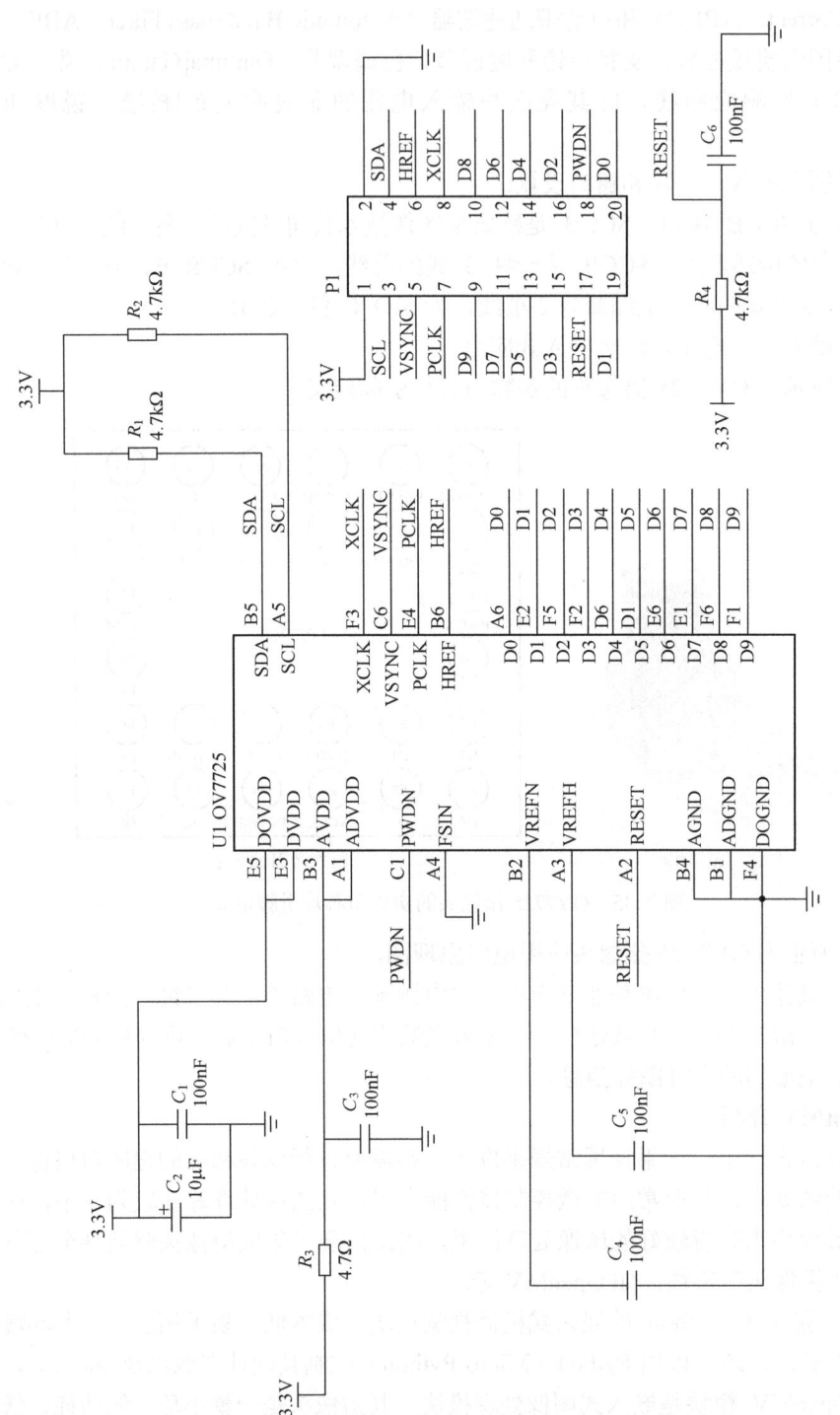

图 7-36 OV7725 摄像头应用电路原理图

OpenMV 作为一个可编程的摄像头，可以极大地缩短简单的图像处理项目的设计时间，只需要对 OpenMV 模块进行编程就可以将图像处理的结果输出给其他处理器进行上层控制逻辑，具有高效、简便的特点。

图 7-37 所示为 OpenMV 实物图。

目前，OpenMV 的官方版本已更新到第四代，即 OpenMV4 版本，在该版本中已将处理器升级为 ST 公司生产的 STM32H7 系列高性能处理器，其主频可达 480MHz，该处理器的性能非常优越，适合于 OpenMV 的设计。

OpenMV 中集成了丰富的图像处理算法，如卷积神经网络（Convolutional Neural Networks，CNN）、LeNet 数字识别、笑脸检测、全局快门、红外热成像、颜色识别、形状识别、矩阵识别、圆形识别、机器人巡线、直线识别、人脸识别、边缘检测、连通域检测、光流、人眼追踪、模板匹配、特征点追踪、二维码识别、瞳孔检测、条形码识别、矩形码识别、AprilTag[○]、目标追踪、绘图写字、帧差异、录制视频、无线图像传输等。

图 7-37 OpenMV 实物图

在电子系统设计中，借助于 OpenMV 模块可以在一定程度上帮助读者完成图像处理相关设计。

7.3.3 数字电感传感器 LDC1314

LDC1314 是 TI 公司生产的一款用于 4 通道 12 位数字电感转换器。由于具备多通道且支持远程感测，LDC1314 能以较低的成本和功耗实现高性能且可靠的电感感测。LDC1314 使用简便，仅需要传感器频率处于 1kHz~10MHz 的范围内即可开始工作。由于支持的传感器频率范围较宽，因此它还能够适配非常小的 PCB 线圈，从而进一步降低了感测解决方案的成本和尺寸。

LDC1314 外形如图 7-38 所示。

图 7-38 LDC1314 外形

LDC1314 具有如下特性：
1）操作简便：易于使用，配置要求低。
2）多通道设计：具有多达 4 个可匹配传感器驱动器的通道，可满足多样化感测需求，如差分测量、比率测量。多个通道支持环境和老化补偿。
3）远程感测：支持大于 20cm 的远程传感器位置，可在严苛的环境下运行。

○ AprilTag 是一个视觉基准系统，可用于多种任务，包括增强现实、机器人和相机校准。

4）宽频率范围：支持 1kHz～10MHz 的宽传感器频率范围。

5）宽工作电压：2.7～3.6V 的工作电压。

6）抗干扰能力强：抗直流磁场和磁体干扰。

图 7-39 所示为 LDC1312 芯片的工作框图，LDC1312 与 LDC1314 的区别仅为通道数不同，LDC1312 芯片只有 2 个测量通道。

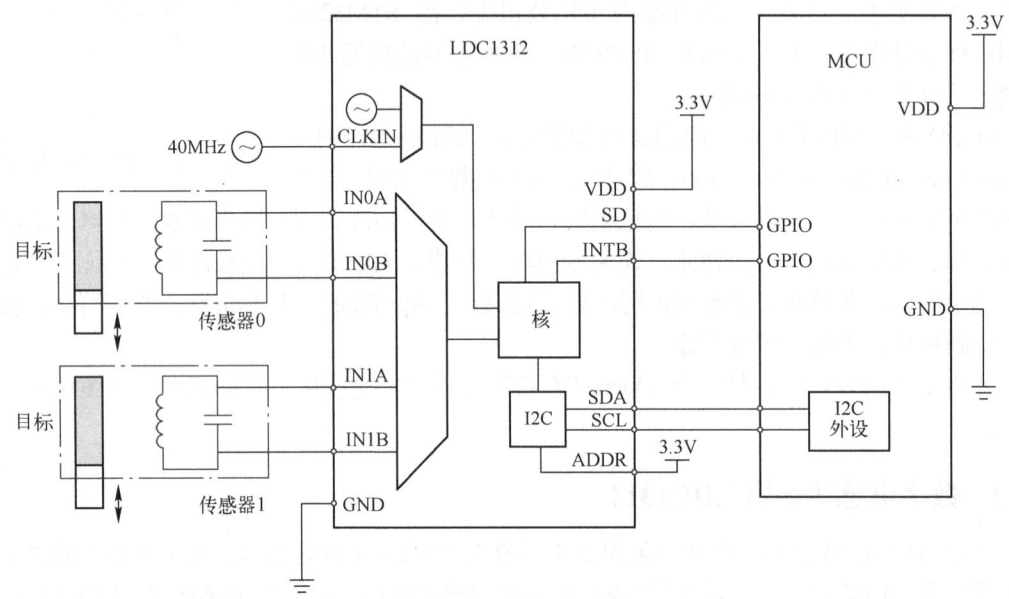

图 7-39　LDC1312 芯片的工作框图（与 LDC1314 芯片类似）

如图 7-39 所示，LDC1312 芯片可以使用内部时钟或使用外部接入的时钟源，因为该芯片对时钟精度要求较高，所以建议读者在设计电路时使用外部高精度晶振为 LDC1312 提供高精度的时钟源。LDC1312 芯片具有 2 个测量通道，其工作原理与 LDC1314 完全相同。每个测量通道有 A、B 接口，这两个接口连接到外部的 LC 并联振荡电路，其中电容 C 为固定值的振荡电容，而电感 L 为远端的测量传感器。当有金属物品接触电感 L 时，会改变电感 L 的等效电感量，此时 LC 的谐振频率发生变化，LDC1312 芯片可以精确感知 LC 振荡网络的频率变化，因此可以根据固定的电容值推算出电感的绝对值或相对变化值，从而实现对电感的测量。

图 7-40 所示为 LDC1314 应用电路图，LDC1314 工作电路中采用外部有源晶振给芯片提供工作时钟，考虑到系统的稳定性，电源部分采用 LC 滤波方式。I2C 地址引脚 ADDR 接地，因此 LDC1314 芯片的 I2C 地址为 0X2A。LDC1314 的最大测量频率为 10MHz，因此测量通道上并联接入 43.9μH 电感与 100pF 电容，此时振荡频率为 2.4MHz（未考虑分布电容，实际频率应比该值小，且建议工作频率不高于振荡频率的 80%）。

LDC1314 芯片内部具有数字处理核心，可以由外部微控制器提供的 SD 信号控制芯片的使能，同时具有中断接口 INT 可以编程通知外部微控制器触发中断处理。

LDC1314 芯片使用 I2C 接口与微控制器进行数字通信。上电后微控制器使用 I2C 接口与 LDC1314 进行通信并对 LDC1314 进行初始化配置。当 LDC1314 芯片正常工作后，使用 I2C 接口将转换结果送往微控制器进行处理。

LDC1314 芯片曾在大学生电子设计竞赛中应用于小车的寻迹传感器设计中。赛题要求参赛者使用 LDC1314 芯片设计电感传感器，从而实现小车沿着某一铁丝进行循线前行。这里应用的原理正是当传感器的电感在铁丝上方时会改变电感的等效电感量，造成 LC 振荡频率发生变化，从而使用 LDC1314 芯片对该频率变化进行采集，最终转换为数字量送往微控制器进行处理。在设计过程中需要注意，应尽量使用外部晶振为 LDC1314 芯片提供高精度时钟从而提高测量精度，并注意 LC 振荡的寄生参数对测量的影响，例如传感器的电容应当使用高精度电容，如 COG 或 NPO 材质的电容[⊖]，而电感应当尽量减小机械振动对电感量的影响。

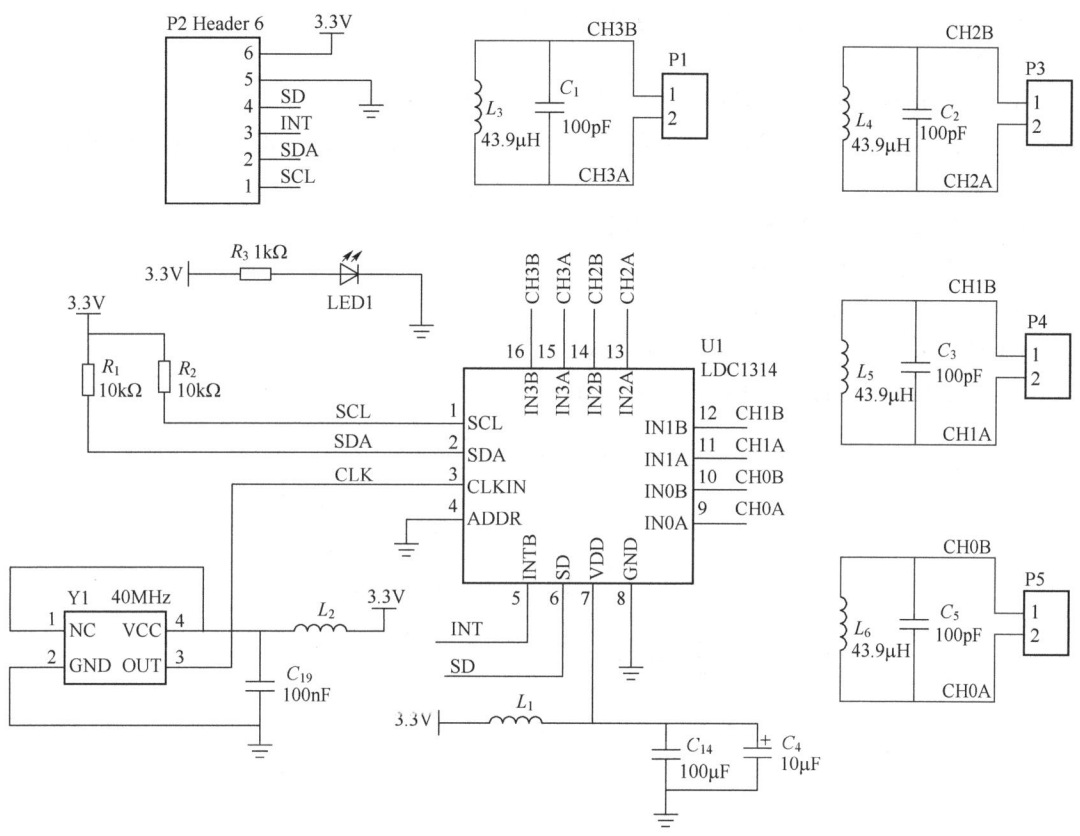

图 7-40 LDC1314 应用电路图

7.3.4 数字电容传感器 FDC2214

FDC2214 传感器与 LDC1314 传感器类似，区别是 LDC1314 用于电感测量，而 FDC2214 用于电容测量。

电容式传感是一种低功耗、低成本且高分辨率的非接触式感测技术，适用于从接近检测、手势识别到远程液位感测的多种场景。电容传感器系统中的传感器可以采用任意金属或导体材料，因此可实现高度灵活的低成本系统设计。

⊖ COG 或 NPO 这个代码是指贴片电容的介质材料，按照美国电工协会（Electronic Industries Association，EIA）的标准，贴片电容的材质可分为三类，超稳定级、稳定级、可用级。而超稳定级就是 COG 材质，同时也可称为 NPO 材质的电容。COG 或 NPO 介质贴片电容通常作为温度补偿型电容来使用，性能非常稳定，温度系数在 0±30ppm/℃ 以内电容值随频率和电压的变化很小，高频率特性好，高 Q 值产品，Q 值高达 10000 以上，主要应用于产品的高频端。

电容传感器灵敏度的主要限制因素在于传感器的噪声敏感性。FDC2214 采用创新型抗电磁干扰（EMI）架构，有效提升了在高噪声环境下的性能稳定性。

FDC2214 外形如图 7-41 所示。

FDC2214 芯片具有如下特性：

1) 抗 EMI 架构。

2) 高输出速率：每个有源通道的最高输出速率可达 4.08ksps。

3) 输入电容范围宽：最大输入电容为 250nF（10kHz 频率，1mH 电感条件下）。

图 7-41　FDC2214 外形

4) 宽激励频率范围：传感器激励频率为 10kHz～10MHz，宽频率范围为系统设计带来灵活性，如可提高导电液体（清洁剂、肥皂液和油墨）感测的可靠性。

5) 高分辨率高达 28 位，在高速条件下仍可支持高分辨率。

6) 系统噪声小：100sps 时仅为 0.3fF。

7) 电源电压：2.7～3.6V。

8) 低功耗：有源功耗仅为 2.1mA。

9) 低关断电流：关断电流仅为 200nA。

图 7-42 所示为 FDC2214 芯片的工作框图。

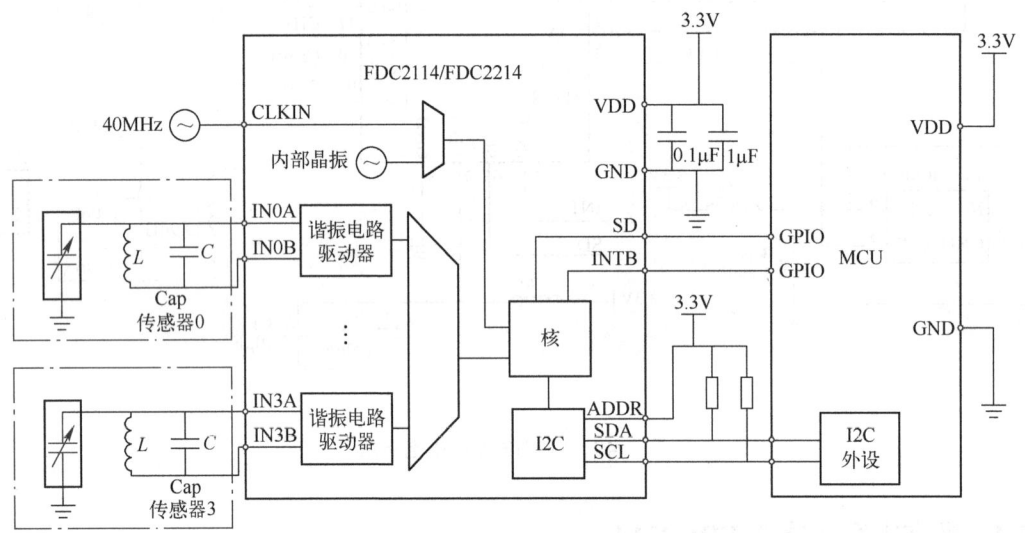

图 7-42　FDC2214 芯片的工作框图

如图 7-42 所示，FDC2214 芯片的结构与前文所述的 LDC1314 芯片的结构几乎完全相同。FDC2214 芯片可以使用内部时钟或使用外部接入的时钟源，因为该芯片对时钟精度要求较高，所以建议读者在设计电路时使用外部高精度晶振为 FDC2214 提供高精度的时钟源。

FDC2214 芯片具有 4 个测量通道，其工作原理完全相同。每个测量通道都有 A、B 接口，两个接口连接到外部的 LC 并联振荡电路，其中电容 C 为固定值的振荡电容，L 为固定的振荡电感。同时还接入一个等效的并联测量电容，此电容的电容量可随外界被测物体而变化。当传感器外面有并联的寄生电容时，LC 的谐振频率发生变化，FDC2214 芯片可以精确感知 LC 振荡网络的频率变化，因此可以根据固定的电感与电容值推算出要测电容的绝对值或相对变化值，从而实现对电容的测量。

图 7-43 所示为 FDC2214 应用电路图。

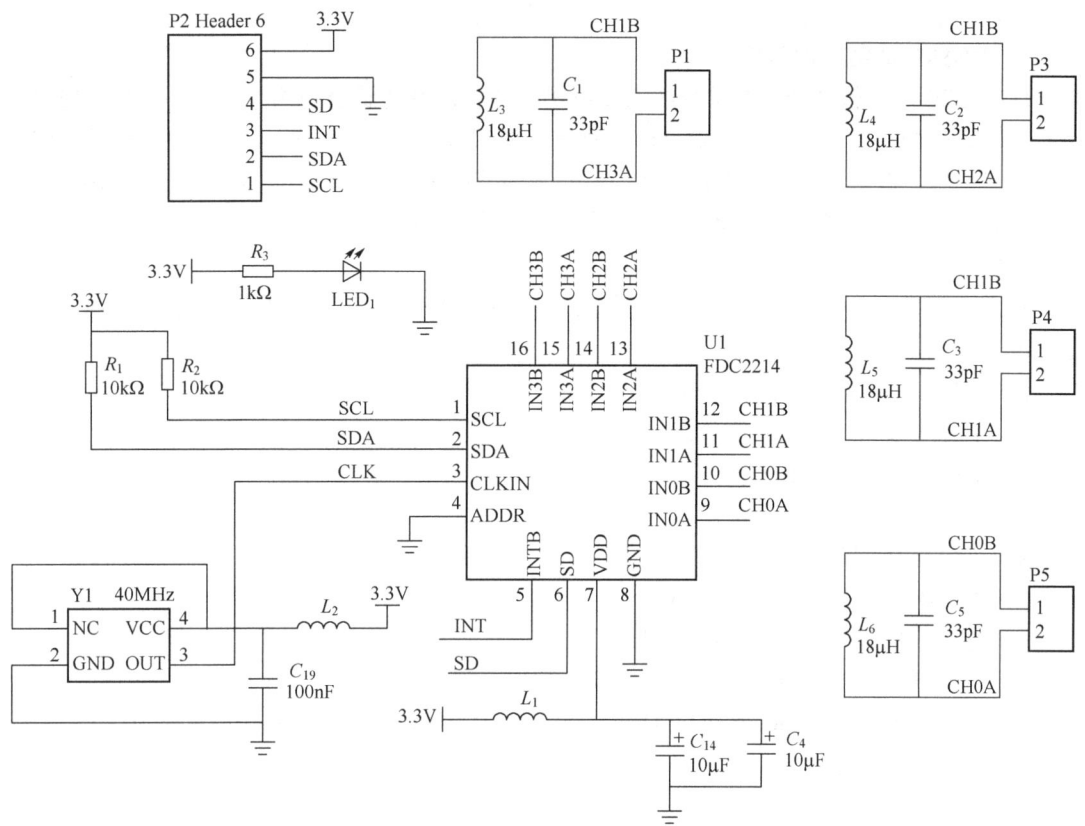

图 7-43 FDC2214 应用电路图

FDC2214 芯片内部具有数字处理核心，可以由外部微控制器提供的 SD 信号控制芯片的使能，同时具有中断接口可以编程通知外部微控制器触发中断处理。

FDC2214 芯片使用 I2C 接口与微控制器进行数字通信。上电后微控制器使用 I2C 接口与 FDC2214 芯片进行通信并对 FDC2214 进行初始化配置。当 FDC2214 芯片正常工作后，使用 I2C 接口将转换结果送往微控制器进行处理。

FDC2214 芯片曾在大学生电子设计竞赛中被应用于手势识别和纸张数测量系统中。其中以手势识别系统为例，当有手指贴在传感器上时，相当于在 LC 振荡电路中并联了一个寄生电容，此时系统的振荡频率会降低，FDC2214 芯片可以感知频率的变化从而确定手指是否贴在了传感器上面。通过使用多个 FDC2214 测量通道对多个手指进行测量即可成功检测出此时的手势，完成手势识别的设计。

在设计过程中需要注意，应尽量使用外部晶振为 FDC2214 芯片提供高精度时钟，从而提高测量精度，并且注意 LC 振荡的寄生参数对测量的影响，例如传感器的电容应当使用高精度电容，如 COG 或 NPO 材质的电容，而电感应尽量减小机械振动对电感量的影响，尽量保证电感量不随环境变化而变化。

7.3.5 数字温湿度传感器

温湿度传感器可以对环境、物体的温度和湿度进行测量。通常在大学生电子设计竞赛中不会对该项测量专门命题，但常作为其他电路的单元功能部分。常用的温湿度传感器有很多，会对以直接使用 NTC 电阻搭建模拟温度传感器，或者使用数字温度测量器件对温湿度进行测量。本小节将对常用的温湿度测量芯片进行介绍。

1. DS18B20 数字温度传感器

DS18B20 是一款高精度的单总线温度测量芯片。温度传感器的测温范围为-55～125℃；用户可以通过配置寄存器来设定数字转换精度和测温速度。芯片内置 4 字节非易失性存储单元供用户使用，2 字节用于高低温报警，另外 2 字节用于保存用户自定义信息。在-10～85℃范围内最大误差为±0.5℃，在全温范围内最大误差为±1.5℃。用户可自主选择电源供电模式或寄生供电模式。

单总线接口允许多个设备挂在同一总线上，该特性使得 DS18B20 也非常便于部署分布型温度采集系统。

DS18B20 数字温度传感器具有如下特性：

1）单总线接口，节约布线资源。
2）应用简单，无须额外器件。
3）转换温度时间为 500ms。
4）可编程 9～12 位数字输出。
5）宽供电电压范围（2.7～5.5V）。
6）每颗芯片有可编程的 ID 序列号。
7）用户可自行设置报警值。
8）超强静电释放（Electrostatic Discharge，ESD）保护能力（HBM⊖>8000V）。
9）典型待机电流功耗 1μA（3V）。
10）典型换电流功耗 0.6mA（3V）。

DS18B20 的 TO-92 封装与引脚分布如图 7-44 所示。

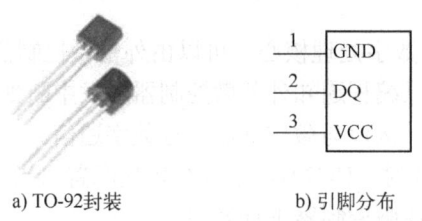

a) TO-92封装　　　　b) 引脚分布

图 7-44　DS18B20 的 TO-92 封装与引脚分布

从图 7-44 中可以看到，DS18B20 芯片仅有 3 个连接引脚，其中两个引脚为芯片供电，所以仅使用一根 DQ 数据线便可以与微控制器进行数字通信，这样的设计可以大大简化硬件电路的设计。

DS18B20 芯片的应用电路如图 7-45 所示。DS18B20 芯片不工作在寄生电源模式下，其 VCC 引脚接到 5V 电源。作为单总线接口芯片，其信号引脚通过一个 4.7kΩ的电阻上拉到电源，然后连接到微控制器。微控制器通过单总线通信协议即可实现对 DS18B20 芯片的温度读取。

⊖ HBM（Human Body Model，人体模型）是半导体行业中最常用的放电模型，在各种复杂条件下人体均可以携带静电，然后通过在正常的处理或组装操作时将电荷转移到半导体器件，该模型旨在模拟当人体被充电（通过运动、步行等），然后通过触摸集成电路的引脚放电时所发生的情况。

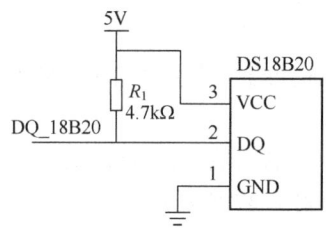

图 7-45　DS18B20 芯片的应用电路

2．HDC2080 数字温湿度传感器

HDC2080 芯片是一款采用小型 DFN 封装的集成式湿度和温度传感器，能够以超低功耗提供高精度测量。该芯片包含新的集成数字功能和用于消散冷凝和湿气的加热元件。

HDC2080 的数字功能包括可编程中断阈值，因此能够提供警报和系统唤醒，而无须微控制器持续对系统进行监控。同时，HDC2080 还具有可编程采样间隔，功耗较低，并且支持 1.8V 电源电压，因此非常适合电池供电型系统。

HDC2080 芯片具有如下特性：

1）相对湿度范围：0%～100%。

2）湿度精度：±2%（典型值），±3%（最大值）。

3）温度精度：±0.2℃（典型值），±0.4℃（最大值）。

4）睡眠模式电流：50nA（典型值），100nA（最大值）。

5）平均电源电流（每秒测量 1 次）：

① 300nA：仅 RH%（11 位）；

② 550nA：RH%（11 位）+温度（11 位）；

6）温度范围：

① 运行温度：-40～85℃。

② 可正常工作的温度：-40～125℃。

7）电源电压范围：1.62～3.6V。

8）具有自动测量模式。

9）与 I2C 接口兼容。

HDC2080 的 PWSON 封装与引脚分布如图 7-46 所示。

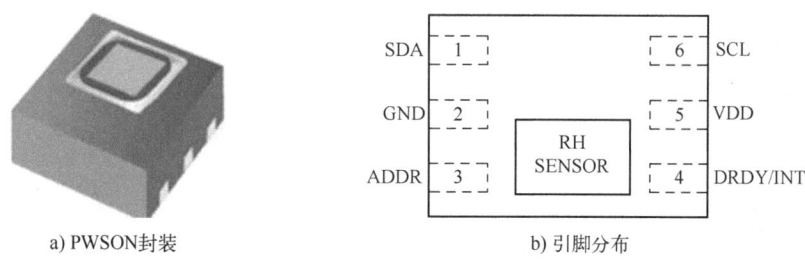

a）PWSON封装　　　　　　　　　　b）引脚分布

图 7-46　HDC2080 的 PWSON 封装与引脚分布

从图 7-46 中可以看到，HDC2080 芯片仅有 6 个连接引脚，各引脚功能如下：

1）SDA：串行数据输入/输出端。

2）SCL：时钟信号。

3）GND：接地端。

4）VDD：电源正端。

5）ADDR：I2C 总线的地址选择端；悬空时为 1000000（低 7 位），接低为 1000000，接高为 1000001。

6）DRDY/INT：数据准备/中断输出端，推挽输出。

HDC2080 芯片的应用电路如图 7-47 所示。

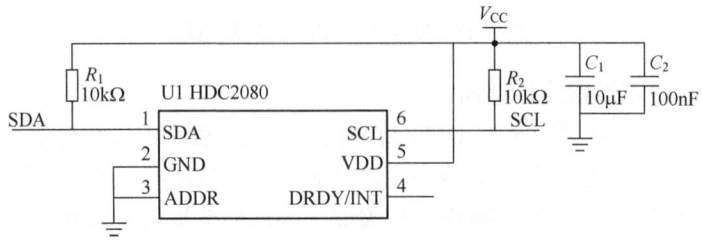

图 7-47 HDC2080 芯片的应用电路

从图 7-47 中可以看到，HDC2080 的应用电路除电源电路外，I2C 接口需外接上拉电阻，然后即可连接到微控制器的 I/O 口。微控制器可以通过 I2C 通信协议获得传感器测量的温度和湿度数据。

7.3.6 数字加速度与陀螺仪传感器

在电子系统设计中，常需要感知运动物体（如智能小车、无人机飞行器等）当前的加速度、空间状态等信息，所以需要使用加速度与陀螺仪传感器对物体的状态进行感知。本小节主要介绍集成了三轴加速度和三轴陀螺仪的传感器 MPU6050 芯片。

MPU6050 是一款空间运动传感器芯片，可以获取器件当前的 3 个加速度分量和 3 个旋转角速度，具有体积小巧、功能强大、精度高的特点。芯片内还自带了一个数字运动处理器（Digital Motion Processor，DMP），已经内置了滤波算法，在许多应用中使用 DMP 输出的数据已经能够很好地满足要求。用户可以直接使用内部集成的 DMP 对数据进行融合，直接得到处理后的数据并使用。

MPU6050 芯片的主要功能和特性如下：

1）供电电压：2.375~3.46V。

2）数字接口：I2C 接口，最高速率可达 400kHz。

3）测量类型：三轴陀螺仪，三轴加速度。

4）加速度测量范围：±2g、±4g、±8g、±16g。

5）陀螺仪测量范围：±250°/s、±500°/s、±1000°/s、±2000°/s。

6）ADC 位数：16 位。

7）加速度分辨率：16384LSB/g。

8）陀螺仪分辨率：131LSB/（°/s）。

9）加速度输出速率：1kHz。

10）陀螺仪输出速率：8kHz。

11）DMP 输出速率：200Hz。

12）温度传感器测量范围：-40~85℃。

MPU6050 的 QFN 封装与引脚分布如图 7-48 所示。

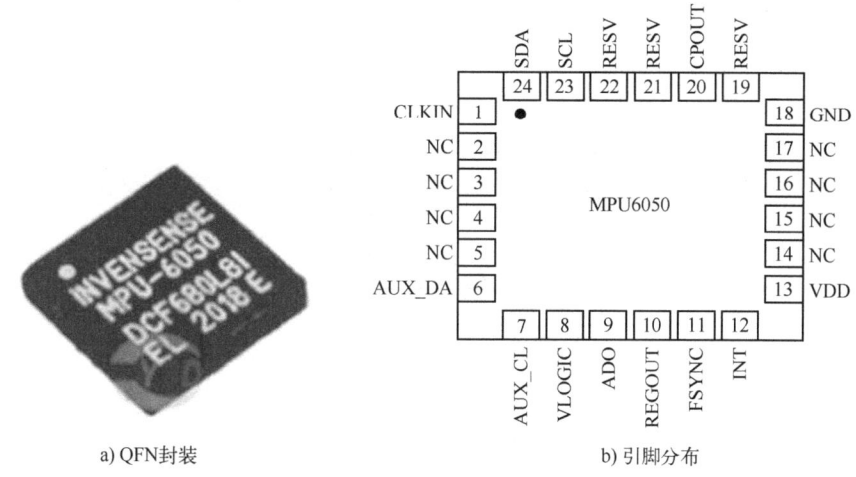

a) QFN封装　　　　　　　　　　b) 引脚分布

图 7-48　MPU6050 的 QFN 封装与引脚分布

使用 MPU6050 芯片时，一般仅需要使用其 VCC、GND、SCL 和 SDA 接口便可以实现其全部功能。微控制器可以通过标准 I2C 接口对 MPU6050 芯片的工作条件进行配置，在初始化 MPU6050 芯片之后，微控制器可使用 I2C 接口读取 MPU6050 芯片测量到的三轴加速度和三轴陀螺仪的原始测量值。

MPU6050 芯片的应用电路如图 7-49 所示。

如图 7-49 所示，MPU6050 硬件电路设计中只需要为该芯片提供合适的工作条件（如电源供电等），以及对芯片的某些功能进行硬件配置（如 I2C 的地址配置及连接 I2C 通信的上拉电阻等），最后将 MPU6050 芯片的重要引脚引出并连接到微控制器对应的 I/O 口便能完成整个硬件电路的设计。

MPU6050 芯片的原始测量值具有一定的噪声，因此需要使用数据融合算法对原始数据进行处理，经常在微控制器上面使用互补、卡尔曼滤波等数字处理算法对原始信号进行进一步处理。用户也可以直接读取其内部 DMP 处理后的数据，从而降低设计难度。

7.3.7　加速度传感器

加速度传感器是一种能够测量加速力的电子设备，广泛用于航空航天、武器系统、汽车、消费电子等。通过加速度的测量，可以了解运动物体的运动状态。加速度传感器可应用在控制手柄振动和摇晃，仪器仪表，汽车制动、启动检测，地震检测，报警系统，结构物、环境监视，工程测震，地质勘探，铁路、桥梁、大坝的振动测试与分析，高层建筑结构动态特性和安全保卫振动侦察等各类场景中。

1. 加速度传感器定义

加速度传感器是能感受加速度并将其转换成可用输出信号的传感器。

2. 常用加速度传感器

常用的加速度传感器有 ADXL345、MMA7260 等。下面以 ADXL345 为例介绍加速度传感器的原理及应用。

ADXL345 是一款完整的三轴加速度测量系统，可选择的测量范围有 ±2 g、±4 g、±8 g 或 ±16 g。ADXL345 外形如图 7-50 所示，其引脚如图 7-51 所示。

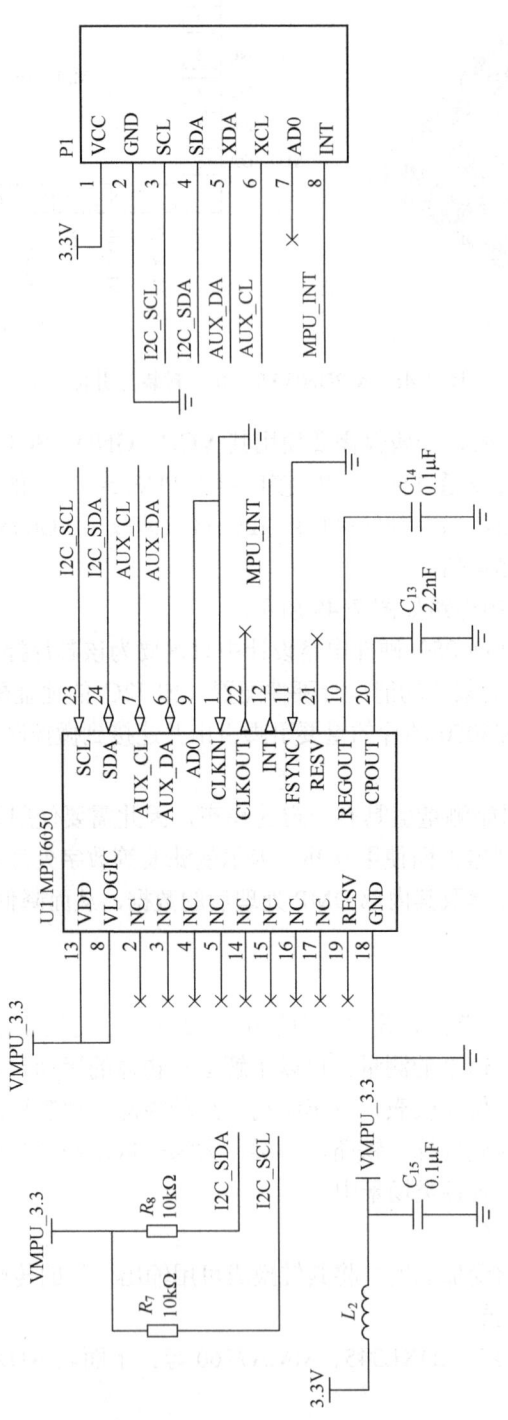

图 7-49 MPU6050 芯片的应用电路

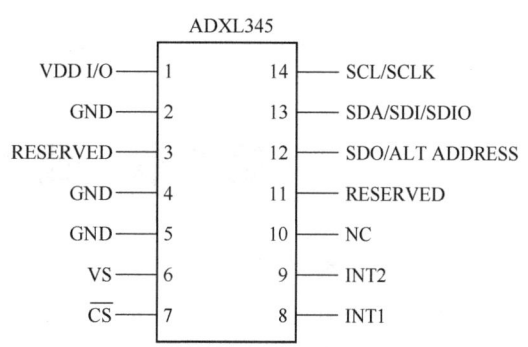

图 7-50　ADXL345 外形　　　　图 7-51　ADXL345 引脚图

ADXL345 既能测量运动或冲击导致的动态加速度，也能测量静止加速度如重力加速度，因此器件可作倾角测量仪使用。此外，ADXL345 还集成了一个 32 级先进先出（First-in，First-out，FIFO）缓存器，用来缓存数据以减轻处理器的负担。

习题

1. 什么是传感器？
2. 传感器有什么特点？
3. 传感器的主要作用是什么？
4. 传感器检测信号有哪些？
5. 什么是加速度传感器？
6. 简述 MPU6050 的功能。

第8章 数字电路

本章详细介绍了数字电路的基本组成和设计,从基本的逻辑门电路(与门、或门、非门)开始,进一步讲述了 74HC/LS/HCT/F 系列芯片的差异以及布尔代数的运算法则。此外,本章还阐述了数字电路设计的具体步骤和方法,提供了一个系统的指南,帮助理解和构建复杂的数字电路系统。这些内容对于学习和实践数字电路设计至关重要。

8.1 基本逻辑门电路

数字电路是由许多的逻辑门组成的复杂电路,与模拟电路相比,它主要进行数字信号的处理(即信号以 0 与 1 两个状态表示),因此抗干扰能力较强。由于它具有逻辑运算和逻辑处理功能,所以又称数字逻辑电路。一个数字系统一般由控制部件和运算部件组成,在时脉的驱动下,控制部件控制运算部件完成所要执行的动作。通过模/数转换器、数/模转换器,数字电路可以和模拟电路互相连接。现代的数字电路由半导体工艺制成的若干数字集成器件构造而成。逻辑门是数字逻辑电路的基本单元。存储器是用来存储二进制数据的数字电路。从整体上看,数字电路可以分为组合逻辑电路和时序逻辑电路两大类。

在数字电路中,基本的逻辑关系有 3 种,即与逻辑、或逻辑和非逻辑。对应于这 3 种基本逻辑关系有 3 种基本逻辑门电路,即与门、或门和非门。

8.1.1 与门

与门(AND Gate)又称"与电路"、逻辑"积"、逻辑"与"电路,是执行"与"运算的基本逻辑门电路。它有多个输入端和一个输出端。当所有输入同时为高电平(逻辑 1)时,输出才为高电平,否则输出为低电平(逻辑 0)。

74 系列的与门电路有 74LS08、74LS09、74LS11、74LS15 和 74LS21。

74LS08 的外形如图 8-1 所示。

图 8-1 74LS08 的外形

1. 与逻辑关系

与逻辑关系可用图 8-2 表示。图中只有当两个开关 A、B 都闭合时,灯泡 Y 才亮。只要有一个开关断开,灯泡 Y 就不亮了,即当决定某一事件(灯亮)的所有条件(开关 A、B 闭合)都成立,这个事件(灯亮)就发生,否则这个事件就不发生。这样的逻辑关系称为与逻辑。

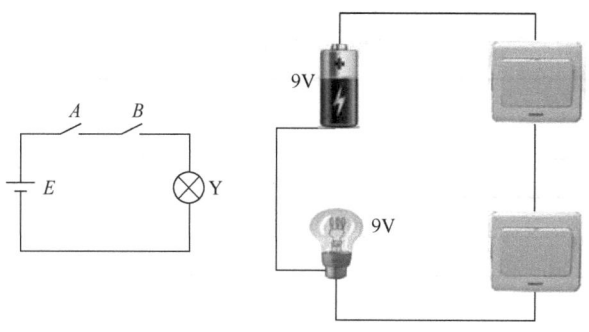

图 8-2 用串联开关说明与逻辑关系

2. 与逻辑的函数式及运算规则

在逻辑代数为与逻辑时可写成如下逻辑函数式：

$$Y = A \cdot B$$

式中，"·"为逻辑乘（又叫作与运算），它不是普通代数中的乘号；Y 为输入变量 A、B 逻辑乘的结果，又叫作逻辑积，它不是普通代数中的乘积。

根据与逻辑的定义，其函数表达式可推广到多输入变量的一般形式：

$$Y = A \cdot B \cdot C \cdot D \cdots$$

为书写方便，式中符号"·"可不写，简写为

$$Y = ABCD \cdots$$

与运算规则为

$$0 \cdot 0 = 0, \quad 0 \cdot 1 = 0, \quad 1 \cdot 0 = 0, \quad 1 \cdot 1 = 1$$

3. 与门电路及其工作原理

能实现"与"逻辑运算的电路称为"与"门，它是数字电路中最基本的一种逻辑门。

图 8-3a 所示为一个由二极管构成的"与"门电路，图 8-3b 为其逻辑符号。A、B 为与门的输入端，Y 为输出端。

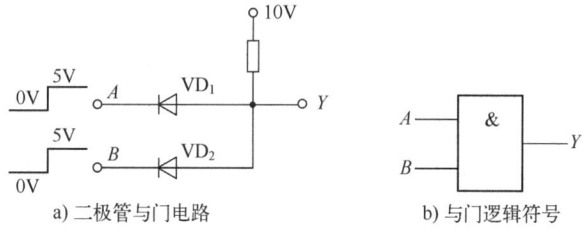

a) 二极管与门电路　　　　b) 与门逻辑符号

图 8-3 与门电路

当输入端有一个或一个以上为 0（即低电平，图中设输入电压低电平时电压值为 0V），假定 A 为 0，B 为 1（即 A 端为 0V，B 端为 5V），此时二极管 VD_1 导通，忽略二极管正向电压降，输出端为低电平（即 0V），是逻辑 0，即"有 0 出 0"；当输入端全为 1（即高电平，图中设输入电压高电平时电压值为 5V，通常此值应小于电源电压值），则 VD_1、VD_2 截止，忽略二极管正向电压降，则输出端也为高电平（即 5V），是逻辑 1，即"全 1 出 1"。

与门逻辑关系除可用逻辑函数式表示外，还可用真值表表示。真值表是一种表明逻辑门电路输入端状态和输出端状态逻辑对应关系的表。它包括全部可能的输入值组合及对应的输出值。表 8-1 所示为与门真值表。

表 8-1　与门真值表

A	B	Y
0	0	0
0	1	0
1	0	0
1	1	1

8.1.2　或门

或门（OR Gate）是数字逻辑中实现逻辑或的逻辑门。只要两个输入中至少有一个为高电平（1），则输出为高电平（1）；只有两个输入均为低电平（0），输出才为低电平（0）。换句话说，或门的功能是得到两个二进制数的最大值，而与门的功能是得到两个二进制数的最小值。

74 系列或门电路有 74LS02、74LS32 等。

74LS32 的外形如图 8-4 所示。

1．或逻辑关系

或逻辑关系可用图 8-5 表示。图中两个开关 A、B 只要有一个闭合，灯泡 Y 就亮，即决定某一事件（灯亮）的条件（A、B 闭合）中，只要有一个或一个以上成立，这件事（灯亮）就发生，否则就不发生。这样的逻辑关系称为或逻辑关系。

图 8-4　74LS32 的外形

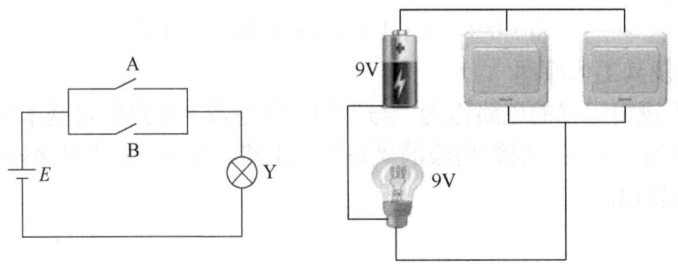

图 8-5　用并联开关说明或逻辑关系

2．或逻辑的函数式及运算规则

在逻辑代数中，或逻辑可写成如下逻辑函数式：

$$Y=A+B$$

式中，"+" 为逻辑加（又叫或运算）符号，它不是普通代数中的加号；Y 为 A、B 逻辑加的结果，不是代数和。

逻辑加的表达式可推广到多输入变量的一般形式：

$$Y=A+B+C+D+\cdots$$

或运算规则为

$$0+0=0,\ 0+1=1,\ 1+0=1,\ 1+1=1$$

3．或门电路及其工作原理

能实现或逻辑运算的电路叫作"或门"。图 8-6a 所示为二输入端二极管或门电路，图 8-6b 所示为或门逻辑符号，A、B 为或门的输入端，Y 为输出端。

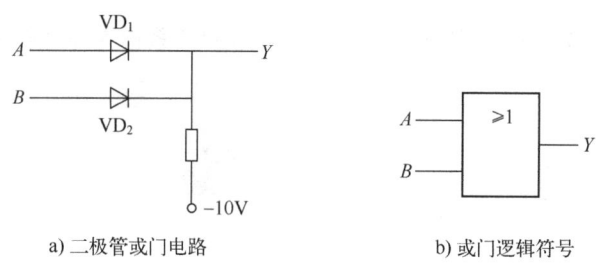

a) 二极管或门电路　　　　　　　　b) 或门逻辑符号

图 8-6　或门电路

只要有一个输入端为 1（即高电平，图中设输入电压高电平为 5V），则与该输入端相连的二极管就导通，忽略二极管正向电压降，输出端为高电平（即 5V），是逻辑 1，即"有 1 出 1"；当输入端全为 0（即低电平，图中设输入电压低电平时电压值为 0V），VD_1、VD_2 截止，忽略二极管正向电压降，则输出端也为低电平（即 0V），是逻辑 0，即"全 0 出 0"。

或门真值表见表 8-2。

表 8-2　或门真值表

A	B	Y
0	0	0
0	1	1
1	0	1
1	1	1

8.1.3　非门

非门（NOT Gate）又称非电路、反相器、倒相器、逻辑否定电路，简称非门，是逻辑电路的基本单元。非门有一个输入和一个输出端。当其输入端为高电平（逻辑 1）时，输出端为低电平（逻辑 0），当其输入端为低电平时，输出端为高电平。也就是说，输入端和输出端的电平状态总是反相的。非门的逻辑功能相当于逻辑代数中的非，电路功能相当于反相，这种运算也称非运算。

74 系列非门电路有 74LS04、74LS14 等。

74LS04 的外形如图 8-7 所示。

图 8-7　74LS04 的外形

下面讲述非逻辑关系、非逻辑的函数式及运算规则、非门电路及其工作原理。

1. 非逻辑关系

非逻辑关系可用图 8-8 表示。开关 A 闭合，灯 Y 就熄灭；开关 A 断开，灯 Y 就亮。设开关闭合为逻辑 1，断开为逻辑 0，灯亮为 1，灯灭为 0，也就是说，某件事（灯亮）的发生取决于某个条件（开关 A）的否定，即该条件成立（A 闭合），这件事不发生（即灯灭）；而该条件不成立（A 断开），这件事发生（即灯亮）。这种关系称为非逻辑关系。

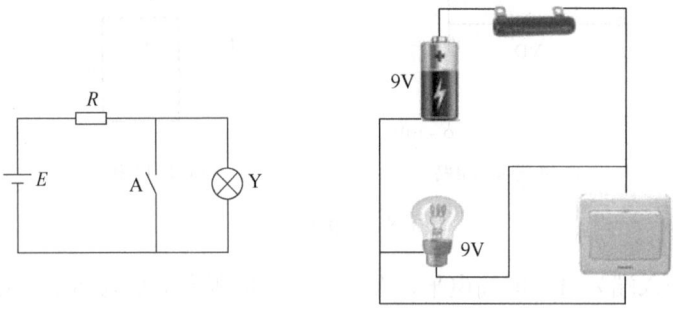

图 8-8 非逻辑关系

2．非逻辑的函数式及运算规则

非逻辑的函数式为 $Y=\overline{A}$，读作"Y 等于 A 非"。
非运算规则为

$$\overline{0}=1, \quad \overline{1}=0$$

3．非门电路及其工作原理

能实现非逻辑运算的电路称为非门，图 8-9a 所示为非门电路图，图 8-9b 所示为非门逻辑符号。

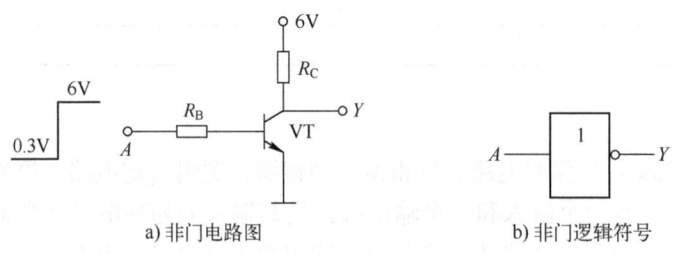

a) 非门电路图　　　　　　b) 非门逻辑符号

图 8-9 非门电路

输入信号 A 若为 0.3V，则 NPN 型晶体管 VT 发射结正偏，但小于门槛电压，所以晶体管处于截止状态，Y 输出为高电平；输入信号 A 若为 6V，应保证晶体管 VT 工作在深度饱和状态。又因为 $U_{CES}=0.3$V，所以 Y 输出为低电平。非门的逻辑功能为"有 0 出 1，有 1 出 0"。

非门真值表见表 8-3。

表 8-3 非门真值表

A	Y
0	1
1	0

8.1.4 74HC/LS/HCT/F 系列芯片的区别

74HC/LS/HCT/F 系列芯片的区别如下：

1）LS 系列是低功耗肖特基电路，HC 系列是高速 COMS 电路。LS 系列的速度比 HC 系列略快。HCT 系列输入、输出与 LS 系列兼容，但是功耗低。F 系列是高速肖特基电路。

2）LS 系列输入开路为高电平，HC 系列输入不允许开路。HC 系列一般要求有上、下拉电阻来确定输入端无效时的电平，LS 系列却没有这个要求。

3）LS 系列输出下拉强、上拉弱，HC 系列上拉下拉相同。

4）工作电压不同。LS 系列只能用 5V，而 HC 系列一般为 2~6V。

5）电平不同。LS 系列是 TTL 电平，其低电平和高电平分别为 0.8V 和 2.4V。HC 系列是 COMS 电平，CMOS 在工作电压为 5V 时分别为 0.3V 和 3.6V，所以 CMOS 可以驱动 TTL，但反过来是不行的。

6）驱动能力不同。LS 系列一般高电平的驱动能力为 5mA，低电平为 20mA。CMOS 的高低电平均为 5mA。

7）CMOS 器件抗静电能力差，易发生栓锁问题，所以 CMOS 的输入引脚不能直接接电源。

74 系列集成电路大致可分为以下几类：74 系列（标准型）、74LS 系列（低功耗肖特基）、74S 系列（肖特基）、74ALS 系列（先进低功耗肖特基）、74AS 系列（先进肖特基）、74F 系列（高速）。

高速 CMOS 电路的 74 系列可分为以下几类：
1）74HC 系列（为 COMS 工作电平）。
2）74HCT 系列（为 TTL 工作电平，可与 74LS 系列互换使用）。
3）74HCU 系列（适用于无缓冲级的 CMOS 电路）。

以上这 9 种 74 系列产品，只要后面的标号相同，其逻辑功能和引脚排列就相同。根据不同的条件和要求可选择不同类型的 74 系列产品，比如，电路的供电电压为 3V 就应选择 74HC 系列的产品，同型号的 74 系列、74LS 系列芯片，逻辑功能上是一样的。

8.1.5 布尔代数运算法则

在抽象代数中，布尔代数（Boolean Algebra）是捕获了集合运算和逻辑运算二者的根本性质的一个代数结构（即一组元素和服从定义的公理在这些元素上运算）。而且，它处理集合运算交集、并集、补集，和逻辑运算与、或、非。

变量（Variable）及反码（Complement）是布尔代数中使用的两个术语。变量通常用斜体书写，是逻辑参量的符号，其取值在 1 和 0 之间，如与门的表达式 $Y=AB$ 中，Y、A、B 都是变量。反码就是在变量上加一个小横线，表示取反，如非门表达式 $Y=\overline{A}$ 中的"-"表示取反，如果 $A=0$，则 $\overline{A}=1$，在描述时可称为"A 非等于 1"。

就像普通的数学运算有一些成熟的法则可用于简化过程一样，布尔代数也有类似的运算法则供计算时使用。

布尔代数运算法则如下：
1）加法交换律：$A+B=B+A$。
2）乘法交换律：$AB=BA$。
3）加法结合律：$A+(B+C)=(A+B)+C$。
4）乘法结合律：$A(BC)=(AB)C$。
5）分配律：$A(B+C)=AB+AC$。

8.2 数字电路设计步骤及方法

8.2.1 数字电路的设计步骤

数字电路系统是用来对数字信号进行采集、加工、传送、运算和处理的装置。一个完整的数字电路系统通常包括输入电路、输出电路、控制电路、时基电路和若干子系统 5 个部分。进行数字电路设计时，首先根据设计任务要求做总体设计，在设计过程中，要反复对设计方案进行论证，以求方案最佳。在整体方案确定后，便可设计单元电路，选择元器件，画出逻辑图、逻辑电路图，进行性能测试实验，最后画总体电路图，撰写实习报告。具体设计步骤如下：

（1）分析设计要求，明确系统功能　系统设计之前，首先要明确系统的任务、技术性能、精度指标、输入输出设备、应用环境以及有哪些特殊要求等，然后查阅相关的各种资料，广开思路，构思出多种总体方案，绘制结构框图。

（2）确定总体方案　明确了系统性能以后，接下来要考虑如何实现这些技术功能和性能指标，即寻找合适的电路来完成它。因为设计的途径不是唯一的，满足要求的方案也不只一个，所以为得到一个满意的设计方案，要对提出的各种方案进行比较，对电路的先进性、结构的繁简程度、成本的高低及制作的困难程度等方面做综合比较，并考虑各种元器件的来源，经过设计-验证-再设计多次反复过程，最后确定一种可行的方案。

（3）设计单元电路　将一个复杂的大系统划分成若干个子系统或单元电路，然后逐个进行设计。整个系统电路设计的实质部分就是单元电路的设计。单元电路的设计步骤大致可分为3步。

1）分析总体方案对单元的要求，明确单元电路的性能指标。注意各单元电路之间的输入和输出信号的关系，应尽量避免使用电平转换电路。

2）选择设计单元电路的结构形式。通常选择熟悉的电路，或者通过查阅资料选择更合适、更先进的电路，在此基础上进行调试改进，使电路的结构形式达到最佳。

3）计算主要参数，选择元器件。选择元器件的原则是，在可以实现设计要求的前提下，所选的元器件最少、成本最低，最好采用同一种类型的集成电路，这样可以不考虑器件之间的连接匹配问题。

（4）设计控制电路　控制电路是将外部输入信号以及各子系统送来的信号进行综合、分析，发出控制命令去管理输入、输出电路及各个子系统，使整个系统同步协调、有条不紊地工作。控制电路在整个系统中起核心和控制作用，其功能有系统清零、复位、安排各子系统的时序先后及启动/停止等。设计时最好画出时序图，根据控制电路的任务和时序关系反复构思电路，选用合适的器件，使其达到功能要求。常用的控制电路有3种：移位型控制器、计数型控制器和微处理器控制器。一般根据完成控制的复杂程度，可灵活选择控制器类型。

（5）综合系统电路，画出总体电路图　各部分子系统设计完成后，应画出总体电路图。总体电路图是电路设计、安装、调试及生产组装的重要依据，所以电路图画好之后要进行审图，检查设计过程遗漏的问题，及时发现错误，进行修改，保证电路的正确性。画电路图的注意事项如下：

1）应该注意流向，通常是从信号源或输入端画起，从左至右、从上至下按信号的流向依次画出各单元电路。电路图的大小、位置要适中，不要把电路画成窄长型或瘦高型。

2）尽量把电路图画在一张纸上。如果遇到复杂的电路，一张纸画不下，首先要把主电路画在一张纸上，然后把相对独立和次要的电路分画在另外的纸张上。必须注意的是，一定要把各张纸上电路之间的信号关系说明清楚。

3）连线要画成水平线或竖直线，一般不画斜线，少拐弯，电源一般用标值的方法，地线可用地线符号代替。四端互相连接的交叉线应该在交叉处用圆点画出，否则表示跨越。三端相连的交叉处不用画圆点。

4）电路图中的集成电路芯片通常用框形表示。在框中标明其型号，框的两侧标明各连线引脚的功能。除了中大规模集成电路外，其余器件应该标准化。

5）如果遇到复杂的电路，可以先画出草图，待调整好布局和连线后，再画出正式电路图。

（6）安装测试，反复修改，逐步完善　在各单元模块和控制电路达到预期要求以后，可把各个部分连接起来，构成整个电路系统，并对系统进行功能测试。测试主要包含三部分的工作：系统故障诊断与排除、系统功能测试、系统性能指标测试。这三部分的测试有一项不符合要求，都必须修改电路设计。

（7）撰写设计文件　整个系统实验完成后，应整理出包含如下内容的设计文件：完整的电路原理图、详细的程序清单、所用元器件清单、功能与性能测试结果及使用说明书。

8.2.2　数字电路的设计方法

数字电路系统常见的设计方法有自下而上法和自上而下法。

1. 自下而上的设计方法

数字系统自下而上的设计是一种试探法，设计者首先将规模大、功能复杂的数字系统按逻辑功能划分成若干子模块，一直分到这些子模块可以用经典的方法和标准的逻辑功能部件进行设计为止，然后再将子模块按其连接关系分别连接，逐步进行调试，最后将子系统组合在一起，进行整体调试，直到满足要求为止。具体步骤如下：

1）分析系统的设计要求，确定总体方案。
2）划分逻辑单元，确定初始结构，建立总体逻辑图。
3）选择功能部件组成电路。
4）将功能部件构成数字系统。

这种方法的特点是：没有明显的规律可循，主要靠设计者的实践经验和熟练的设计技巧，用逐步试探的方法最后设计出一个完整的数字系统。系统的各项性能指标只有在系统构成后才能分析测试。

2. 自上而下的设计方法

自上而下的设计方法是将整个系统从逻辑上划分成控制器和处理器两大部分，采用算法状态机（Algorithmic State Machine，ASM）图或 RTL 语言来描述控制器和处理器的工作过程。如果控制器和处理器仍比较复杂，可以在控制器和处理器内部多重地进行逻辑划分，然后选用适当的器件以实现各个子系统，最后把它们连接起来，完成数字系统的设计。设计步骤如下：

1）明确所要设计系统的逻辑功能。
2）确定系统方案与逻辑划分，画出系统框图。
3）采用某种算法描述系统。
4）设计控制器和处理器，组成所需要的数字系统。

习题

1. 什么是数字电路？
2. 布尔代数运算法则有哪些？

第 9 章 电路设计与数字仿真软件——Proteus 及其应用

本章介绍一种广泛使用的电子设计自动化（EDA）工具——Proteus 软件，特别强调了其在数字电路设计和仿真中的应用。首先概述了 EDA 技术，然后详细讲解了 Proteus 8 的体系结构、启动退出流程、界面操作以及如何使用 Schematic Capture 窗口进行电路设计。特别提供了一个 STM32F103 驱动 LED 灯的仿真实例，包括硬件绘制、STM32CubeMX 配置、用户代码编写以及仿真结果和代码分析，展示了 Proteus 在实际电路设计和问题解决中的强大功能和实用性。

9.1 EDA 技术概述

电子设计技术的核心就是 EDA 技术。EDA 技术是指以计算机为工作平台，融合应用电子技术、计算机技术、智能化技术等最新成果而研制成的电子 CAD 通用软件包，主要能辅助进行 IC 设计、电子电路设计及 PCB 设计和系统级设计工作。EDA 技术已有 40 多年的发展历程，大致可分为以下 3 个阶段。

第 1 阶段：20 世纪 70 年代——计算机辅助设计（Computer Aided Design，CAD）阶段，人们开始用计算机辅助进行 IC 版图编辑和 PCB 布局布线，取代了手工操作。

第 2 阶段：20 世纪 80 年代——计算机辅助工程（CAE）阶段。与 CAD 相比，CAE 除了有纯粹的图形绘制功能外，又增加了电路功能设计和结构设计，并且通过电气连接网络表将两者结合在一起，实现了工程设计。CAE 的主要功能是原理图输入、逻辑仿真、电路分析、自动布局布线和 PCB 后分析。

第 3 阶段：20 世纪 90 年代——电子系统设计自动化（Electronic System Design Automation，ESDA）阶段。20 世纪 90 年代，尽管 CAD/CAE 技术取得了巨大成功，但并没有把人们从繁重的设计工作中彻底解放出来。在整个设计过程中，自动化和智能化程度还不高，各种 EDA 软件窗口千差万别，学习和使用比较困难，并且各软件互不兼容，直接影响到设计环节间的衔接。基于以上不足，EDA 技术继续发展，进入了以支持高级语言描述、可进行系统级仿真和综合技术为特征的第 3 代 EDA 技术——ESDA 阶段。这一阶段采用一种新的设计概念，即自顶向下的设计方式和并行工程（Concurrent Engineering）的设计方法，设计者将精力主要集中在电子产品的准确定义上，EDA 系统完成了电子产品的系统级至物理级的设计。ESDA 极大地提高了系统设计的效率，使广大的电子设计师开始实现"概念驱动工程"的梦想。设计师们摆脱了大量的辅助设计工作，而把精力集中于创造性的方案与概念构思上，从而极大地提高了设计效率，使设计更复杂的电路和系统成为可能，产品的研制周期大大缩短。这一阶段的基本特征是，设计人员按照自顶向下的设计方法，对整个系统进行方案设计和功能划分，系统的关键电路用一片或几片专用集成电路（ASIC）实现，然后采用硬件描述语言（HDL）完成系统行为级设计，最后通过综合器和适配器生成最终的目标器件。这样的设计方法称为高层次的电子设计方法。具体的概念和实际设计方法请参考文献[1-10]等。

EDA 工具软件按功能可大致分为 IC 级辅助设计、电路级设计和系统级设计 3 类。

1．IC 级辅助设计

IC 级辅助设计即物理级设计，多由半导体厂家完成。

2．电路级设计

电路级设计主要是根据电路功能要求设计合理的方案，同时选择能实现该方案的合适元器件，然后根据具体的元器件设计电路原理图。接着进行第一次仿真，包括数字电路的逻辑模拟、故障分析、模拟电路的交直流分析、瞬态分析。系统在进行仿真时，必须有元件模型库的支持，计算机上模拟的输入、输出波形代替了实际电路调试中的信号源和示波器。这一次仿真主要是检验设计方案在功能方面的正确性。

仿真通过后，根据原理图产生的电气连接网络表进行 PCB 的自动布局布线。制作 PCB 之前还可以进行后分析，包括热分析、噪声及串扰分析、电磁兼容分析、可靠性分析等，并且可以将分析后的结果参数回注到电路图，进行第二次仿真，也称为后仿真，这一次仿真主要是检验 PCB 在实际工作环境中的可行性。

由此可见，电路级的 EDA 设计使电子工程师在实际的电子系统产生之前就可以全面地了解系统的功能特性和物理特性，从而将开发过程中出现的缺陷消灭在设计阶段，不仅缩短了开发时间，也降低了开发成本。

3．系统级设计

进入 20 世纪 90 年代以来，电子信息类产品的开发出现了两个明显的特点：一是产品的复杂程度加深，二是产品的上市时限紧迫。然而，电路级设计本质上是基于门级描述的单层次设计，设计的所有工作（包括设计输入、仿真和分析、设计修改等）都是在基本逻辑门这一层次上进行的，显然这种设计方法不能适应新的形势，为此引入了一种高层次的电子设计方法，也称为系统级设计方法。

高层次设计是一种"概念驱动式"设计，设计人员无须通过门级原理图描述电路，而是针对设计目标进行功能描述，由于摆脱了电路细节的束缚，设计人员可以把精力集中于创造性的概念构思与方案上，一旦这些概念构思以高层次描述的形式输入计算机后，EDA 系统就能以规则驱动的方式自动完成整个设计。这样，新的概念得以迅速有效地转化为生产力，大大缩短了产品的研制周期。不仅如此，高层次设计只是定义系统的行为特性，可以不涉及实现工艺，在厂家综合库的支持下，利用综合优化工具可以将高层次描述转换成针对某种工艺优化的网络表，工艺转化变得轻松容易。

高层次设计步骤如下：

1）按照"自顶向下"的设计方法进行系统划分。

2）输入 VHDL 代码，这是高层次设计中最为普遍的输入方式。此外，还可以采用更直观、更易理解的图形（框图、状态图等）输入方式。

3）将以上的设计输入编译成标准的 VHDL 文件。对于大型设计，还要进行代码级的功能仿真，主要是检验系统功能设计的正确性，因为对于大型设计，综合、适配要花费数小时，在综合前对源代码仿真，就可以大大减少设计重复的次数和时间，一般情况下可略去这一仿真步骤。

4）利用综合器对 VHDL 源代码进行综合优化处理，生成门级描述的网络表文件，这是将高层次描述转化为硬件电路的关键步骤。

综合优化是针对 ASIC 芯片供应商的某一产品系列进行的,所以综合的过程要在相应的厂家综合库支持下才能完成。综合后,可利用产生的网络表文件进行适配前的时序仿真,仿真过程不涉及具体器件的硬件特性,较为粗略。一般设计时,这一仿真步骤也可略去。

5）利用适配器,将综合后的网络表文件针对某一具体的目标器件进行逻辑映射操作,包括底层器件配置、逻辑分割、逻辑优化和布局布线。适配完成后,产生多项设计结果,如适配报告,包括芯片内部资源利用情况、设计的布尔方程描述情况等,适配后的仿真模型,器件编程文件。根据适配后的仿真模型,可以进行适配后的时序仿真,因为已经得到器件的实际硬件特性（如时延特性）,所以仿真结果能比较精确地预期未来芯片的实际性能。如果仿真结果达不到设计要求,就需要修改 VHDL 源代码或选择不同速度品质的器件,直至满足设计要求。

6）将适配器产生的器件编程文件通过编程器或下载电缆载入到目标芯片 FPGA 或 CPLD 中。如果是大批量产品开发,通过更换相应的厂家综合库,可以很容易转由 ASIC 形式实现。

Proteus 属于电路级辅助设计软件,是电子线路设计、仿真和 PCB 设计类 EDA 软件。

9.2 Proteus 8 体系结构及特点

Proteus 全称为 Proteus Design Suite,是由英国 Labcenter Electronics 公司开发的 EDA 工具软件。它于 1989 年问世,目前已在全球范围内得到广泛使用。Proteus 软件主要由两部分组成：ARES 平台和 ISIS 平台。前者主要用于 PCB 自动或人工布线以及电路仿真,后者主要用于以原理布图的方法绘制电路并进行相应的仿真。Proteus 革命性的功能在于它的电路仿真是互动式的,针对微处理器的应用,可以直接在基于原理图的虚拟原型上编程,并实现软件代码级的调试,还可以直接实时动态地模拟按钮、键盘的输入和 LED、液晶显示器的输出,同时配合虚拟工具如示波器、逻辑分析仪等进行相应的测量和观测。

Proteus 软件的应用范围十分广泛,涉及 PCB、SPICE 电路仿真、微控制器仿真,以及 ARM7、LPC2000 的仿真。Proteus 8.13 支持对部分采用 Cortex-M3 内核的 STM32 芯片的仿真。本章主要以 STM32F103T6 的仿真为例,使读者初步了解 Proteus 软件的强大功能。本章主要对 Proteus 8.13 Professional 做简单介绍,其中不涉及 PCB。

Proteus 可以进行微处理器控制电路设计和实时仿真,具体功能见表 9-1。Proteus 主要有四大结构体系,即 Schematic Capture、PCB Layout、VSM Studio 和 Visual Designer。

表 9-1 Proteus 功能表

模块	功能
Schematic Capture	Schematic Capture 原理设计和仿真
	交互式仿真、图表仿真
	虚拟激励源
	丰富的辅助工具
PCB Layout	自动布线布局
	泪滴操作、覆铜操作
	Gerber View
	功能强大的 PCB 辅助工具

（续）

模块	功能
VSM Studio	VSM Studio
	支持程序单步、中断调试
	支持多种嵌入式微处理器
	硬件中断源、Active Popups
Visual Designer	基于流程图可视化的 Arduino 设计工具，主要包括 Arduino 功能扩展板和 Grove 模块，元器件库主要包括常用的显示器、按钮、开关、传感器和电机、TFT 显示屏、SD 卡和音频播放器等

与以前的版本相比，Proteus 8 除了保持以前版本的优良特点外，还有了很大的改变，主要表现在以下几个方面。

1）采用 Integrated Application Framework 新技术，将上述 4 个模块集成在一个窗口内，实现了真正一体化的 EDA 设计理念。这 4 个软件可以运行在一个窗口内（称为标签式模式或单帧模式），也可以各自有一个单独窗口（称为多帧模式），这与以前的版本窗口一样。单帧模式往往能更好地满足笔记本计算机用户。

2）Schematic Capture 和 PCB Layout 共享一个数据库——CDB（Common Database），CDB 包含项目中所有的部件（Parts）和元件（Elements）信息。部件代表 PCB Layout 中的物理组件，而元件代表在原理图上的逻辑组件。CDB 还保存了部件和元件之间的联系，例如一个同类多组元器件，如 74LS00，2 输入 4 与非门，假设在原理图中以 U1:A、U1:B、U1:C、U1:D 表示，如果将 U1:A 中的封装由 DIL14 改为 SOL14，则系统自动更新 PCB Layout 中的封装，也会自动更新原理图中 U1:B、U1:C、U1:D 的封装，并自动更新原理图和 PCB 中的引脚。Proteus 8 把 Schematic Capture 原理图设计文件（*.dsn）、PCB Layout（*.lyt）、CDB 以及 VSM Studio（Firmware）和程序相关的代码保存在一个项目文件（*.pdsprj）里。

3）采用新的网络表管理方式，即 Live Netlisting 技术，该技术使在原理图 Schematic 上的变化立即反映在 PCB Layout、设计资源管理器和元器件清单中。同理，在 PCB Layout 中的参数改变也会立即反映到原理图 Schematic Capture、设计资源管理器和元器件清单中。

4）新的3D预览方案，支持 PCB Layout 和 3D Viewer 之间实时更新数据。

5）Proteus 8 提供了一个全新的所见即所得的元器件清单窗口，与 Schematic Capture 之间实时更新，可以对元器件清单报表中的内容进行修改，如可视化的页眉页脚编辑器等，还可以对原理图进行反标注，设置元器件的订单代码、价格等参数，支持打印输出和生成多种文件格式输出。

6）新的 VSM Studio 集成开发环境，使嵌入式微处理器编程与硬件调试更方便快捷。在 Proteus 8 中，VSM Studio 成为一个独立的应用程序，这样的好处主要有：固件自动加载成功后，自动编译生成目标处理器；新建项目向导，在选择目标处理器后，会自动生成一些固件基本的电路（如电源电路、复位电路等）；既可以在原理图中调试，也可以在 VSM 集成环境中调试。

9.2.1 Proteus VSM 的主要功能

Proteus VSM 是一个基于 ProSPICE 的混合模型仿真器，主要由 SPICE3F5 模拟仿真器内核和快速事件驱动数字仿真器（Faste Vent-Driven Digital Simulator）组成。在 Schematic Capture 平台中，利用具有动态演示功能的元器件或具有仿真模型的元器件，当电路连接完成无错误后，单击运行按钮，可以实现声、光等动态逼真的仿真。打开本书配套电子资源实例 Cap.pdsprj，如图 9-1 所示。先闭合 SW1 键（单击 SW1 的 图标），断开 SW2 键（单击 SW2 的 图标），单击 Schematic Capture 窗口最下面的（运行仿真）按钮，运行原理图仿真，注意观察电解电容的电荷变化，电解电容开始充电，接电源的正极带上了正电荷，接电源的负极带上了负电荷，随着通电时间的延长，电荷量也在逐渐增加，根据 *RC* 构成的电路原理，修改 R1 和 C1 的值，充电时间也会发生变化。导线上的箭头表示电流的方向，当 C1 上的电压值（即 VM1 的值，VM1 为虚拟直流电压表）等于直流电压源的电压值时，停止充电，AM1（虚拟直流电流表）的电流值由开始的最大值逐渐变小，最终为 0mA。断开 SW1 键，闭合 SW2 键，电容开始放电，灯泡的亮度由亮逐渐变暗（因为电容上的电荷在减少，灯泡的端电压在逐渐降低），当电容放电结束后，灯泡熄灭。AM2 的电流值逐渐由大变小，最后变为 0mA。

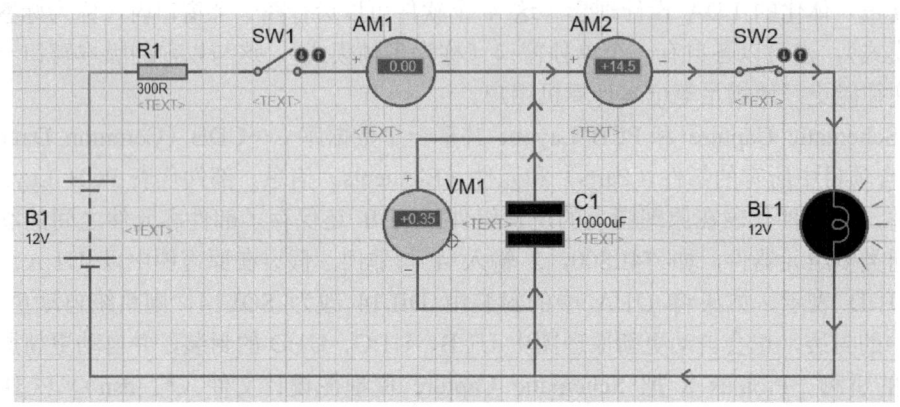

图 9-1 电容充放电交互式仿真

Proteus VSM 仿真有交互式仿真和高级图表仿真（ASF）两种。交互式仿真是一种直观地反映电路设计的仿真，如图 9-1 所示。高级图表仿真是把电路中某点对地的电压或电流相对时间轴或其他参数的波形绘制出来，打开配套电子资源实例 chap1 中的 DAC0808.pdsprj，其仿真效果如图 9-2 所示。

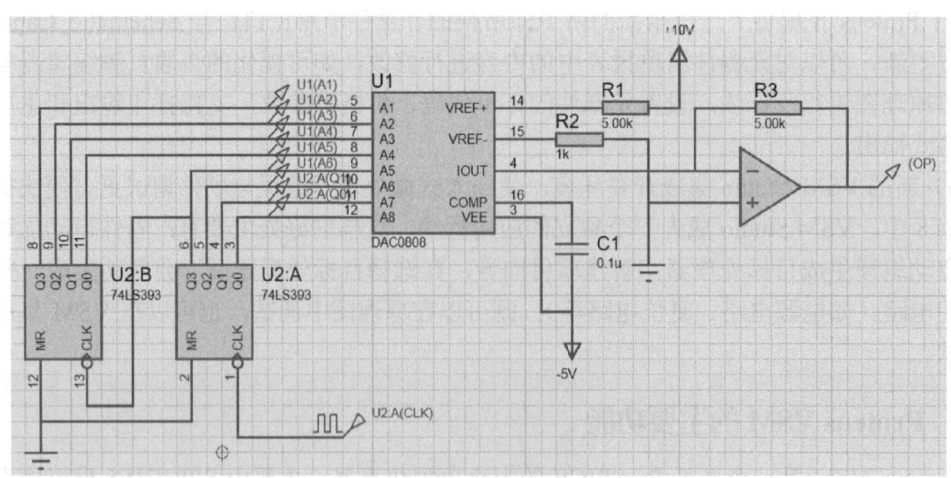

a) DAC0808 数/模转换原理图

图 9-2 DAC0808 数/模转换原理图及高级混合图表仿真

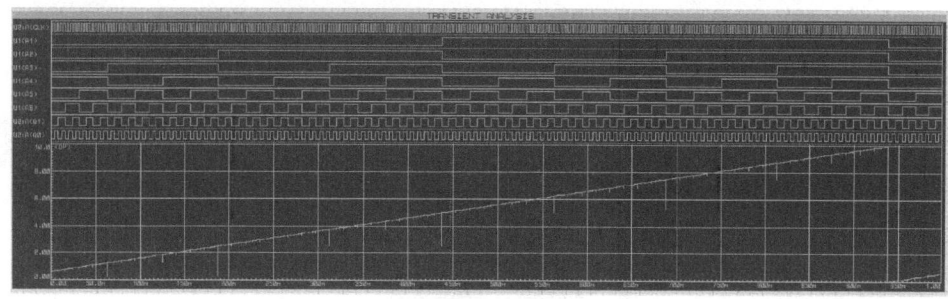

b) 高级混合图表仿真

图 9-2　DAC0808 数/模转换原理图及高级混合图表仿真（续）

为了实现交互式仿真，Proteus 提供了上万种具有 SPICE 模型的元器件，还提供了 3 种探针、14 种可编程的激励源、13 种虚拟仪器等。

9.2.2　Proteus PCB

Proteus PCB 设计系统是基于高性能的网络表的设计系统，能够完成高效、高质量的 PCB 设计，可以进行 3D PCB 预览，也可以生成多种网络表格式和多种图形输出格式，以便与其他 EDA 软件相兼容。

9.2.3　嵌入式微处理器交互式仿真

Proteus Studio 是能够对目前多种型号的微处理器，如 8051/8052、ARM7、AVR、PIC10、PIC12、PIC16、PIC18、PIC24、dsPIC33、HC11、BasicStamp、8086、MSP430、MAXIM（美信）系列、Cortex-M3、TMS320C28X 等进行实时仿真、协同仿真、调试与测试的 EDA 工具。随着版本的提高，嵌入式微处理器的产品型号还在不断增加。

9.3　Proteus 8 的启动和退出

安装好 Proteus 8 后，在计算机桌面可见其快捷图标，如图 9-3 所示。

单击图 9-3 图标，打开 Proteus 8，如图 9-4 所示。数秒后进入 Proteus 8，如图 9-5 所示。由图 9-5 可以看出，Proteus 8 软件改变了以前的格式，成为真正一体化的 EDA 软件。

图 9-3　Proteus 8 快捷图标

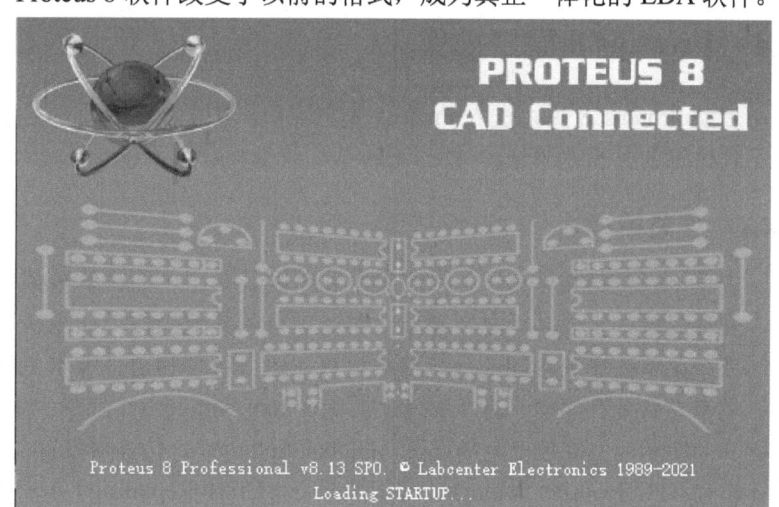

图 9-4　Proteus 8 启动窗口

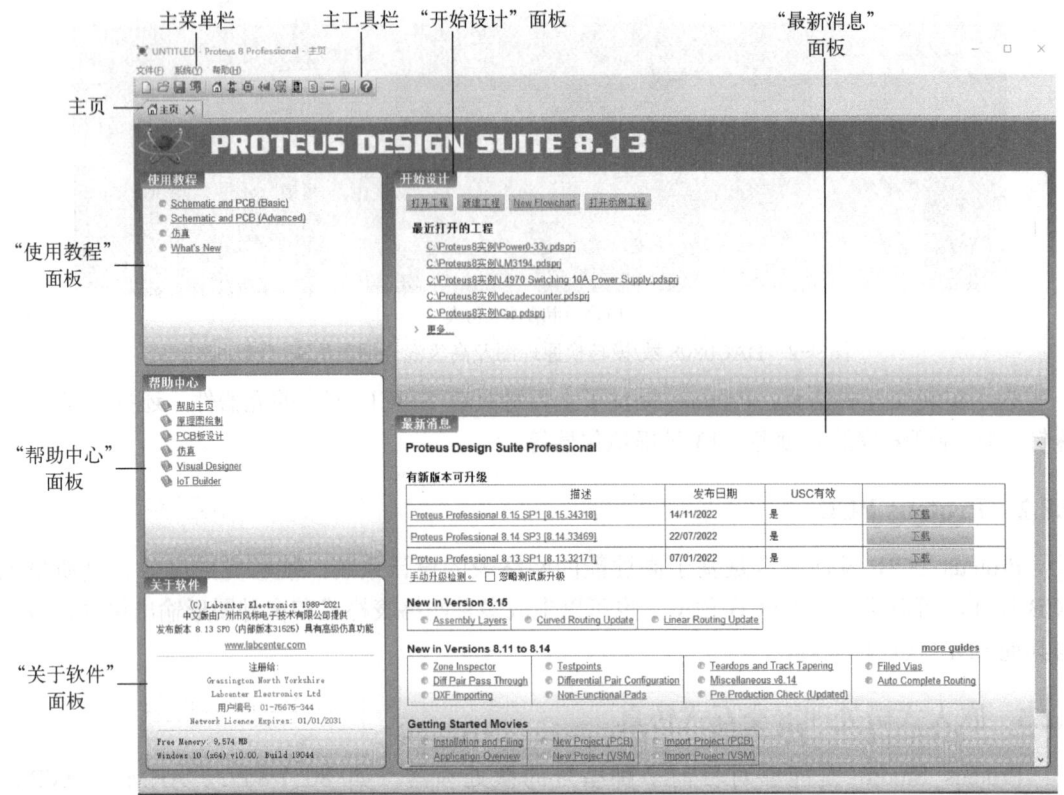

图 9-5 Proteus 8 的主页（Home Page）窗口

Proteus 8 主要由两个常用的设计系统——高级布线和编软件（Advanced Routing and Editing Software，ARES）和智能原理图输入系统（Intelligent Schematic Input System，ISIS），以及 3D 浏览器构成，可在主界面分别单击各按钮进入相应环境。其中主界面中还包括 Proteus 各模块的教程及帮助文件，读者可自行阅读。

退出 Proteus 有以下两种方式：单击标题栏中的关闭按钮；选择"文件"菜单中的"退出程序"命令，或者直接按快捷键〈Alt+F4〉。

9.4 Proteus 8 窗口操作

启动 Proteus 8 后，进入 Proteus 8 主窗口，如图 9-5 所示。主窗口主要包括主菜单栏、主工具栏和主页三大部分。

9.4.1 主菜单栏

主菜单栏包括文件菜单、系统菜单和帮助菜单，下面讲解各菜单的功能。

文件菜单的主要功能是新建项目和对项目的其他操作，如图 9-6 所示。

系统菜单的主要功能是系统参数设置、更新管理和语言版本更新，如图 9-7 所示。

单击"系统"菜单下的"系统设置（System Settings）"命令，弹出"系统设置"对话框，如图 9-8 所示，主要包括全局设置（Global Settings）、仿真器设置（Simulator Settings）、PCB 设计设置（PCB Design Settings）和崩溃报告（Crash Reporting）4 个选项卡。

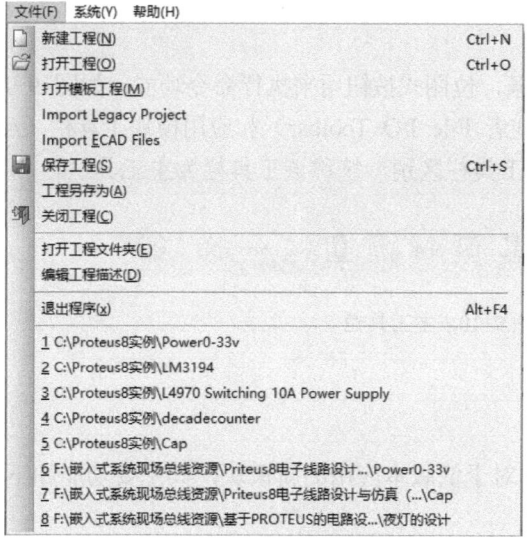

图 9-6　文件菜单

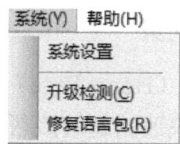

图 9-7　系统菜单

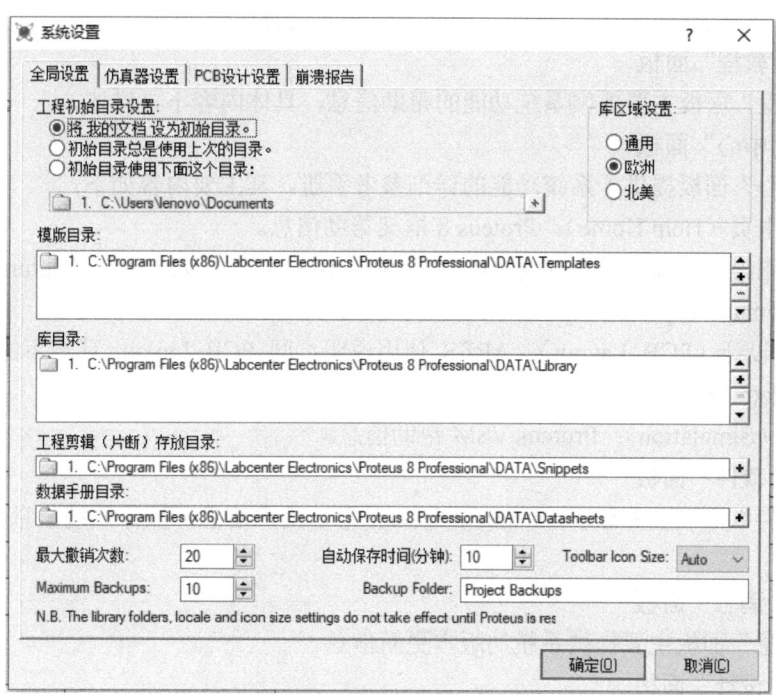

图 9-8　"系统设置"对话框

帮助菜单主要提供帮助信息，如图 9-9 所示。

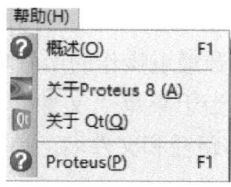

图 9-9　帮助菜单

9.4.2 主工具栏

主工具栏是显示位图式按钮的控制条，位图式按钮用来执行命令功能，如图 9-10 所示，主要包括项目工具栏（Project Toolbar 或者 File I/O Toolbar）和应用模块工具栏（Application Module Toolbar）。为了与后面章节中的工具栏区别，统称该工具栏为主工具栏。

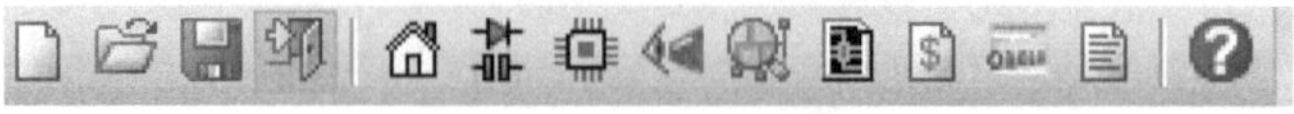

图 9-10 主工具栏

9.4.3 主页

主页（Home Page）是 Proteus 8 相对于低版本应用的新模块，其主要功能如下：
1）快速的超链接帮助信息。
2）系统快捷操作面板。

操作面板主要包括"使用教程"面板、"帮助中心"面板、"关于软件"面板、"开始设计"面板和"最新消息"面板，下面详细介绍这些面板的功能。

1．"使用教程"面板

"使用教程"面板主要提供系统功能的帮助信息，具体内容不再详述。

2．"帮助中心"面板

"帮助中心"面板提供了系统功能的详细参考手册。其主要内容如下：

1）帮助主页（Help Home）：Proteus 8 框架帮助信息。

2）原理图绘制（Schematic Capture）：ISIS 使用说明。同 Schematic Capture 环境下的菜单 Help→Schematic Capture Help 命令。

3）PCB 设计（PCB Layout）：ARES 使用说明。同 PCB Layout 环境下的菜单 Help→PCB Layout Help 命令。

4）仿真（Simulation）：Proteus VSM 帮助信息。

3．"关于软件"面板

"关于软件"面板主要显示 Proteus 的版本信息、用户信息、操作系统信息和官方网址等信息。

4．"最新消息"面板

"最新消息"面板主要提供系统的版本更新信息。

5．"开始设计"面板

"开始设计"面板提供创建项目、打开项目、导入项目、打开系统项目实例等功能，并显示最近的项目名称及路径。

（1）打开工程（Open Project） 打开用户已创建的项目有两种方式。

1）对于最近操作过的项目，可以双击"最近打开的工程"列表中对应的项目行，如图 9-11 所示，或者单击"更多"，展开最近操作的所有项目。

2）单击"打开工程"按钮（相当于菜单"文件"→"打开工程"命令），弹出"加载 Proteus 工程软件"对话框，选择具体路径和文件名，单击"打开"按钮即可打开用户创建的项目文件，如图 9-12 所示。

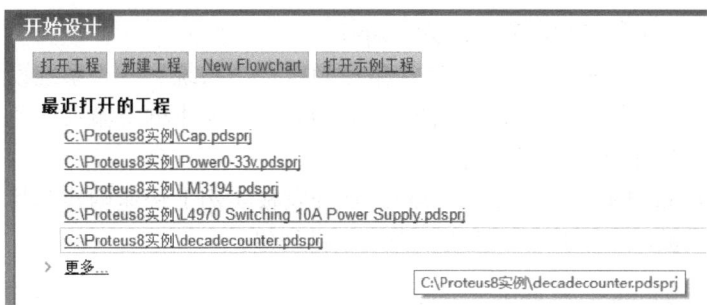

图 9-11　打开最近项目

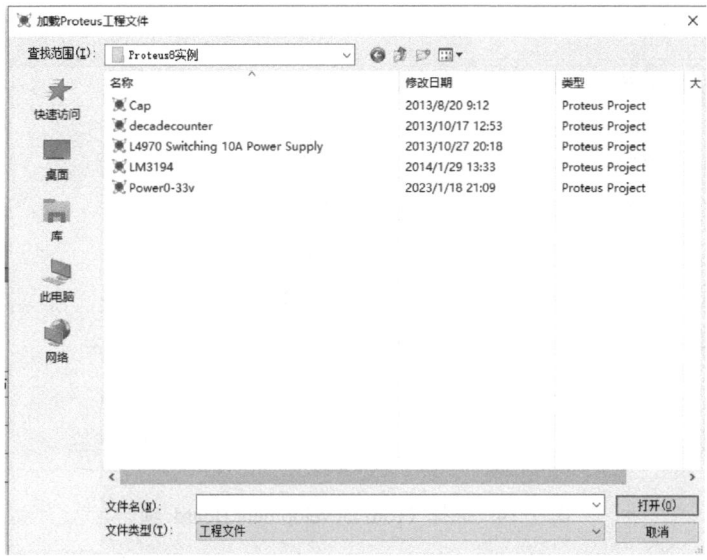

图 9-12　"加载 Proteus 工程软件"对话框

（2）新建工程（New Project）　单击"新建工程"按钮（相当于菜单"文件"→"新建工程"命令），弹出"新建工程向导"对话框，如图 9-13 所示。

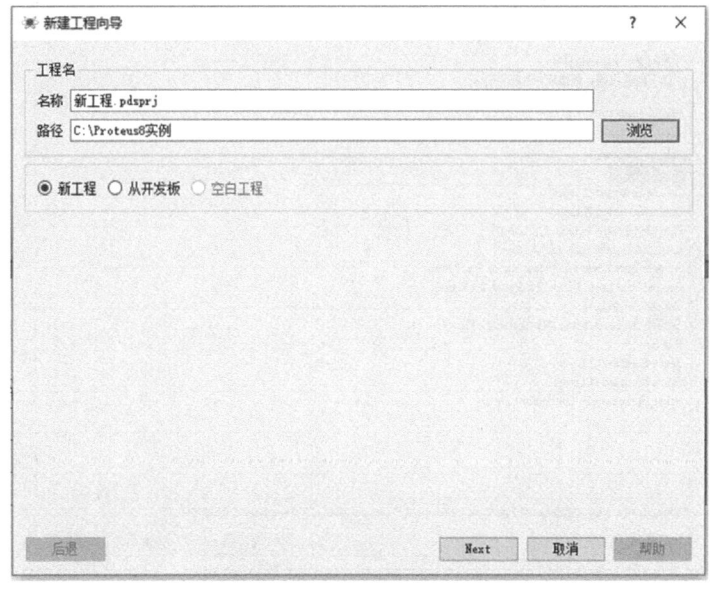

图 9-13　新建工程向导

名称（Name）：工程名称，其后缀为.pdsprj。

路径（Path）：工程保存的路径，默认路径为执行"系统"→"系统设置"时设置的初始路径。单击"浏览"按钮可以设置路径，也可以直接在文本框中输入路径。

新工程（New Project）：新建工程。

从开发板（From Development Board）：从开发板实例上快速创建项目，如图 9-14 所示。选择相应的模板，单击 Finish 按钮，完成项目创建。

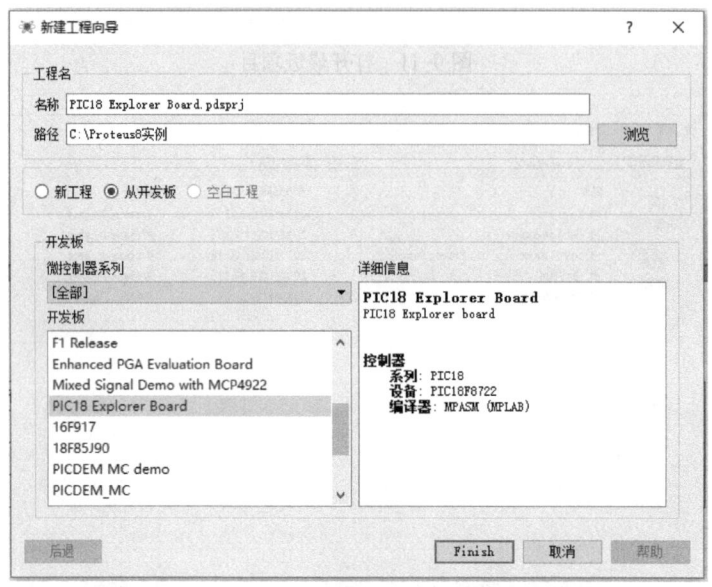

图 9-14　选择 From Development Board 项

如果创建自己所需的项目，一般选择"新工程"，单击 Next 按钮，进行下一步设置，弹出如图 9-15 所示的原理图配置对话框。选择合适的原理图纸大小后单击 Next 按钮，进行 PCB 参数设置。选择合适的 PCB 模板后单击 Next 按钮，进入 PCB 层设计对话框。

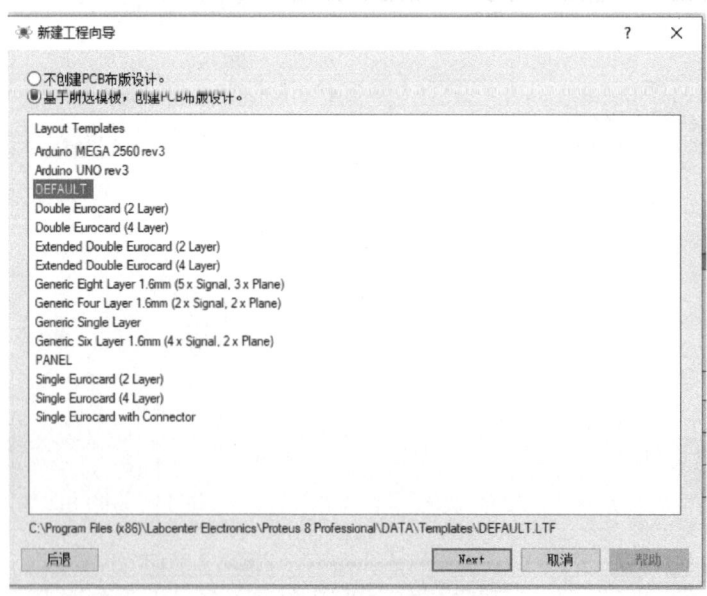

图 9-15　原理图配置对话框

单击 Next 按钮，打开嵌入式微处理器参数配置对话框，如图 9-16 所示。其中，没有固件项目（No Firmware Project）是不创建固件项目，Create Flowchart Project 是创建流程图项目。

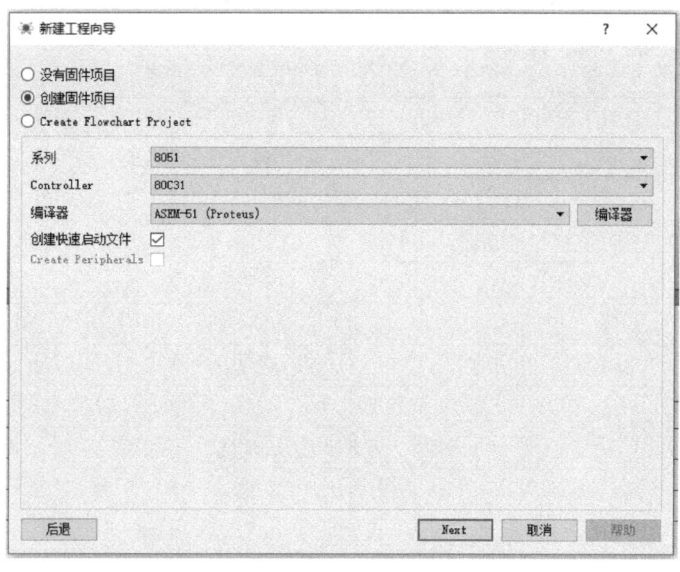

图 9-16　嵌入式微处理器参数配置对话框

其中，后两项会展开二级项目参数，参数项目名称一样，这里以创建固件项目为例，主要参数如下：

系列（Family）：微处理器知识产权核（Intellectual Property Core，IP 核）选择。默认为 8051 IP 核，如图 9-17 所示。单击下拉按钮，可选择其他 IP 核。这里以 8051 IP 核为例。

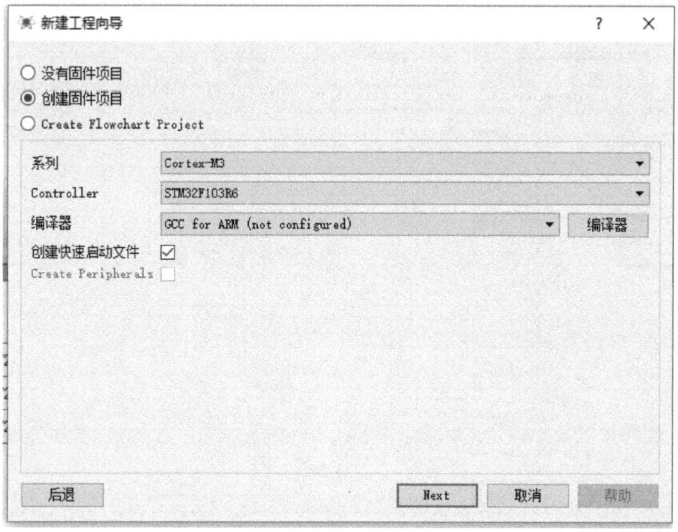

图 9-17　IP 核

Controller：微处理器选择。单击下拉按钮，选择支持 8051 IP 核的具体微处理器。

编译器（Compiler）：编译器选择。单击"编译器"按钮，选择 Proteus VSM 支持的编译器，如果该编译器没有匹配安装，则在其编译器后面备注 not configured 字样，如图 9-17 所示。

创建快速启动文件（Create Quick Start Files）：是否快速生成 Code 格式文件，勾选表示快速创建程序代码，否则创建原理图和空白 Code 文件，如图 9-18 和图 9-19 所示。

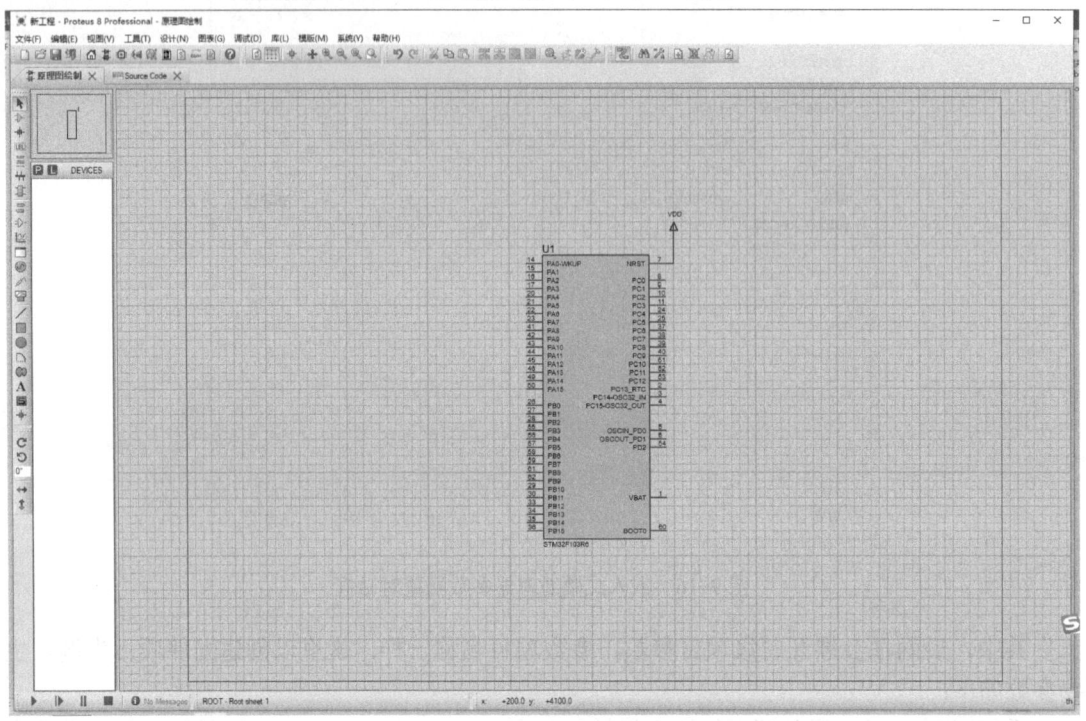

图 9-18　原理图绘制

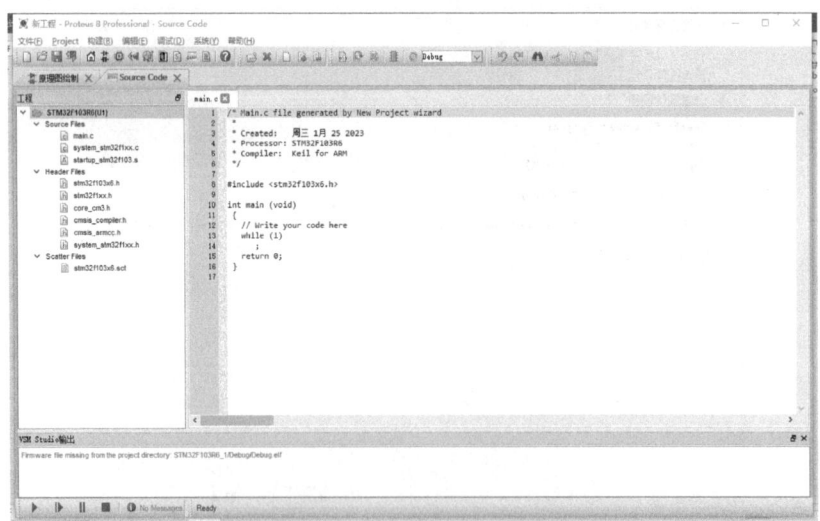

图 9-19　快速代码格式文件

Proteus 目前只支持基于 Arduino 的流程框图项目的创建与仿真。当然，也可以单击"新流程图"按钮，快速创建 Arduino 的基于流程图的项目。

（3）打开示例工程（Open Sample）　单击"打开示例工程"按钮，弹出系统实例浏览对话框，如图 9-20 所示。

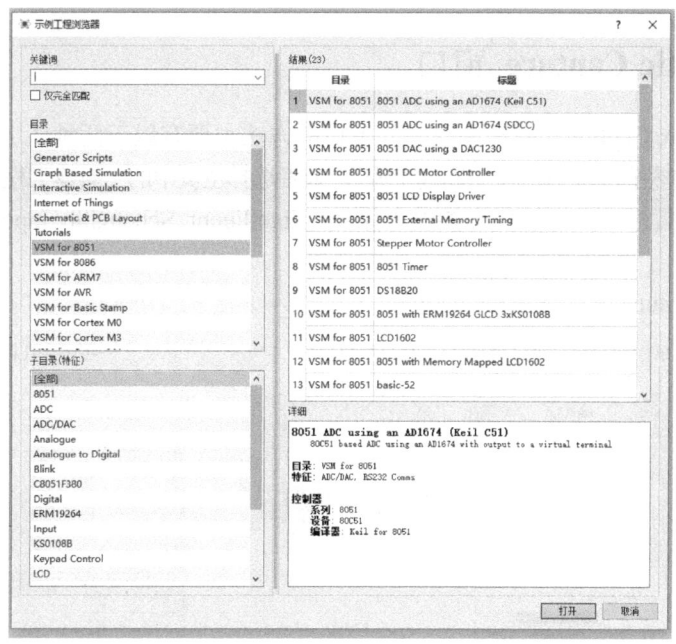

图 9-20　示例工程浏览器

输入要打开的相关示例的关键字,或者单击下拉按钮,选择系统提供的关键字。用关键字查找时,可以勾选仅完全匹配项进行精确选择。输入关键字后,系统自动按照关键字查找,如果找到项目,则在目录、子目录和结果列表中显示相应的搜索结果,并且结果中会显示搜索到的项目总数,如图 9-21 所示。

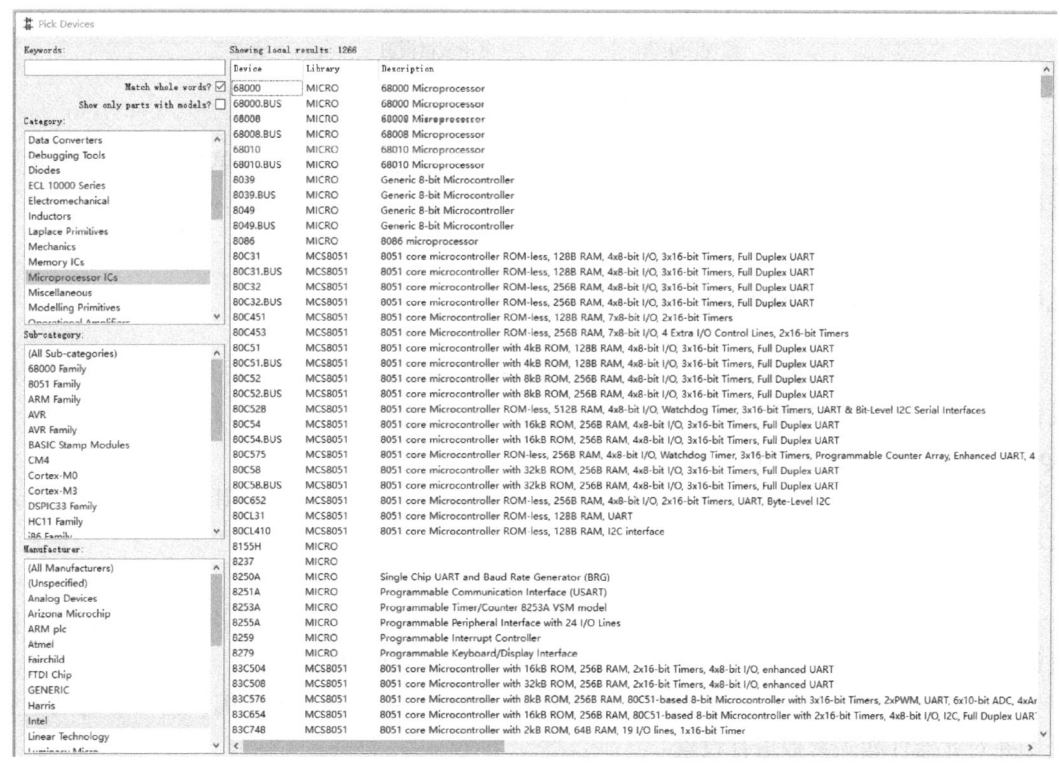

图 9-21　系统关键字

9.5 Schematic Capture 窗口

打开 Schematic Capture（原理图绘制）窗口的方法主要有以下两种。
1）选择主菜单栏的"文件"→"新建工程"，或者选择主页中的"新建工程"命令进行创建。
2）单击主工具栏上的智能原理图输入系统（Intelligent Schematic Input System，ISIS）按钮 。

Schematic Capture 窗口如图 9-22 所示。

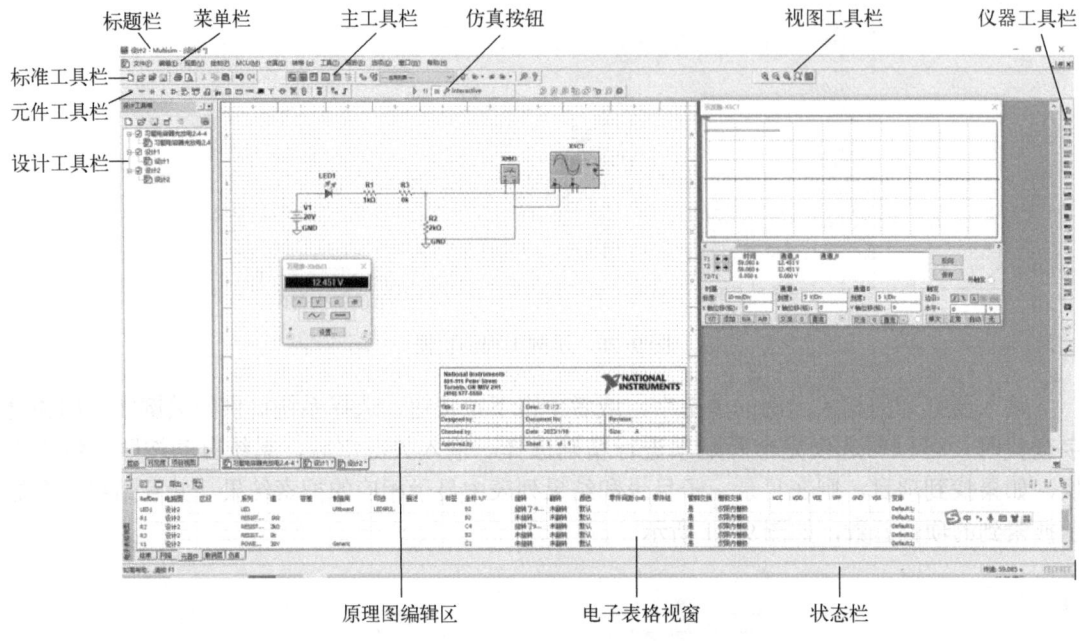

图 9-22 Schematic Capture 窗口

从图 9-23 可以看出，Schematic Capture 窗口主要包括标题栏、菜单栏、工具栏、电子表格视窗、状态栏、仿真按钮、原理图编辑区等。

9.6 Schematic Capture 电路设计

本节主要讲解原理图设计，这也是进行仿真和 PCB 设计的前提条件。Proteus 8 原理图设计中常用文件的格式有：项目文件（.pdsprj）、框架文件（.workspace）、项目部分图文件（.pdsclip）、模型文件（.mod）、库文件（.lib）。

电子线路设计的第一步是进行原理图设计，Proteus 8 设计电路原理图的流程如图 9-23 所示，各步骤说明如下：

1）新建原理图文件。根据构思好的原理图选择图纸模板。
2）设置编辑环境。根据电路设计仿真参数设置、图表颜色属性和字体等，在设计中随时调节图纸的大小。在没有特殊要求的情况下，一般采用默认模板。
3）放置元器件。从元器件库中添加需要的元器件，放置在原理图编辑窗口合适的位置处，并对元器件相关参数进行设置。
4）原理图布线。利用导线、总线和标号等形式接元器件，最终使原理图绘制正确、美观。

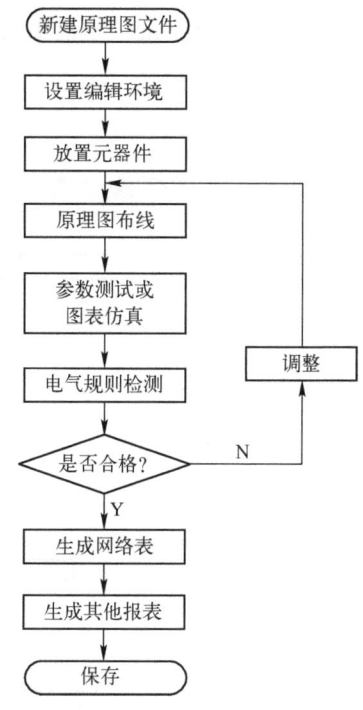

图 9-23 Proteus 8 设计电路原理图的流程

5）参数测试或图表仿真。电路图布线完成以后，根据电路功能进行相关的参数测试或者进行图表仿真。比如设计放大电路，可以在输入端添加虚拟信号源，在输出端添加虚拟示波器，观察信号是否被放大；也可以进行混合图表仿真，将输入、输出信号进行对比，观察信号是否被放大。

6）电气规则检测。

7）调整。

8）生成网络表。

9）生成其他报表。如果电路设计没有问题，则输出相关的报表，如 BOM 报表。

10）保存。保存系统原理图及相关文件，完成原理图设计。

9.7 STM32F103 驱动 LED 灯仿真实例

9.7.1 实例描述

采用 STM32F103R6，下载程序后 LED 灯常亮。

9.7.2 硬件绘制

硬件绘制过程如下：

1）在 Windows 界面中单击"开始"→"所有程序"→Proteus 8 Professional，或在计算机桌面双击新建工程图标启动 Proteus，在 Proteus 主界面的菜单栏中单击 File→New Project 或在工具栏中单击图标，弹出 New Project Wizard:Start 对话框，如图 9-24 所示，在 Name 文本框中输入工程名，如"点亮 LED"，利用 Path 文本框后的 Browse 按钮来指定具体要保存的路径。接下来单击 Next 按钮，弹出 New Project Wizard:Schematic Design 对话框，选中 Create a schematic from the selected template，然后单击 Next 按钮，打开 New Project Wizard:PCB Layout 对话框。

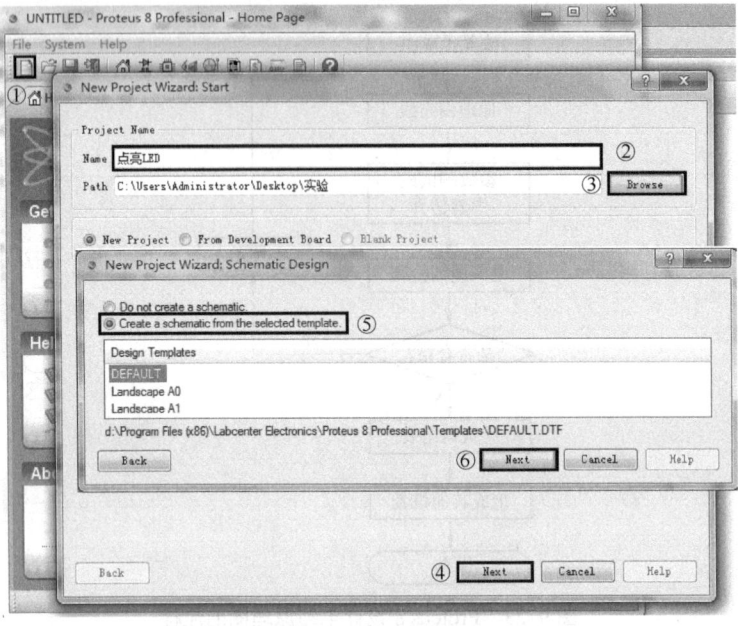

图 9-24　硬件绘制步骤 1

2）如图 9-25 所示，在 New Project Wizard：PCB Layout 对话框选中 Do not create a PCB layout。单击 Next 按钮，弹出 New Project Wizard:Firmware 对话框，选中 Create Firmware Project；在 Family 下拉列表中选择 Cortex-M3，在 Controller 下拉列表中选择 STM32F103R6，在 Compiler 下拉列表中选择 GCC for ARM（not configured）。单击 Next 按钮，进入 New Project Wizard:Summary 对话框。

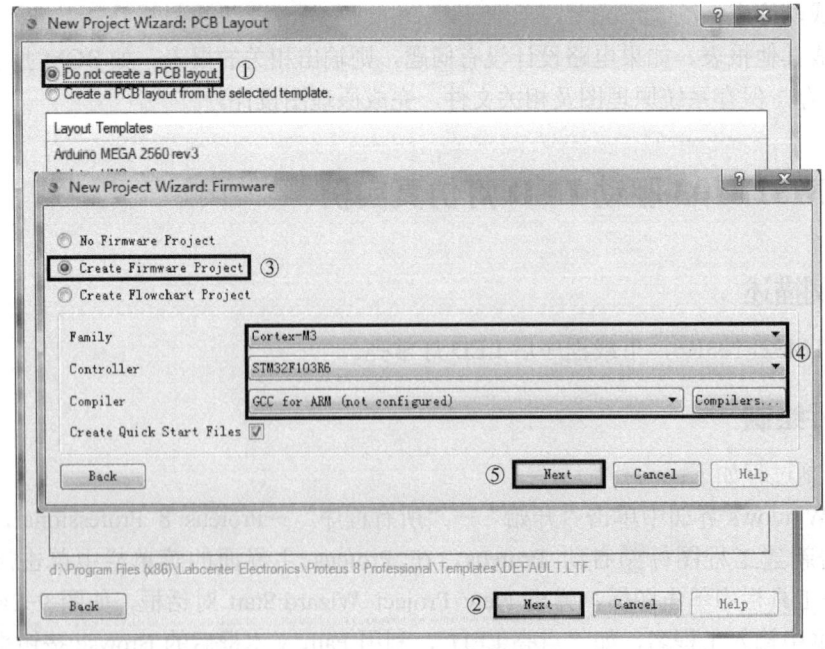

图 9-25　硬件绘制步骤 2

3）在 New Project Wizard:Summary 对话框中检查 Saving As（另存为）路径是否正确，检查是否选中 Schematic 和 Firmware，如果有误，单击 Back 按钮返回重新设计，无误则单击 Finish 按钮。此时将打开"XXX（工作名）-Proteus 8 Professional-Source Code"界面，因为编写程序及改写代码均是在 Keil MDK5 进行的，所以关闭 Proteus 自带编译器 VSM Studio，即单击 Source Code 选项卡上的图标按钮关闭该编译器，如图 9-26 所示。此时软件界面上仅显示 Schematic Capture 选项卡。

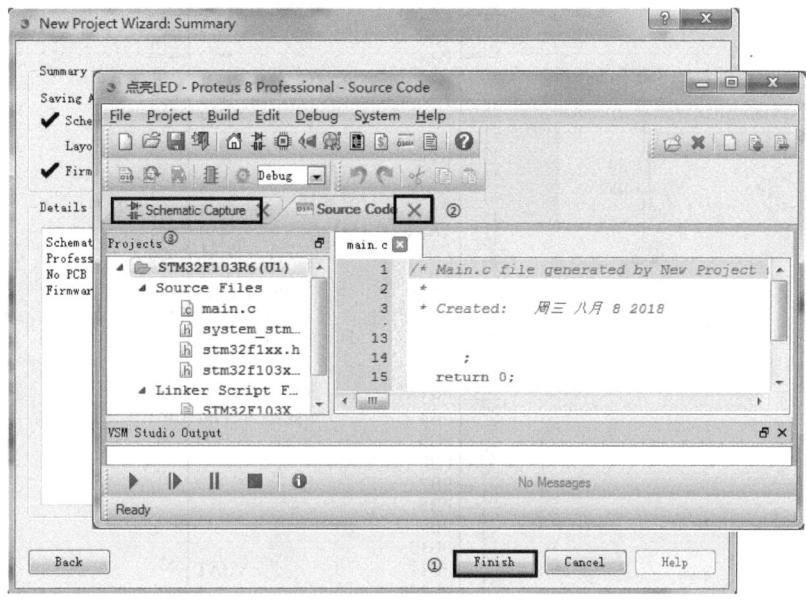

图 9-26　硬件绘制步骤 3

4）在 Schematic Capture 选项卡中进行硬件绘制。因硬件绘制比较简单，这里不赘述，最终绘制的硬件连接图如图 9-27 所示。注意：LED 的 Keywords 设置为 LED-RED；电阻的 Keywords 设置为 RES，修改其参数为 100Ω。

9.7.3　STM32CubeMX 配置工程

在多数情况下，仅使用 STM32CubeMX 即可生成工程时钟及外设初始化代码，而用户控制逻辑代码编写是无法在 STM32CubeMX 中完成的，需要用户自己根据需求来实现。使用 STM32CubeMX 配置工程的步骤为：

1）工程建立及 MCU 选择。
2）RCC 及引脚设置。
3）时钟配置。
4）MCU 外设配置。
5）保存及生成工程源代码。
6）编写用户代码。

接下来按照上面 6 个步骤，依次使用 STM32CubeMX 工具生成点亮单个 LED 的完整工程文件。

1. 工程建立及 MCU 选择

打开 STM32CubeMX 主界面之后，通过单击主界面中的 New Project 按钮或依次单击

File→New Project，或单击工具栏中的 图标来创建新工程。新建工程时，在弹出的 New Project 对话框中选择 MCU Selector 选项卡，然后依次在 Core 栏内选择 ARM Cortex-M3，在 Series 栏内选择 STM32F1，在 Line 栏内选择 STM32F103，在 Package 栏内选择 LQFP64，如图 9-28 所示。接下来选择使用芯片 STM32F103R6，并双击 STM32F103R6 行。

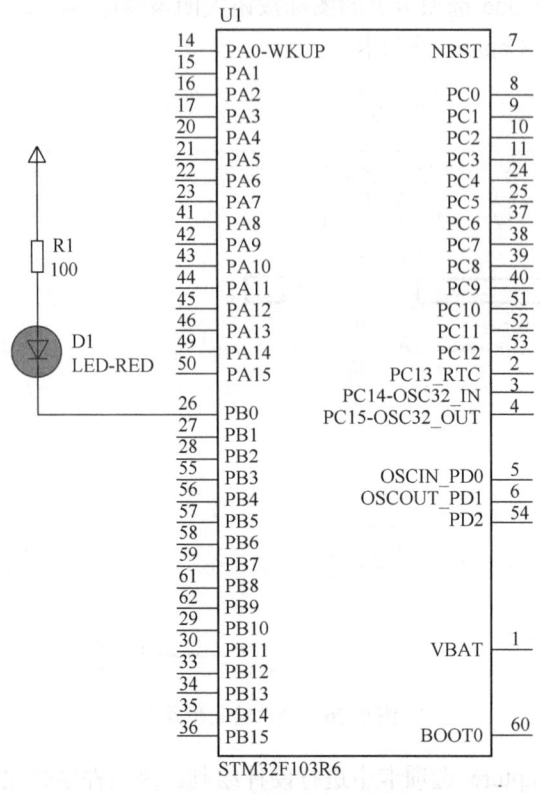

图 9-27 最终硬件连接图

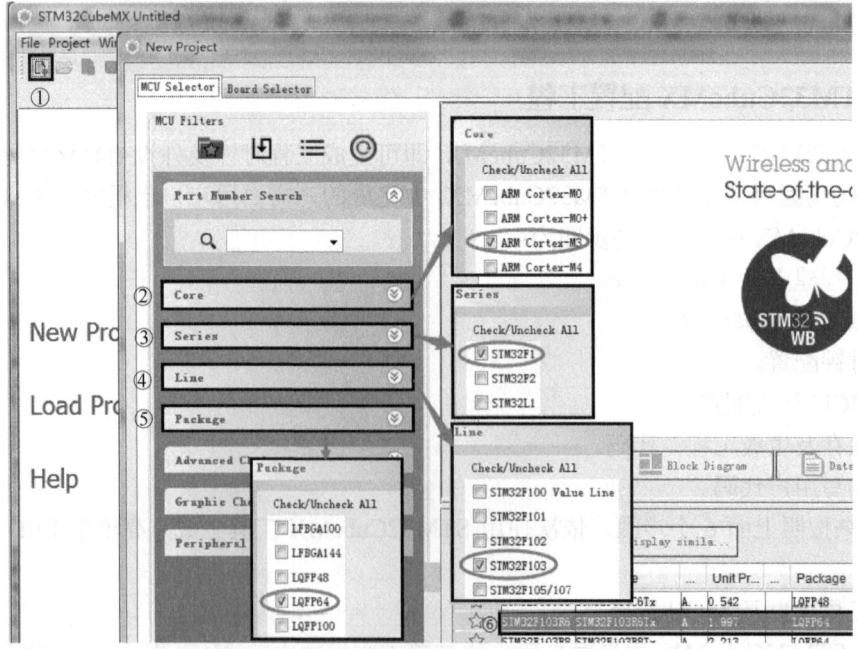

图 9-28 工程建立与 MCU 选择

2. RCC 及引脚设置

在工程建立与 MCU 选择操作中，双击 STM32F103R6 之后打开 Pinout 选项卡，此时软件界面上会显示芯片完整引脚图。在引脚图中可以对引脚功能进行配置。黄色表示电源和 GND 引脚，绿色表示已被使用的引脚，红色表示有冲突的引脚。

在本项目中仿真将在 Proteus 仿真软件中进行，要将 RCC 设置为内部时钟源 HSI，故这里对 RCC 可以不做设置，默认将 High Speed Clock（HSE）设置为 Disable。若使用外部晶振，在 Pinout 选项卡中单击 Peripherals→RCC，打开 RCC 配置目录，在该目录的 High SpeedClock（HSE）下拉列表中选择 Crystal/Ceramic Resonator（晶体/陶瓷振荡器），如图 9-29 所示。

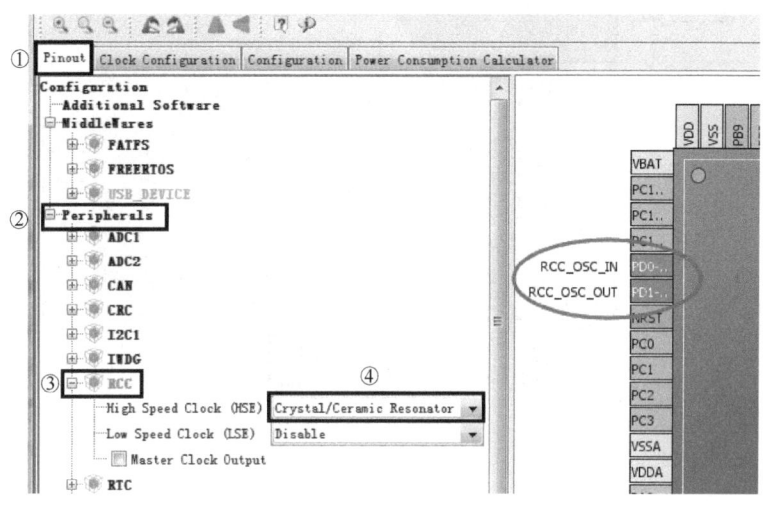

图 9-29 RCC 设置

注意：如果采用 Proteus 软件仿真，而晶振设置为 HSE，则一定要在 Proteus 中设置 STM32F103R6 的晶振频率，设置方法为：双击 Proteus 电路原理图中的 STM32F103R6 芯片图形符号，在弹出的 Edit Component 对话框中设置 Crystal Frequency（晶体频率）的值。

从图 9-29 可以看出，该芯片的 RCC 配置目录下实际上只有 3 个配置项。选项 High Speed Clock（HSE）用来配置 HSE，选项 Low Speed Clock（LSE）用来配置 LSE，选项 Master Clock Output 用来选择是否使能 MCO 引脚时钟输出。需要特别说明的是，High Speed Clock（HSE）后的下拉列表中 Bypass Clock Source 表示旁路时钟源，也就是不使用晶体/陶瓷振荡器，直接通过外部接一个可靠的 4～26MHz 时钟源作为 HSE。

把 PB0 引脚设置为输出模式（GPIO_Output），如图 9-30 所示。可通过引脚图直接观察查找 PB0，也可在 Find 搜索栏中输入 PB0 定位到对应引脚位置。在 PB0 引脚上单击，系统即显示出该引脚的各种功能。

由以上过程可以发现，凡是经过配置且未有冲突的引脚均由灰色变为绿色，表示该引脚已经被使用。

3. 时钟配置

在工程建立与 MCU 选择操作中，双击 STM32F103R6 行之后，在打开的界面中选择 Clock Configuration 选项卡，即可进入时钟系统配置界面，该界面展现了一个完整的 STM32F103R6 时钟树配置图。从这个时钟树配置图可以看出，配置的主要是外部晶振大小、分频系数、倍频系数以及选择器。在配置过程中，时钟值会动态更新，如果某个时钟值在配置过程中超过允许值,那么相应的选项框会显示为红色来予以提示。

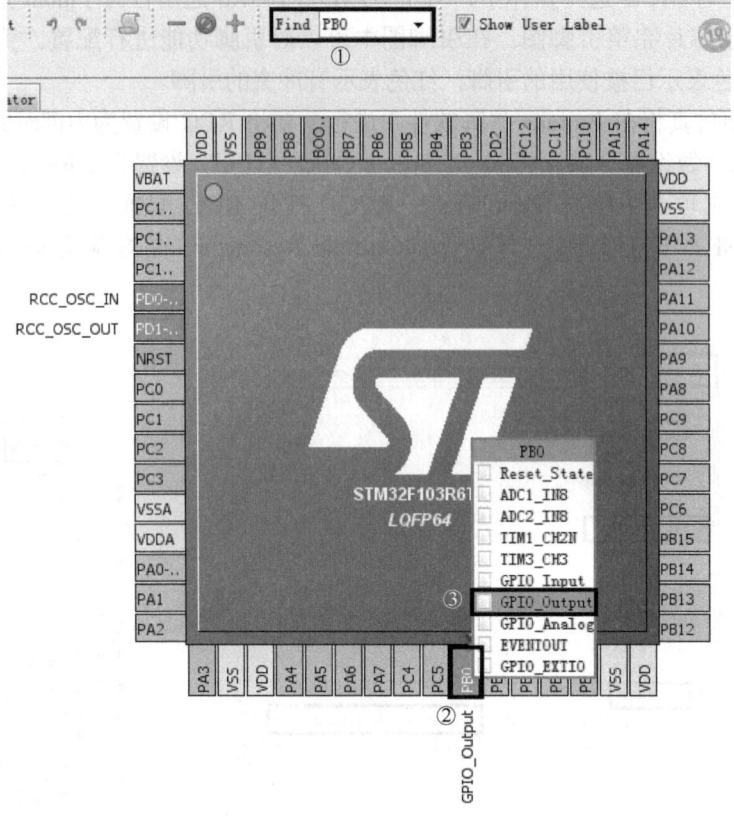

图 9-30 PB0 引脚输出设置

本项目为了操作简单,时钟采用内部时钟源 HSI,故时钟保持默认配置即可,如图 9-31 所示。

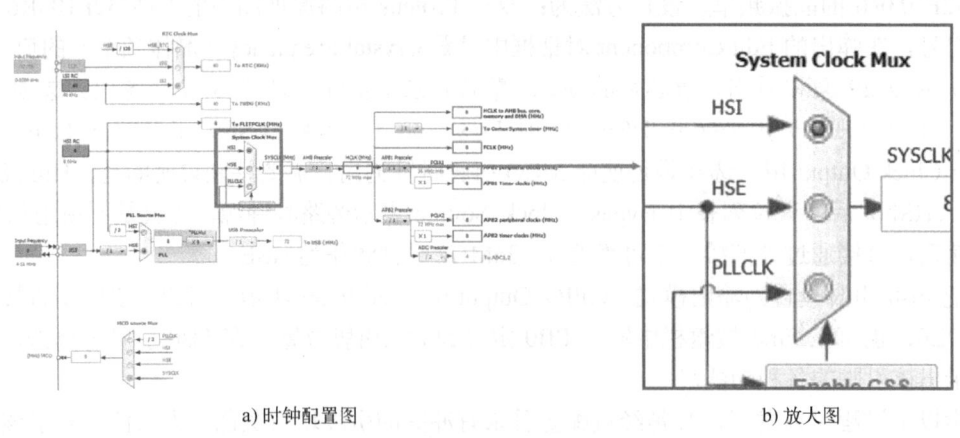

a) 时钟配置图　　　　　　　　　　　　　　b) 放大图

图 9-31 HSI 时钟配置 1

注意:如果采用外部时钟源 HSE,则将 Input frequency 设置为 8MHz,PLL Source Mux 选择 HSE,System Clock Mux 选择 PLLCLK,PLLMul 选择 9 倍频,APB1 Prescaler 选择 2 分频,最终时钟配置如图 9-32 所示。当然,采用内部时钟源 HSI 时,也可实现高外设频率,如这样设置:PLL Source Mux 选择 HSI,System Clock Mux 选择 PLLCLK,PLLMul 选择 16 倍频,APB1 Prescaler 选择 2 分频。这样设置后,除 APB2 的输入信号频率为 32MHz

之外，其他外设的输入信号频率均为 64MHz。

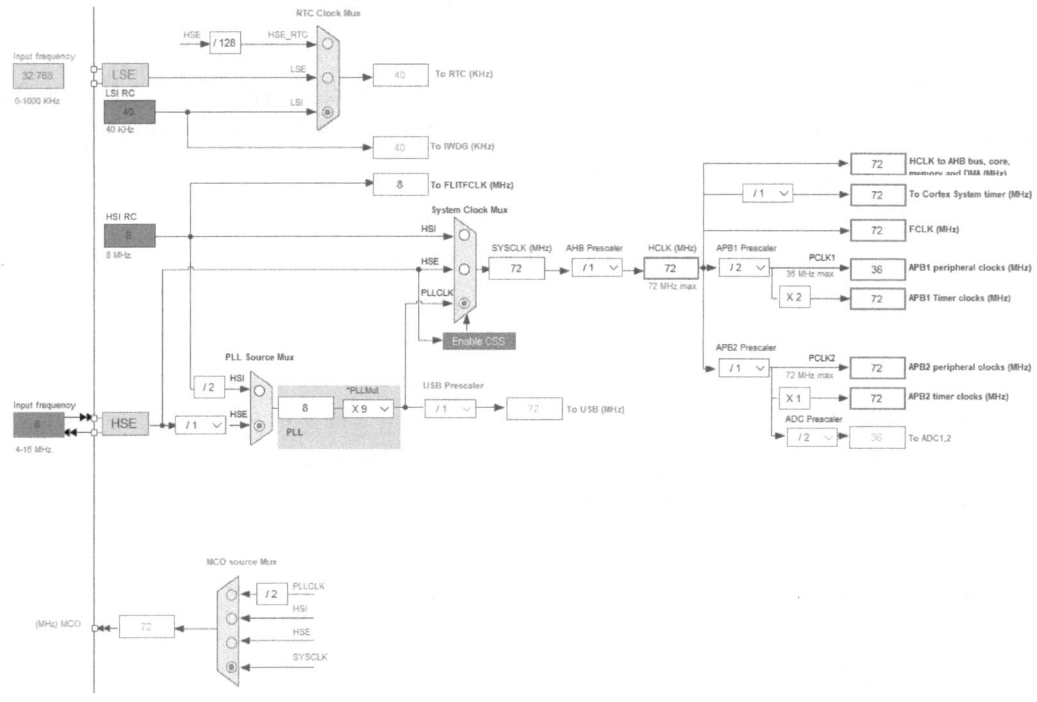

图 9-32　HSE 时钟配置 2

4．MCU 外设配置

在工程建立与 MCU 选择操作中，双击 STMM32F103R6 行之后，在打开的界面中选择 Configuration 选项卡。在该选项卡中单击 GPIO 按钮，弹出 Pin Configuration 对话框，该对话框列出了所有使用到的 I/O 端口参数配置项，如图 9-33 所示。在 GPIO 配置界面中选中 PB0 栏，在显示框下方会显示对应的 I/O 端口详细配置信息。按图 9-33 所示方式对各项进行配置，配置完后单击 Apply 按钮保存配置。RCC 引脚参数保持默认设置。最后单击 Ok 按钮退出界面。

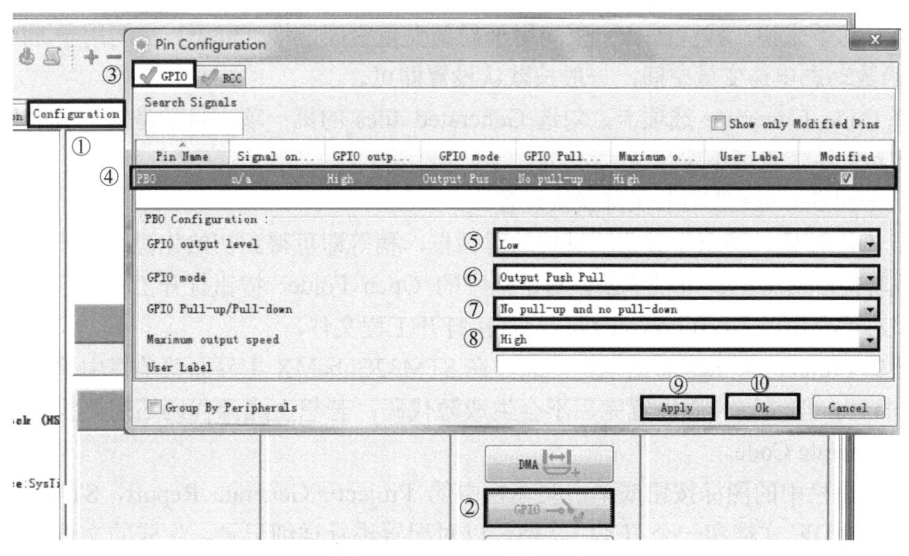

图 9-33　GPIO 引脚配置

图 9-33 中各配置项的作用如下：

1）GPIO output level：用来设置 I/O 端口初始化电平状态为高电平（High）或低电平（Low）。在本实例中将此项设置为 Low。

2）GPIO mode：用来设置输出模式。此处输出模式可设置为推挽输出（Output Push Pull）或开漏输出（Output Open Drain）。在本实例中将此项设置为 Output Push Pull。

3）GPIO Pull-up/Pull-down：用来设置 I/O 端口的电阻类型（上拉、下拉或没有上下拉）。在本实例中将此项设置为没有上下拉（No pull-up and no pull-down）。

信号的电平高低应与输入端的电平高低一致。如果没有上拉/下拉电阻，在没有外界输入的情况下输入端是悬空的，它的电平高低无法保证。采用上拉电阻是为了保证无信号输入时输入端的电平为高电平，而采用下拉电阻则是为了保证无信号输入时输入端的电平为低电平。

4）Maximum output speed：用来设置输出速度。输出速度选项有 4 种：高速（High）、快速（Fast）、中速（Medium）、低速（Low）。本实例设置为 High。

5）User Label：用来设置初始化的 I/O 端口的 Pin 值为自定义的宏，以方便引用及记忆对应的端口。

对于 Power Consumption Calculator 选项卡，它的作用是对功耗进行计算，本实例对其不予考虑。

5. 保存及生成工程源代码

为了避免在软件（不论何种软件）使用过程中出现意外导致文件没有保存，最好在操作过程中养成经常保存的习惯，或采用"名称+时间"的方式另存文件，这样便于按步骤找到文件重新操作。在 STM32CubeMX 主界面的菜单栏中单击 Save Project 或 Save Project As，输入文件名并将文件保存到某个文件夹即可。

经过上面 4 个步骤，一个完整的系统已经配置完成，接下来将生成工程源码。

在 STM32CubeMX 主界面的菜单栏中单击 Project→Generate Code，弹出 Project Settings 对话框，在该对话框中选择 Project 选项卡，如图 9-34 所示。在 Project Name 文本框中输入项目名称；单击 Project Location 文本框后的 Browse 按钮，选择文件要保存的位置；在 Toolchain/IDE 下拉列表框中选择要使用的编译器 MDK-ARM V5。这里还可以设置工程预留堆栈大小，简单来说，栈（stack）空间用于局部变量空间，堆（heap）空间用于 alloc() 或者 malloc() 函数动态申请变量空间，一般按默认设置即可。

选择 Code Generator 选项卡，勾选 Generated files 的第一项，目的是使生成的外设具有独立的.c/.h 文件，也可不选。

Advanced Settings 选项卡保持默认设置。

单击 Ok 按钮，弹出生成代码进程的对话框，稍等即可得到初始化源码，此时会弹出代码生成成功提示对话框。可以单击该对话框中的 Open Folder 按钮打开工程保存目录，也可以单击该对话框中的 Open Project 按钮，直接打开工程文件。

上述的 Project Settings 对话框也可通过在 STM32CubeMX 主界面菜单栏中单击 Project→Settings 打开，但是这样做设置完后不会生成源代码，若想生成源代码还需要执行菜单命令 Project→Generate Code。

单击工具栏中的图标按钮或单击菜单栏中的 Project→Generate Report，STM32CubeMX 将生成一个 PDF 文档和一个 TXT 文档，以对配置进行详细记录。生成的文件也将放置于 Project Location 选项配置的路径中。

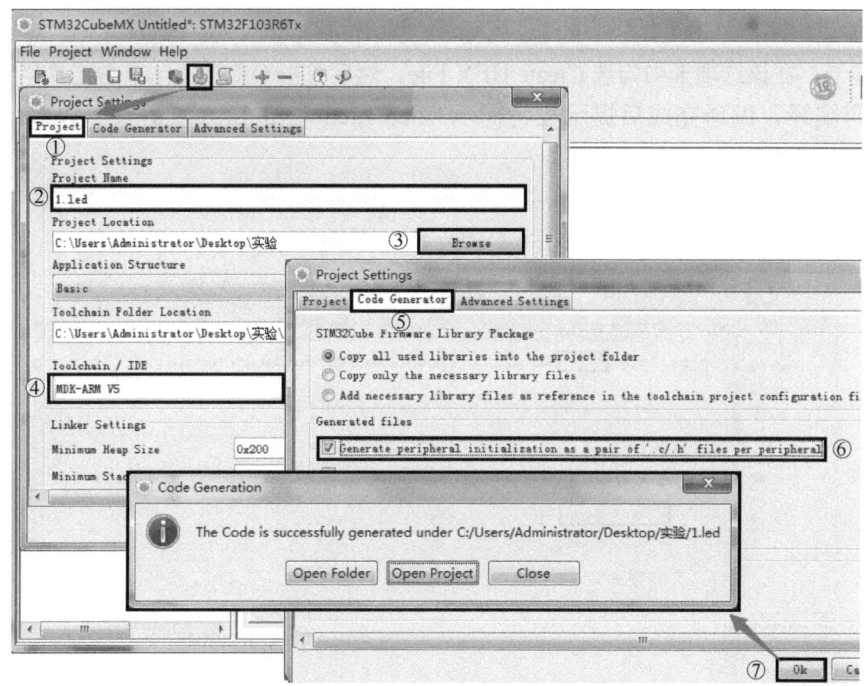

图 9-34　源码生成过程

至此，一个完整的 STM32F1 工程就完成了，此时的工程目录文件夹如图 9-35 所示。

图 9-35　工程目录文件夹

图 9-35 中：Drivers 文件夹中存放的是 HAL 库文件和 CMSIS 相关文件；Inc 文件夹中存放的是工程必需的部分头文件；MDK-ARM 文件夹中存放的是 MDK 工程文件；Src 文件夹中存放的是工程必需的部分源文件；1.led.ioc 是 STM32CubeMX 工程文件，双击文件图标，该文件即会在 STM32CubeMX 中被打开；1.led.pdf 和 1.led.txt 为生成的配置说明。

9.7.4　编写用户代码

本实例程序比较简单，只需要用 Keil MDK5 打开生成的工程对代码进行编译即可。需要注意的是，在编写代码前先要生成.hex 文件，否则 Proteus 无法加载程序文件。如图 9-36 所示，生成.hex 文件的步骤为：打开 MDK-ARM 文件夹，双击 1.led.uvprojx 文件图标，Keil

MDK5 即加载程序；单击工具栏中的 图标。在弹出的 Options for Target '1.led' 对话框中选择 Output 选项卡，在该选项卡中勾选 Create HEX File，然后单击 OK 按钮；单击工具栏中的 图标进行代码编译，编译完成后提示栏将提示 '1.led\1.led' —0 Error（s），0 Warning（s）.，则 .hex 文件生成成功。

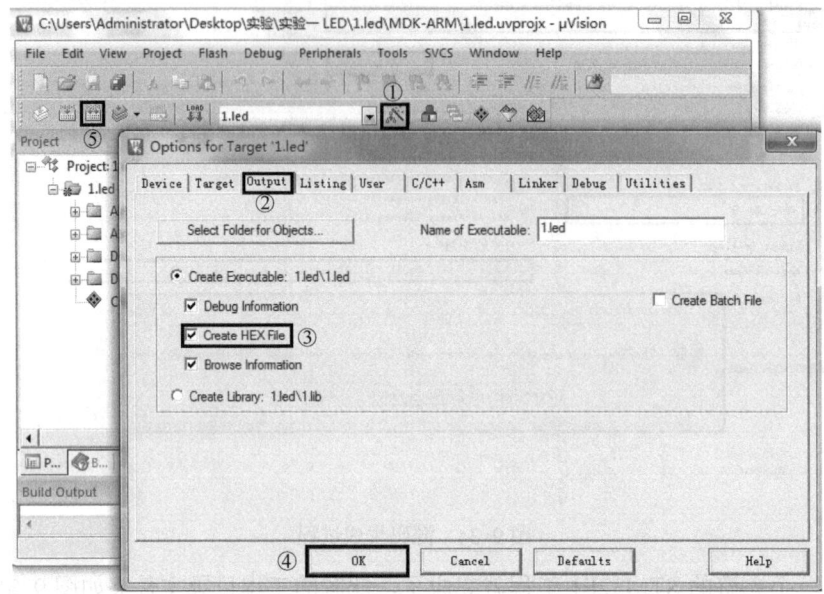

图 9-36 编译生成 .hex 文件

9.7.5 仿真结果

代码编译完成后即运行项目程序，进行工程仿真。

进行仿真控制需要导入 .hex 文件。在电路原理图中双击 STM32F103R6 图形符号，弹出"编辑元件"对话框。单击 Program File 文本框后面的 图标，将 Keil MDK 自动编译生成的 .hex 文件导入，然后单击"确定"按钮，如图 9-37 所示。仿真结果如图 9-38 所示。显示 LED 灯已经被点亮，实验成功。

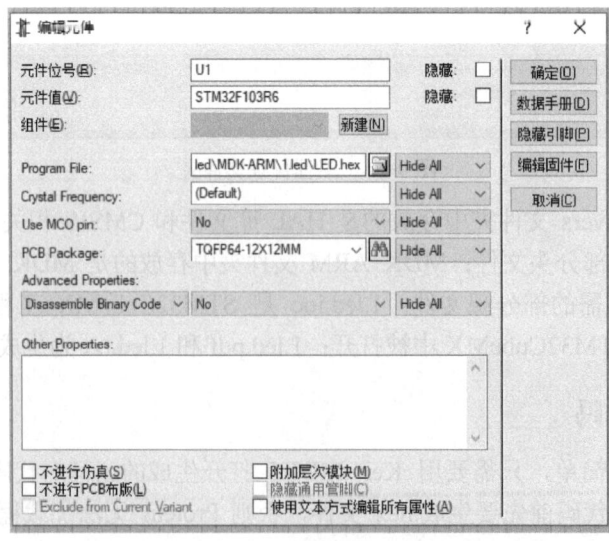

图 9-37 加载 .hex 文件

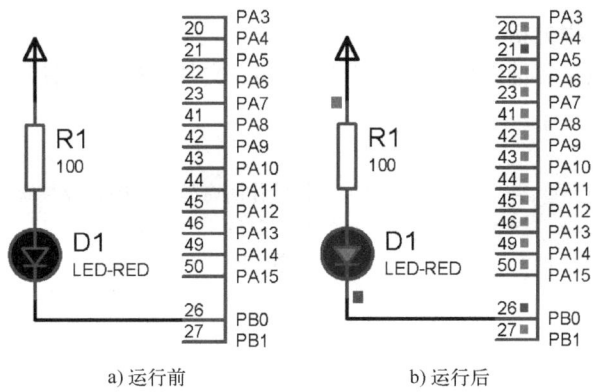

a) 运行前　　　　　　　　　　b) 运行后

图 9-38　程序运行前后对比图

9.7.6　代码分析

打开 MDK-ARM 文件夹，双击 1.led.uvprojx 文件图标，Keil MDK5 加载 1.led.uvprojx 文件程序。打开文件后将界面左侧的结构树展开，如图 9-39 所示。

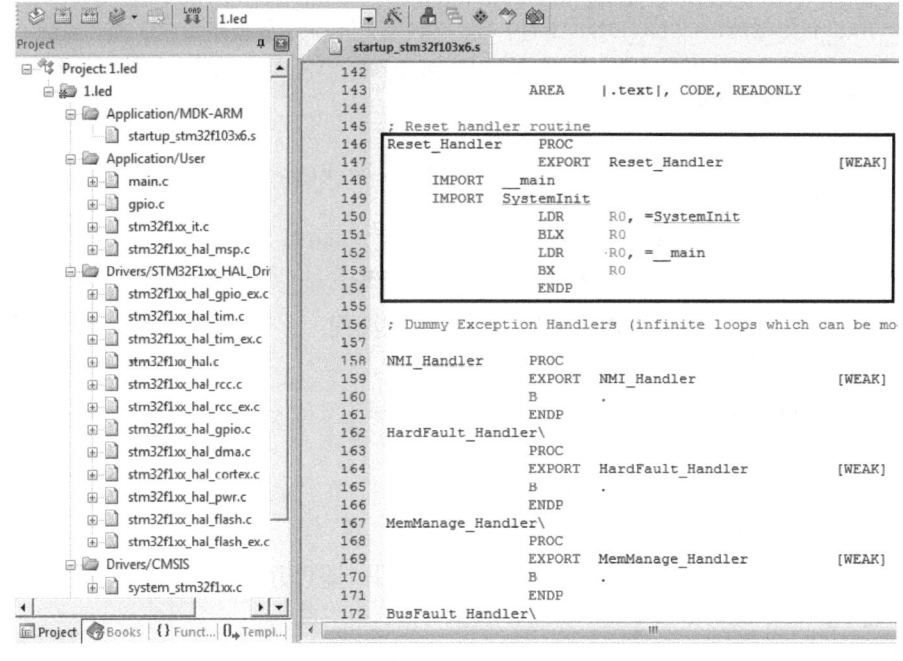

图 9-39　STM32CubeMX 生成的应用程序结构图及启动代码

其中 main.c 为程序入口和结束文件，gpio.c 为 STM32CubeMX 所生成的功能性文件，开发者可以在此基础上扩展或增加其他类的.c 文件。

STM32 系列所有芯片都会有一个.s 启动文件。不同型号的 STM32 芯片的启动文件也是不一样的。本实例采用的是 STM32F103 系列，使用与之对应的启动文件 startup_stm32f103x6.s。启动文件的作用主要是进行堆栈的初始化、中断向量表和中断函数定义等。启动文件有一个很重要的作用就是在系统复位后引导系统激活 main() 函数。打开启动文件 startup_stm32f103x6.s，可以看到图 9-39 框中的几行代码，其作用是在系统启动之后，首先调用 SystemInit() 函数进行系统初始化，然后引导系统通过 main() 函数来执行用户代码。

1. GPIO 编程流程分析

在图 9-39 中，双击界面左侧树结构中的 main.c 文件图标，会看到如下代码：

```c
int main(void)
{
  HAL_Init();                    //初始化所有外设、闪存及系统时钟等为缺省值
  SystemClock_Config();          //配置时钟
  MX_GPIO_Init();                //配置 GPIO 初始化参数
  While(1)
  {

  }
}
```

右击 MX_GPIO_Init()代码行，在弹出的菜单中单击 Go To Definition Of 'MX_GPIO_Init'，则打开 void MX_GPIO_Init(void)函数。

void MX_GPIO_Init（void）函数代码如下：

```c
void MX_GPIO_Init (void)
{
  _GPIO_InitTypeDef GPIO_InitStruct;                          //声明 GPIO 结构体
  _HAL_RCC_GPIOB_CLK_ENABLE();                                //使能 GPIO 端口时钟
  HAL_GPIO_WritePin (GPIOB, GPIO_PIN_0, GPIO_PIN_RESET);      //控制引脚输出低电平
  //为 GPIO 初始化结构体成员赋值
  GPIO_InitStruct.Pin= GPIO_PIN_0;
  GPIO_InitStruct.Mode= GPIO_MODE_OUTPUT_PP;
  GPIO_InitStruct.Pull= GPIO_NOPULL;
  GPIO_InitStruct.Speed= GPIO_SPEED_FREQ_HIGH;
  HAL_GPIO_Init (GPIOB, &GPIO_InitStruct);                    //初始化 GPIO 引脚
```

分析上述代码，总结得出 GPIO 初始化编程大致流程：

1）声明 GPIO 结构体。
2）使能 GPIO 对应端口的时钟。
3）控制（写）引脚输出高、低电平。
4）为 GPIO 初始化结构体成员赋值。
5）初始化 GPIO 引脚。

由 main()函数的代码可知，GPIO 初始化结束后，即可开始编写用户程序，所以 GPIO 编程流程如下：

1）GPIO 初始化。
2）根据项目要求检测（读）或控制（写）引脚电平。

2. GPIO 外设结构体

HAL 库为除 GPIO 以外的每个外设创建了两个结构体，一个是外设初始化结构体，一个是外设句柄结构体（GPIO 没有句柄结构体）。这两个结构体都定义在外设对应的驱动头文件（如 stm32f1xx_hal_usart.h 文件）中。这两个结构体内容几乎包括外设的所有可选属性，理解这两个结构体的内容对编程非常有帮助。

GPIO 初始化结构体（定义在 stm32f1xx_hal_gpio.h 文件中）的代码（由 STM32CubeMx 或 Keil MDK 自动生成）如下：

```c
typedef struct {
```

```
    uint32_t Pin;        /*GPIO 引脚编号选择*/
    uint32_t Mode;       /*GPIO 引脚工作模式*/
    uint32_t Pull;       /*GPIO 引脚上拉、下拉配置*/
    uint32_t Speed;      /*GPIO 引脚最大输出速度*/
} GPIO_InitTypeDef;
```

以上代码中，uint32_t Pin 表示引脚编号选择。一个 GPIO 外设有 16 个可选引脚，这里根据电路原理图选择目标引脚。引脚参数可选 GPIO_PIN_0，GPIO_PIN_1，…，GPIO_PIN_15，以及 PIO_PIN_ALL。一般可以同时选择多个引脚，如 GPIO_PIN_0 | GPIO_PIN_4。

习题

1. 什么是 Proteus？
2. Proteus VSM 的主要功能是什么？
3. STM32CubeMX 配置工程的步骤是什么？

第 10 章　FPGA 可编程逻辑器件及其应用

本章全面介绍了现场可编程门阵列（FPGA）的技术、应用与开发流程，包括可编程逻辑器件的发展历史、不同类型的可编程逻辑器件、FPGA 的内部结构，以及具体的生产厂商。本章特别强调了 FPGA 在系统级芯片（SOPC）设计和 IP 核的应用及其框架结构，此外，还介绍了 Verilog HDL 的基础知识和 FPGA 开发工具——Quartus II 软件，并通过实例（如 LED 灯设计）展示了 FPGA 开发的具体步骤和方法。通过学习 Verilog HDL，读者可以更好地理解如何编程和配置FPGA，以实现复杂的数字逻辑设计。

10.1　可编程逻辑器件概述

可编程逻辑器件（PLD）是 20 世纪 70 年代发展起来的新型逻辑器件。PLD 与传统逻辑器件的区别在于其功能不固定，属于一种半定制逻辑器件，可以通过软件编程改变其逻辑功能。

10.1.1　可编程逻辑器件的发展历史

PLD 是指一切通过软件手段更改、配置器件内部连接结构和逻辑单元，以完成既定设计功能的数字集成电路。目前常用的 PLD 主要有简单逻辑阵列（PAL/GAL）、复杂可编程逻辑器件（CPLD）和 FPGA 三大类。

专用集成电路（ASIC）的使用在生产、生活中非常普遍，如手机、平板计算机中的主控芯片都属于 ASIC。ASIC 的设计和制造成本很高，周期也很长，在用量不大的情况下，设计和制造这样的专用集成电路并不划算。PLD 的出现成功解决了这个矛盾。

PLD 是作为一种通用器件生产，但它的逻辑功能是由用户通过对器件进行编程来设定的。而且有些 PLD 的集成度很高，足以满足设计一般数字系统的需要。这样就可以由设计人员自行编程从而将一个数字系统"集成"在一片 PLD 上，做成片上系统（SoC），而不必去请芯片制造厂商设计和制作专用的集成电路芯片了。

可以用图 10-1 描述 PLD 沿着时间推进的发展流程。

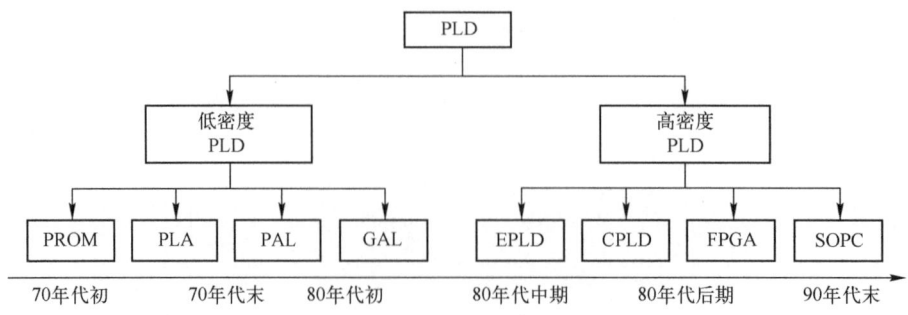

图 10-1　PLD 的发展流程

10.1.2 不同类别的可编程逻辑器件

从集成度上，可以把 PLD 分为低密度和高密度两种类型，其中低密度 PLD 通常指集成度小于 1000 逻辑门的 PLD。20 世纪 70 年代初期至 80 年代中期的 PLD，如可编程只读存储器（Programmable Read Only Memory，PROM）、可编程逻辑阵列（Programmable Logic Array，PLA）、可编程阵列逻辑电路（Programmable Array Logic，PAL）和通用阵列逻辑电路（Generic Array Logic，GAL）均属于低密度 PLD。低密度 PLD 与中小规模集成电路相比，有着集成度高、速度快、设计灵活方便、设计周期短等优点，因此在推出之初得到了广泛的应用。

1. 低密度 PLD

低密度 PLD 的基本结构如图 10-2 所示。

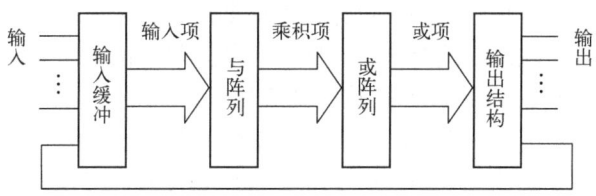

图 10-2　低密度 PLD 的基本结构

它是根据逻辑函数的构成原则提出的，由输入缓冲、与阵列、或阵列和输出结构四部分组成。其中，由与门构成的与阵列用来产生乘积项，由或门构成的或阵列用来产生乘积项之和，因此与阵列和或阵列是电路的核心。输入缓冲电路可以产生输入变量的原变量和反变量，输出结构相对于不同的 PLD 差异很大，有组合输出结构、时序输出结构、可编程的输出结构等。输出信号往往可以通过内部通路反馈到与阵列，作为反馈输入信号。虽然与/或阵列的组成结构简单，但是所有复杂的 PLD 都是基于这种原理发展而来的。根据与阵列和或阵列可编程性，将低密度 PLD 分为 4 种基本类型，见表 10-1。

表 10-1　低密度 PLD

PLD 类型	阵列		输出
	与	或	
PROM	固定	可编程，一次性	三态，集电极开路
PLA	可编程，一次性	可编程，一次性	三态，集电极开路寄存器
PAL	可编程，一次性	固定	三态 I/O 寄存器互补带反馈
GAL	可编程，多次性	固定或可编程	输出逻辑宏单元，组态由用户定义

PAL/GAL 是早期 PLD 的发展形势，其特点是大多基于 EEPROM 工艺，结构简单，仅能适用于简单的数字逻辑电路。

GAL 是从 PAL 发展过来的，其采用了电擦除互补金属氧化物半导体（EECMOS）工艺使得该器件的编程非常方便，另外，由于其输出采用了输出逻辑宏单元（Output Logic Macro Cell，OLMC）结构，使得电路的逻辑设计更加灵活。GAL 具有电可擦除的功能，克服了采用熔断丝技术只能一次编程的缺点，其可改写的次数超过 100 次；GAL 还具有加密的功能，保护了知识产权；另外，GAL 在器件中开设了一个存储区域用来存放识别标志，即 GAL 具有电子标签的功能。

2. 高密度 PLD

（1）CPLD　CPLD 是从 PAL 和 GAL 发展出来的器件，一般采用 EEPROM 工艺，也有少数厂家采用 Flash 工艺，其基本结构由可编程 I/O 单元、基本逻辑单元、布线池和其他辅助功能模块构成。相比于 PAL/GAL，CPLD 规模大、结构复杂，属于大规模集成电路范围，是一种用户根据各自需要而自行构造逻辑功能的数字集成电路。其基本设计方法是借助集成开发软件平台，用原理图、硬件描述语言等方法，生成相应的目标文件，通过下载电缆将代码传送到目标芯片中，实现设计的数字系统。

CPLD 主要是由可编程逻辑宏单元（Macro Cell，MC）围绕中心的可编程互联矩阵单元组成。其中，MC 结构较复杂，并具有复杂的 I/O 单元互联结构，可由用户根据需要生成特定的电路结构，完成一定的功能。由于 CPLD 内部采用固定长度的金属线进行各逻辑块的互联，所以设计的逻辑电路具有时间可预测性，避免了分段式互联结构时序不完全预测的缺点。

CPLD 具有编程灵活、集成度高、设计开发周期短、适用范围宽、开发工具先进、设计制造成本低、对设计者的硬件经验要求低、标准产品无须测试、保密性强、价格大众化等特点，可实现较大规模的电路设计，因此被广泛应用于产品的原型设计和产品生产（一般在 10000 件以下）之中。几乎所有应用中小规模通用数字集成电路的场合可应用 CPLD。

CPLD 可实现的逻辑功能比 PAL/GAL 有大幅度的提升，可以完成较复杂、较高速度的逻辑功能，经过几十年的发展，许多公司都开发出了 CPLD。CPLD 的主要器件供应商为 Altera、Xilinx 和 Lattice 等。

（2）FPGA　FPGA 是在 PAL、GAL、CPLD 等可编程器件的基础上进一步发展起来的高性能可编程逻辑器件。它是作为 ASIC 领域中的一种半定制电路而出现的，既解决了定制电路的不足，又克服了原有可编程器件门电路数有限的缺点。FPGA 可以通过 Verilog 或 VHDL 进行电路设计，然后经过综合与布局，快速地烧录至 FPGA 上进行测试。FPGA 一般采用 SRAM 工艺，也有一些采用 Flash 工艺或反熔丝（Anti-Fuse）工艺等。FPGA 集成度很高，其器件密度从数万门到上千万门，可以完成复杂的时序与组合逻辑电路功能，适用于高速、高密度的高端数字逻辑电路设计。FPGA 的基本组成部分有可编程输入/输出单元、基本可编程单元、嵌入式 RAM、丰富的布线资源、底层嵌入功能单元、内嵌专用硬核（Hard Core）等。FPGA 的主要器件供应商有 Altera、Xilinx、Lattice、Actel-Lucent 等。

CPLD 和 FPGA 是可编程逻辑器件的两种主要类型。在这两类可编程逻辑器件中，FPGA 提供了较高的逻辑密度、较丰富的特性和较高的性能。而 CPLD 提供的逻辑资源相对较少，但是其可预测性较好，因此对于关键的控制应用 CPLD 较为理想。简单地说，FPGA 就是将 CPLD 的电路规模、功能、性能等方面强化之后的产物。CPLD 与 FPGA 的主要区别见表 10-2。

表 10-2　CPLD 与 FPGA 的主要区别

项目	CPLD	FPGA
组合逻辑的实现方法	乘积项（product-term），查找表（Look Up Table，LUT）	查找表（Look Up Table，LUT）
编程元素	非易失性（Flash，EEPROM）	易失性（SRAM）
特点	非易失性，立即上电，上电后立即开始运行，可在单芯片上运作	内建高性能硬件宏功能：PLL、存储器模块、DSP 模块、高集成度、高性能、需要外部配置 ROM
应用范围	偏向用于简单的控制通道应用以及逻辑连接	偏向用于较复杂且高速的控制通道应用以及数据处理
集成度	小至中规模	中至大规模

(3) SOPC 用可编程逻辑技术把整个系统放到一块硅片上，称作 SOPC。SOPC 是一种特殊的嵌入式系统：首先它是片上系统（SoC），即由单个芯片完成整个系统的主要逻辑功能；其次，它是可编程系统，具有灵活的设计方式，可裁减、可扩充、可升级，并具备软硬件在系统可编程的功能。SOPC 结合了 SoC、PLD 和 FPGA 的优点，一般具备以下基本特征：至少包含一个嵌入式处理器内核，具有小容量片内高速 RAM 资源，有丰富的 IP 核资源可供选择，有足够的片上可编程逻辑资源，有处理器调试接口和 FPGA 编程接口，可能包含部分可编程模拟电路，单芯片，低功耗，微封装。Altera 公司支持 SOPC 的 FPGA 芯片有 Cyclone 系列和 Stratix 系列。

10.1.3 IP 核

IP 核（Intellectual Property Core）就是知识产权核或知识产权模块的意思，电子系统的设计越向高层发展，基于 IP 核复用的技术越显示出优越性。在 IC 设计领域，可将 IP 核理解为实现某种功能的设计模块，IP 核通常已经通过了设计验证，设计人员以 IP 核为基础进行 ASIC 或 FPGA 的逻辑设计，可以缩短设计所需的周期。因此，IP 核在 EDA 技术开发中具有十分重要的地位。

IP 核分为软核、固核和硬核。软核通常是与工艺无关、具有寄存器传输级硬件描述语言描述的设计代码，可以进行后续设计；硬核是前者通过逻辑综合、布局、布线之后的一系列工艺文件，具有特定的工艺形式、物理实现方式；固核则通常介于上面两者之间，它已经通过功能验证、时序分析等过程，设计人员可以以逻辑门级网表的形式获取。

10.2 FPGA 的内部结构

简化的 FPGA 基本结构由 6 部分组成，分别为可编程 I/O 单元、基本可编程逻辑单元、嵌入式块 RAM、丰富的布线资源、底层嵌入功能单元和内嵌专用硬核等，如图 10-3 所示。

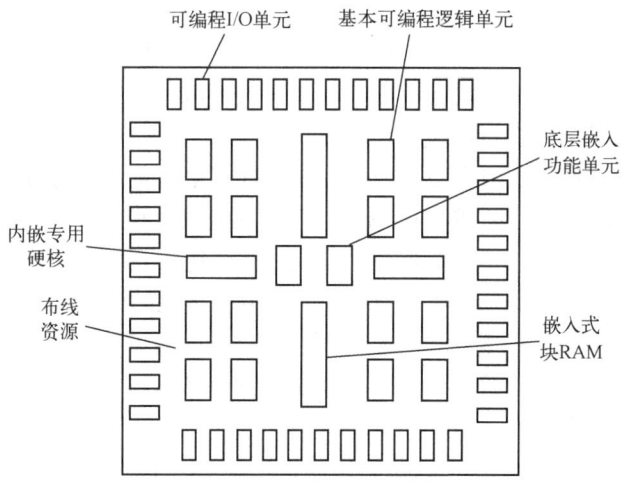

图 10-3 简化的 FPGA 基本结构

1. 可编程 I/O 单元

输入/输出（Input/Ouput，I/O）单元是芯片与外界电路的接口部分，完成不同电气特性下对 I/O 信号的驱动与匹配需求。为了使 FPGA 具有更灵活的应用，目前大多数 FPGA 的 I/O 单元被设计为可编程模式，即通过软件的灵活配置，可以适配不同的电气标准与 I/O 物理特性，可以调整匹配阻抗特性、上下拉电阻，以及调整驱动电流的大小等。

可编程 I/O 单元支持的电气标准因工艺而异，不同芯片商、不同器件的 FPGA 支持的 I/O 标准不同，常见的电气标准有 LVTTL、LVCMOS、SSTL、HSTL、LVDS、LVPECL 和 PCI 等。值得一提的是，随着 ASIC 工艺的飞速发展，目前可编程 I/O 支持的最高频率越来越高，一些高端 FPGA 通过 DDR 寄存器技术，甚至可以支持高达 2Gbit/s 的数据效率。

2. 基本可编程逻辑单元

基本可编程逻辑单元是可编程逻辑的主体，可以根据设计灵活地改变其内部连接与配置，完成不同的逻辑功能。FPGA 一般是基于 SRAM 工艺的，其基本可编程逻辑单元几乎都是由查找表（Look Up Table，LUT）和寄存器（Register）组成。FPGA 内部 LUT 一般为 4 输入，LUT 一般完成纯组合逻辑功能。FPGA 内部寄存器结构相当灵活，可以配置为带同步/异步复位或置位，时钟使能的触发器，也可以配置成锁存器，FPGA 依赖寄存器完成同步时序逻辑设计。

3. 嵌入式块 RAM

目前大多数 FPGA 有内嵌的块 RAM（Block RAM），这大大地拓展了 FPGA 的应用范围和使用灵活性。FPGA 内嵌的块 RAM 一般可配置为单口 RAM、双口 RAM、伪双口 RAM、ROM、内容地址存储器（Content Address Memory，CAM）、FIFO 等常用存储结构。其中，RAM 的概念和功能读者应该非常熟悉，在此不再赘述；而 FPGA 中其实并没有专用的 ROM 硬件资源，实现 ROM 的思路是对 RAM 赋予初值；CAM 在其每个存储单元都包含了一个内嵌的比较逻辑，写入 CAM 的数据会和其内部存储的每一个数据进行比较，并返回与端口数据相同的所有内部数据的地址。概括地讲，RAM 是一种根据地址读、写数据的存储单元，而 CAM 和 RAM 恰恰相反，它返回的是端口数据相同的所有内部地址。CAM 的应用也十分广泛，比如在路由器中的交换表等。FPGA 内部实现 RAM、ROM、CAM、FIFO 等存储结构都可以基于嵌入式块 RAM 单元。

4. 丰富的布线资源

布线资源连通 FPGA 内部的所有单元，而连线的长度和工艺决定着信号在连线上的驱动能力和传输速度。FPGA 芯片内部有着丰富的布线资源，这些布线资源根据工艺、长度、宽度和分布位置的不同而划分为 4 种类别：

第 1 类是全局布线资源，用于芯片内部全局时钟和全局复位/置位的布线。

第 2 类是长线资源，用于完成芯片 Bank 间的高速信号和第二全局时钟信号的布线。

第 3 类是短线资源，用于完成基本逻辑单元之间的逻辑互联和布线。

第 4 类是分布式的布线资源，用于专有时钟、复位等控制信号线。

在实际中设计者不需要直接选择布线资源，布局布线器可自动地根据输入逻辑网表的拓扑结构和约束条件选择布线资源来连通各个模块单元。从本质上讲，布线资源的使用方法和设计的结果有直接的关系。

5. 底层嵌入功能单元

FPGA 的底层嵌入功能单元是其核心构建模块，决定了 FPGA 的灵活性和强大功能。以下是 FPGA 的主要底层嵌入功能单元。

（1）可编程逻辑单元（LUT）

1）LUT：FPGA 的基本计算单元，用于实现逻辑函数。每个 LUT 可以配置为实现特定的逻辑运算，如与、或、非等。

2）可编程互联：LUT 之间通过可编程互联网络连接，允许设计者根据需求配置逻辑路径，实现复杂的逻辑功能。

（2）触发器和寄存器

1）触发器：用于存储单个比特的数据，通常与 LUT 配对使用，形成基本的时序逻辑单元。

2）寄存器：由多个触发器组成，用于存储更多数据，比特宽度可以根据需求配置。

（3）可编程互联网络

1）互联矩阵：用于连接不同的逻辑单元和功能模块，提供灵活的路由选择。

2）开关矩阵：通过配置开关矩阵，可以实现信号的动态路由和重构。

（4）嵌入式存储器

1）块 RAM：用于存储大量数据，特别适用于需要高速数据存取的应用，如缓存和缓冲区。

2）分布式 RAM：较小的存储单元，分布在 FPGA 的各个逻辑单元中，适用于小规模的数据存储需求。

（5）数字信号处理单元（DSP）

DSP Slice：专门用于处理复杂的数学运算，如乘法、加法和累加，常用于信号处理、图像处理和其他需要高性能计算的应用。

（6）嵌入式硬核

1）处理器核：一些高端 FPGA 集成了嵌入式处理器核，如 ARM Cortex-M 或 Cortex-A 系列，提供了强大的处理能力。

2）外设接口：包括 UART、SPI、I2C 等，用于与外部设备通信。

（7）高速 I/O 接口

1）SerDes（串行器/解串器）：用于高速数据传输，支持千兆位级别的通信速率。

2）低电压差分信号（Low Voltage Differential Signaling，LVDS）：用于高速、低噪声的信号传输。

（8）配置单元

1）配置存储器：存储 FPGA 的配置数据，用于初始化和重配置 FPGA。

2）配置接口：用于加载和更新 FPGA 的配置数据，常见的接口包括 JTAG、SPI 和并行接口。

FPGA 通过这些底层嵌入功能单元的组合和配置，实现了高度的灵活性和强大的功能，能够满足各种复杂应用的需求。

6．内嵌专用硬核

这里的内嵌专用硬核与前面的底层嵌入功能单元是有区别的，内嵌专用硬核主要指那些通用性相对较弱的，不是所有 FPGA 器件都包含硬核。FPGA 和 CPLD 被称为通用逻辑器件，是用于区分 ASIC 的。其实 FPGA 内部也有两个阵营：一方面是通用性较强，目标市场范围很广，价格适中的 FPGA；另一方面是针对性较强，目标市场明确，价格较高的 FPGA。前者主要指低成本 FPGA，后者主要指某些高端通信市场的可编程逻辑器件。

10.3　FPGA 的生产厂商

FPGA 的生产厂商，目前国际市场是两大巨头和一些小的公司，其中两大巨头分别是 Xilinx 和 Altera。

10.3.1 Xilinx

Xilinx 是全球领先的可编程逻辑完整解决方案的供应商。Xilinx 研发、制造并销售范围广泛的高级集成电路、软件设计工具以及作为预定义系统级功能的 IP 核。客户使用 Xilinx 及其合作伙伴的自动化软件工具和 IP 核对器件进行编程，从而完成特定的逻辑操作。Xilinx 公司成立于 1984 年，首创了 FPGA 这一创新性的技术，并于 1985 年首次推出商业化产品。

Xilinx 满足了全世界对 FPGA 产品一半以上的需求。Xilinx 产品线还包括 CPLD。在某些控制应用方面 CPLD 通常比 FPGA 速度快，但其提供的逻辑资源较少。Xilinx 可编程逻辑解决方案缩短了电子设备制造商开发产品的时间并加快了产品面市的速度，从而减小了制造商的风险。与采用传统方法如固定逻辑门阵列相比，利用 Xilinx 可编程器件，客户可以更快地设计和验证他们的电路。由于 Xilinx 器件是只需要进行编程的标准部件，客户不需要像采用固定逻辑芯片时那样等待样品或者付出巨额成本。

Xilinx 产品已经被广泛应用于从无线电话基站到 DVD 播放机的数字电子应用技术中。

图 10-4 Xilinx 公司的 Logo

Xilinx 公司的 Logo 如图 10-4 所示。

10.3.2 Altera

Altera 是世界上 SOPC 解决方案倡导者。Altera 结合带有软件工具的可编程逻辑技术、知识产权（IP）和技术服务，在世界范围内为 14000 多个客户提供高质量的可编程解决方案。在 2015 年，Intel 宣布以 167 亿美元收购 FPGA 厂商 Altera，这是 Intel 公司历史上规模最大的一笔收购。随着收购完成，Altera 成为 Intel 旗下可编程解决方案事业部。Altera 使用最广泛的是 Cyclone 系列 FPGA 芯片，用得比较多的是 Cyclone Ⅳ 和 Cyclone Ⅴ 系列的 FPGA 芯片，其中需要注意，Cyclone Ⅴ，因为该系列包括 6 种型号，有只含逻辑的 E 型号、3.125Gbit/s 收发器 GX 型号、5Gbit/s 收发器 GT 型号，还有集成了基于双核 ARM 的硬核处理器系统（Hardcore Processor System，HPS）的 SE、SX、STSoC 型号。除了 Cyclone 系列，Altera 公司还有 Agilex 系列、Stratix 系列、Arria 系列、Max 系列。

Altera 公司的 Logo 如图 10-5 所示。

国内的 FPGA 厂商主要有紫光同创、京微雅格、高云半导体、上海安路、西安智多晶等，但是同国外领先厂商相比，国产 FPGA 厂商无论从产品性能、功耗、功能上都有较大差距。

图 10-5 Altera 公司的 Logo

10.4 Intel 公司的 FPGA

Intel 公司于 2015 年收购了当时全球第二大 PLD 生产厂商 Altera，其 FPGA 生产总部仍设在美国硅谷圣何塞（SAN Jose）。Intel FPGA 提供了广泛的可配置嵌入式 SRAM、高速收发器、高速 I/O、逻辑模块和路由，嵌入式知识产权（IP）以及出色的软件工具相结合，减少了 FPGA 的开发时间、功耗和成本。其目前的 FPGA 产品主要有适用于接口设计的 MAX 系列，适用于低成本、大批量设计的 Cyclone 系列，适用于中端设计的 Arria 系列，适用于高端设计的 Stratix 系列，具有高性能、高集成度和高性价比等优点。

10.4.1 Cyclone 系列

Cyclone 系列是一款简化版的 FPGA，具有低功耗、低成本和高集成度的特点，非常适宜小系统设计使用。Cyclone 器件内嵌了 M4K RAM，最多提供 294KB 存储容量，能够支持多种存储器的操作模式，如 RAM、ROM、FIFO 及单口和双口等模式。Cyclone 器件支持各种单端 I/O 接口标准，如 3.3V、2.5V、1.8V、LVTTL、LVCMOS、SSTL 和 PCI 标准，具有两个可编程锁相环（PLL），可实现频率合成、可编程相移、可编程延迟和外部时钟输出等时钟管理功能。Cyclone 器件支持片内热插拔，这一特性在上电前和上电期间起到了保护器件的作用。Intel 的 Cyclone 系列产品见表 10-3。

表 10-3 Cyclone 系列产品

产品	Cyclone	Cyclone II	Cyclone III	Cyclone IV	Cyclone V	Cyclone 10
推出时间/年	2002	2004	2007	2009	2011	2013
工艺技术/nm	130	90	65	60	28	20

10.4.2 Cyclone IV系列芯片

Altera 的 Cyclone IV 系列 FPGA 器件巩固了 Cyclone 系列在低成本、低功耗 FPGA 市场的领导地位。

Cyclone IV 器件适合用于大批量、对成本敏感的应用，使系统设计师在降低成本的同时又能够满足不断增长的带宽要求，又包含 Cyclone IV E 和 Cyclone IV GX 两种型号，以满足不同用户需求。

Cyclone IV FPGA 芯片的主要特点包括：

- 低成本、低功耗架构：专为降低系统总成本和功耗而设计。
- 丰富的逻辑资源：提供 6k~150k 的逻辑单元，满足各种复杂应用的需求。
- 大容量嵌入式存储器：内置 6.3MB 的嵌入式存储器，提升数据处理能力。
- 强大的 DSP 处理能力：配备 360 个 18×18 乘法器，适用于 DSP 处理密集型应用。
- 高效协议桥接：在实现协议桥接应用时，总功耗可控制在 1.5W 以内。
- 高速收发器支持：Cyclone IV GX 器件提供多达八个高速收发器，支持高达 3.125Gbit/s 的数据速率。
- 先进的编码与解码技术：集成 8B/10B 编码器/解码器，以及 8 位或 10 位的 PMA 到 PCS 接口。
- 高性能串行/解串器：配备字节串化器/解串器（SERDES）、字对齐器、速率匹配 FIFO 等，确保数据传输的准确性和效率。
- 信号完整性优化：支持静态均衡及预加重技术，实现最佳的信号完整性。
- 低功耗设计：每通道功耗仅为 150mW，有助于降低系统整体功耗。
- 灵活的时钟结构：支持单一收发器模块中的多种协议，提高设计的灵活性。
- 专用硬核 IP 支持：Cyclone IV GX 器件为 PCI Express（PIPE）Gen 1 提供了专用的硬核 IP，支持×1、×2 和×4 通道配置，以及终点和根端口配置。
- 多种协议支持：Cyclone IV GX 器件支持多种高速接口协议，包括 PCIe（PIPE）Gen 1×1、×2 和×4（2.5Gbit/s）、千兆以太网（1.25Gbit/s）、CPRI（3.072Gbit/s）、XAUI

（3.125Gbit/s）、三倍速率串行数字接口（SDI，2.97Gbit/s）、串行 RapidIO（3.125Gbit/s）、Basic 模式（3.125Gbit/s）、V-by-One（3.0Gbit/s）、DisplayPort（2.7Gbit/s）、SATA（3.0Gbit/s）、OBSAI（3.072Gbit/s）等。

- 丰富的 I/O 资源：提供多达 532 个用户 I/O，满足各种接口需求。
- 高速 LVDS 接口：支持通信速率高达 840Mbit/s 的发送器（Tx）和 875Mbit/s 的接收器（Rx）的 LVDS 接口。
- 高性能存储器接口：支持高达 200MHz 的 DDR2 SDRAM 接口和高达 167MHz 的 QDRII SRAM 及 DDR SDRAM 接口。
- 灵活的时钟管理：每器件中集成多达 8 个锁相环（PLL），提供精确的时钟管理和分配。
- 宽温度范围支持：支持商业与工业温度等级，确保在各种环境下的稳定运行。

Cyclone Ⅳ芯片外形如图 10-6 所示。

10.4.3 配置芯片

由于 FPGA 是基于 SRAM 生产工艺的，所以配置数据在掉电后将丢失，因此 FPGA 在产品中使用时，必须考虑其在系统上电时的配置问题，而采用专用配置芯片是一种常用的解决方案。Intel 的 FPGA 配置芯片都是基于 EEPROM 生产工艺的，具有在系统可编程（ISP）和重新编程能力，且生命周期比商用串行闪存产品更长。表 10-4 所示为 Intel 提供的 FPGA 串行配置芯片。

图 10-6 Cyclone Ⅳ芯片外形

表 10-4 Intel 提供的 FPGA 串行配置芯片

配置器件系列	配置器件	容量/MB	封装	电压/V	FPGA 产品系列兼容性
EPCQ-L	EPCQL256	256	24-ball BGA	1.8	兼容 Arria 10 和 Stratix 10 FPGA
	EPCQL512	512	24-ball BGA	1.8	
	EPCQL1024	1024	24-ball BGA	1.8	
EPCQ	EPCQ16	16	8-pin SOIC	3.3	兼容 28nm 以及早期的 FPGA
	EPCQ32	32	8-pin SOIC	3.3	
	EPCQ64	64	16-pin SOIC	3.3	
	EPCQ128	128	16-pin SOIC	3.3	
	EPCQ256	256	16-pin SOIC	3.3	兼容 28nm FPGA
	EPCQ512	512	16-pin SOIC	3.3	
EPCS	EPCS1	1	8-pin SOIC	3.3	兼容 40nm 和更早的 FPGA，但是建议新设计使用 EPCQ
	EPCS4	4	8-pin SOIC	3.3	
	EPCS16	16	8-pin SOIC	3.3	
	EPCS64	64	16-pin SOIC	3.3	
	EPCS128	128	16-pin SOIC	3.3	

10.5 FPGA 的应用领域

FPGA 是一种高度灵活的集成电路，能够在现场通过硬件描述语言（如 VHDL 或 Verilog）进行重新编程。FPGA 的应用领域非常广泛，介绍如下：

1. 通信与网络

1）无线通信：用于基站、无线电设备、5G 通信系统等，提供高速数据处理和灵活的信号处理能力。

2）有线通信：在光纤通信、以太网交换机、路由器等设备中，用于数据包处理、加密解密和协议转换。

3）网络安全：用于防火墙、入侵检测系统（Intrusion Detection System，IDS）、虚拟专用网（Virtual Private Network，VPN）等，提供高效的加密和解密功能。

2. 数据中心与云计算

1）加速计算：作为加速器用于数据中心，提升大数据处理、机器学习和人工智能（AI）应用的性能。

2）存储系统：在存储控制器中用于数据压缩、解压缩、加密和解密。

3）网络功能虚拟化（Network Function Virtualization，NFV）：用于虚拟化网络功能，提高网络设备的灵活性和可扩展性。

3. 工业与自动化

1）工业控制：在 PLC、机器人控制系统中，用于实时数据处理和控制逻辑。

2）智能制造：用于机器视觉、自动化检测和质量控制，提升生产效率和产品质量。

3）能源管理：在智能电网、风力发电、太阳能系统中，用于数据采集、处理和传输。

4. 汽车电子

1）高级驾驶辅助系统（Advanced Driving Assistance System，ADAS）：用于图像处理、传感器融合和决策控制，提升驾驶安全性。

2）车载娱乐系统：用于多媒体数据处理和显示，提供高质量的音视频体验。

3）动力系统控制：用于电动汽车的电池管理系统（Battery Management System，BMS）、电机控制等，提升能源利用效率。

5. 医疗设备

1）成像系统：在 CT、磁共振成像（Magnetic Resonance Imaging，MRI）、超声波等医疗成像设备中，用于图像处理和数据分析。

2）监护系统：用于实时数据采集和处理，提升患者监护的准确性和及时性。

3）便携设备：在便携式医疗设备中，用于数据处理和无线传输，提高设备的便携性和功能性。

6. 航空航天与国防

1）雷达系统：用于信号处理和目标识别，提高雷达系统的探测能力和精度。

2）卫星通信：在卫星通信系统中，用于数据处理和传输，提高通信质量和可靠性。

3）电子战：用于信号干扰和反干扰，提高电子战系统的灵活性和有效性。

7. 消费电子

1）智能手机和平板计算机：用于图像处理、信号处理和多媒体数据处理，提升设备性能和用户体验。

2）智能家居设备：在智能音箱、智能电视等设备中，用于数据处理和控制逻辑，实现智能化功能。

3）游戏设备：用于图像渲染和数据处理，提升游戏画质和流畅度。

8. 教育与科研

1）教学实验：在大学和科研机构中，用于数字电路设计和验证，提升教学效果和科研能力。

2）科研项目：用于原型设计和验证，缩短研发周期和降低成本。

FPGA 凭借其高度的灵活性和并行处理能力，在各个领域中发挥着重要作用，推动了技术的进步和应用的发展。

10.6　FPGA 开发工具

PLD 的问世及其发展圆了系统设计师和科研人员的梦想：利用价格低廉的软件工具在实验室里快速设计、仿真和测试数字系统，然后以最短的时间将设计编程到一块 PLD 芯片中，并迅速投入到实际应用。FPGA 的开发涉及硬件和软件两方面的工作。一个完整的 FPGA 开发环境主要包括运行于 PC 上的 FPGA 开发工具、编程器或编程电缆、FPGA 开发板等。图 10-7 展示了 USB Blaster 下载器的连接示意图，其正是这一开发流程中不可或缺的一环。

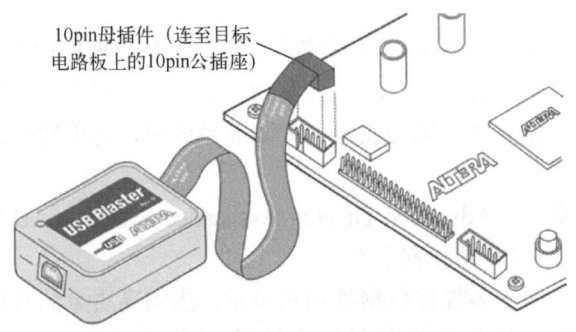

图 10-7　USB Blaster 下载器连接示意图

通常所说的 FPGA 开发工具主要是指运行于 PC 上的 EDA 开发工具，或称 EDA 开发平台。EDA 开发工具有两大来源：软件公司开发的通用软件工具和 PLD 制造厂商开发的专用软件工具。其中，软件公司开发的通用软件工具以三大软件巨头 Cadence、Mentor、Synopsys 的 EDA 产品最为突出。这些工具涵盖了 FPGA 设计的全流程，包括设计文件输入、编译、综合、仿真、下载等 FPGA 设计的各个环节，是工业界公认的标准工具。其特点是功能全面，对硬件环境要求高，软件投资成本大，通用性强，不局限于具体公司的 PLD 器件。

10.7　基于 FPGA 的开发流程

下面讲述基于 FPGA 的开发流程，包括 FPGA 设计方法概论、典型 FPGA 开发流程、FPGA 的配置和基于 FPGA 的 SoC 设计方法。

10.7.1　FPGA 设计方法概论

与传统的自底向上的设计方法不同，FPGA 的设计方法属于自上而下的设计方法，一开始并不去考虑采用哪一型号的器件，而是从系统的总体功能和要求出发，先设计和规划好整个系统，再将系统划分成几个不同功能的部分或模块，采用可完全独立于芯片厂商及其产品结构的描述语言，对这些模块从功能描述的角度出发进行设计。整个过程并不去考虑具体的电路结构是怎样的，功能的设计完全独立于物理实现。

与传统的自底向上的设计方法相比，自上而下的设计方法具有如下优点：

1）完全符合设计人员的设计思路，从功能描述开始，到物理实现的完成。

2）设计更加灵活。自底向上的设计方法受限于器件的制约，器件本身的功能以及工程师对器件的了解程度都将影响电路的设计，限制设计师的思路和器件选择的灵活性。而自上而下的设计使工程师可以将更多的时间和精力放在功能的实现和完善上，只在设计过程的最后阶段进行物理器件的选择或更改。

3）设计易于移植和更改。由于设计完全独立于物理实现，所以设计结果可以在不同的器件上进行移植，应用于不同的产品设计中。同时也可以方便地对设计进行修改、优化或完善。

4）易于进行大规模、复杂电路的设计实现。FPGA 器件的高集成度以及深亚微米生产工艺的发展，使得复杂系统的 SoC 设计成为可能，为设计系统的小型化、低功耗、高可靠性等提供了物理基础。

5）设计周期缩短。由于功能描述可完全独立于芯片结构，在设计的最初阶段，设计师可不受芯片结构的约束，集中精力进行产品设计，进而避免了传统设计方法所带来的重新再设计风险，大大缩短了设计周期，同时提高了性能，使得产品竞争力加强。据统计，采用自上而下设计方法的生产率可达到传统设计方法的 2~4 倍。

10.7.2 典型 FPGA 开发流程

典型 FPGA 的开发流程如图 10-8 所示。

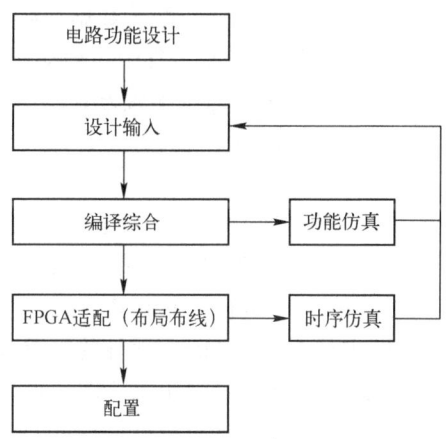

图 10-8 典型 FPGA 的开发流程

典型 FPGA 的开发流程如下：

1）首先要明确所设计电路的功能，并对其进行规划，确定设计方案，根据需要可以将电路的设计分为几个不同的模块分别进行设计。

2）进行各个模块的设计，通常是用 HDL 语言对电路模块的逻辑功能进行描述，得到一个描述电路模块功能的源程序文件，从而完成电路模块的设计输入。

3）对输入的文件进行编译综合，从而确定设计文件有没有语法错误，并将设计输入文件从高层次的系统行为描述翻译为低层次的门级网表文件。这之后，可以进行电路的功能仿真，通过仿真检验电路的功能设计是否满足设计需求。

4）进行 FPGA 适配，即确定选用的 FPGA 芯片，并根据选定芯片的电路结构，进行布局布线，生成与之对应的门级网表文件。如果在编译之前已经选定了 FPGA 芯片，则 3）和 4）可以合为一个步骤。

5）进行时序仿真，根据芯片的参数以及布局布线信息验证电路的逻辑功能和时序是否符合设计需求。若仿真验证正确，则进行程序的下载，否则返回修改设计输入文件。

6）下载或配置，即将设计输入文件下载到选定的 FPGA 芯片中，完成对器件的布局布线，生成所需的硬件电路，通过实际电路的运行检验电路的功能是否符合要求，若符合，则电路设计完成，否则返回修改设计输入文件。

10.7.3　FPGA 的配置

FPGA 的下载称为配置，可进行在线重配置（In Circuit Reconfiguration，ICR），即在系统正常工作时进行下载配置 FPGA，其功能与 ISP 类似。FPGA 采用静态存储器 SRAM 存储编程信息，SRAM 属于易失元件，所以系统需要外接配置芯片或存储器，存储编程信息。每次系统加电，在整个系统工作之前，先要将存储在配置芯片或存储器中的编程数据加载到 FPGA 器件的 SRAM 中，然后系统才开始工作。

与之相对应的，CPLD 的下载称为编程，我们常说的在系统可编程（In System Programmability，ISP）是针对 CPLD 器件而言的。ISP 器件采用的是 EEPROM 或者闪存存储器 Flash 存储编程信息，这类器件的编程信息断电后不会丢失，器件设有保密位，保密性强。

1．配置方式

FPGA 的配置有多种模式，大致分为主动配置和被动配置两种。主动配置是指由 FPGA 器件引导配置过程，是在产品中使用的配置方式，配置数据存储在外部 ROM 中，上电时由 FPGA 引导从 ROM 中读取数据并下载到 FPGA 器件中。被动配置是指由外部计算机或者控制器引导配置过程，在调试和实验阶段常采用这种配置方式。由于不同的 FPGA 厂商所采用的专业术语、技术手段和协议存在差异，FPGA 的具体配置细节也会有所区别。

2．下载电缆

下载电缆用于将不同配置方式下的配置数据由 PC 传送到 FPGA 器件中，下载电缆不仅可以用于配置 FPGA 器件，也可以实现对 CPLD 的编程。Altera 公司目前主要提供 3 种类型的下载电缆：ByteBlaster Ⅱ、USB-Blaster 和 Ethernet Blaster。其中，ByteBlaster Ⅱ 下载电缆通过使用 PC 的打印机并口，可以实现 PC 对 Altera 器件的配置或编程，USB Blaster 下载电缆通过使用 PC 的 USB 口，可以实现 PC 对 Altera 器件的配置或编程。两种电缆都支持 1.8V、2.5V、3.3V 和 5.0V 的工作电压，支持 SignalTap Ⅱ 的逻辑分析，支持 EPCS 配置芯片的 AS 配置模式。另外，USB Blaster 下载电缆还支持对嵌入 Nios Ⅱ 处理器的通信及调试。Ethernet Blaster 下载电缆通过使用以太网的 RJ-45 接口，可以实现以太网对 Altera 器件的远程配置或编程。下载电缆如图 10-9 所示。

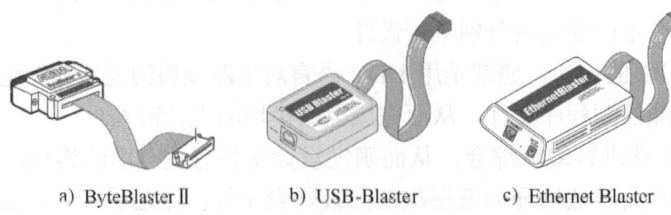

a）ByteBlaster Ⅱ　　b）USB-Blaster　　c）Ethernet Blaster

图 10-9　下载电缆

10.7.4 基于 FPGA 的 SoC 设计方法

SoC 是半导体和 EDA 技术发展的产物，也是业界研究和开发的焦点。所谓 SoC，是将原来需要多个功能单一的 IC 组成的板级电子系统集成到一块芯片上，从而实现芯片即系统，芯片上包含完整系统并嵌有软件。国内外学术界一般倾向将 SoC 定义为将微处理器、模拟 IP 核、数字 IP 核和存储器（或片外存储控制接口）集成在单一芯片上，它通常是客户定制的，或是面向特定用途的标准产品。SoC 又是一种技术，用于实现从确定系统功能开始，到软硬件划分，并完成设计的整个过程。

高集成度使 SoC 具有低功耗、低成本的优势，并且容易实现产品的小型化，在有限的空间中实现更多的功能，提高系统的运行速度。

SoC 设计的关键技术包括总线架构技术、IP 核可复用技术、软硬件协同设计技术、SoC 验证技术、可测性设计技术、低功耗设计技术、超深亚微米电路实现技术等，此外还要做嵌入式软件移植和开发研究，所以 SoC 设计是一个跨学科的新兴研究领域。基于 FPGA 的 SoC 设计流程如图 10-10 所示。

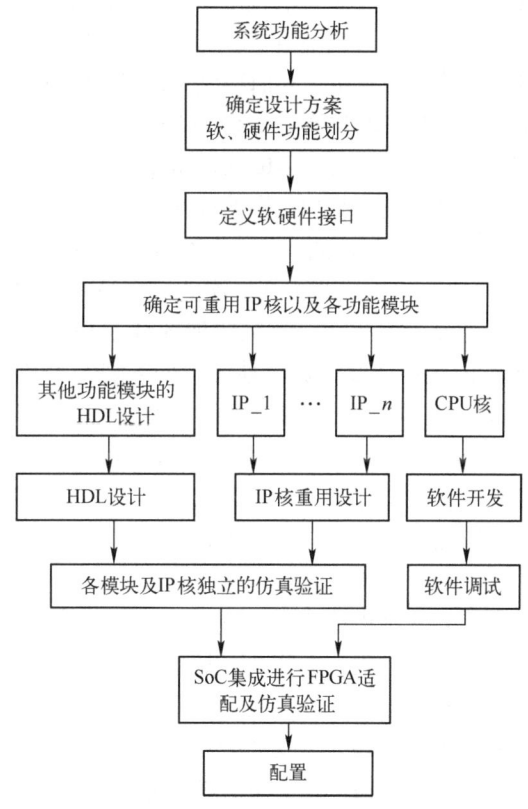

图 10-10 基于 FPGA 的 SoC 设计流程图

在进行 SoC 设计的过程中，应注意采用 IP 核的重用设计方法，通用模块的设计尽量选择已有的设计模块，例如各种微处理器、通信控制器、中断控制器、数字信号处理器、协处理器、密码处理器、PCI 总线以及各种存储器等，把精力放在系统中独特的设计部分。

10.8 Verilog HDL

10.8.1 Verilog HDL 概述

自 1947 年美国贝尔实验室的肖克莱、巴丁、布拉坦发明晶体管以来，集成电路技术得到了飞速的发展。集成电路工艺水平已从十年前的 22nm 发展到现在的 5nm，目前正向 2nm 工艺迈进。晶体管密度达到每平方毫米超过 1 亿个晶体管，例如，Intel 公司 2018 年打造的首款 10nm 工艺 CPU，其晶体管密度就达到每平方毫米 1 亿个晶体管。多媒体技术和数据通信的发展，特别是移动通信的飞速发展，对集成电路提出了更高的要求，越来越多的系统要求把包括 CPU、DSP 等在内的系统集成到一块芯片上，即片上系统（System on Chip，SoC）。2019 年 9 月，华为发布的麒麟 9905G 移动终端 SoC 芯片，集成了 5G 基带芯片巴龙 5000，支持 SA/NSA 两种 5G 组网模式，单片集成了 103 亿个晶体管。由于集成电路设计技术的发展速度远远落后于集成电路工艺的发展速度，在数字逻辑设计领域，迫切需要一种共同的工业标准来统一对数字逻辑电路及系统的描述，这样就能把系统设计工作分解为逻辑设计（前端）、电路实现（后端）和验证 3 个相互独立而又相关的部分。Verilog HDL 和 VHDL 这两种工业标准的产生顺应了时代的潮流，因而得到了迅速的发展。Verilog HDL 和 VHDL 这两种语言都得到了集成电路和 FPGA 仿真、综合等 EDA 工具的广泛支持，如 Synopsys 公司的 VCS、Cadence 公司的 NCVerilog 等，Mentor Graphics 公司的 Modelsim 支持 Verilog HDL 和 VHDL 的混合仿真。为支持更高抽象级别的设计，在 Verilog 基础上又发展了 System C 和 System Verilog 语言，在系统芯片 SoC 的验证中得到了广泛的应用。

虽然通过 HDL 可以很方便地实现描述不同层次的数字系统，然后通过成熟的 EDA 工具进行仿真、综合，并通过版图设计后进行流片来实现各种 ASIC 或 SoC，但由于 ASIC 和 SoC 的设计周期长，MASK 改版成本高、灵活性低，严重制约了其应用范围，因而 IC 设计工程师们希望有一种更灵活的设计方法，根据需要，在实验室就能设计和更改大规模的数字逻辑，研制自己的 ASIC 或 SoC 并马上投入使用。因此，FPGA 和 SOPC 应运而生。

硬件描述语言是一种利用文字描述数字电路系统的方法，可以起到和传统的电路原理图描述相同的效果。描述文件按照某种规则（或者说是语法）进行编写，之后利用 EDA 工具进行综合，布局布线等工作，就可以转换为实际电路。

硬件描述语言的出现，使得数字电路迅速发展，同时数字电路系统的迅速发展也在很大程度上促进了硬件描述语言的发展。到目前为止，已经出现了上百种硬件描述语言，使用最多的有两种，即 Verilog HDL 和 VHDL；为了迎合数字电路系统的飞速发展而出现的新的语言，如 System Verilog、System C 等，也正逐步成为数字电路设计新的宠儿。

Verilog HDL 是当今世界上应用最广泛的硬件描述语言之一，其允许工程师从不同的抽象级别对数字系统建模，被建模的数字系统对象的复杂性可以介于简单的门和完整的电子数字系统之间。

Verilog HDL 的描述能力可以通过使用编程语言接口（Programming Language Interface，PLI）进一步扩展，PLI 是允许外部函数访问 Verilog HDL 模块内信息，允许设计者与模拟器交互的例程集合。

Verilog HDL 作为一种高级的硬件描述语言，有着类似 C 语言的风格。其中有许多语句如 if 语句、case 语句等和 C 语言中对应语句十分相似。如果读者已经掌握了 C 语言编程的基础，那么学习 Verilog HDL 并不困难，只要对 Verilog HDL 某些语句的特殊方面着重理解，并加强上机练习就能很好地掌握它，利用它的强大功能来设计复杂的数字逻辑电路。

一个典型的数字系统 Verilog HDL 设计流程如图 10-11 所示，如果是 ASIC 设计，则不需要"代码下载到硬件电路"这个环节，而是将综合后的结果交给后端设计组（后端设计主要包括版图、布线等）或直接交给集成电路生产厂家。

10.8.2　Verilog 编程基础

本小节主要讲解 Verilog 的编程基础。

1. Verilog 的逻辑值

逻辑电路中有 4 种值，即 4 种状态：

1）逻辑 0：表示低电平，对应电路的 GND。

2）逻辑 1：表示高电平，对应电路的 V_{CC}。

3）逻辑 X：表示未知，有可能是高电平，也可能是低电平。

4）逻辑 Z：表示高阻态，外部没有激励信号，是一个悬空状态。

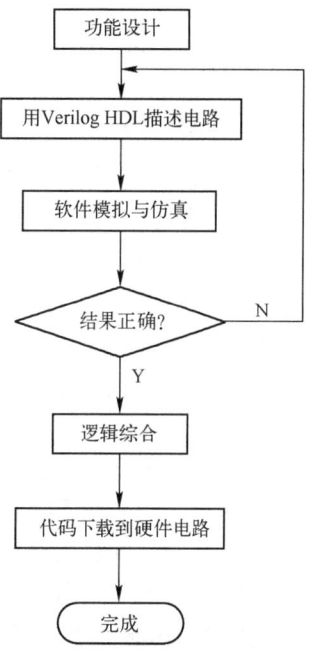

图 10-11　Verilog HDL 设计流程

Verilog 逻辑值如图 10-12 所示。

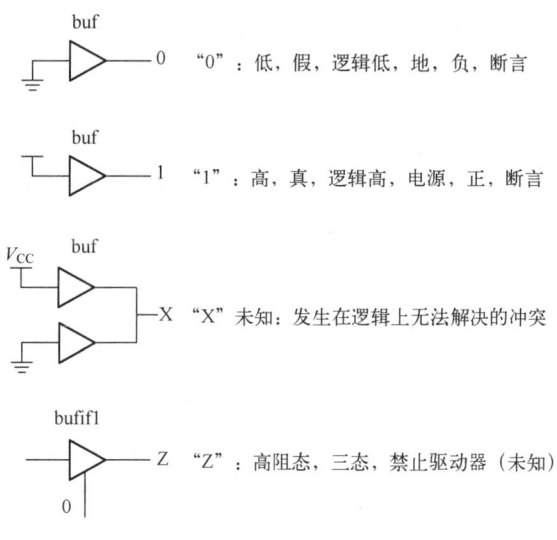

图 10-12　Verilog 逻辑值

2. Verilog 的标识符

（1）定义　标识符（Identifier）用于定义模块名、端口名和信号名等。Verilog 的标识符可以是任意一组字母、数字、$和_（下画线）符号的组合，但标识符的第一个字符必须是字母或者下画线。另外，标识符是区分大小写的。

以下是标识符的几个例子：

```
Count
COUNT          //与 Count 不同
```

```
R56_68
FIVE$
```

虽然标识符写法很多，但是要简洁、清晰、易懂，推荐写法如下：

```
count
fifo_wr
```

不建议大小写混合使用，建议普通内部信号全部小写，参数定义大写，信号命名最好体现信号的含义。

（2）规范建议　以下是一些书写规范的要求：

1）用有意义的有效的名字，如 sum、cpu_addr 等。

2）用下画线区分词语组合，如 cpu_addr。

3）采用一些前缀或后缀，比如时钟采用 clk 前缀（clk_50m，clk_cpu），低电平采用_n 后缀（enable_n）。

4）统一缩写，如全局复位信号 rst。

5）同一信号在不同层次保持一致性，如同一时钟信号必须在各模块保持一致。

6）自定义的标识符不能与保留字（关键词）同名。

7）参数统一采用大写，如定义参数使用 SIZE。

3. Verilog 的数字进制格式

Verilog 数字进制格式包括二进制、八进制、十进制和十六进制，一般常用的为二进制、十进制和十六进制。

二进制表示为：4'b0101，表示 4 位二进制数 0101。

十进制表示为：4'd2，表示 4 位十进制数 2（二进制数 0010）。

十六进制表示为：4'ha，表示 4 位十六进制数 a（二进制数 1010），十六进制的计数方式为 0，1，2，…，9，a，b，c，d，e，f，最大计数为 f（表示十进制数 15）。

当代码中没有指定数字的位宽与进制时，默认为 32 位的十进制，比如 100，实际上表示的值为 32'd100。

4. Verilog 的数据类型

Verilog 语法中，主要有三大数据类型，即寄存器类型、线网类型和参数类型。从名称中可以看出，真正在数字电路中起作用的数据类型应该是寄存器类型和线网类型。

（1）寄存器类型　寄存器类型表示一个抽象的数据存储单元，它只能在 always 语句和 initial 语句中被赋值，并且它的值从一个赋值到另一个赋值过程中被保存下来。如果该过程语句描述的是时序逻辑，即 always 语句带有时钟信号，则该寄存器变量对应为寄存器；如果该过程语句描述的是组合逻辑，即 always 语句不带有时钟信号，则该寄存器变量对应为硬件连线；寄存器类型的默认值是 x（未知状态）。

寄存器数据类型有很多种，如 reg、integer、real 等，其中最常用的就是 reg 类型，它的使用方法如下：

```
//reg define
reg [31:0]  delay_cnt;      //延时计数器
reg key_flag ;              //按键标志
```

（2）线网类型　线网表示 Verilog 结构化元件间的物理连线。它的值由驱动元件的值决定，例如连续赋值或门的输出。如果没有驱动元件连接到线网，线网的默认值为 z（高阻态）。线网类型同寄存器类型一样有很多种，如 tri 和 wire 等，其中最常用的是 wire 类型，它的使用方法如下：

```
//wire define
wire    data_en;            //数据使能信号
wire    [7:0];              //数据
```

（3）参数类型　参数其实就是一个常量，常被用于定义状态机的状态、数据位宽和延迟大小等，由于它可以在编译时修改参数的值，因此它又常被用于一些参数可调的模块中，使用户在实例化模块时，可以根据需要配置参数。在定义参数时，可以一次定义多个参数，参数与参数之间需要用逗号隔开。这里需要注意的是参数的定义是局部的，只在当前模块中有效。它的使用方法如下：

```
//parameter define
Parameter DATA_WIDTH = 8;   //数据位宽为8位
```

5．Verilog 的运算符

Verilog 中的运算符按照功能可以分为算术运算符、关系运算符、逻辑运算符、条件运算符、位运算符、移位运算符和拼接运算符。下面分别对这些运算符进行介绍。

（1）算术运算符　算术运算符，简单来说就是数学运算中的加减乘除，数字逻辑处理有时候也需要进行数字运算，所以需要算术运算符。常用的算术运算符主要包括加减乘除和模除（模除运算也叫取余运算），见表 10-5。

表 10-5　算术运算符

符号	使用方法	说明
+	a+b	a 加 b
-	a-b	a 减 b
*	a*b	a 乘以 b
/	a/b	a 除以 b
%	a%b	a 模除 b

（2）关系运算符　关系运算符主要是用来做一些条件判断。在进行关系运算符时，如果声明的关系是假的，则返回值是 0，如果声明的关系是真的，则返回值是 1；所有的关系运算符有着相同的优先级别，关系运算符的优先级别低于算术运算符的优先级别，见表 10-6。

表 10-6　关系运算符

符号	使用方法	说明
>	a>b	a 大于 b
<	a<b	a 小于 b
>=	a>=b	a 大于等于 b
<=	a<=b	a 小于等于 b
==	a==b	a 等于 b
!=	a!=b	a 不等于 b

（3）逻辑运算符　逻辑运算符用于连接多个关系表达式，可实现更加复杂的判断，一般不单独使用，需要配合具体语句来实现完整的意思，见表 10-7。

表 10-7 逻辑运算符

符号	使用方法	说明
!	!a	a 的非，如果 a 为 0，那么 a 的非是 1
&&	a&&b	a 与 b，如果 a 和 b 都为 1，a&&b 结果才为 1，表示真
||	a||b	a 或 b，如果 a 或者 b 有一个为 1，a||b 结果为 1，表示真

（4）条件运算符　条件运算符一般来构建从两个输入中选择一个作为输出的条件选择结构，功能等同于 always 中的 if-else 语句，见表 10-8。

表 10-8 条件运算符

符号	使用方法	说明
?:	a? b: c	如果 a 为真，就选择 b，否则选择 c

（5）位运算符　位运算符是一类最基本的运算符，可以认为它们直接对应数字逻辑中的与、或、非门等逻辑门。位运算符见表 10-9。

表 10-9 位运算符

符号	使用方法	说明
~	~a	将 a 的每个位进行取反
&	a&b	将 a 的每个位与 b 相同的位进行与操作
|	a|b	将 a 的每个位与 b 相同的位进行或操作
^	a^b	将 a 的每个位与 b 相同的位进行异或操作

位运算符的与、或、非与逻辑运算符逻辑与、逻辑或、逻辑非使用时候容易混淆，逻辑运算符一般用在条件判断上，位运算符一般用在信号赋值上。

（6）移位运算符　移位运算符包括左移位运算符和右移位运算符，这两种移位运算符都用 0 来填补移出的空位，见表 10-10。

表 10-10 移位运算符

符号	使用方法	说明
<<	a<<b	将 a 左移 b 位
>>	a>>b	将 a 右移 b 位

假设 a 有 8bit 数据位宽，那么 a<<2 表示 a 左移 2bit，a 还是 8bit 数据位宽，a 的最高 2bit 数据被移位丢弃了，最低 2bit 数据固定补 0。如果 a 是 3（二进制为 00000011），那么 3 左移 2bit（3<<2），就是 12（二进制 00001100）。一般使用左移位运算代替乘法，右移位运算代替除法，但是也只能表示 2 的指数次幂的乘除法。

（7）拼接运算符　Verilog 中有一个特殊的运算符是 C 语言中没有的，就是拼接运算符。用这个运算符可以把两个或多个信号的某些位拼接起来进行运算操作，见表 10-11。

表 10-11 拼接运算符

符号	使用方法	说明
{}	{a, b}	将 a 和 b 拼接起来，作为一个新信号

（8）运算符的优先级　运算符的优先级见表 10-12。

表 10-12　运算符的优先级

运算符	优先级
!、~	最高
*、/、%	次高
+、-	
<<、>>	
<、<=、>、>=	
==、! =、===、! ==	
&	
^、^~	
|	
&&	
||	次低
?	最低

10.8.3　Verilog 程序框架

在介绍 Verilog 程序框架之前，先来看下 Verilog 一些基本语法，基础语法主要包括注释和关键字。

1. 注释

Verilog 中有两种注释方式，一种是以"/*"开始，"*/"结束，在两个符号之间的语句都是注释语句，因此可扩展到多行。例如：

```
/* statement1,
statement2,
...
statementn */
```

以上语句都是注释语句。

另一种是以//开头的语句，它表示以//开始到本行结束都属于注释语句。例如：

```
//statement1
```

建议使用//作为注释。

2. 关键字

Verilog 和 C 语言类似，都因编写需要定义了一系列保留字，叫作关键字（或关键词）。这些保留字是识别语法的关键。Verilog 的关键字见表 10-13。

表 10-13　Verilog 的关键字

and	always	assign	begin	buf
bufif0	bufif1	case	cascx	casez
cmos	deassign	default	defparam	disable
edge	else	end	endcase	endfunction
endprimitive	endmodule	endspecify	endtable	endtask

（续）

event	for	force	forever	fork
function	highz0	highz1	if	ifnone
initial	inout	input	integer	join
large	macromodule	medium	module	nand
negedge	nor	not	notif0	notif1
nmos	or	output	parameter	pmos
posedge	primitive	pulldown	pullup	pull0
pull	remos	real	realtime	reg
release	repeat	rnmos	rpmos	rtran
rtranif0	rtranif1	scalared	small	specify
specparam	strength	strong0	strong1	supply0
supply1	table	task	tran	tranif0
tranif1	time	tri	triand	trior
trireg	tri0	tri1	vectored	wait
wand	weak0	weak1	while	wire
wor	xnor	xor		

虽然表 10-13 列了很多关键字，但是实际经常使用的关键字不是很多，Verilog 常用的关键字见表 10-14。

表 10-14 Verilog 常用的关键字

关键字	含义
module	模块开始定义
input	输入端口定义
output	输出端口定义
inout	双向端口定义
parameter	信号的参数定义
wire	wire 信号定义
reg	reg 信号定义
always	产生 reg 信号语句的关键字
assign	产生 wire 信号语句的关键字
begin	语句的起始标志
end	语句的结束标志
posede/negedge	时序电路的标志
case	Case 语句起始标记
default	Case 语句的默认分支标志
endcase	Case 语句结束标记
if	if/else 语句标记
else	if/else 语句标记

(续)

关键字	含义
for	for 语句标记
endmodule	模块结束定义

10.9 FPGA 开发板

正点原子公司目前已经拥有多款 STM32、I.MXRT 以及 FPGA 开发板，其产品新起点 FPGA 开发板既适合于初学者入门 FPGA，同时也适合有一定经验的 FPGA 工程师提升自己的开发水平。

新起点 FPGA 开发板的资源图，如图 10-13 所示。

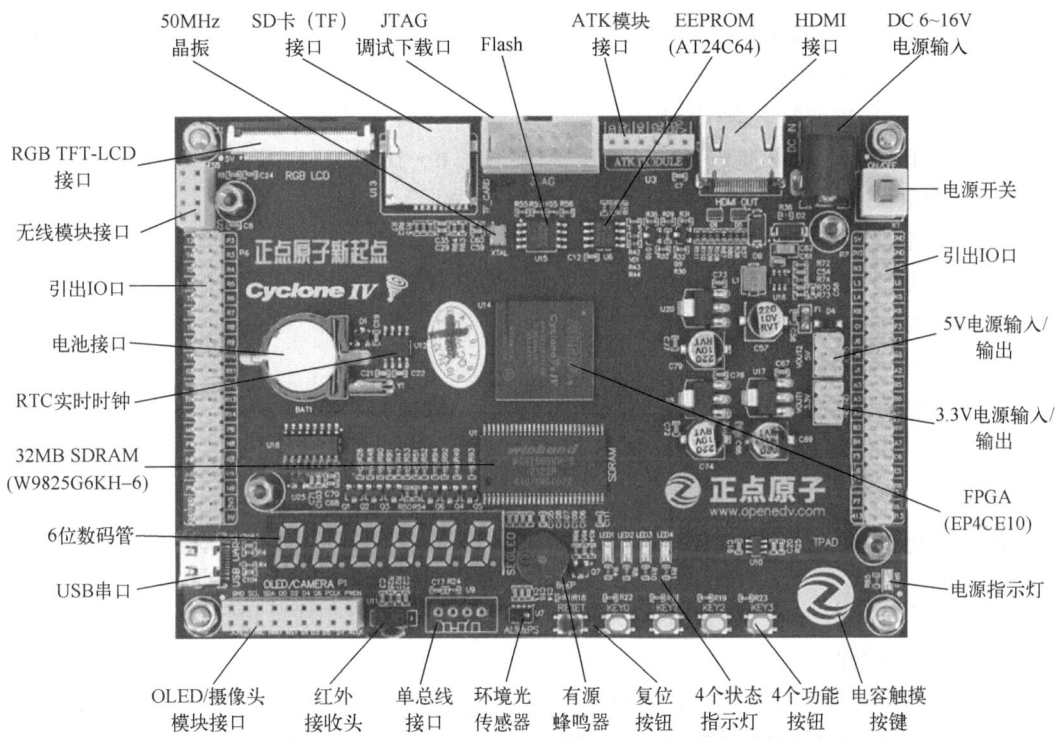

图 10-13 新起点 FPGA 开发板的资源图

从图 10-13 可以看出，新起点 FPGA 开发板的资源十分丰富，把 FPGA EP4CE10 的内部资源发挥到了极致，同时扩充了丰富的接口和功能模块。

板载资源如下：

1）主控芯片：EP4CE10F17C8N。封装：BGA256。

2）晶振：50MHz。

3）Flash：W25Q16。容量：2MB。

4）SDRAM：W9825G6KH-6。容量：32MB。

5）EEPROM：AT24C64。容量：8KB。

6）1 个电源指示灯（蓝色）。

7) 4 个状态指示灯（DS0～DS3：红色）。
8) 1 个红外接收头，并配备一款小巧的红外遥控器。
9) 1 个无线模块接口，支持 NRF24L01 无线模块。
10) 1 路单总线接口，支持 DS18B20/DHT11 等单总线传感器。
11) 1 个 ATK 模块接口，支持正点原子蓝牙/GPS/MPU6050/RGB 灯模块。
12) 1 个环境光传感器，采用 AP3216C 芯片。
13) 1 个标准的 RGB TFT-LCD 接口。
14) 1 个 OLED/摄像头模块接口。
15) 1 个 USB 串口。
16) 1 个有源蜂鸣器。
17) 1 个 SD 卡接口（在 PCB 背面）。
18) 1 个高清晰度多媒体接口（High Definition Multimedia Interface，HDMI）接口。
19) 1 个标准的 JTAG 调试下载口。
20) 1 组 5V 电源输入/输出口。
21) 1 组 3.3V 电源输入/输出口。
22) 1 个直流电源输入接口（输入电压范围：DC 6～16V）。
23) 1 个 RTC 后备电池座，并带电池（在 PCB 背面）。
24) 1 个 RTC 实时时钟，采用 PCF8563 芯片。
25) 1 个复位按钮，可作为 FPGA 程序执行的复位信号。
26) 4 个功能按钮。
27) 1 个电容触摸按键。
28) 1 个电源开关，控制整个开发板的电源。
29) 两个 20×2 扩展口，共 72 个扩展 IO 口（除去电源和地）。

10.10 Quartus II 软件的安装

Quartus II 是 Altera 公司的综合性 FPGA 开发软件，可以完成从设计输入到硬件配置的完整 FPGA 设计流程。

Altera 公司每年都会对 Quartus II 软件进行更新，各个版本之间除界面以及一些性能的优化之外，基本的使用功能都是一样的，接下来以 Quartus II 13.1 版本为蓝本介绍 Quartus II 软件的安装方法。

首先找到 Quartus II 的安装包文件，文件列表如图 10-14 所示。

名称	修改日期	类型	大小
cyclone-13.1.0.162.qdz	2018/1/29 21:29	QDZ 文件	561,597 KB
QuartusSetup-13.1.0.162.exe	2018/1/29 21:42	应用程序	1,674,665
安装说明.txt	2018/7/12 14:09	文本文档	1 KB

图 10-14 Quartus II 安装包文件夹文件列表

双击 QuartusSetup-13.1.0.162.exe 运行文件，进入如图 10-15 所示的 Quartus II 安装引导页面。

单击 Next 按钮进入如图 10-16 所示页面。

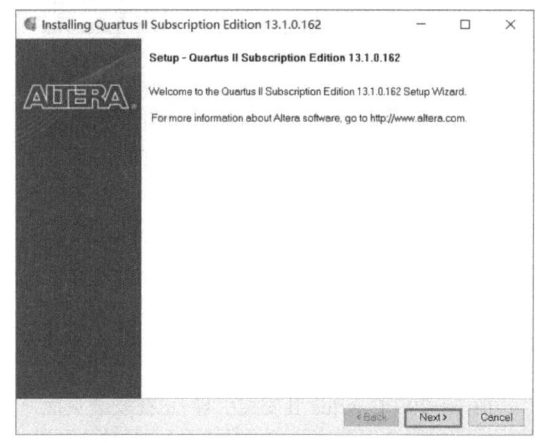

图 10-15　Quartus Ⅱ 安装引导页面

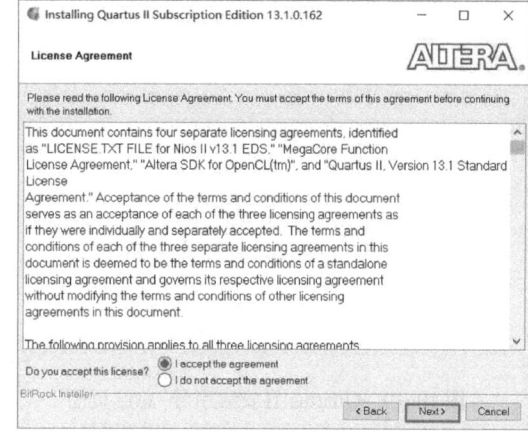

图 10-16　Quartus Ⅱ 安装引导声明页面

先选中 I accept the agreement，然后单击 Next 按钮，进入如图 10-17 所示页面。

在这里，选择的路径是 D:\altera\13.1，Quartus Ⅱ 软件需要大于 6GB 的安装空间，根据计算机磁盘空间的大小来选择相应的路径，注意安装路径中不能出现中文、空格以及特殊字符等。接下来单击 Next 按钮，进入如图 10-18 所示页面。

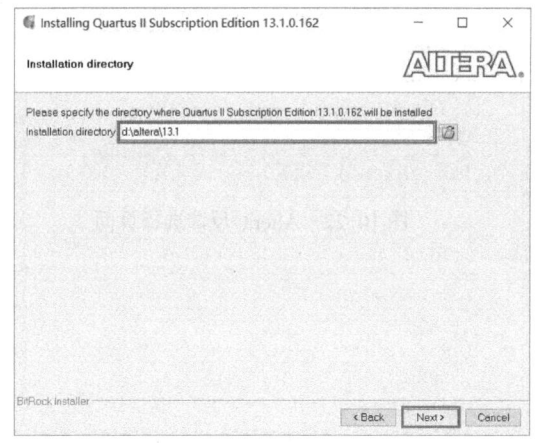

图 10-17　Quartus Ⅱ 安装引导安装路径选择页面

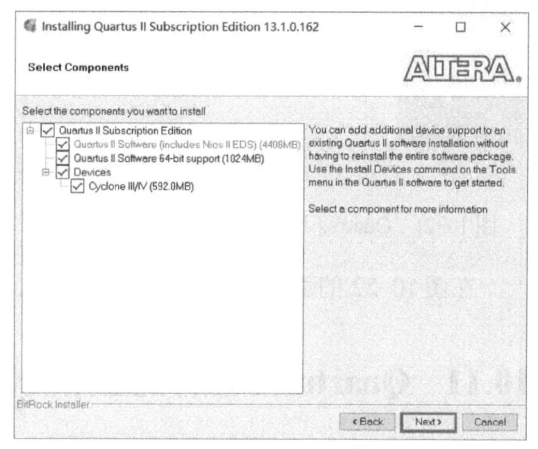

图 10-18　Quartus Ⅱ 安装引导-器件选择页面

图 10-18 所示为 FPGA 的器件安装页面，由于软件安装包和 Cyclone 系列器件支持包放在了同一个文件夹内，软件在这里已经自动检测出器件，保持默认全部勾选的页面，单击 Next 按钮，进入如图 10-19 所示页面。

由图 10-19 可知，Quartus Ⅱ 软件需要大约 6GB 的安装空间，直接单击 Next 按钮，进入如图 10-20 所示页面。

接下来，进入正式安装过程，此过程会耗费较长时间，具体时间跟计算机配置有关。经过一段时间的等待之后，Quartus Ⅱ 软件安装完成，进入如图 10-21 所示页面。

至此，Quartus Ⅱ 软件安装完成，直接单击 Finish 按钮，接下来会弹出如图 10-22 所示页面。

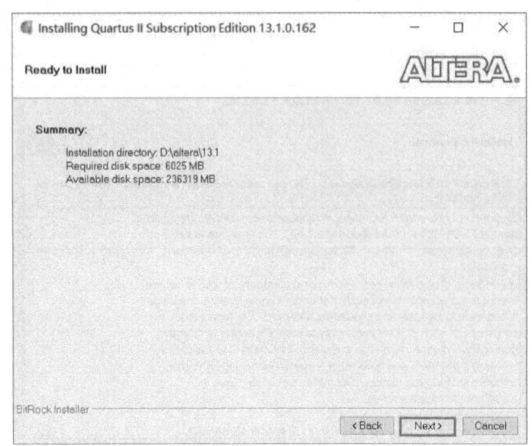
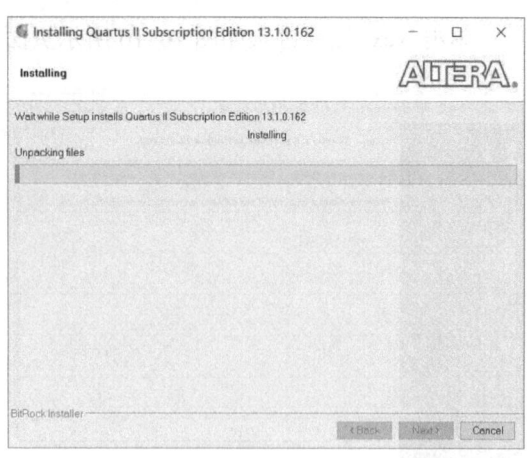

图 10-19　Quartus Ⅱ 安装引导-总结页面　　　图 10-20　Quartus Ⅱ 安装引导-正在安装页面

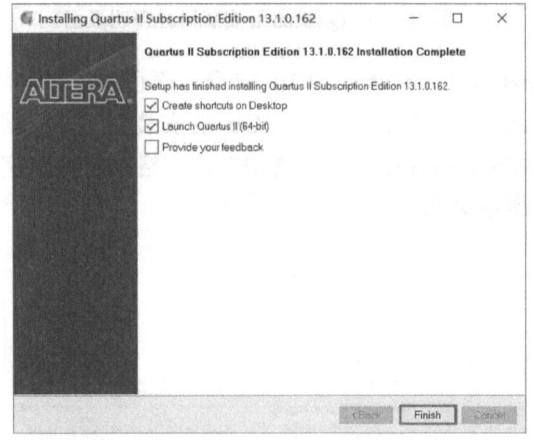
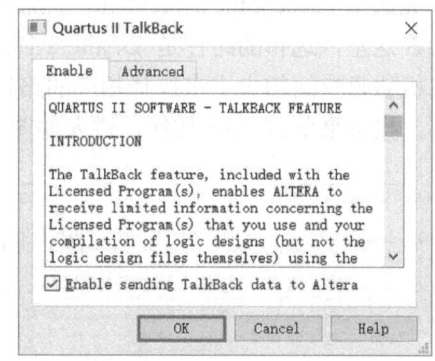

图 10-21　Quartus Ⅱ 安装引导-安装完成页面　　　图 10-22　Altera 反馈选择页面

在图 10-22 的页面，直接单击 OK 按钮。

10.11　Quartus Ⅱ 软件的应用实例

全球提供 FPGA 开发工具的厂商有近百家，大体分为两类：一类是专业软件公司研发的 FPGA 开发工具，独立于半导体器件厂商；另一类是半导体器件厂商为了推广本公司产品研发的 FPGA 开发工具，只能用来开发本公司的产品。本节介绍的 Quartus 开发工具属于后者，早期的 Quartus 由原 Altera 公司研发，Quartus 15.1 版本之前的所有版本称为 Quartus Ⅱ，从 Quartus 15.1 开始软件称为 Quartus Prime，Quartus Prime 由 Intel 公司维护。Quartus Prime 是在 Altera 公司成熟可靠而且用户友好的 Quartus Ⅱ 软件基础上的优化，采用了新的高效能 Spectra-Q 引擎。Spectra-Q 引擎的 Quartus Prime 采用一组更快、更易于扩展的新算法，减少了设计迭代；同时具有分层数据库，保留了 IP 模块的布局布线，保证了设计的稳定性，避免了不必要的时序收敛投入，使其所需编译时间在业界最短，增强了 FPGA 和 SoC FPGA 设计性能。

Quartus Ⅱ 和 Quartus Prime 的主要功能基本相同，只是有些界面有所不同。本节以 Quartus Ⅱ（13.1）的基本使用方法为例进行设计开发环境的介绍。

在开始使用 Quartus II 软件之前，先来了解一下 Quartus II 软件的使用流程，如图 10-23 所示。

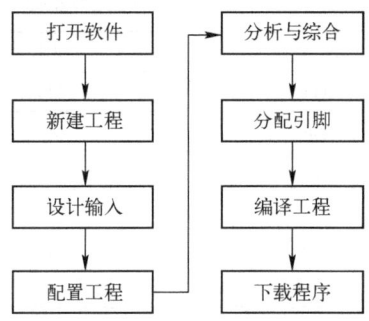

图 10-23　Quartus II 软件的使用流程

从图 10-25 可以看出，首先打开 Quartus II 软件，然后新建一个工程，在新建工程的时候，可以通过创建工程向导的方式来创建工程；工程建立完成后，需要新建一个 Verilog 顶层文件，然后将设计的代码输入到新建的 Verilog 顶层文件中，并对工程进行配置；接下来就可以对设计文件进行分析与综合了，此时 Quartus II 软件会检查代码，如果代码出现语法错误，那么 Quartus II 软件将会给出相关错误提示，如果代码语法正确，Quartus II 软件将会显示编译完成；工程编译完成后，还需要给工程分配引脚，引脚分配完成后，就可以编译整个工程了；在编译过程中，Quartus II 软件会重新检查代码，如果代码及其他配置都正确，Quartus II 软件会生成一个用于下载至 FPGA 芯片的.sof 文件；最后，通过下载工具将编译生成的.sof 文件下载至开发板，完成整个开发流程。

接下来以 LED 流水灯的实例工程为例，对每个流程进行详细的操作演示，一步步带领大家学习使用 Quartus II 软件。

10.11.1　LED 灯硬件设计

发光二极管与普通二极管一样具有单向导电性。给它阳极加上正向电压后，通过 5mA 左右的电流就可以使其发光。通过二极管的电流越大，发出的光亮度越强。但一般将电流限定在 3~20mA 之间，电流过大会烧坏二极管。

发光二极管的原理图如图 10-24 所示，LED_0~LED_3 这 4 个发光二极管的阴极都连到地（GND），阳极分别与 FPGA 相应的引脚相连。原理图中 LED 与地之间的电阻起到限流作用。

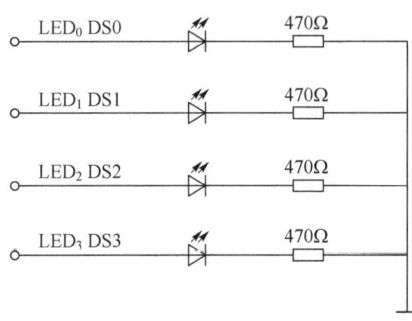

图 10-24　发光二极管的原理图

本实例中,系统时钟、按键复位以及 LED 端口的引脚分配见表 10-15。

表 10-15 LED 灯实验引脚分配

信号名	方向	引脚	端口说明
sys_clk	Input	M2	系统时钟,50M
sys_rst_n	Input	M1	系统复位,低有效
led[0]	Output	D11	LED_0
led[1]	Output	C11	LED_1
led[2]	Output	E10	LED_2
led[3]	Output	F9	LED_3

对应的 TCL 约束语句如下:

```
set_location_assignment PIN_M2 -to sys_clk
set_location_assignment PIN_M1 -to sys_rst_n
set_location_assignment PIN_D11 -to led[0]
set_location_assignment PIN_C11 -to led[1]
set_location_assignment PIN_E10 -to led[2]
set_location_assignment PIN_F9 -to led[3]
```

10.11.2 LED 灯程序设计

下面讲述 FPGA 的 LED 灯程序设计。

1. 新建工程

在创建工程之前,建议大家在硬盘中新建一个文件夹用于存放自己的 Quartus Ⅱ 工程,这个工程目录的路径名应该只有字母、数字和下画线,以字母为首字符,且不要包含中文和其他符号。

在计算机的 E 盘 Verilog 文件夹中创建一个名为 flow_led 的文件夹,用于存放本次流水灯实验的工程,工程文件夹的命名要能反映出工程实现的功能,本次是以流水灯的实验为例,所以这里将文件夹命名为 flow_led。然后在 flow_led 文件夹下创建 4 个子文件夹,分别命名为 doc、par、rtl 和 sim。doc 文件夹用于存放项目相关的文档,par 文件夹用于存放 Quartus Ⅱ 软件的工程文件,rtl 文件夹用于存放源代码,sim 文件夹用于存放项目的仿真文件。创建的工程文件夹目录如图 10-25 所示。

建议大家在创建工程之前都要先创建这 4 个文件夹,如果说工程相对简单,不需要相关参考文档或者仿真文件,doc 文件夹和 sim 文件夹可以为空,但是对于复杂的工程,相关文档的参考与记录以及仿真测试几

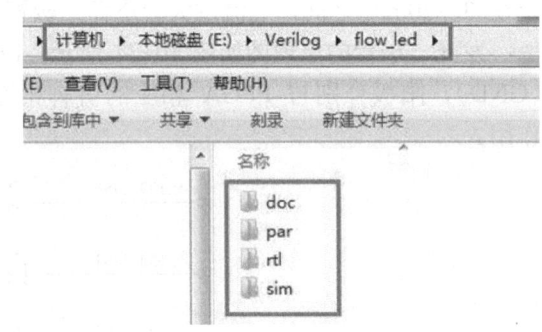

图 10-25 工程文件夹目录

乎是必不可少的,所以从简单的实例开始就要养成良好的习惯,为设计复杂的工程打下基础。

接下来启动 Quartus Ⅱ 软件,直接双击桌面上的 Quartus Ⅱ 13.1(64-Bit)软件图标(如果是 32 位系统 Quartus Ⅱ 13.1(32-Bit)),打开 Quaruts Ⅱ 软件,Quartus Ⅱ 软件主界面如图 10-26 所示。

第 10 章 FPGA 可编程逻辑器件及其应用

图 10-26　Quartus II 软件主界面

Quartus II 软件默认由菜单栏、工具栏、工程文件导航窗口、编译流程窗口、主编辑窗口以及信息提示窗口组成。在菜单栏上选择 File→New Project Wizard 来新建一个工程，如图 10-27 所示。

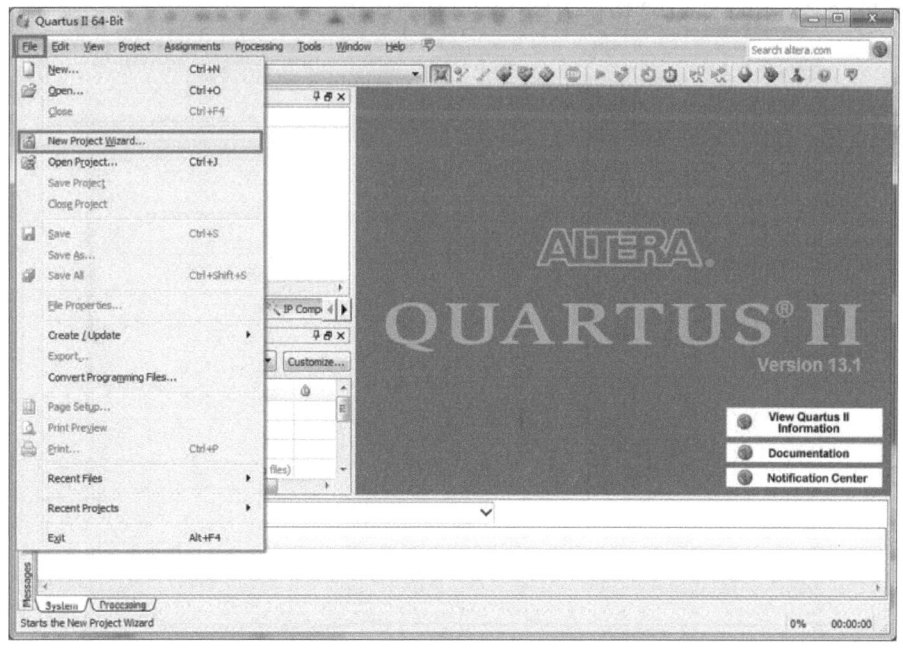

图 10-27　新建工程操作界面

新建工程向导-说明页面如图 10-28 所示。

241

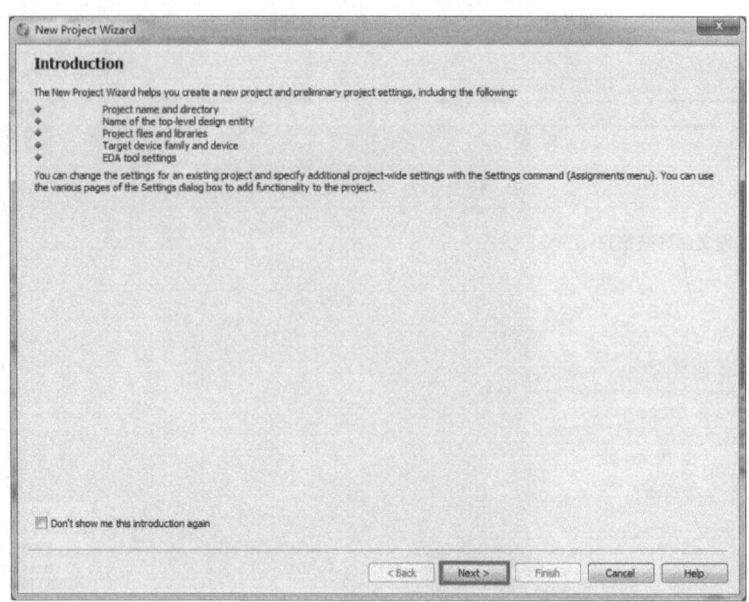

图 10-28　新建工程向导-说明页面

在 Introduction 对话框中，可以了解到在新建工程的过程中要完成以下 5 个步骤：
1）工程的命名以及指定工程的路径。
2）指定工程的顶层文件名。
3）添加已经存在的设计文件和库文件。
4）指定器件型号。
5）EDA 工具设置。

单击图 10-28 中的 Next 按钮进入图 10-29 所示页面。

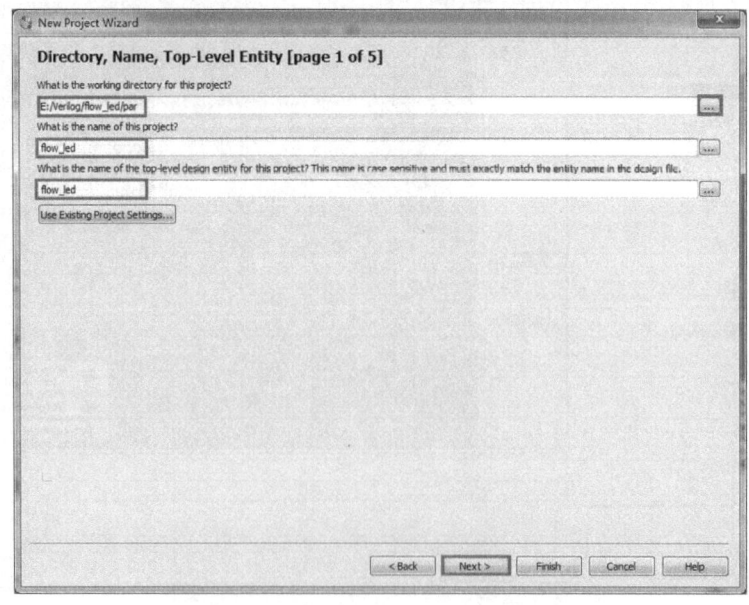

图 10-29　新建工程向导-工程名及路径页面

图 10-29 的第 1 栏用于指定工程所在的路径；第 2 栏用于指定工程名，这里建议直接使

用顶层文件的实体名作为工程名；第 3 栏用于指定顶层文件的实体名。这里设置的工程路径为 E:/Verilog/flow_led/par 文件夹，工程名与顶层文件的实体名同为 flow_led。文件名和路径设置完毕后，单击 Next 按钮，进入下一个页面，如图 10-30 所示。

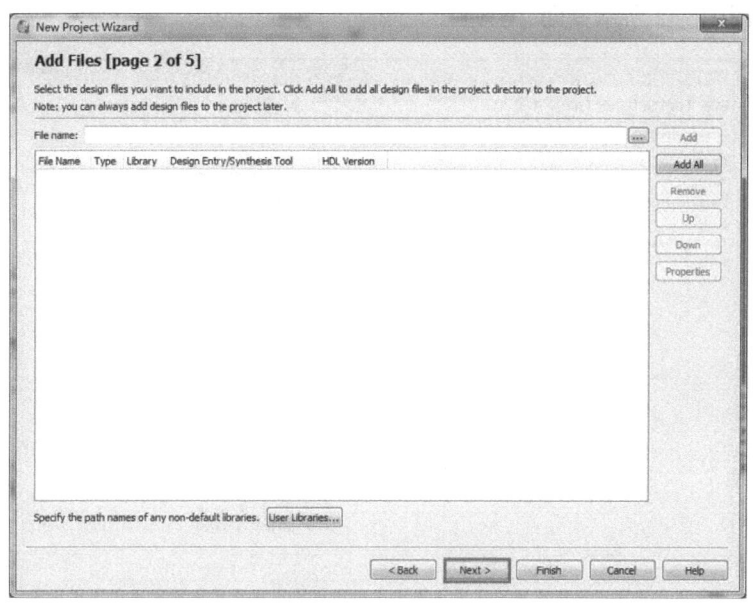

图 10-30　创建工程向导-添加设计文件页面

在该页面中，可以通过单击 按钮添加已有的工程设计文件（Verilog 或 VHDL 文件），由于这里是一个完全新建的工程，没有任何预先可用的设计文件，所以不用添加，直接单击 Next 按钮，进入图 10-31 所示页面。

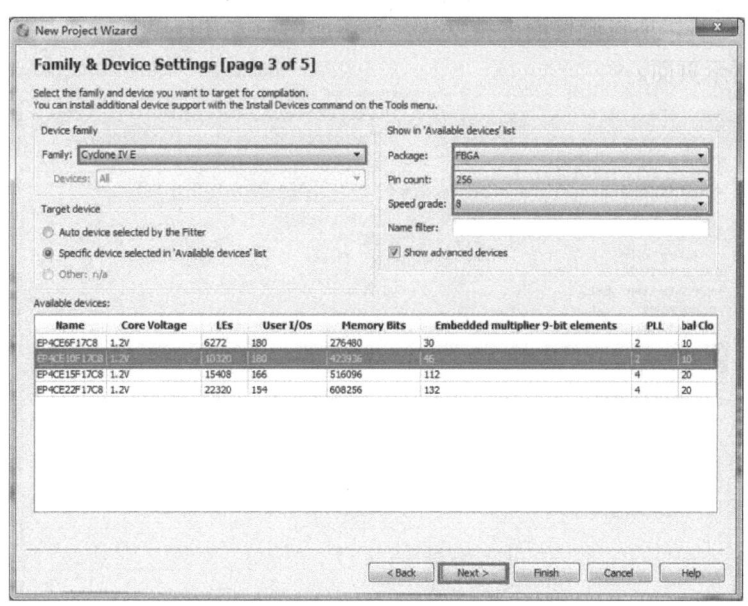

图 10-31　新建工程向导-选择器件页面

这里要根据实际所用的 FPGA 型号来选择目标器件，由于新起点 FPGA 开发板主芯片是 Cyclone Ⅳ E 系列的 EP4CE10F17C8，所以在 Family 一栏中选择 Cyclone Ⅳ E。

Cyclone Ⅳ E 系列的产品型号较多，为了方便在 Available devices 一栏中快速找到开发板的芯片型号，在 Pin Count 选择 256 引脚，Speed grade（速度等级）一栏中选择 8，之后在 Available devices 中只能看见 4 个符合要求的芯片型号，选中 EP4CE10F17C8，接着再单击 Next 按钮进入图 10-32 所示页面。

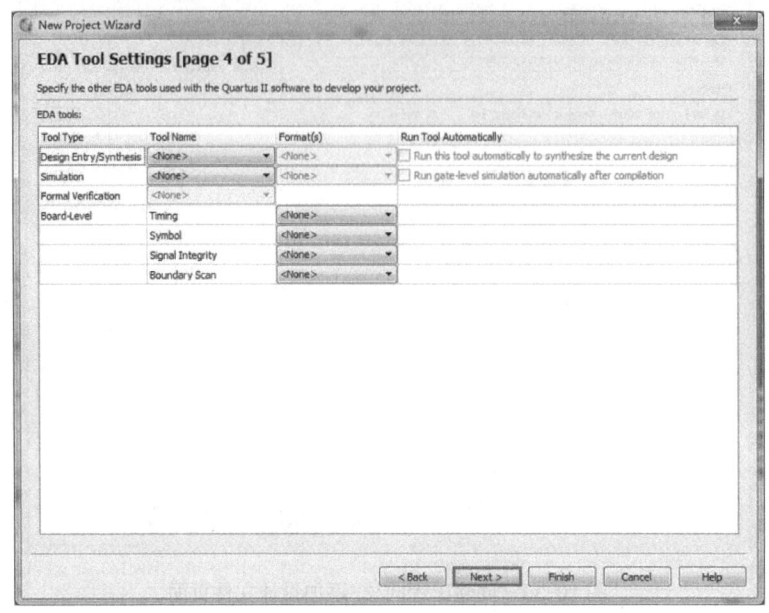

图 10-32　新建工程向导-EDA 工具设置页面

在图 10-32 所示页面中，可以设置工程各个开发环节中需要用到的第三方 EDA 工具，比如仿真工具 Modelsim、综合工具 Synplify。由于本实例着重介绍 Quartus Ⅱ 软件，并没有使用任何 EDA 工具，所以此页面保持默认，不添加第三方 EDA 工具，直接单击 Next 按钮进入图 10-33 所示页面。

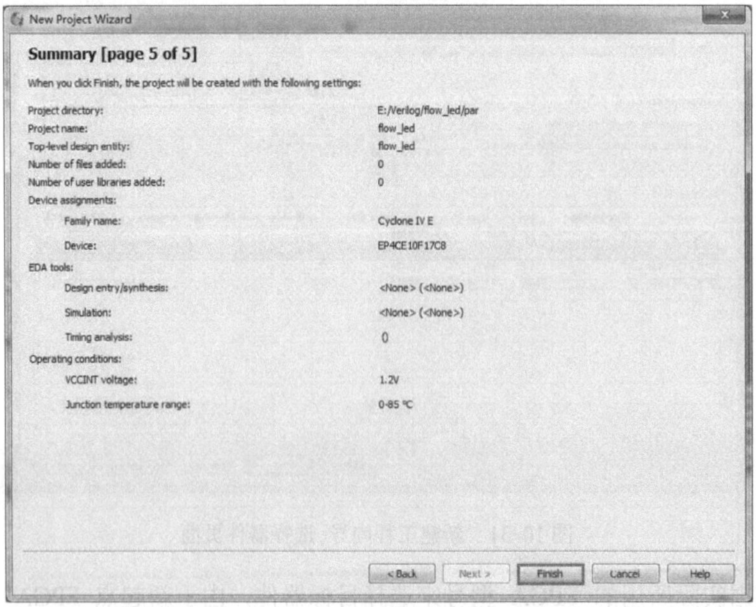

图 10-33　新建工程向导-总结页面

从图 10-33 所示页面中，可以看到工程文件配置信息报告，接下来单击 Finish 按钮完成工程的创建。

此时返回到 Quartus 软件界面，可以在工程文件导航窗口中看到刚才新建的 flow_led 工程，如果大家需要修改器件，直接双击工程文件导航窗口中的 Cyclone Ⅳ E:EP4CE10F17C8 即可，如图 10-34 所示。

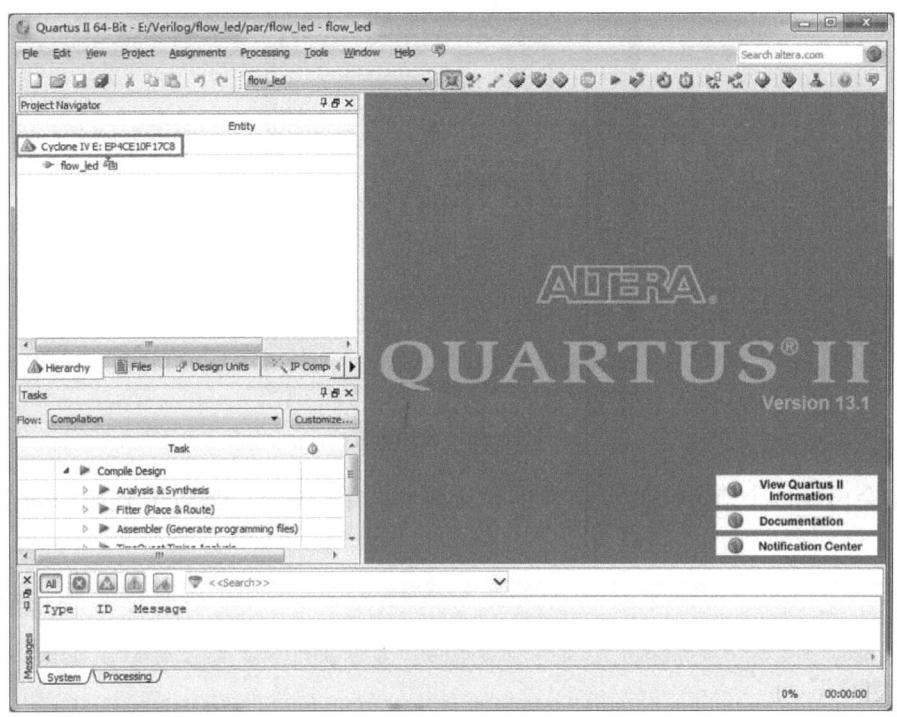

图 10-34　工程创建完成显示界面

2．设计输入

下面创建工程顶层文件，在菜单栏中找到 File→New，如图 10-35 所示。

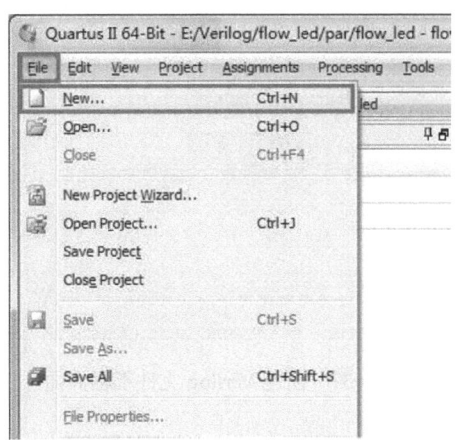

图 10-35　新建设计文件

弹出如图 10-36 所示对话框，由于使用 Verilog HDL 作为工程的输入设计文件，所以在 Design Files 一栏中选择 Verilog HDL File，然后单击 OK 按钮。

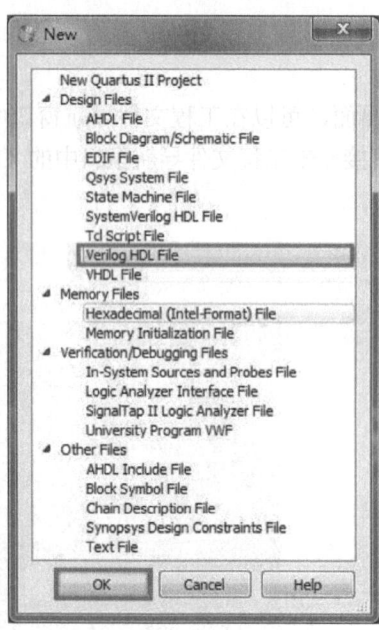

图 10-36 选择语言

这里会出现一个 Verilog1.v 文件的设计界面,用于输入 Verilog 代码,如图 10-37 所示。

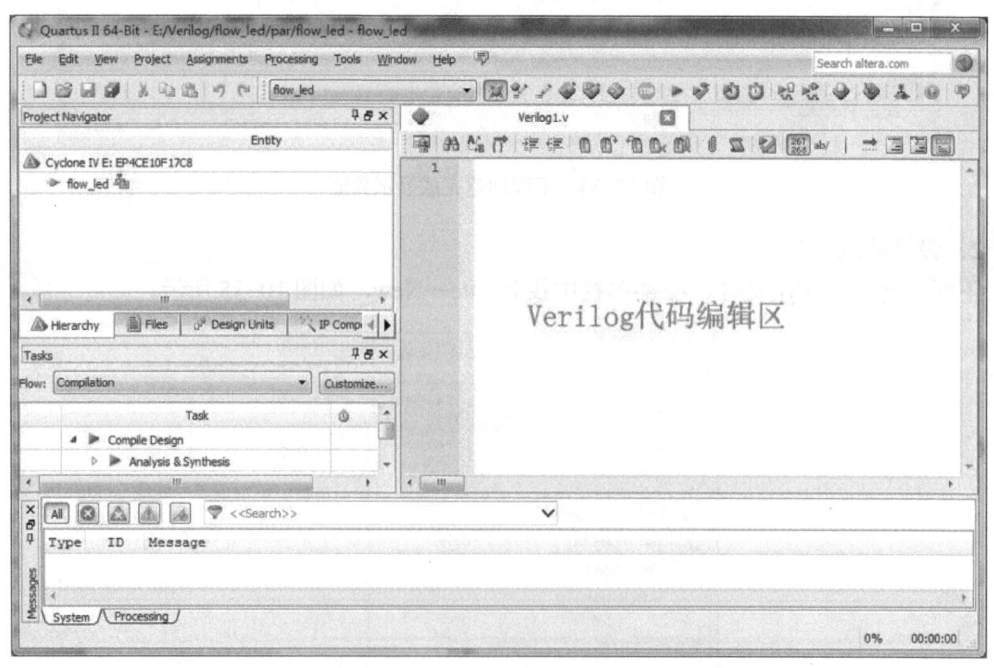

图 10-37 创建 Verilog 文件工程界面

3. 程序设计

由于发光二极管的阳极与 FPGA 的引脚相连,只需要改变与 LED 灯相连的 FPGA 引脚的电平,LED 灯的亮灭状态就会发生变化。当 FPGA 引脚为高电平时,LED 灯点亮,为低电平时,LED 灯熄灭。

本次设计的模块端口及信号连接如图 10-38 所示。

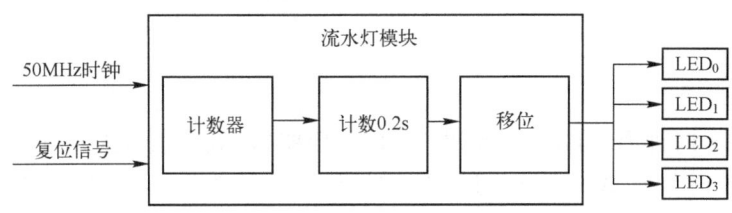

图 10-38　LED 灯模块原理图

由于人眼的视觉暂留效应，流水灯状态变换间隔时间最好不要低于 0.1s，否则就不能清晰地观察到流水效果。这里令流水灯每间隔 0.2s 变化一次。在程序中需要用一个计数器累加计数来计时，计时达 0.2s 后计数器清零并重新开始计数，这样就得到了固定的时间间隔。每当计数器计数满 0.2s 就让灯发光状态变化一次。

接下来在该文件中编写流水灯代码，流水灯的代码如下：

```verilog
module flow_led(
    input  sys_clk,                //系统时钟
    input  sys_rst_n,              //系统复位，低电平有效
    output reg [3:0] led           //4 个 LED 灯
    );

//reg define
reg [23:0] counter;


//***********************************************************
//*                     main code
//***********************************************************
//计数器对系统时钟计数，计时 0.2s
always @(posedge sys_clk or negedge sys_rst_n) begin
    if (!sys_rst_n)
        counter <= 24'd0;
    else if (counter < 24'd1000_0000)
        counter <= counter + 1'b1;
    else
        counter <= 24'd0;
end

//通过移位寄存器控制 IO 口的高低电平，从而改变 LED 的显示状态
always @(posedge sys_clk or negedge sys_rst_n) begin
    if (!sys_rst_n)
        led <= 4'b0001;
    else if(counter == 24'd1000_0000)
        led[3:0] <= {led[2:0],led[3]};
    else
```

```
            led <= led;
    end

endmodule
```

本程序中输入时钟为 50MHz，所以一个时钟周期为 20ns（1/50MHz）。因此计数器通过对 50MHz 系统时钟计数，计时到 0.2s，需要累加 0.2s/20ns=10000000 次。在代码的 "counter <= 24'd0;" 这一行，每当计时到 0.2s 计数器清零一次。

同时，每当计数器计数到 10000000 时，将各个 LED 灯的状态左移一位，并将最高位的值移动到最低位，循环往复。其他时间，LED 灯的状态不变。

需要说明的是，led 的初始值必须是一位为 1，其他位为 0，在循环左移的过程中才会呈现流水灯的效果；而如果 led 的初始值为 0，则左移后 led 的状态仍然为 0。代码中 led 的初始值是由复位信号（sys_rst_n）控制的。这里的复位信号对应的就是板载的复位按键，尽管在上电后没有按下复位按键，由于 FPGA 芯片内部有一个上电检测模块，一旦检测到电源电压超过检测门限后，就产生一个上电复位脉冲（Power On Reset）送给所有的寄存器，led 的初始值就是在这个时候复位成 4'b0001 的。

代码编写完成后，在软件中显示的界面如图 10-39 所示。

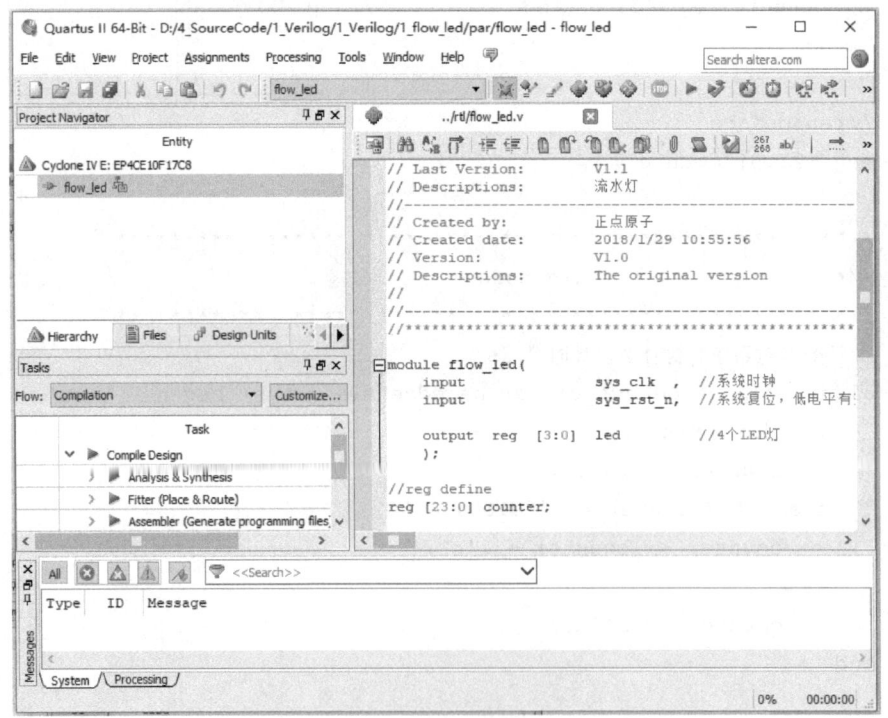

图 10-39　Verilog 文件编写完成界面

接下来保存编辑完成后的代码，按快捷键〈Ctrl+S〉或选择 File→Save，则会弹出一个对话框，提示输入文件名和保存路径，默认文件名会和所命名的 module 名称一致，默认路径也会是当前的工程文件夹，将存放的路径修改为 rtl 文件夹中，如图 10-40 所示。

在图 10-40 的对话框中，单击 "保存" 按钮即可保存代码文件，然后可以在工程文件导航窗口 File 一栏中找到新建的 flow_led.v 文件，如图 10-41 所示。

图 10-40 Verilog 代码保存对话框

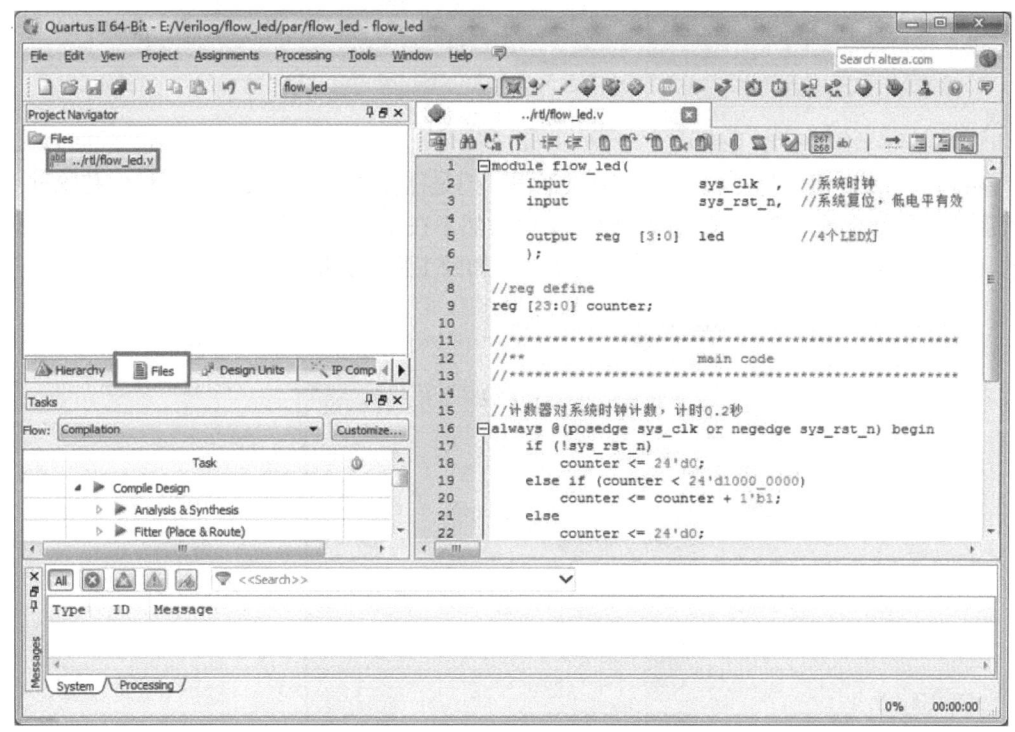

图 10-41 工程文件导航窗口中的文件

设计输入除了像上述直接创建新文件之外，还可以把事先写好的源文件直接加载到工程里。这里在加载源文件之前一定要把源文件复制到工程的 rtl 文件夹中（.v 文件放到 rtl 文件夹里），然后再加载到工程里，有些粗心的同学在移植源文件的时候源文件并没有复制到工程文件夹里，虽然功能也能正常执行，但是将工程复制到另一台计算机的时候就会发现报路径错误，所以在移植源文件时一定要记得把文件复制到工程文件夹中。下面演示如何把源文件添加到工程里，这里还以 LED 流水灯为例，先把刚刚已经创建好的 LED 流水灯工程的源文件从工程中移除，如图 10-42 所示。

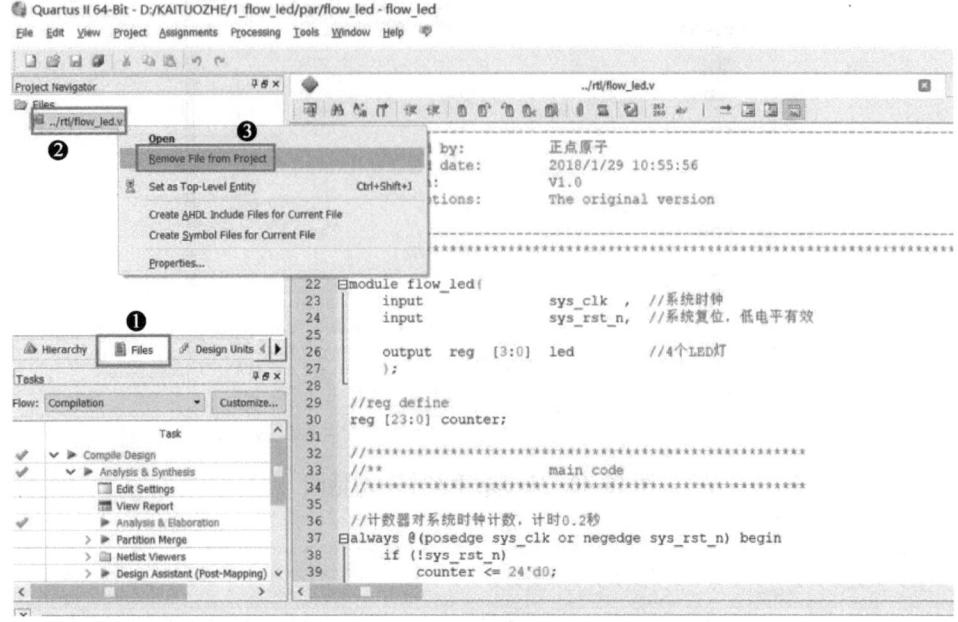

图 10-42　移除文件

移除后，LED 流水灯工程是一个空壳工程，但是需要注意，把文件从工程中移除并不意味着删除文件，刚刚移除的流水灯代码源文件虽然不在工程中，但是它依然保存在之前创建好的 rtl 文件夹里。现在把刚刚删除的源文件添加回工程，如图 10-43 所示。

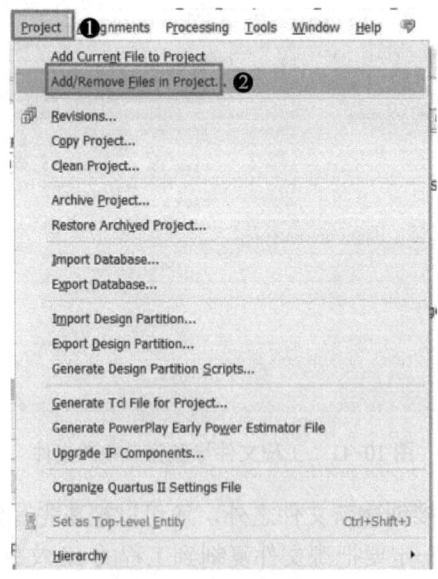

图 10-43　添加源文件

如图 10-43 所示，先单击工具栏的 Project，再单击 Add/Remove Files in Project 打开添加文件选择窗口，如图 10-44 所示。

第 10 章 FPGA 可编程逻辑器件及其应用

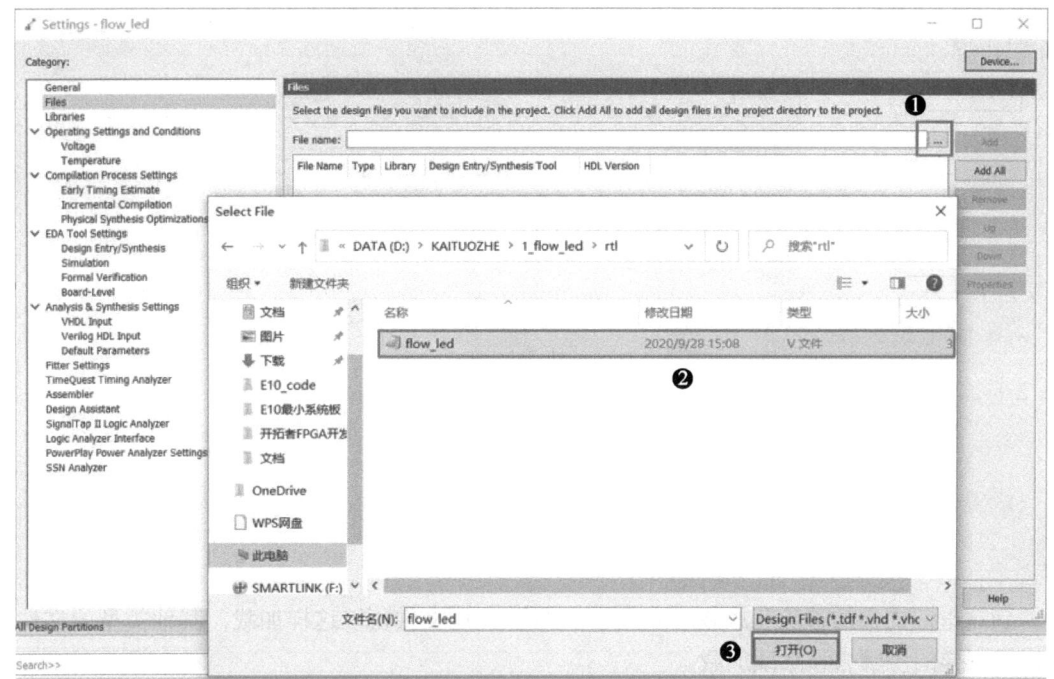

图 10-44 选择文件

如图 10-44 所示，先单击 ![] 弹出文件选择对话框，找到要添加的文件，选中它后单击"打开"按钮，这样就选中了要添加的文件，接下来把文件加载到工程中，如图 10-45 所示。

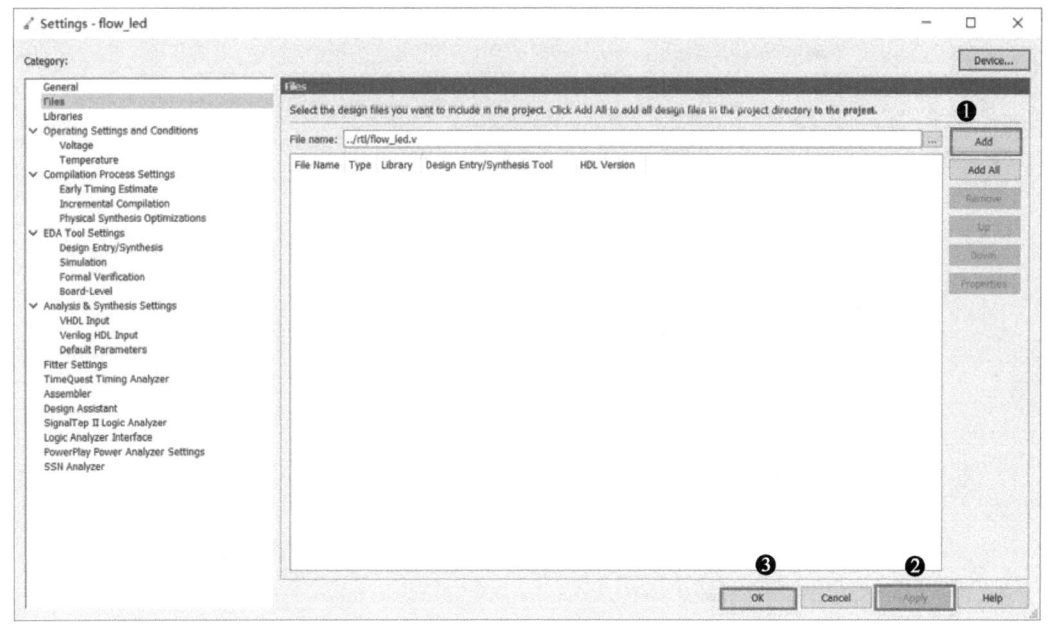

图 10-45 加载文件

加载后回到 Quartus Ⅱ 的 Files 窗口，可以看到刚刚移除的源文件又回来了，如图 10-46 所示。

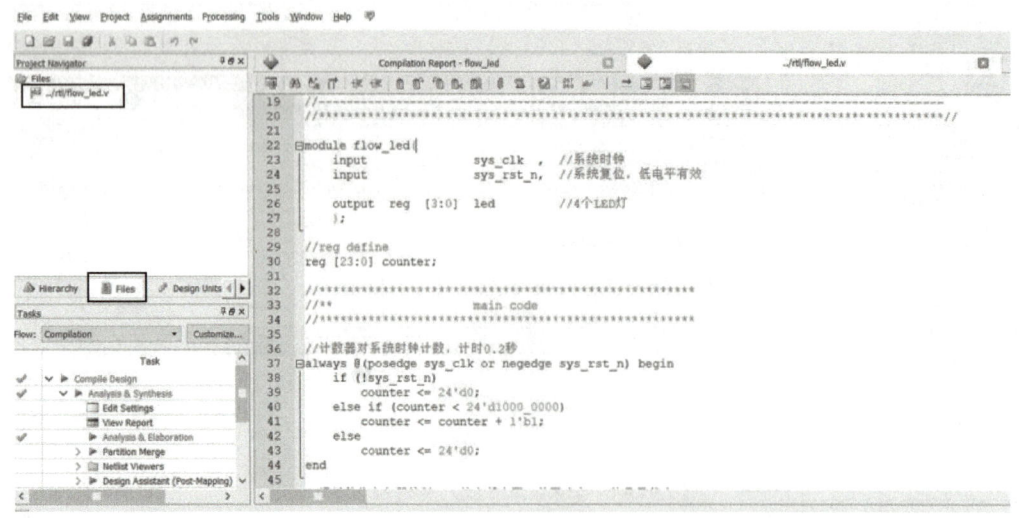

图 10-46　成功加载文件

到这里，文件的移除和加载就完成了，不仅 .v 源文件可以这样加载，其他类型的文件也可以用同样的步骤去移除或加载。

4. 配置工程

在工程中，需要配置双用的引脚。首先在 Quartus II 软件的菜单栏中找到 Assignments→Device，出现如图 10-47 所示页面。

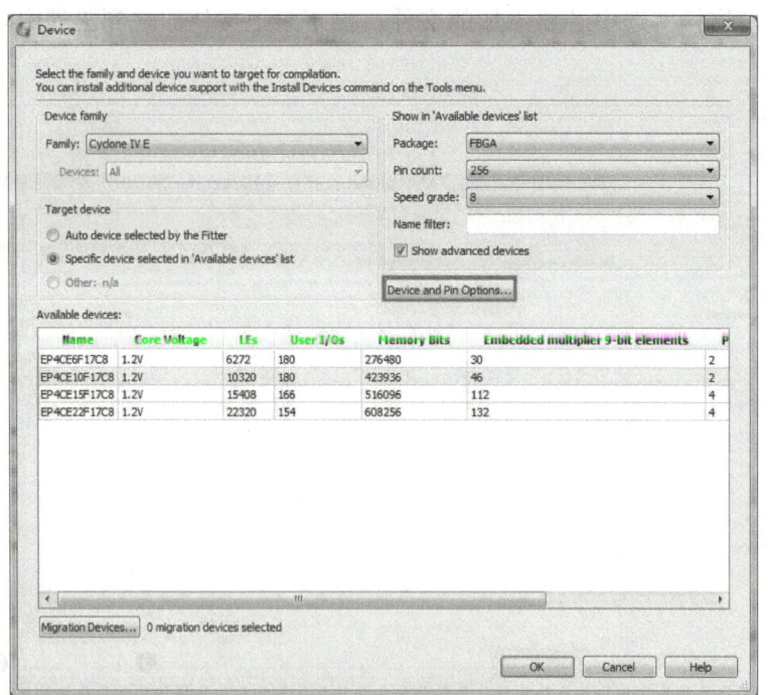

图 10-47　器件选择页面

单击 Device and Pin Options 按钮，会弹出一个设置页面，在左侧 Category 一栏中选择 Dual-Purpose Pin。对于需要使用 EPCS 器件的引脚时，需要将图 10-48 中所有的引脚都改成 Use as regular I/O，如果不确定工程中是否用到 EPCS 器件时，可以全部修改。本次实例只修改了 nCEO 一栏中，将 Use as programming pin 修改为 Use as regular I/O，设置界面如图 10-48 所示。

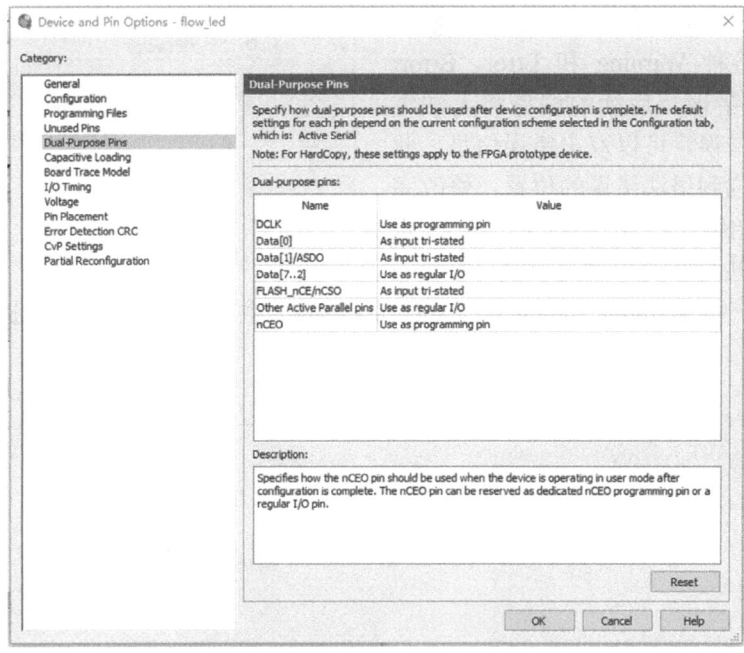

图 10-48　双用的引脚设置成普通 I/O

修改完成后，单击 OK 按钮完成设置。

5．分析与综合（编译）

为了验证代码是否正确，可以在工具栏中选择 Analysis & Synthesis 图标来验证语法是否正确，也可以对整个工程进行一次全编译，即在工具栏中选择 Start Compilation 图标，但全编译的时间耗时会比较长。接下来对工程进行语法检查，单击工具栏中的 Analysis & Synthesis 图标，图标的位置如图 10-49 所示。

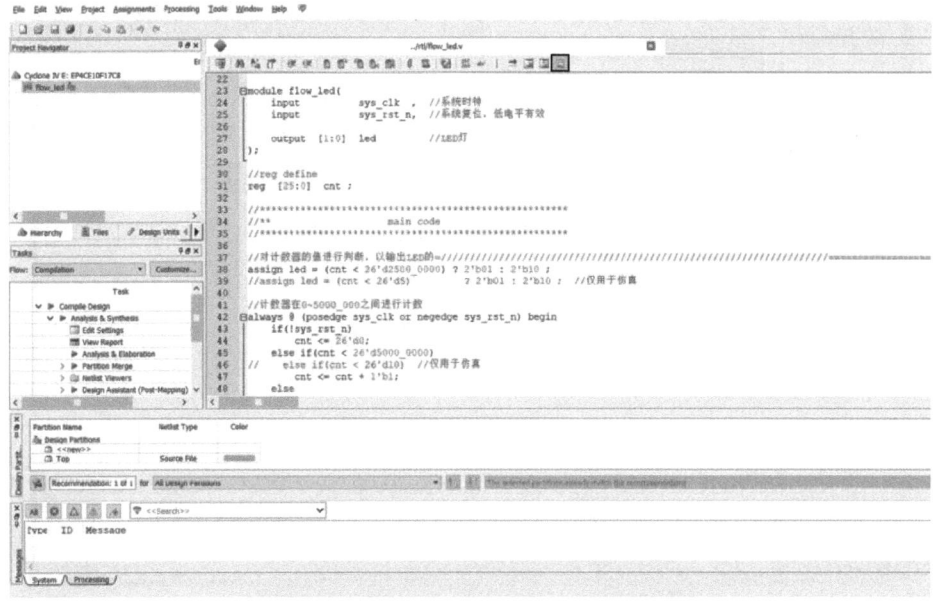

图 10-49　Analysis & Synthesis 图标的位置

在编译过程中如果没有出现语法错误,编译流程窗口 Analysis & Synthesis 前面的问号会变成 √,表示编译通过,如图 10-50 所示。

最后,可以查看打印窗口 Processing 里的信息,包括各种 Warning 和 Error。Errorr 意味着代码有错误,后续的编译将无法继续,如果出现错误,可以双击错误信息,此时编辑器会定位到语法错误的位置,修改完成后,重新开始编译;而 Warning 则不一定是致命的,有些潜在的问题可以从 Warning

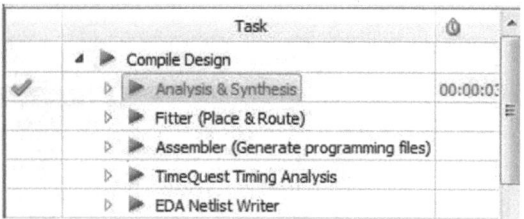

图 10-50　编译完成界面

中寻找,如果一些 Warning 信息对设计没有什么影响,也可以忽略它。信息提示窗口界面如图 10-51 所示。

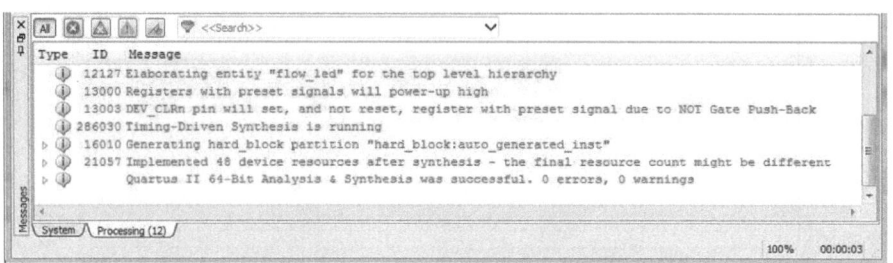

图 10-51　信息提示窗口界面

6. 分配引脚

编译通过以后,接下来就需要对工程中输入、输出端口进行引脚分配。可以在菜单栏中单击 Assignments→Pin Planner 或者在工具栏中单击 图标,操作界面如图 10-52 所示。

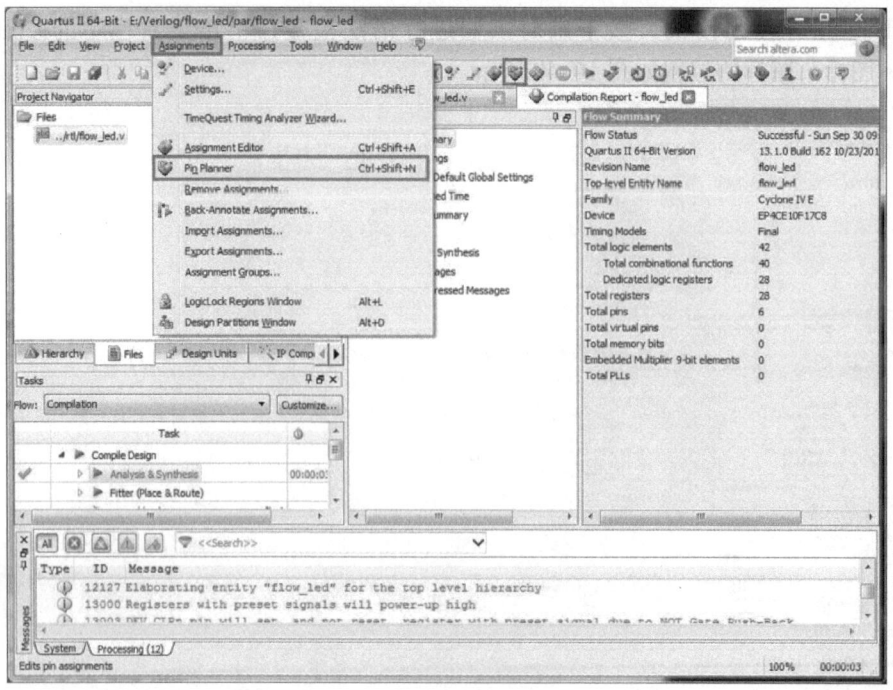

图 10-52　引脚分配操作界面

引脚分配界面如图 10-53 所示。

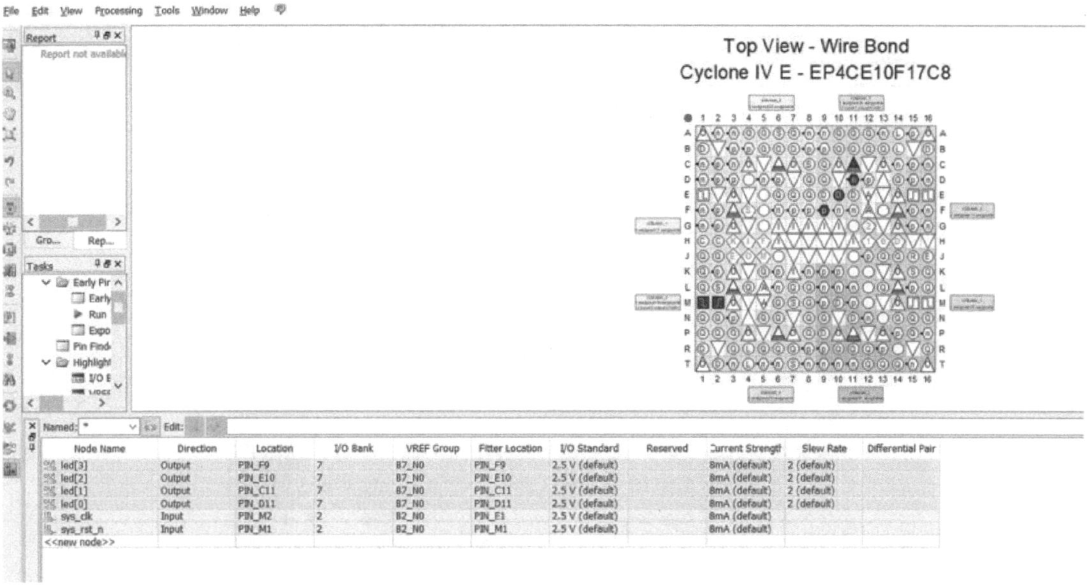

图 10-53　引脚分配界面

可以看到该界面出现了 6 个端口，分别是 4 个 LED、时钟和复位，可以参考电路图来对引脚进行分配。

FPGA_CLK 连接 FPGA 的引脚 M2 和晶振，RESET 连接 FPGA 的引脚 M1 和复位按键，所以在对引脚进行分配时，输入的时钟 sys_clk 引脚分配到 M2，sys_rst_n 引脚分配到 M1，LED 的引脚查看方法同理。引脚分配完成界面如图 10-54 所示。比如分配 sys_clk 引脚为 PIN_M2，先单击 sys_clk 信号名 Location 下面的空白位置，可以选择 PIN_M2，也可以直接输入 M2 接下来按〈Enter〉键。

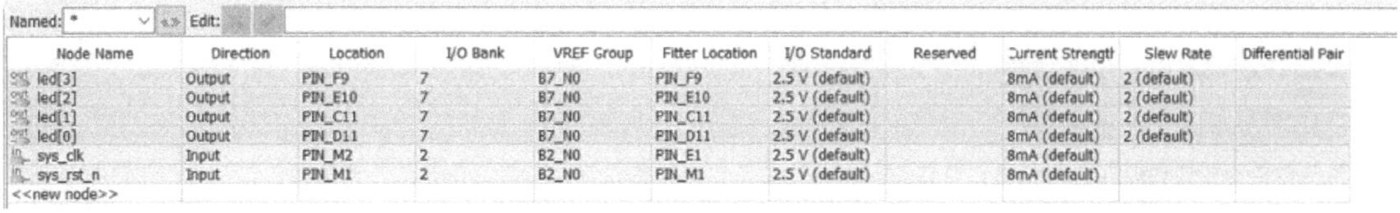

Node Name	Direction	Location	I/O Bank	VREF Group	Fitter Location	I/O Standard	Reserved	Current Strength	Slew Rate	Differential Pair
led[3]	Output	PIN_F9	7	B7_N0	PIN_F9	2.5 V (default)		8mA (default)	2 (default)	
led[2]	Output	PIN_E10	7	B7_N0	PIN_E10	2.5 V (default)		8mA (default)	2 (default)	
led[1]	Output	PIN_C11	7	B7_N0	PIN_C11	2.5 V (default)		8mA (default)	2 (default)	
led[0]	Output	PIN_D11	7	B7_N0	PIN_D11	2.5 V (default)		8mA (default)	2 (default)	
sys_clk	Input	PIN_M2	2	B2_N0	PIN_E1	2.5 V (default)		8mA (default)		
sys_rst_n	Input	PIN_M1	2	B2_N0	PIN_M1	2.5 V (default)		8mA (default)		
<<new node>>										

图 10-54　引脚分配完成界面

引脚分配完成后，直接关闭引脚分配窗口，软件会在工程所在位置生成一个.qsf 文件用来存放引脚信息。

也可以生成一个 TCL 文件，这样下次在使用的时候就可以直接运行 TCL 文件自动分配引脚，如图 10-55 所示。

先单击 Project，然后选择 Add/Remove Files in Project，随后弹出如图 10-56 所示对话框。

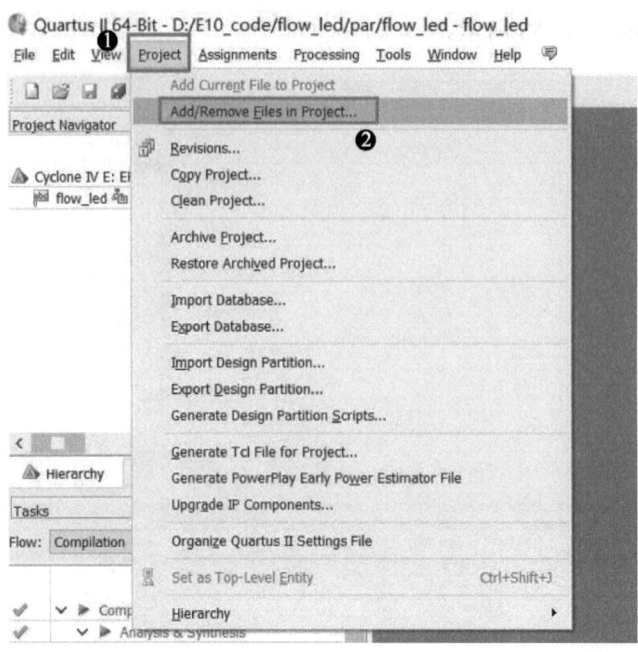

图 10-55 添加 TCL 文件

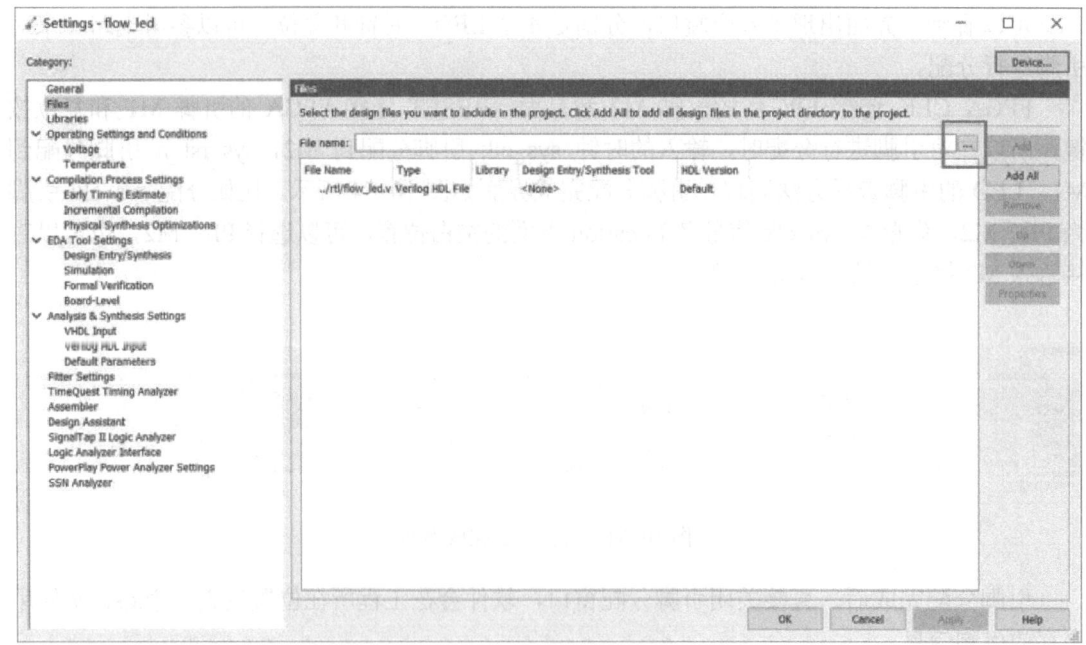

图 10-56 选择要添加的文件

在图 10-56 中单击 ![] 然后弹出选择文件对话框，如图 10-57 所示。

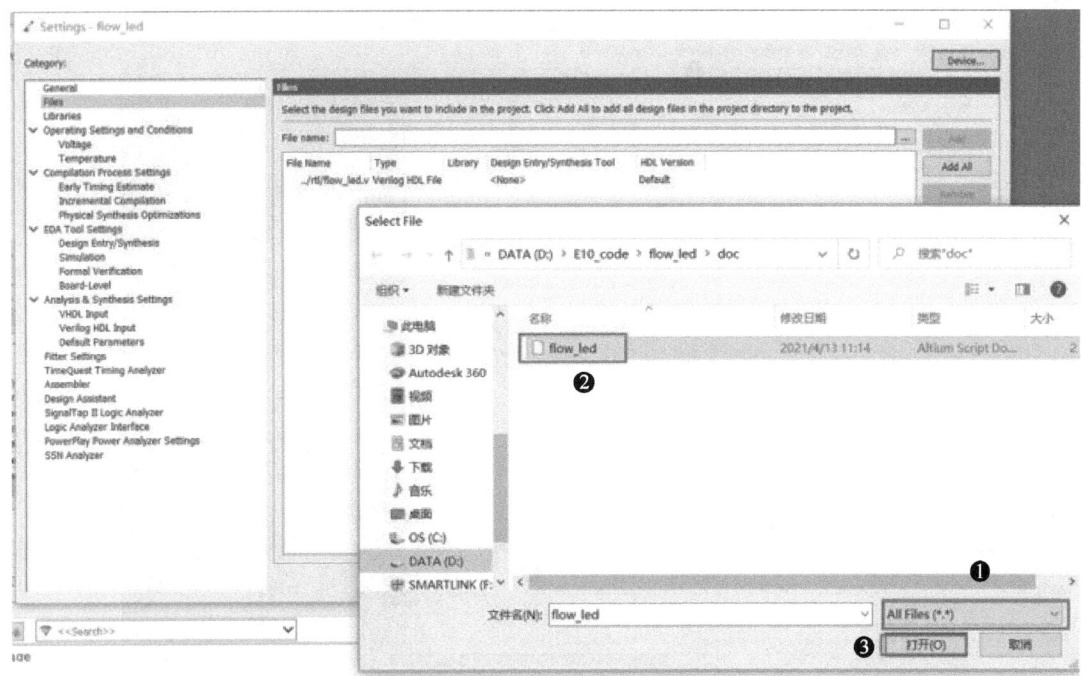

图 10-57　选择文件

在图 10-57 中找到存放 TCL 文件的路径，找到事先写好的 TCL 文件，选中它并把它加入到工程中，如图 10-58 所示。

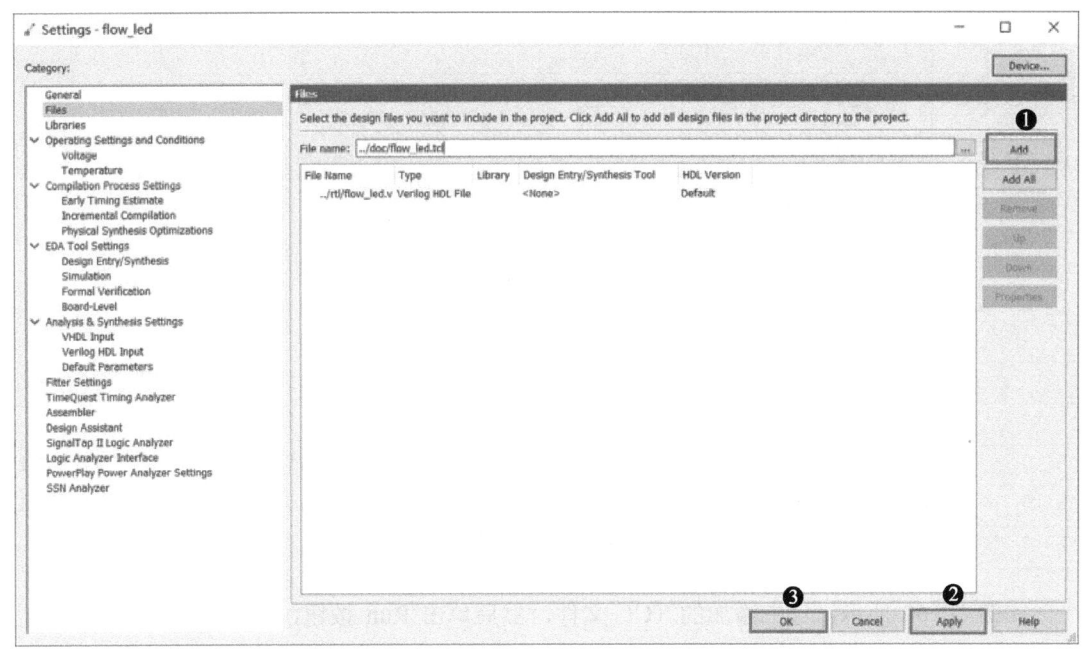

图 10-58　将 TCL 文件添加到工程中

按图 10-58 所示步骤添加完 TCL 文件后运行它，如图 10-59 所示。

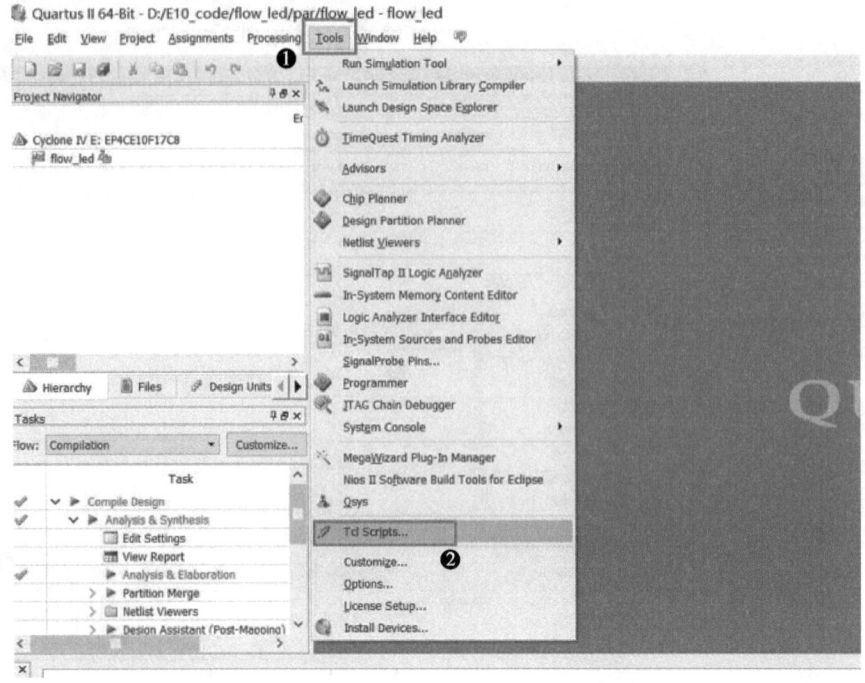

图 10-59　运行 TCL 文件

按照图 10-59 所示步骤操作后会出现 TCL 文件运行对话框，如图 10-60 所示。

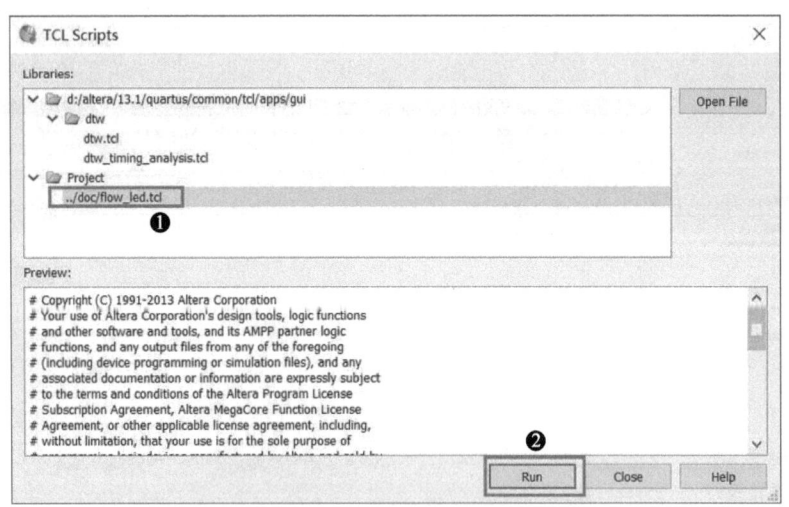

图 10-60　运行 TCL 文件

如图 10-60 所示，选中添加的 TCL 文件，然后单击 Run 按钮，引脚就自动分配好了，这里要注意代码中的端口名和 TCL 文件中定义的是否一致，尤其要注意字母大小写。

7．编译工程

分配完引脚之后，需要对整个工程进行一次全编译，在工具栏中选择 ▶ 图标，操作界面如图 10-61 所示。

第 10 章 FPGA 可编程逻辑器件及其应用

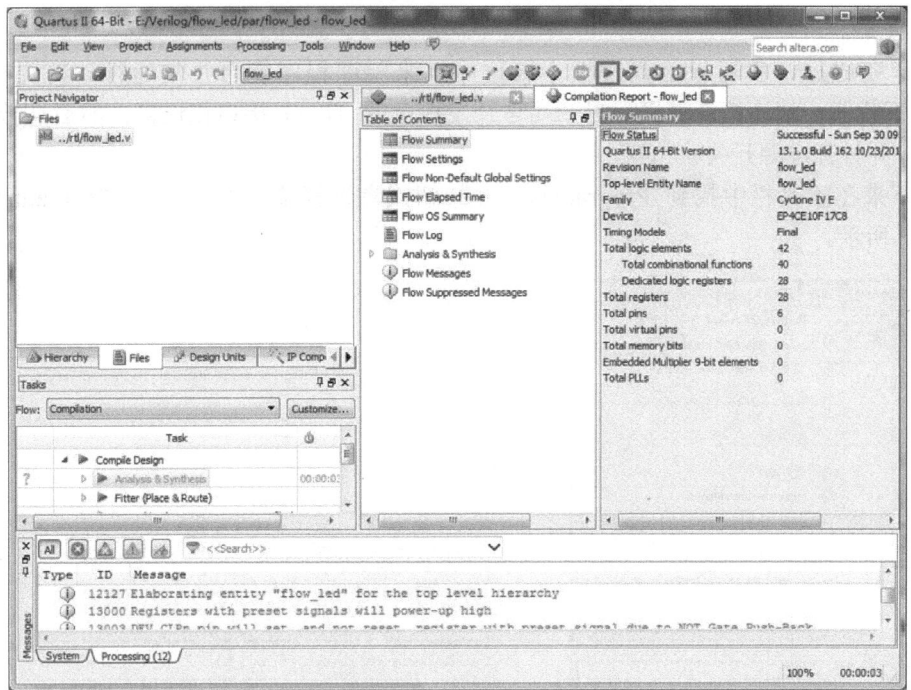

图 10-61 全编译操作界面

全编译完成后的界面如图 10-62 所示。

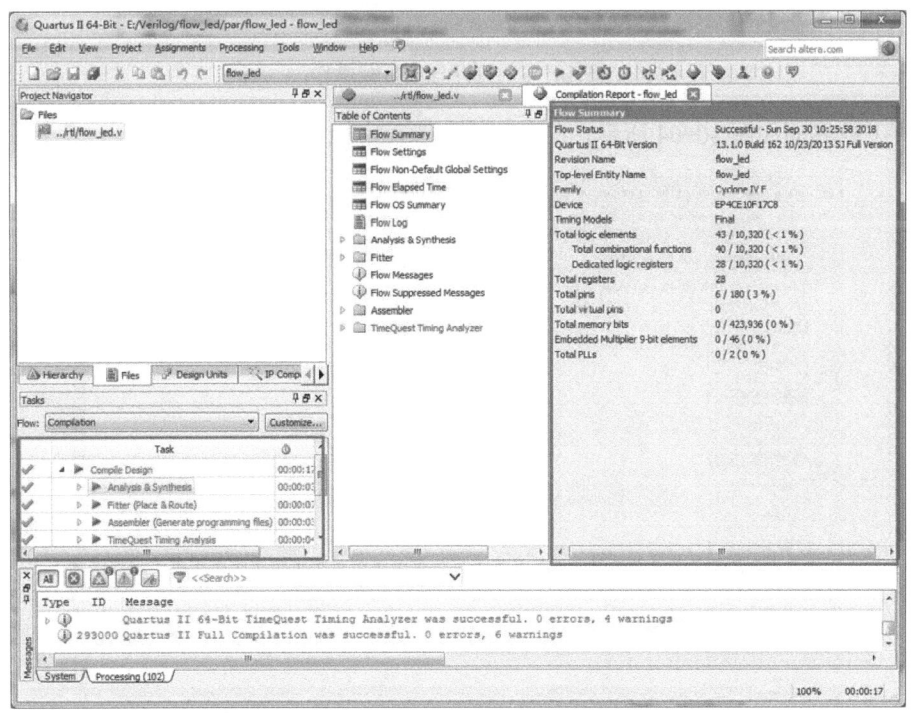

图 10-62 全编译完成后的界面

在图 10-62 中，左侧编译流程窗口全部显示 √，说明工程编译通过，在右侧 Flow Summary 观察 FPGA 资源使用的情况。

8. 下载程序

编译完成后，就可以给开发板下载程序，来验证程序能否正常运行。首先将 USB Blaster 下载器一端连接计算机，另一端与开发板上的 JTAG 接口相连接；然后连接开发板电源线，并打开电源开关。

接下来在工具栏中找到 Programmer ![按钮图标] 按钮或者选择菜单栏 Tools→Programmer，如图 10-63 所示。

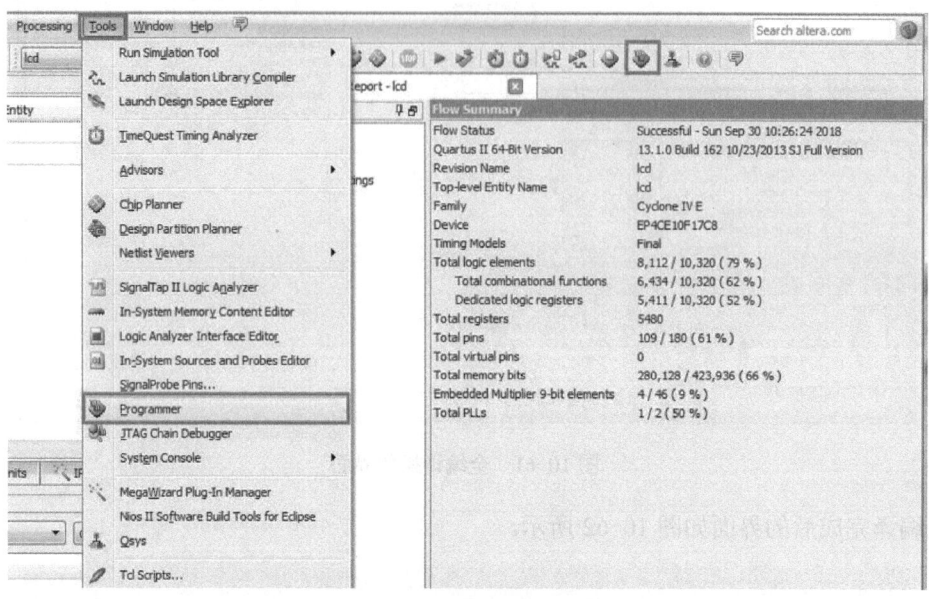

图 10-63　打开程序下载操作

程序下载界面如图 10-64 所示。

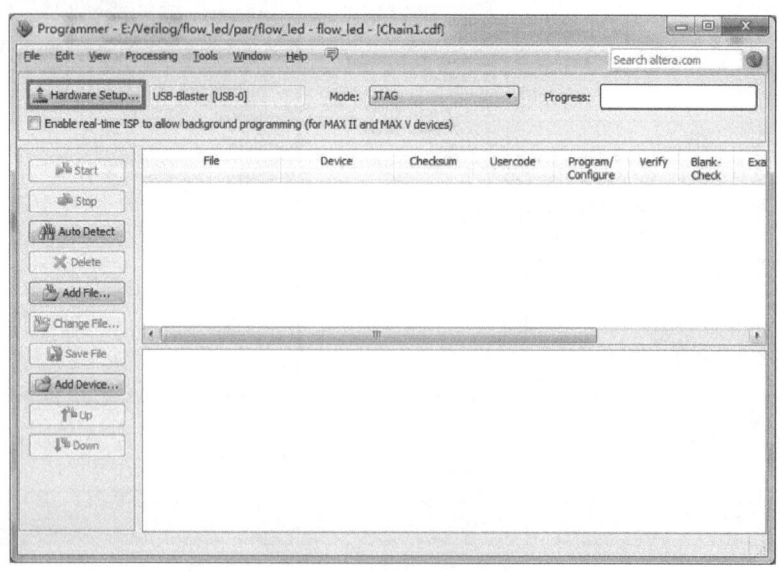

图 10-64　程序下载界面

单击图 10-64 中的 Hardware Setup 按钮，选择 USB-Blaster，如图 10-65 所示。

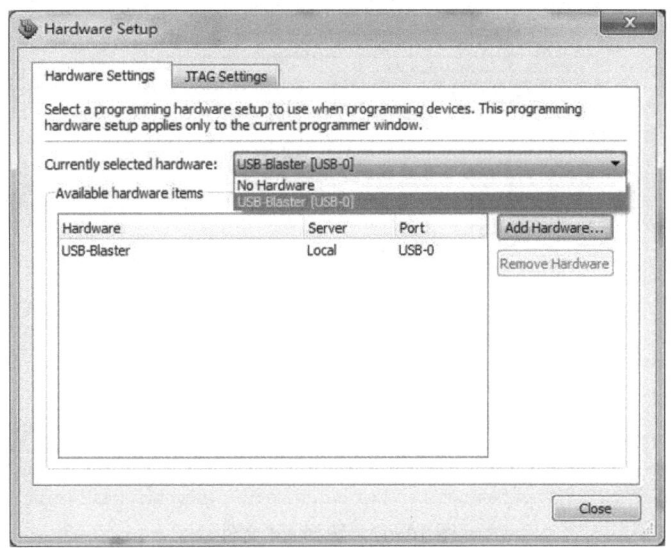

图 10-65 选择 USB-Blaster

在图 10-65 所示界面中，如果没有出现 USB-Blaster，检查下是不是 USB-Blaster 没有插入计算机的 USB 接口。

然后单击 Close 按钮完成设置，接下来回到下载界面，单击 Add File 按钮，添加用于下载程序的 .sof 文件，如图 10-66 和图 10-67 所示。

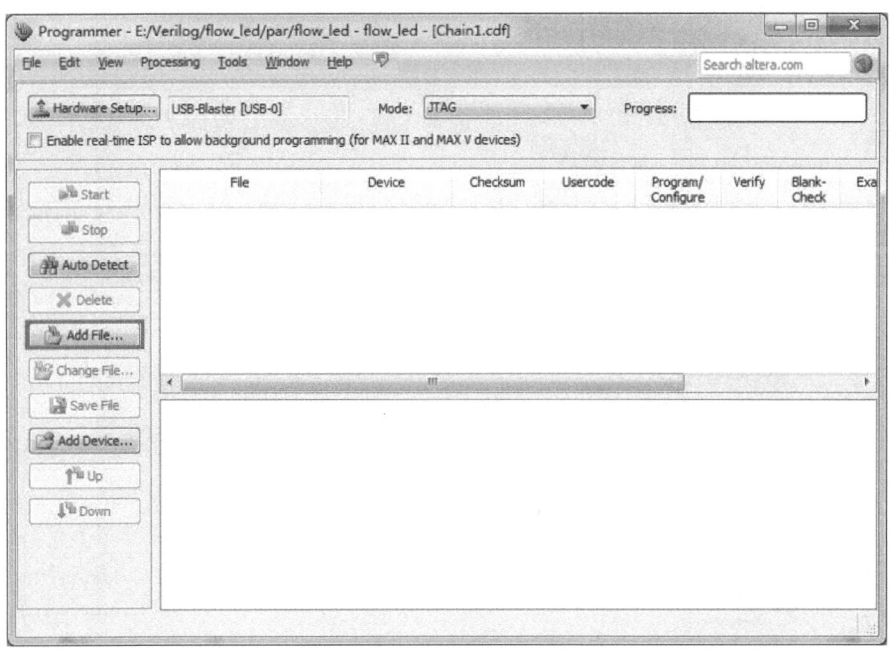

图 10-66 程序下载界面

找到 output_files 文件夹内的 flow_led.sof 文件，单击 Open 按钮即可。

接下来就可以下载程序了，单击 Start 按钮下载程序，如图 10-68 所示。

下载程序时，可以在 Progress 一栏中观察下载进度，程序下载完成后，可以看到下载进度为 100%，如图 10-69 所示。

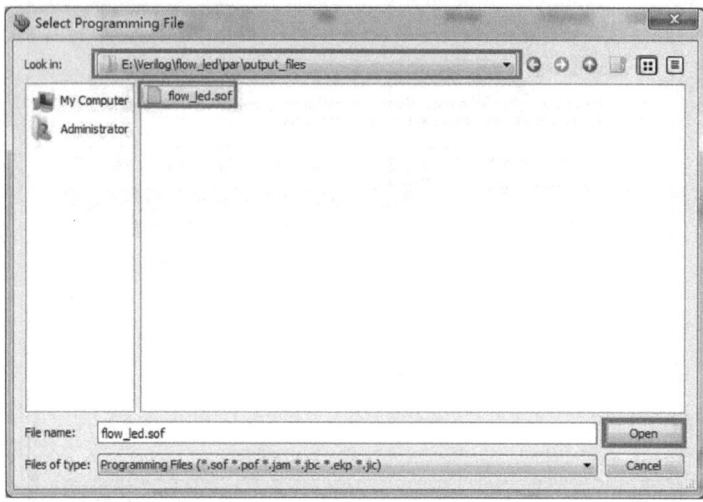

图 10-67　选择 .sof 文件

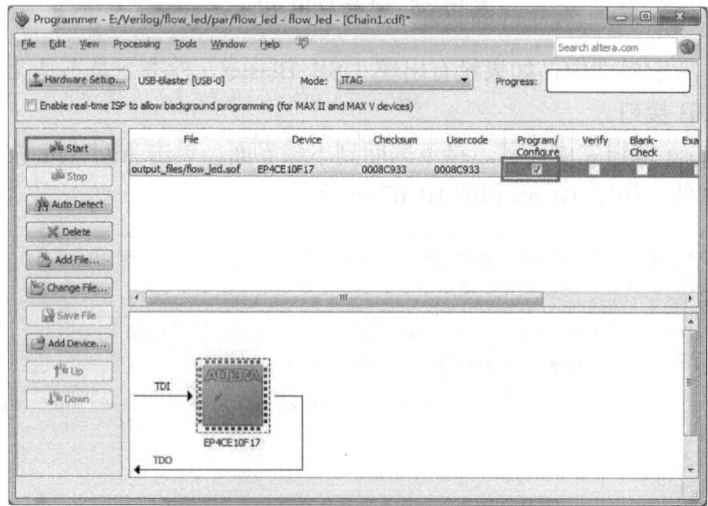

图 10-68　程序下载

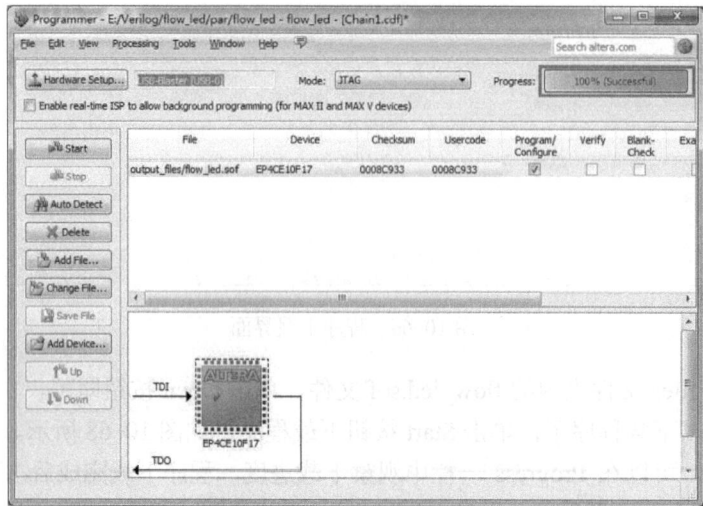

图 10-69　程序下载完成界面

下载完成后，可以看到 FPGA 开发板上的 $LED_0 \sim LED_3$ 灯按顺序点亮，呈现出流水灯的效果。

习题

1. 什么是可编程逻辑器件？
2. 常用的可编程逻辑器件主要有哪几类？
3. 什么是 CPLD。
4. 什么是 FPGA。
5. CPLD 和 FPGA 的主要区别是什么？
6. 什么是 SOPC？
7. FPGA 的应用领域大概可以分成哪几大类？
8. 什么是 Verilog？
9. 什么是 Quartus II ？

参 考 文 献

[1] 李正军. 零基础学电子系统设计：从元器件、工具仪表、电路仿真到综合系统设计[M]. 北京：清华大学出版社，2024.

[2] 李正军，李潇然. STM32 嵌入式单片机原理与应用[M]. 北京：机械工业出版社，2024.

[3] 李正军，李潇然. STM32 嵌入式系统设计与应用[M]. 北京：机械工业出版社，2023.

[4] 李正军，李潇然. 基于 STM32Cube 的嵌入式系统应用[M]. 北京：机械工业出版社，2023.

[5] 李正军，李潇然. Arm Cortex-M4 嵌入式系统：基于 STM32Cube 和 HAL 库的编程与开发[M]. 北京：清华大学出版社，2024.

[6] 李正军，李潇然. Arm Cortex-M3 嵌入式系统：基于 STM32Cube 和 HAL 库的编程与开发[M]. 北京：清华大学出版社，2024.

[7] 李正军. Arm 嵌入式系统原理及应用：STM32F103 微控制器架构、编程与开发[M]. 北京：清华大学出版社，2024.

[8] 李正军. Arm 嵌入式系统案例实战：手把手教你掌握 STM32F103 微控制器项目开发[M]. 北京：清华大学出版社，2024.

[9] 李正军. 计算机控制系统[M]. 4 版. 北京：机械工业出版社，2022.

[10] 李正军，李潇然. 计算机控制技术[M]. 北京：机械工业出版社，2022.

[11] 张金. 电子设计与制作 100 例[M]. 3 版. 北京：电子工业出版社，2022.

[12] 何小艇. 电子系统设计[M]. 5 版. 杭州：浙江大学出版社，2015.

[13] 程春雨，商云晶，吴雅楠. 模拟电路实验与 Multisim 仿真实例教程[M]. 北京：电子工业出版社，2020.

[14] 赵全利. Multisim 电路设计与仿真：基于 Multisim 14.0 平台[M]. 北京：机械工业出版社，2022.

[15] 贾立新. 电子系统设计[M]. 北京：机械工业出版社，2022.

[16] 冯占荣，王利霞，李冀. STM32 单片机原理及应用：基于 Proteus 的虚拟仿真[M]. 武汉：华中科技大学出版社，2022.

[17] 林红，郭典，林晓曦，等. 数字电路与逻辑设计[M]. 4 版. 北京：清华大学出版社，2022.

[18] 李莉. 深入理解 FPGA 电子系统设计：基于 Quartus Prime 与 VHDL 的 Altera FPGA 设计[M]. 北京：清华大学出版社，2020.

[19] 赵倩，叶波，邵洁，等. Verilog 数字系统设计与 FPGA 应用[M]. 2 版. 北京：清华大学出版社，2022.

[20] 李胜铭，王贞炎，刘涛. 全国大学生电子设计竞赛备赛指南与案例分析：基于立创 EDA[M]. 北京：电子工业出版社，2022.

[21] 谭晖. 物联网及低功耗蓝牙 5.x 高级开发[M]. 北京：电子工业出版社，2022.

[22] 吴建平，彭颖. 传感器原理及应用[M]. 4 版. 北京：机械工业出版社，2022.